O TEATRO
DE SHAKESPEARE

O TEATRO DE SHAKESPEARE

Sérgio Viotti

wmf **martinsfontes**

SÃO PAULO 2013

Copyright © 2013, Editora WMF Martins Fontes Ltda.,
São Paulo, para a presente edição.

1ª edição 2013

Edição de texto
Todotipo Editorial
Preparação
Cláudia Cantarin
Acompanhamento editorial
Helena Guimarães Bittencourt
Revisões gráficas
Ana Maria de O. M. Barbosa
Maria Luiza Favret
Edição de arte
Katia Harumi Terasaka
Produção gráfica
Geraldo Alves
Paginação
Moacir Katsumi Matsusaki

Dados Internacionais de Catalogação na Publicação (CIP)
(Câmara Brasileira do Livro, SP, Brasil)

Viotti, Sérgio, 1927-2009.
    O teatro de Shakespeare / Sérgio Viotti. – São Paulo : Editora WMF Martins Fontes, 2013.

    ISBN 978-85-7827-713-0

    1. Shakespeare, William, 1564-1616 2. Shakespeare, William, 1564-1616 – Crítica e interpretação 3. Teatro inglês I. Título.

13-06402   CDD-822.33

Índices para catálogo sistemático:
1. Shakespeare : Teatro : História e crítica   822.33

Todos os direitos desta edição reservados à
Editora WMF Martins Fontes Ltda.
Rua Prof. Laerte Ramos de Carvalho, 133 01325-030 São Paulo SP Brasil
Tel. (11) 3293-8150 Fax (11) 3101-1042
e-mail: info@wmfmartinsfontes.com.br http://www.wmfmartinsfontes.com.br

Sumário

Prefácio VII
Nota à presente edição IX

1. O rapaz de Stratford 1

O casamento na Inglaterra quinhentista 5
A educação de Shakespeare 11

2. A escolha 25

Tarlton, Kemp e Alleyn: os atores das comédias shakespearianas 40

3. O caminho a seguir 49

Invasão frustrada e primeiras experiências profissionais em Londres 52
Os atores e as companhias de teatro 57
As mulheres e o teatro shakespeariano e as peças religiosas 58
Shakespeare e a cidade 61
Tempos de paz? 67

4. Não sou poeta 71

A peste e "Vênus e Adônis" 72
"O rapto de Lucrécia" 76
Outras composições poéticas 82
Os mistérios dos sonetos de Shakespeare 84

5. Se a vós desagradamos (As comédias – Parte 1) 97

A comédia dos erros 99
A megera domada 103
Os dois cavalheiros de Verona 105
Trabalhos de amor perdidos 105
Sonho de uma noite de verão 113

6. Uma estrela dançou (As comédias – Parte 2) 119

O mercador de Veneza 119
Muito barulho por nada 130

7. O mundo inteiro é um grande palco (As comédias – Parte 3) 141

Como quiseres 143
Noite de Reis 151

8. Os homens que foram Shakespeare 161

Shakespeare como Francis Bacon 165
Shakespeare como Christopher Marlowe 167
Shakespeare como Roger Manners 169
Shakespeare como William Stanley 170
Shakespeare como Edward de Vere 171
São muitos os Shakespeare 175

9. Suas tragédias 177

Júlio César 177
Troilo e Créssida 196
   O amor em *Troilo e Créssida* 196
   A guerra em *Troilo e Créssida* 217
Medida por medida 236
   As vítimas de *Medida por medida* 237
   O complô de *Medida por medida* 256
Bem está o que bem acaba 273
Hamlet 287
Macbeth 310
Tito Andrônico 340

Bibliografia 361

Prefácio

Sérgio Viotti, meu amigo, meu irmão

Sérgio Viotti, o autor deste livro extraordinário, não está mais entre nós. Foi embora sem fazer alarde – como era seu feitio –, deixando um vazio enorme entre os amigos. E éramos tantos! Tantos a sentir sua falta. Por mais que estivéssemos nos preparando para a despedida, ao longo dos três meses em que estivera em coma, parecia que era ele que nos concedia esse tempo para nos conformarmos com a separação definitiva.

Não tinha medo de morrer. Dizia: "A morte é o fim de todas as perguntas."

Foi-se embora o Grand Seigneur do teatro nacional. Com sua elegância, sua finura, a gentileza com que recebia todas as pessoas, a bondade e o carinho para com os amigos... Tinha profundo conhecimento em todas as artes: foi ator, diretor, autor de peças, professor, autor de vários livros e escritor premiado, tradutor, crítico, diretor de rádio, intérprete de novelas e minisséries e profundo pesquisador de assuntos os mais variados: história, pintura, dança, música. Por tudo se interessava. Era um dos homens, cada vez mais raros, que valorizavam a cultura geral.

Os anos que passou na Inglaterra, quando jovem, trabalhando na rádio BBC de Londres, contribuíram para a sua formação cultural. Visitava bibliotecas e museus, frequentava teatros, óperas e concertos. Entrou em contato com os grandes artistas ingleses da época, entre eles Laurence Olivier e Alec Guiness, atores shakespearianos que ele muito admirava. Aprofundou-se mais e mais nos escritos de Shakespeare, que já tinha lido em inglês no Brasil.

Essa admiração pelo Bardo ao longo dos anos transformou-se em amor profundo e respeitoso e duraria até o fim de sua vida. Basta ver a quantidade de palestras, recitais e cursos, centrados na vida e obra de Shakespeare, que ministrou em faculdades e teatros, tanto em São Paulo quanto viajando pelo Brasil afora. Despertou no público um novo interesse por esses personagens, de nomes estranhos, que ele ensinava e interpretava tão bem: Hamlet, Próspero, Shylock, Macbeth, Lear, Otelo.

No espetáculo *As idades do homem*, traduzido por Bárbara Heliodora, grande especialista shakespeariana, e dirigido pelo amigo Dorival Carper, ele viveu vinte personagens diferentes, num palco vazio, sem cenários, utilizando apenas alguns elementos cênicos. Passava do velho Rei Lear e sua loucura para o jovem Hamlet e suas eternas dúvidas; de um Romeu apaixonado para o Macbeth atormentado e assassino, com a facilidade que só os grandes atores possuem. Nos últimos quatro anos dedicou-se de corpo e alma a esse ofício de professor-ator. Já era uma preparação para um dia nos agraciar com este livro tão rico e profundo, que em boa hora a WMF Martins Fontes resolveu publicar. Nada é superficial no trabalho de Sérgio Viotti. Toda informação é pesquisada e comprovada. Durante a leitura tem-se a impressão de ouvi-lo falar, a tal ponto a redação é fluente e agradável. E o que é mais importante: o livro é gostoso de ler. Há tal quantidade de informações a respeito da época, da história da Inglaterra, da maneira de viver e dos escritores de então (inclusive com suas rivalidades e picuinhas), que o leitor mergulha nesse universo com o maior prazer.

Além de todas essas qualidades culturais, ele era um grande amigo. Mais que amigo, foi irmão, companheiro de lutas nos primeiros tempos da TV Cultura, nos anos 70 e 80, e na Comissão Estadual de Teatro, onde era tão necessário seu equilíbrio e discernimento nas questões – bastante emocionais – da classe teatral. Sempre tranquilo, pronto a ajudar, com bom humor e um pingo de ironia, diante das mais complexas questões que lhes eram submetidas.

Nas reuniões em sua casa em Higienópolis (só para poucos de cada vez, para melhor aproveitar a conversa), as horas passavam voando. Recebia com fidalguia, assessorado por Dorival Carper, sempre atencioso. Cada convidado sentia-se cercado de carinho e tinha a sensação de ser único e exclusivo. Sérgio pertencia àquele grupo seleto de pessoas que já nascem especiais. Parece que são escolhidas para distribuir só coisas boas aos que convivem com eles.

Quando partem, deixam atrás de si um rastro de luz.

NYDIA LICIA

Nota à presente edição

Os textos apresentados nesta edição foram redigidos a partir de notas, cursos e conferências. As citações de Shakespeare nem sempre puderam ser identificadas: algumas certamente citadas, num primeiro momento, a partir das lembranças que o autor guardava das muitas representações em que atuou ou que dirigiu. Infelizmente, o falecimento de Sérgio Viotti impossibilitou que ele procedesse a uma revisão final do manuscrito, que nos permitiria conhecer com precisão a origem e autoria dos textos shakespearianos citados em tradução.

Preocupados em não falsear em nada o pensamento do autor, decidimos entregar ao leitor o texto como foi deixado em sua primeira redação.

1. *O rapaz de Stratford*

Hoje, com a facilidade de acesso a diversas fontes, é muito fácil reconstituir a vida de qualquer personalidade pública. Isto pode ser feito de maneira rápida, precisa, minuciosa e eficiente.

Mas como saber como foi a vida de uma pessoa que nasceu e cresceu numa pequena cidade do interior da Inglaterra no século XVI?

Para reconstituir a vida do grande dramaturgo inglês William Shakespeare (c. 1564-1616), estudiosos e eruditos dedicaram muitos anos de suas vidas a esmiuçar vários tipos de fonte, a reunir documentos, a registrar datas relativamente precisas e seguras, procurando acompanhar passo a passo o desenrolar da vida do dramaturgo. Tarefa árdua e penosa, já que sua primeira "biografia" só apareceu um século depois da sua morte. Mesmo assim, um dos maiores estudiosos de Shakespeare, o historiador Alfred Leslie Rowse, escreve, bem no início de sua obra, intitulada *Shakespeare, the Man*:

> Muitas das tolices que foram escritas a respeito de William Shakespeare, em várias línguas, advêm da ignorância quanto à era elisabetana e suas condições. Essas pessoas acreditam que não sabemos quase nada a respeito dele. Este é um engano básico: na verdade, sabemos mais a respeito dele do que de qualquer outro dramaturgo da época, com a exceção de Ben Jonson (1573?-1637), que viveu mais tarde e por muito mais tempo. Mesmo no que diz respeito a ele não sabemos quase nada sobre o início da sua vida, sua família e sua origem. Isto já estabelece um contraste marcante com Shakespeare, de cujo início de vida conhecemos muita coisa, em se tratando de um elisabetano.

As pesquisas realizadas dão detalhes a respeito dos pais de Shakespeare e de sua família; de seu nascimento (e dos irmãos) e batismo; do trabalho, da situação financeira (nem sempre estável) e dos cargos de importância que seu pai ocupou na administração da comunidade. É provável que Shakespeare tenha nascido num sábado, dia 22 de abril, em Stratford-upon-Avon, mas ele só foi registrado na igreja da Santíssima Trindade mais tarde. No registro lê-se 1564, abril 24 – *Guglielmo filius Johannes Shakspere*. Convencionou-se celebrar seu nascimento em 23 de abril, dia de são Jorge, patrono da Inglaterra.

A documentação a respeito de sua vida amorosa de adolescente é escassa. Sabe-se que ele se casou aos dezoito anos, com uma moça de boa família para os padrões da época (Anne Hathaway, *c.* 1556-1623), mais velha do que ele, embora não sejam conhecidos o dia e o local precisos da cerimônia. Sabe-se também que a jovem Anne já estava grávida quando se casou. Ao nascer a primeira filha do casal, deu-se a entender que ela veio ao mundo antes dos nove meses. Dois anos depois, nasceu o casal de gêmeos.

Em determinado momento, Shakespeare deixou mulher e filhos aos cuidados dos seus pais para tentar a sorte em Londres. Não se sabe, no entanto, o verdadeiro motivo dessa mudança, embora seja possível imaginar algumas hipóteses. Mas, por mais que se escreva sobre o dramaturgo, nunca se saberá ao certo por que trocou Stratford-upon-Avon, no condado de Warwick, pela capital. Quem sabe se, mais do que para responder a um apelo artístico, o rapaz não estava em busca de melhores condições de vida? Afinal, era um homem casado, pai de três filhos.

Sua estada em Londres parece mais bem documentada. Há dados sobre seu ofício (como entrou para o teatro e suas principais funções – primeiro como aprendiz, copista, ator e, finalmente, como autor e empresário de sucesso), sobre sua aposentadoria (três anos antes de morrer), seu testamento, morte e sepultamento. Mas se conhece relativamente pouco a respeito da sua vida privada – secreta ou não –, o que hoje é parte essencial das buscas sobre vidas alheias, de artistas ou não.

O jovem Shakespeare tinha 23 anos quando chegou a Londres, provavelmente em 1587. Típico rapaz do interior, deve ter ficado fascinado com a capital, já que a maior cidade que conhecera até então era Coventry, a cerca de trinta quilômetros de Stratford.

Há um período da sua vida sobre o qual não existem informações concretas. São os chamados "anos perdidos", que vão desde o batizado dos seus filhos gêmeos, em 1585, até a primeira referência a seu trabalho como ator, em 1592.

E mais uma vez surge a pergunta inevitável: até que ponto Shakespeare teria deixado Stratford porque o teatro o atraiu? Como e por que o atraiu?

Seria fascinante, evidentemente, se houvesse mais informações sobre o Shakespeare ator. São pouquíssimos os papéis que ele interpretou. Não era o primeiro ator da companhia, a qual tinha suas estrelas indisputáveis. Mas era o que se costuma chamar de "um ator competente". As datas de certas peças do dramaturgo geram alguma polêmica. Nada disso, porém, parece ter importância diante da grandeza da obra, que é sempre mais importante do que o homem, e nem sempre o homem a justifica. O dramaturgo escreveu 37 peças – utilizando 810 personagens – e 154 sonetos.

A primeira referência a Shakespeare de que se tem notícia depois de sua chegada a Londres apareceu em um panfleto de Robert Greene (1558-1592), intitulado *Groatsworth of Wit*, de 1592. Greene, o autor mais popular da sua geração, morreu aos 34 anos, abandonado e na miséria. Se ele, que viveu selvagem e dissolutamente, não chegou a ser um grande autor, pelo menos foi um precursor. Se não tivesse descuidado da saúde e esbanjado talento, poderia ter sido um rival de Shakespeare, o que não aconteceu. No leito de morte, sentindo-se só e desgraçado, alertou para o grande perigo que estariam enfrentando os que agissem como ele. Era preciso estarem alertas para a ingratidão dos atores comuns para os quais escreviam.

"Não é estranho que eu", escreveu Greene, "a quem todos têm contemplado, não é assim que vocês, a quem todos têm contemplado, devamos ser (se estivessem na posição em que me encontro agora) esquecidos de uma vez?" E havia uma queixa pior: "Sim, não confie neles, porque há um corvo presunçoso, lindo, usando as nossas penas, que, com o seu coração de tigre envolto na pele de um ator, acredita que pode espoucar um verso branco como o melhor dentre vocês, e, sendo um absoluto *Johannes Factotum*" – ou João Faz-Tudo –, "é no seu conceito o único *Shake-scene* do país". Greene primeiro faz referência a um verso da terceira parte de *Henrique VI* (ato I, cena 4), em que se diz: "Oh, coração de tigre envolto em pele de mulher!" E a expressão que usa na parte final da frase é um jogo de palavras entre *Shake-speare* (agita lança) e *Shake--scene* (agita cena).

Essa observação, que revela a mais deslavada inveja, foi publicada quando Shakespeare iniciava sua carreira. A primeira parte de *Henrique VI* foi encenada em 1592, e o ataque de Greene teve ao menos um aspecto positivo: trata-se da primeira referência escrita ao dramaturgo. E mais: comprova que o jovem ator e autor era um homem conhecido e de sucesso no meio e marca, "oficialmente", o fim dos chamados "anos perdidos".

Assim, com o correr dos séculos, foram feitas pesquisas que forneceram material, se não completo, suficiente para a escrita de uma vastíssima bibliografia sobre o homem e sua obra. Uma quantidade aterradora, que exigiria de um estudioso uma vida inteira para analisar esse material, cada volume mais documentado do que o outro, na tentativa de esmiuçar e esclarecer detalhes, aplainar dúvidas e oferecer subsídios para analisar a obra e a história do dramaturgo.

Além do texto de Greene, outra obra de destaque é o grande volume intitulado *Shakespeare, Man and Artist*, escrito por Edgar Innes Fripp, publicado em 1938 e reeditado em 1964. Esse magnífico livro, em dois volumes, faz parte da imensa bibliografia shakespeariana do século XX.

É preciso lembrar também a primeira biografia de Shakespeare tida como "oficial", escrita no reinado da monarca Ana Stuart (que durou de 1702 a 1714) por Nicholas Rowe (1674-1718). Intitulada *Some Account of the Life &c. of Mr. William Shakespear* e editada em 1709, serviu de introdução para uma edição das obras do autor. Por ter sido publicada quase um século depois da morte do dramaturgo, Rowe não dispunha de todas as informações de que necessitava, tampouco visitara a cidade natal dele. É também possível que não tivesse conhecimentos históricos sobre a era elisabetana, que durou de 1558 a 1603. As principais fontes de Rowe foram as conversas entre o ator Thomas Patrick Betterton (1635-1710) e Sir William D'Avenant (1606-1668), filho de John D'Avenant (1565-1622), proprietário da Taverna Crown, em Oxford, onde Shakespeare costumava se hospedar. O ator foi um dos mais importantes nomes do teatro da época da Restauração, quando Carlos II (1630-1685), cujo governo durou de 1660 a 1685, assumiu o trono inglês. É preciso recordar também que os teatros de Londres foram fechados em 1642 pelos puritanos, liderados por Oliver Cromwell.

Como Betterton estivera em Stratford por volta de 1708 – quando já fazia quase um século que Shakespeare morrera, ou seja, já não havia ninguém que o tivesse conhecido pessoalmente –, é possível que tudo o que ele ouviu tenha sido apenas um falatório não documentado.

Rowe se baseou nos boatos que Betterton escutara e acrescentou histórias que circulavam em Londres a respeito de Shakespeare. O biógrafo comenta que o dramaturgo criava por instinto, ignorando as regras clássicas que os autores deveriam conhecer e obedecer – não por querer deixá-las de lado, mas por não conhecê-las de fato.

Rowe também escreveu peças. As mais conhecidas são *The Fair Penitent* (1703) e *Jane Shore* (1714). Foi agraciado pelo rei Jorge I (1714) com o título de *poet laureate* e, ao morrer, foi enterrado na abadia de Westminster.

Além de dar origem a dúvidas que poderiam fazer questionar o casamento com Anne Hathaway, o biógrafo foi o responsável pela criação do "mito" de Shakespeare, por tradição oral. Desse Shakespeare brotaram outros, foram se acrescentando, alterando, deturpando as próprias invencionices, até o ponto de se concluir que seriam outros os verdadeiros autores da sua obra!

Outro documento oficial foi a petição de uma licença especial para o casamento do dramaturgo, emitida em 27 de novembro de 1582, quatro anos depois de ele ter saído da escola. A licença foi concedida pelo bispo de Worcester, mediante o pagamento de quarenta libras (soma bastante alta na época), como garantia, no caso de surgir algum impedimento posterior para as bodas. Essa quantia foi paga por amigos fazendeiros do condado, que se organizaram para levantá-la. Como Shakespeare era menor de idade, precisou da permissão paterna. Na verdade, a licença era solicitada por razões puramente burocráticas, já que nenhum banho – ou seja, proclama de casamento – podia ser dado a público entre 2 de dezembro e 11 de janeiro.

O casamento na Inglaterra quinhentista

O fato de amigos terem se juntado para conseguir o dinheiro faz logo pensar que o pai de Shakespeare, John (c. 1531-1601), não devia estar em boa situação financeira. Ainda assim, ele consentiu no casamento de William com Anne (que tinha 26 anos), filha mais velha do seu amigo Richard Hathaway.

A alegação de que havia alguma coisa que precisava ser rapidamente remediada não é válida. Baseava-se no fato de a primeira filha do casal Shakespeare, Susanna, ter sido batizada em 26 de maio de 1583, seis meses depois do casamento na igreja, mas a verdade é que Shakespeare e Anne já viviam juntos desde o verão de 1582.

O casamento na Inglaterra quinhentista, como ainda acontece hoje na Escócia, prescindia de igreja, de padre, de qualquer tipo de documentação. Só era necessária uma declaração das partes interessadas, na presença de testemunhas. Esse casamento era reconhecido pela Igreja e pelo Estado e não maculava de forma alguma a respeitabilidade do casal.

Naquela época, raramente as pessoas mudavam de uma cidade para outra. Nasciam e morriam sem conhecer outros lugares. As crianças eram educadas para temer e respeitar os pais. O filho sempre chamava o pai de Sir (senhor) e ficava de pé em sua presença. A autoridade e o poder paternos eram parte integrante da ordem social. As mulheres não tinham muitos direitos, mas o poder dos pais de decidir sobre o casamento das filhas era questionado. Ao casar, os bens da mulher passavam automaticamente para o marido, a não ser que arranjos especiais fossem feitos por advogados.

Por outro lado, qualquer mulher que tivesse dinheiro podia escolher o futuro marido. Contudo, havia exceções, como é ilustrado por uma curiosa história protagonizada por Elizabeth Spencer, que daria margem a uma boa comédia. O pai de Elizabeth, o *alderman* – que equivale ao vereador de hoje – Sir John Spencer, trancou a filha em casa porque ela escolhera para marido Lord Compton, de quem não gostava. Inconformada, Elizabeth pede a Compton para criar um caso, e o pai acaba sendo preso por, supostamente, maltratá-la. Ainda assim, ele não permite o casamento. A situação na casa dos Spencer fica cada vez pior, e o jovem Compton resolve apelar para um estratagema: disfarça-se de padeiro e, ao entregar o pão, rapta a namorada, que se esconde dentro da cesta, e eles se casam. O pai, furioso, deserda a filha, e nem mesmo com o nascimento do neto a situação melhora. O casal vai falar com a rainha Elisabete I (1533-1603), que normalmente não se envolvia em conflitos familiares. A rainha chama Sir John, diz que vai batizar uma criança por quem se interessa muito e pede que ele seja o padrinho. O nome do menino é Spencer, como o do avô. Só ao fim da cerimônia é que a verdade é revelada ao padrinho/avô. O velho faz do neto seu herdeiro e tudo acaba bem, como nas comédias de Shakespeare.

Não muitos anos depois, Sir John Spencer morre, deixando de herança cerca de cem mil libras, uma fortuna. O genro, Lord Compton, fica tão excitado e fora de si que enlouquece por uns tempos. Torna-se um *great nobleman*, sem nunca esquecer aquela providencial cesta da padaria.

Outro interessante enlace é o dos pais de Shakespeare. Sua mãe, Mary Arden (*c.* 1537-1608), casou-se com um rapaz de um nível social inferior. Ela pertencia à numerosa família Arden – era a oitava filha –, uma das poucas que podiam se orgulhar de descender de uma linhagem com raízes nos tempos anteriores à conquista daquelas terras pelos normandos, em 1066, quando Guilherme I (*c.* 1028-1087), o Conquistador, invadiu a Inglaterra.

O uso do sobrenome Arden vem do distrito onde a família tinha propriedade, segundo um velho hábito normando de dar às famílias o nome do lugar onde viviam. Seus antepassados, os Turchill, são mencionados como grandes latifundiários no *Domesday Book*, que consiste em uma relação completa de todas as propriedades da Inglaterra feita por ordem de Guilherme I. Nesse relatório, constam também a extensão, o valor e o número de cabeças de gado existentes em tais propriedades.

Até mesmo a floresta que fica nas proximidades de Wilmcote – onde Mary nasceu – tinha o nome da família: floresta de Arden. Shakespeare usou-a como pano de fundo para uma das suas mais encantadoras comédias, *Como quiseres*.

Ainda hoje, quem vai a Stratford-upon-Avon pode visitar a Casa de Mary Arden, na localidade vizinha, que fica a cerca de cinco quilômetros.

Os Arden eram católicos fervorosos, como muitas outras famílias no condado de Warwick. Ser católico era perigoso numa Inglaterra protestante. Henrique VIII (1491-1547), pai de Elisabete I, havia rompido com o papa Clemente VII (1478-1534) em 1532 (32 anos antes do nascimento de Shakespeare). Esse rompimento foi suspenso durante o período de absoluto terror imposto por Maria Tudor (1516-1558), católica ferrenha, filha de Henrique VIII e da espanhola Catarina de Aragão (1485-1536), nos cinco anos, iniciados em 1533, em que Roma exerceu sua influência sobre a Inglaterra mais do que a Igreja anglicana.

Outra família católica de grande prestígio eram os Grant. O sobrinho católico da mulher de Edward Grant, John Sommerville, era casado com Margareth, filha dos Arden, de Park Hall. Ele deixou sua propriedade em Edstone, a dez quilômetros ao norte de Stratford, decidido a ir a Londres para matar a rainha Elisabete I com um tiro. Mas a polícia secreta real era tão eficiente que ele foi preso no dia seguinte à sua saída de Edstone. Ao mesmo tempo, Park Hall foi invadida pela polícia. Edward Grant e Margareth Arden foram presos.

John Sommerville foi mandado para a Torre de Londres, onde foi encontrado misteriosamente estrangulado na véspera da sua execução. Margareth Arden foi libertada, mas Edward foi executado, e sua cabeça, junto com a de John Sommerville, ficou exposta à entrada da ponte de Londres. Portanto, não era interessante ser católico na Inglaterra elisabetana. Era preciso sê-lo secretamente.

Por conta desse acontecimento, o pai de Shakespeare cortou relações com aquele ramo da família da esposa. A filha de William Shakespeare, Susanna (1583-1649), nasceu logo depois que o relacionamento dos Shakespeare com os Arden havia sofrido esse sério golpe.

Em 1585, Anne Hathaway deu à luz o casal de gêmeos Hamnet e Judith. Hamnet morreria aos onze anos. O estudioso Alfred Leslie Rowse sugere que Shakespeare escreveu o epitáfio para esse seu único varão morto por intermédio das palavras de Constance, mãe de Arthur, o sobrinho do rei, quando ela diz:

> A dor preenche o quarto do meu filho ausente
> Deita em seu leito, caminha ao meu lado,
> Refaz sua boniteza, repete suas palavras,
> Relembra o que tem de gracioso,
> Dá às roupas vazias a forma do seu corpo.
> (*Vida e morte do rei João*, ato III, cena 4)

Shakespeare só teve esses filhos, ao passo que seus pais tiveram oito, dos quais ele fora o terceiro. Dois irmãos morreriam com 46 e 39 anos. O caçula, Edmund, dezesseis anos mais jovem que William, foi ator, mas nunca trabalharam juntos. Ele morreu em 1607 e está enterrado na catedral de Southwark, em Londres. Só uma irmã sobreviveria a todos, Joan, nascida em 1569, casada com William Hart. Ela morreu aos 77 anos, em 1646, trinta anos depois do seu marido.

Uma vez casados, Shakespeare e Anne foram morar com os pais dele em Henley Street. Nos fundos da casa havia bastante espaço, e ele podia até mesmo ter o seu pequeno estúdio, um cantinho privativo, como teriam seus personagens Henrique IV, Ricardo II, Tito Andrônico, Brutus (personagem da peça *Júlio César*), Hamlet e Próspero (personagem de *A tempestade*).

Anne cuidava de tudo. Como diria a personagem da comédia *As alegres comadres de Windsor*, Mistress Quickly, "estou encarregada da casa, e lavo, passo, sopro pó, limpo, arrumo a cozinha, preparo a comida e as bebidas, faço a cama, e tudo sozinha!".

Quando a situação financeira de William Shakespeare melhorou (depois de dez anos de trabalho em Londres), ele comprou, em 1597, a segunda maior casa de Stratford, chamada New Place. Custara caro e era, de fato, bastante grande: tinha dois celeiros, dois jardins e dois pomares. Anne e as crianças se mudaram imediatamente para lá. Shakespeare continuava trabalhando e morando em Londres, e só iria morar em New Place ao se aposentar, em 1611. Depois de sua morte, a casa ficou para a filha Susanna, casada com o médico John Hall (1575-1635). Passou depois para a neta Elizabeth, que, apesar de ter se casado duas vezes, não deixou descendentes. A filha mais nova do dramaturgo, Judith, teve três filhos. O primeiro morreu com um ano; os outros dois, com 21 e 19 anos, sem filhos. Assim, Shakespeare não deixou nenhum descendente direto.

A New Place seria demolida em 1759, quando seu proprietário era o reverendo Francis Gastrell. Desesperado com o número cada vez maior de pessoas que queriam visitar a casa de Shakespeare, mandou demoli-la. Lá estão os alicerces, entre canteiros, e a poesia daquilo que poderia ter sido.

Pouco se comenta sobre a vida matrimonial de Shakespeare. Há quem acredite que ele não devia se sentir feliz, caso contrário não teria ido para Londres. Mas, apesar de ter ficado afastado de casa durante 26 anos, jamais deixou faltar nada à sua família; ele a visitava sempre que podia, ou seja, quando a companhia não estava trabalhando. Também costumava voltar à sua cidade natal durante as terríveis epidemias de peste que assolavam Londres.

As referências que ele faz ao casamento em sua obra são indicativas de seriedade e respeito. Ao escrever, usava frequentemente a palavra *wedlock* (laço matrimonial) em vez de apenas *marriage* (casamento).

Embora o dramaturgo não tenha escrito diretamente sobre o amor por sua mulher, como lembra Edgar Innes Fripp, não se pode negar a paixão de Shakespeare pela sua "Queen of Curds and Cream" [Rainha das coalhadas e dos cremes]. Numa cena do quarto ato de *Um conto de inverno*, Políxenes, rei da Boêmia, e Camilo estão conversando a respeito da bela Perdita.

> POLÍXENES: Esta é a mais linda jovem nascida de uma baixa estirpe que jamais correu por estes campos verdejantes. Nada em tudo que ela faz, nem na sua própria aparência, deixa entrever que é maior do que a sua condição, que é nobre demais para estas plagas.
> CAMILO: Ela lhe diz algo que faz o seu sangue enrubescer. Por Deus, ela é a Rainha das coalhadas e dos cremes.
> (Ato IV, cena 3)

Em *Coriolano*, o general Tulo Aufídio diz:

> Sabes que amava a virgem com quem me casei,
> jamais um coração bateu com mais sincero amor.
> Mas ao ver-te aqui, nobre figura,
> meu transportado coração palpitou mais
> do que quando vi a minha esposa
> ultrapassando os meus umbrais.
> (Ato IV, cena 5)

Na mesma peça, o herói Caio Márcio diz: "Deixe-me apertá-lo com um abraço tão forte como quando amor fazia, com as tochas clareando o caminho do meu leito conjugal" (*Coriolano*, ato I, cena 6).

O tema também é lembrado em outras peças, como em *Otelo*: "[...] em relações tão boas como noivo e noiva que, recém-casados, se despem para o leito" (ato II, cena 3). E em *Romeu e Julieta*:

> Salta nos meus braços sem ser visto nem ouvido.
> Para celebrar seus ritos amorosos basta aos amantes a luz dos seus encantos.
> (Ato II, cena 2)

Em *Antônio e Cleópatra*, ela diz: "[...] mas eu serei um noivo em minha morte, correndo para ele como se fora o leito de uma amante" (ato IV, cena 14).

E, ainda, em *Cimbeline – rei da Britânia*, no monólogo de Póstumo, ele se lamenta: "Frequentemente ela continha meus legítimos desejos, rogando que me moderasse. E seu pudor era tão enrubescido que, àquela visão, o velho Saturno se envergonharia" (ato I, cena 4).

Em *Júlio César*, uma peça eminentemente política, escrita por Shakespeare aos 35 anos, há uma das mais belas cenas de amor conjugal da literatura, retratada pela imensa ternura e interesse de Pórcia por Brutus. Este está vivendo horas de grande ansiedade antes do assassinato de Júlio César, que ele ajudou a planejar e no qual tomará parte. Pórcia pressente que alguma coisa o atormenta. Brutus não parece o mesmo e é claro que não revela o real motivo das suas preocupações, mas Pórcia quer saber o que está acontecendo, apela para o seu direito de compartilhar com o marido a vida a dois que faz deles um só, há anos. É noite. Ele está sozinho no jardim quando Pórcia aparece, à sua procura.

>   Pórcia: Brutus, meu senhor?
>   Brutus: Pórcia, que foi? Por que te levantaste?/ Não é nada bom para tua saúde/ expor tua fraqueza à manhã fria.
>   Pórcia: Nem para ti também. Deixaste o leito/ em silêncio, e ontem, ao jantar,/ deixaste a mesa bruscamente e foste/ andar, amargo e suspiroso, os braços/ cruzados, e ao te perguntar por quê/ olhaste-me com expressão severa./ Quis saber ainda mais. Tu coçaste/ a cabeça, bateste o pé no chão. Eu insisti ainda, sem resposta,/ e tu, com gesto rude com a mão/ fizeste-me sinal para eu me ir./ Fui, temendo aumentar-te a impaciência/ que parecia demais. Mesmo assim/ julguei que fosse amuo passageiro/ que pode acontecer a qualquer homem./ Mas se não te deixa comer, falar,/ dormir, e se puder te transformar/ em outro, aí te desconheço, Brutus./ Conta qual a razão do seu pesar.
>   Brutus: Não 'stou bem de saúde. Isto é tudo.
>   Pórcia: Brutus é que sabe. Se não'stás bem/ descobre um jeito de ficar melhor.
>   Brutus: É o que farei.
>   Pórcia: Tu estás doente, e é salutar/ sair sem abrigo e enfrentar/ a umidade da manhã? Se estás/ enfermo não deves deixar a cama/ para enfrentar o contágio da noite,/ o ar viciado e úmido que vai/ piorar o teu estado? Não, meu Brutus,/ alguma coisa te preocupa e eu, pelo direito e posição/ que me cabem, deveria saber./ E de joelhos eu te imploro, em nome/ da beleza que um dia elogiaste e,/ pelos votos de amor e o grande voto/ que nos incorporou e nos uniu,/ que contes para mim (pois somos um,/ sou a tua metade) o que é que te preocupa,/ que homens foram os que te procuraram,/ pois aqui estiveram seis ou sete,/ escondendo seus rostos pela noite.
>   Brutus: Não te ajoelhes, minha doce Pórcia.
>   Pórcia: Não o faria se fosses gentil./ Dos laços do himeneu estás excluindo ficar sabendo quais são os teus segredos?/ Somos um só, com certas restrições./ Devo te alimentar, te confortar/ no leito e às vezes conversar. Viver/ à tua margem, só pro teu prazer./ Porém, se for assim, Pórcia não é/ mulher de Brutus, mas a sua rameira.

BRUTUS: Tu és a minha honrada e verdadeira/ esposa e tão bem amada quanto/ o que goteja no meu coração.
PÓRCIA: Se for verdade, devo conhecer/ teu segredo. Concordo, sou mulher,/ mas aquela que Brutus desposou./ Concordo, sou mulher, a respeitada/ filha de Catão. Pensas que não sou/ mais forte que meu sexo por ser filha/ de quem sou e mulher do meu marido?/ Conta-me tudo. Eu serei discreta.
(*Júlio César*, ato II, cena 1)

Por que Shakespeare, supostamente feliz no casamento, teria largado a família e ido para Londres em 1587? O chamamento do teatro teria sido mais forte? Se assim foi, como então começou esse interesse, essa atração? Não se sabe ao certo, mas há muita margem para conjecturas e alguma conclusão.

O sempre presente Nicholas Rowe, além de sugerir que havia alguma coisa de errado no casamento de Shakespeare, encontrou motivos sérios para que ele não apenas deixasse Stratford, mas *fugisse*. Fatos negativos e comprometedores justificariam esse sumiço, o que sem dúvida deixaria alguma nódoa na pequena família, cujo chefe, John Shakespeare, aspirava a um brasão.

John, fazendeiro, era filho de Richard Shakespeare (1490-1561), que em 1525 morava numa região de colinas a leste de Warwick. Alguns anos depois, mudou-se para o pequeno vilarejo de Snitterfield, a cinco quilômetros ao norte de Stratford, onde trabalhou arando as terras de Robert Arden (1495-1556) – pai de Mary Arden e aparentado de uma antiga e destacada família do condado. Foi naquele vilarejo que nasceram seus dois filhos, Henry e John, pai de William Shakespeare.

O ramo principal da família Arden era muito católico, e o avô de Shakespeare, segundo seu testamento (1556), era um *gentleman*, um *status* dos mais respeitados na ordem social do século XVI.

William Harrison (1534-1593), contemporâneo do dramaturgo, escreveu no seu "Description of Elizabethan England" (1577): "Nós, na Inglaterra, dividimos nosso povo comumente em quatro tipos – *gentlemen*, cidadãos (*burgesses*); *yeomen* (soldados da guarda real) e artífices e trabalhadores." Harrison dividia os *gentlemen* em "lordes e nobres" – príncipes, duques, condes etc. – e depois em "cavaleiros e *squires*".

A EDUCAÇÃO DE SHAKESPEARE

A mãe de Shakespeare, Mary, era a caçula de oito filhos do primeiro casamento de Robert Arden. John, o pai, deve ter ido para Stratford antes de 1552, e a casa geminada que alugou em Henley Street era propriedade do sogro. Alugou a da esquerda e nela abriu seu negócio. Quatro anos mais tarde, comprou a casa da direita. Em 1557, casou-se com Mary Arden e, em 1575, adquiriu a casa da esquerda, onde Shakespeare provavelmente nasceu. John era comerciante de lã – como Nicholas Rowe revela na biografia de Shakespeare –, e a casa da direita ficou conhecida como Woolshop (loja da lã). Não há, porém, nenhuma comprovação a esse respeito, pois, segundo alguns biógrafos, ele vendia produtos agrícolas e carne, além de ser curtidor de couro de cavalo, cervo, cabra e caças, mas não de couro de gado nem de porco. Em suas peças, Shakespeare faz referências exatas e precisas ao ofício do pai, que só poderiam ser feitas por quem o conhecesse de perto.

Percebe-se que John Shakespeare deve ter sido um homem que se fez à custa de trabalho e seriedade. A partir de 1557, começou a ocupar cargos cada vez mais importantes na comunidade. Foi membro do Conselho Municipal, edil (inspetor municipal), presidente de Conselho, bailio (magistrado da província), primeiro edil e alto almoxarife, o que lhe dava o direito de ser chamado de *gentleman* e de ter brasão (o qual ele só receberia em 1596, com o moto *Non sans droict* [Não sem direito] – significado que foge às interpretações há quatro séculos). Ben Jonson ridicularizou-o por isso. Em uma de suas peças (*Every Man out of his Humour*) ele põe em cena um açougueiro que enriqueceu e cujo brasão tem uma cabeça de boi e o moto *Non sans moutarde* [Não sem mostarda].

Alguns biógrafos dizem que o pai de Shakespeare era analfabeto, embora seja curioso imaginar que um alto funcionário, com a responsabilidade de conferir as receitas e despesas da municipalidade, não soubesse ler. Os que o afirmam se baseiam no fato de ele usar uma marca no lugar da assinatura em muitos documentos do Conselho. Mas era um procedimento muito comum o escrivão entregar listas ao Conselho e os membros apenas colocarem sua marca pessoal junto ao nome. Assim, a marca, que hoje é sinal de analfabetismo, não o era nos tempos de Elisabete I.

David Hume (1711-1776), filósofo e historiador escocês, escreveu algumas linhas sobre Shakespeare em sua *The History of England, from the Invasion of Julius Cæsar to the Revolution in 1688* [História da Inglaterra: da invasão de Júlio César à revolução em 1688]. Para ele, Shakespeare havia sido um "homem nascido numa era rude, que fora educado da forma mais baixa, sem nenhuma instrução, quer do mundo, quer dos livros".

O curioso é que não existem comentários dos contemporâneos de Shakespeare sobre o fato de um rapaz nascido em Stratford ter se transformado no grande poeta-dramaturgo que conhecemos.

A cidade de Warwick, bem próxima daquela onde nasceu Shakespeare, era conhecida como "cidadela do catolicismo". Ele nasceu seis anos depois da ascensão de Elisabete I, quando se estabeleceram regras rígidas contra a Igreja de Roma e seus adeptos. Os mosteiros foram fechados e os padres passaram a exercer seu ministério em segredo, sob pena de prisão, punição, tortura e mesmo morte impiedosamente dolorosa. Como seria possível mudar a mentalidade religiosa de toda uma geração à custa de uma ordem real?

Shakespeare, nascido no seio de uma família católica fervorosa, teve contato com pessoas dessa comunidade religiosa, como prova seu conhecimento sobre o culto e a mentalidade católicos em suas peças, além de certa complacência com relação ao clero. Os frades aparecem apenas em peças que não se passam na Inglaterra – *Romeu e Julieta* e *Muito barulho por nada* têm como pano de fundo as regiões italianas de Verona e da Sicília; *Medida por medida*, por sua vez, passa-se em Viena.

O coração da Inglaterra era seu mundo. Grandes feitos históricos estavam ligados ao castelo de Warwick e à grande propriedade de Kenilworth. Mas em Coventry, com sua majestosa catedral (brutalmente destruída durante um bombardeio na Segunda Guerra Mundial), já não eram vistos os tradicionais dramas religiosos encenados em praça pública, tão populares na Idade Média, que se prolongaram pelo século XVI.

A nordeste de Stratford ficava o campo de Bosworth, onde, em 1485, Henrique (1457-1509), o conde de Richmond, derrotou o famigerado Ricardo III (1452-1485), tornando-se Henrique VII, o primeiro rei Tudor, e pondo fim à interminável Guerra das Rosas, que durou trinta anos (de 1455 a 1485).

Será que Shakespeare não caminhou por aquela região, onde, 79 anos antes de nascer, estavam montadas as tendas rivais? De um lado, a do conde de Richmond e, de outro, a de Ricardo III, que, na peça do dramaturgo, foi visitado pelos fantasmas das suas vítimas na noite anterior à batalha. É preciso lembrar que os elisabetanos tinham grande atração por fantasmas e acreditavam piamente neles; ainda hoje, diz-se que não existe castelo que se preze na Inglaterra sem um fantasma que resida nele. As oito vítimas que aparecem, além de Lady Anne, cujo marido Ricardo III matara, desposando-a depois (e ela mesma teve uma morte misteriosa), fazem previsões terríveis que o levam, depois de acordar, ao seguinte monólogo:

> Deem-me outro cavalo!
> Curem-me as feridas!
> Jesus, tende piedade
> Calma, foi um sonho!

Como me atormentas, consciência covarde!
As luzes ainda brilham. Meia-noite.
Meu corpo treme, estou suando frio.
De mim tenho receio? Não há ninguém aqui
Ricardo ama Ricardo. Eu sou eu.
Vamos fugir
Fugir de mim? Com medo
de vingança? Como? Eu contra eu próprio?
Ora, eu amo a mim.
Por quê? Por algum bem
que eu próprio tenha feito para mim?
Não, ai de mim,
prefiro me odiar
por feitos hediondos cometidos.
Sou um vilão,
mentira, isto eu não sou!
Tolo, falo bem de ti. Sem elogios.
Minha consciência tem milhares de línguas
e cada língua conta um conto novo
e cada conto o vilão condena.
Perjúrio, perjúrio no mais alto grau,
Assassinato, assassinato horrendo,
todos cometidos das mais diversas formas,
acusam-me, gritando "Culpado! Culpado!"
Eu desespero,
não há quem a mim ame
e se eu morrer, da minha alma
ninguém irá ter pena.
Por que teriam,
se eu não tenho pena de mim mesmo?
Penso que as almas dos que assassinei
vieram à minha tenda prevenir-me
que amanhã se vingarão todas de Ricardo.
(*Ricardo III*, ato V, cena 3)

Shakespeare foi educado na *grammar school* local, onde os filhos dos burgueses podiam estudar gratuitamente até os dezesseis anos. O reinado de Elisabete I marcou o princípio da Renascença na Inglaterra e, sob a influência desse movimento artístico, houve uma sensível melhora no campo da instrução. Os protestantes haviam fechado as escolas monacais, mas abriram novos estabelecimentos de ensino. Jovens professores e matérias renovadas devem, inevitavelmente, ter exercido influência no espírito juvenil de William.

Estudava em uma escola severa, na qual os meninos eram matriculados aos sete anos. No verão, as aulas começavam às seis da manhã; no inverno, às sete. Às nove, fazia-se um intervalo para merenda. As aulas eram retomadas e prolongavam-se até as treze horas, quando havia outro pequeno intervalo, de quinze minutos. Os estudos prosseguiam até as dezessete horas. Às quintas e aos sábados, as aulas aconteciam à tarde. Havia quarenta dias de férias por ano e também entre o Natal e o Dia de Reis, e recesso escolar na Páscoa e no período entre o domingo de Pentecostes e o domingo da Trindade.

O dramaturgo recorreu ao tema em *Como quiseres*, em que versos ditos por Jaques evocam, com precisão e humor, o sofrimento de ter de sair de casa – com ou sem chuva, com ou sem neve – e ir para a escola tão cedo. Eis a famosa passagem "O mundo é um grande palco":

> O escolar, choramingando, leva sua sacola.
> Com a cara matinal lavada é um caramujo
> vai se arrastando sem vontade até a escola.
> (Ato II, cena 7)

Shakespeare estudou latim na gramática de William Lily, intitulada *Rudimenta Grammatices* (1534). O livro, adotado em todas as escolas inglesas a mando do rei Henrique VIII, era impresso em quantidades verdadeiramente extraordinárias para a época. Latim era uma exigência séria: os alunos mais adiantados tinham de falar em latim entre si, escrever versos, fazer discursos, além de atuar em peças escolares.

É possível que Shakespeare tenha aprendido a ler na *Bíblia de Genebra*, da qual não podia faltar uma cópia na sua casa. Essa Bíblia tornou-se muito popular na Inglaterra entre 1560 e 1616, com edições renovadas todos os anos. Tratava-se de uma Bíblia protestante, inspirada em traduções feitas para o inglês pelo pastor William Tyndale (1484-1536) contra a vontade dos bispos anglicanos e do monarca Henrique VIII. Tyndale foi mandado para a fogueira pelo feito.

No breve reinado da católica Maria Tudor, os protestantes ingleses mais eruditos acabaram fugindo para Genebra, na Suíça, quando se intensificaram as perseguições contra eles na Inglaterra, as quais cessaram quando Elisabete I subiu ao trono, em 1558. Então, os perseguidos passaram a ser os católicos romanos, ou papistas, como eram chamados. Em Genebra, sob a coordenação de William Whittingham (*c.* 1524-1579), os protestantes prepararam uma nova tradução da Bíblia para o inglês, com base no trabalho de Tyndale. Chamada de *Bíblia de Genebra*, foi publicada em 1560. Trata-se da primeira Bíblia em inglês a utilizar as divisões em versículos, além de possuir notas nas margens, baseadas na teologia reformada.

A familiaridade do dramaturgo com o livro sagrado torna-se evidente em suas obras. Estudiosos apontam mais de 170 referências bíblicas em seus escritos, diretas ou indiretas, das quais 130 provêm do Gênese. Há, ainda, aquelas ligadas ao evangelho de são Mateus, no Novo Testamento.

Quando Henrique VIII separou a Igreja da Inglaterra da tutelagem de Roma, ou seja, do papa, além de o apoio moral e espiritual da Igreja Católica sobre os ingleses ter cessado bruscamente, foi suprimido todo o ensino que a Igreja pudesse transmitir ou controlar como instituição. Graças ao Cisma, os novos mestres se viram obrigados a recorrer aos clássicos greco-romanos que, se não eram um caminho para a salvação, eram para o conhecimento. E os meninos começaram a aprender línguas. É provável que Shakespeare tenha aprendido catecismo muito antes de ir para a escola. Mas, além da Bíblia, outro livro que exerceu grande influência sobre ele foi *As metamorfoses*, de Ovídio, por quem era fascinado.

Na Bodleian Library, da Universidade de Oxford, há um exemplar datado de 1502 no qual se vê, nitidamente, a sua assinatura abreviada: "Wm. She." Na página anterior ao frontispício há uma nota em que se lê: "Este pequeno livro de Ovídio me foi dado por W. Hall, que disse ter pertencido a Will. Shakespeare. T. N. 1682." Não foi possível identificar quem poderiam ter sido W. Hall e T. N.

O conhecimento que Shakespeare tinha de latim se torna evidente pelo número de palavras dessa língua que ele usou nas suas primeiras peças. *Ricardo III*, de 1592, é um exemplo. Foi escrita quinze anos depois de ele ter deixado a escola, aos treze anos, devido a dificuldades financeiras do seu pai, que precisava da sua ajuda na Woolshop. Nessa mesma época, John Shakespeare teve de hipotecar Asbis, propriedade que pertencia à sua esposa. A prefeitura o eximiu de contribuir para a manutenção dos pobres do local, despesa que cabia aos membros mais abastados da comunidade. Dois anos mais tarde, ele venderia outra propriedade da mulher, em Snitterfield.

Diante dos fatos relatados, é possível concluir que a sempre lembrada observação de Ben Jonson de que Shakespeare sabia "pouco latim e menos grego" só pode ter sido motivada por falta de informação ou por certo despeito, não obstante Jonson tenha admitido que o autor "não foi do nosso tempo, foi eterno".

Em seu livro *The Genius of Shakespeare* (1997), Jonathan Bate afirma, com razão, que "a ideia de que é preciso estudar em Oxford para ser um grande escritor é coisa de esnobe". O autor salienta que Shakespeare deixou a *grammar school* aos treze anos, porque a necessidade de ajudar o pai o impediu de continuar os estudos.

Além do mais, ninguém deveria se espantar com o fato de um homem do povo, um *commoner*, escrever com tanto conhecimento sobre a nobreza. Todos os dramaturgos escreviam sobre os aristocratas, diz Bate. "O que é mais difícil é imaginar um aristocrata educado em Oxford reproduzindo a gíria das tavernas populares ou a técnica da confecção de luvas."

A informação de que Shakespeare teria deixado a escola porque precisava ajudar o pai pertence ao terreno das suposições. Do mesmo terreno também faz parte a história de que ele não era bom aluno. Parece que vivia em conflito com os professores, que faltava às aulas para caçar ilegalmente no parque particular de Sir Thomas Lucy (1532-1600), magistrado e pastor que perseguia as famílias católicas, como a da mãe de Shakespeare.

Há os que sustentam que Shakespeare cabulava as aulas, ficava perambulando às margens do rio Avon, brincava nos campos da floresta de Arden, onde aprendeu os nomes de tantas plantas e ervas. Enfim, sabe-se que, depois que ele deixou a escola, em 1577, seu pai não foi a uma só reunião do Conselho e, apesar de ter sido um membro ativamente participante durante anos, nunca mais compareceu, a não ser, possivelmente, uma única vez.

A primeira explicação para essa mudança de comportamento seria o envolvimento em complicações financeiras tão sérias que se tornou impossível arcar com as despesas demandadas pelo cargo. Não resta dúvida de que Shakespeare deveria estar trabalhando para ajudá-lo. Mas fazendo que tipo de trabalho?

Mais uma vez a resposta nos é dada por suposições, porém os escritos de John Aubrey (1626-1697) apontam algumas hipóteses. Assim como Nicholas Rowe, o "primeiro biógrafo" de Shakespeare, Aubrey foi outro escritor que contribuiu enormemente para enriquecer o "mito" shakespeariano. Era um antiquário que reuniu uma vasta coleção de histórias, anedotas e alguns comentários mais abalizados sobre poetas e homens de letras, que faziam parte de uma tradição oral. Eles foram compilados na famosa obra *Brief Lives*, que incluía biografias de personalidades como Francis Bacon, Robert Boyle, John Dee, Sir Walter Raleigh, Edmund Halley, Ben Jonson, Thomas Hobbes e William Shakespeare.

Aubrey viveu seus últimos quarenta anos em plena era da Restauração – tinha dezessete anos quando os teatros foram reabertos (1660). Esteve em Stratford pouco antes de 1688 – 72 anos depois da morte de Shakespeare – e coletou algumas histórias um tanto exageradas sobre o dramaturgo. Esta é uma delas: "Seu pai era açougueiro e fui informado por alguns dos seus vizinhos de que, quando era menino e exercia a profissão paterna, ao matar um vitelo, ele o fazia em alto estilo e proferia um discurso."

Apesar de o sobrinho-neto de Shakespeare estar vivo nessa época, quem contou essa história a Aubrey foi provavelmente William Castle, um velho funcionário da paróquia da cidade. "O funcionário, que me mostrou o túmulo do poeta, tinha mais de oitenta anos. Disse que Shakespeare fora ligado a um açougueiro nessa cidade, mas fugiu do patrão, indo para Londres, e lá foi acolhido em um teatro como empregado e teve assim oportunidade de ser o que mais tarde provou. Era o melhor da sua família, mas a linha masculina acabou." Não se descarta a possibilidade de que parte da casa, em Henley Street, tenha sido alugada (com certeza antes de 1680) para um açougueiro. O quarto em cima do açougue seria justamente o que é hoje mostrado aos visitantes como aquele em que Shakespeare nasceu.

Além de açougueiro, já se cogitou que Shakespeare teria sido aprendiz de um mercador de lã. O mesmo Aubrey teve um encontro com William Beeston (1606?-1682), filho de Christopher Beeston (*c.* 1579-1638) – ambos renomados atores e diretores teatrais –, que trabalhara na Lord Strange, supostamente a primeira companhia em que Shakespeare realizou alguma atividade como ator ou dramaturgo em 1588. Beeston estava vivendo em Londres, já idoso, perto dos oitenta anos, quando Aubrey o entrevistou, um ano antes de ele falecer. Era tido como um verdadeiro "cronista do teatro" devido à sua longa carreira. Na conversa, devem ter feito referência a Ben Jonson, pois Aubrey escreveu: "Apesar de BJ dizer que ele tinha pouco latim e menos ainda grego, ele sabia latim muito bem, pois quando mais jovem foi professor no interior." E, ao lado dessa anotação, escreveu: "Conforme Mr. Burton." Aí está: mais uma profissão, a de professor – o que é bem provável, já que tivera boa formação escolar, apesar de todos os que afirmam o contrário.

Um professor da *grammar school* em Stratford tinha sempre um diploma de uma universidade e, via de regra, o direito a um assistente. Esse não seria o caso de Shakespeare porque, sem diploma, ele não poderia aspirar a um cargo no mundo acadêmico. Além do mais, a remuneração era pouca e os prospectos, nulos. Ele teria de mudar de profissão para poder sustentar a família. De qualquer forma, ainda que tivesse exercido o ofício de lecionar, a escola em que trabalhou jamais chegou a ser identificada. No entanto, essa informação pode ser verdadeira, já que o pai de Beeston conhecera Shakespeare bastante bem e provavelmente comentou detalhes da vida do dramaturgo com o filho. Aubrey foi sempre tido como um entrevistador curioso e minucioso. Assim, Beeston devia saber o que estava falando.

Não há nenhuma indicação certa de que Shakespeare tenha sido açougueiro ou professor, porém existem suspeitas bem mais fundamentadas de que tenha trabalhado no escritório de um advogado. Segundo Edgar Innes Fripp, "há uma forma de cultura, no início da sua carreira, sem o que é impossível compreender Shakespeare. Uma característica inabalável do seu trabalho literário advém do seu estudo das leis e, sem dúvida, da sua experiência em um escritório de advocacia". É inegável o seu conhecimento extraordinário, amplo e preciso sobre assuntos legais. A terminologia e os processos são irretocáveis. Assim, é muito provável que tenha trabalhado com um advogado depois do casamento, em 1582, até ir para Londres seis anos mais tarde. Mas não há provas de que tenha sido advogado, apesar do conhecimento e da visão profundos do ofício.

Um dos grandes estudiosos de Shakespeare, o pesquisador irlandês Edmond Malone (1741-1812), escreveu: "Quando uma tradição chega até nós por meio de um pesquisador industrioso e cuidadoso, que a obteve de pessoas que com toda a probabilidade estão informadas com precisão sobre o fato relatado, e acrescenta algo à sua autoridade, tal tipo de tradição deve sempre trazer grande peso consigo." De todo modo, não é possível ter certeza de que os escritos de Aubrey tragam histórias verdadeiras acerca de Shakespeare.

Além do que foi anotado por Nicholas Rowe e por John Aubrey, há a obra *An Essay on the Learning of Shakespeare* (1767), escrita por outro renomado pesquisador inglês, Richard Farmer (1735-1797). Ele segue de perto o pensamento de Rowe: o conhecimento de Shakespeare era o dos primeiros anos de escolaridade, ou seja, ele era capaz de citar trechos de gramática latina, mas não possuía nenhum conhecimento abalizado dos clássicos. Para Farmer, o dramaturgo não conhecia as demais línguas modernas da Europa.

Farmer anotou trechos copiados literalmente por Shakespeare de traduções já existentes, como comprovação de sua ignorância do original. Quando encontrava trechos sem tradução, ou ele ignorava o fato ou achava que tais passagens, ou a peça inteira, tinham sido escritas por outra pessoa. Essa crítica implacável chegou a produzir uma classe de estudiosos que não hesitou em alegar que a obra de Shakespeare havia sido escrita por um ator ignorado nascido em Stratford.

O motivo que teria levado Shakespeare a fugir de Stratford é desconhecido. Rowe conta que o jovem andava em más companhias e, entre elas, havia amigos que com frequência roubavam cervos de propriedades particulares, como aconteceu com um furto no parque de Sir Thomas Lucy, em Charlecote, perto de Stratford. Essa é a história do ladrão fugitivo, que apareceu cerca de um século depois que o dramaturgo tinha ido para Londres. Em 1693, a história que corria era a de um jovem açougueiro que fugira do patrão. Quem a contou foi o reverendo Richard Davies, reitor em Sapperton entre 1695 e 1708, a sessenta quilômetros de Stratford. Foi ele quem comentou sobre o roubo "da caça e dos coelhos". Disse também que Sir Lucy (sem citar o prenome, Thomas) mandou chicotear e prender Shakespeare e, por fim, o fez fugir da sua terra natal. O detalhista reverendo não se deu conta de que não havia nenhum parque com cervos na região. E ignorou igualmente a existência de uma lei proibindo que os invasores de propriedades movidos pelo objetivo de roubar caça (os *poachers*) fossem chicoteados ou presos. Mas a história pegou. Em 1709, foi ouvida por Rowe, que a relatou, incluindo alguns fatos duvidosos: Shakespeare fora processado por Sir Thomas e, como a pena foi considerada muito severa, o dramaturgo escreveu versos satíricos para se vingar dele. Para Rowe, essa foi sua primeira tentativa de escrever poesia. Como resultado, a pena foi redobrada e ele foi obrigado a fugir para Londres. Shakespeare escreveu o que os pesquisadores, começando por Malone, mais tarde chamariam de "The Lucy Ballad" [A balada de Lucy]:

> Um membro do Parlamento, um juiz de paz
> em casa é um pobre espanta-pássaros,
> em Londres, um jumento.
> Se Lucy é um piolho
> como andam alguns dizendo,
> então piolhento é Lucy,
> não importa o que aconteça.
> Ele se acredita um gênio
> mas não passa de um burrico.
> Vemos que as orelhas dele
> pedem asnos para acasalar.
> E se Lucy é um piolhento
> como andam assim dizendo
> vai cantando, seu piolhento,
> Não importa o que aconteça.

Aqui há jogos de palavras que, traduzidos, perderiam o sentido, já que *Lucy* e *lice* ("piolhos") criam a brincadeira, com o acréscimo das variações *luce* e *lowsie*. Essa referência, recolhida por um certo Aldys, que nasceu setenta anos após a morte de Shakespeare, foi refutada pelo neto de Sir Thomas Lucy, em 1618, como absurda e falsa. Foi só naquele ano que a família obteve a licença para ter um parque. Assim, Shakespeare nunca teria roubado nada do seu avô. Toda a história não passou, portanto, de pura invencionice.

Apesar de todas essas histórias fantasiosas, Shakespeare só tinha um caminho a seguir: ir para Londres com um grupo de teatro que o atraiu e o convidou para se juntar à trupe, conforme se verá posteriormente.

Aubrey já ligara o jovem "fujão" ao teatro ao anotar: "Este William, tendo uma inclinação natural para a poesia e a representação, foi para Londres. Creio que com os seus dezoito anos" – neste ponto, Aubrey comete um engano, já que ele foi com 23 – "e foi ator em um dos teatros e representou muito bem. Cedo começou a fazer experiências com poesia dramática, que na época não era nada boa, e os atores o aceitaram bem, porque ele era um rapaz bem-apessoado, de humor pronto e agradável."

Shakespeare deixou sua terra natal no intuito de ser bem-sucedido. E levou a família *in his mind's eyes* (com os olhos da mente), para usar uma de suas expressões, empregada por Hamlet ao contar ter visto seu pai morto. O amor pela família como um todo, e o amor conjugal, especificamente, eram muito importantes para ele. Amor conjugal não era para ser duvidado, era sério e duradouro, como fica claro no seu soneto 113:

> Assim eu vou viver, supondo-te fiel
> como traído esposo, e o rosto deste amor
> 'inda pode parecer-me amor, mas alterado.
> Só teus olhos me veem, não teu coração.
> Portanto, assim não posso ver mudanças
> neles. A falsidade do amor nos outros se revela
> através de amuos e expressões estranhas.
> Mas ao criar-te o céu determinou haver
> o reflexo de um amor no rosto teu.
> Não importa o que pensasses ou sentisses,
> teria sempre aparência de ternura.

Onde melhor Shakespeare iria responder ao seu destino, senão em Londres?

Quando ele chegou, desconhecido, não fazia sombra a ninguém, mas em muito pouco tempo inflamou o mau humor de moribundos invejosos, como Greene. Ben Jonson nunca deixou de ver nele um sério concorrente, sempre que possível, referia-se a Shakespeare com uma pitada de ironia. A despeito disso, escreveu um elogio póstumo para o dramaturgo quando a coletânea de suas peças foi publicada em um volume chamado de *First Folio* – trata-se da primeira publicação das obras de Shakespeare, na qual apareciam 36 peças do dramaturgo inglês. Isso aconteceu sete anos após sua morte, em 1623, e os editores foram dois atores amigos de Shakespeare: John Heminges (1556-

-1630) e Henry Condell (1576?-1627). Na verdade, se não fosse essa iniciativa, muitas peças certamente teriam se perdido.

No final do século XVIII, por volta de 1778, foi publicada uma nova edição das peças de Shakespeare, organizada pelo renomado Samuel Johnson (1709--1784), a quem os ingleses chamam, com intimidade carinhosa, de dr. Johnson, o famoso lexicógrafo que em abril de 1755 editou *A Dictionary of the English Language*.

No volume *Oxford Companion to the Theatre*, há um comentário sobre o dr. Johnson e George Steevens (1736-1800), que colaborou na edição do dicionário: "A obra tem 'valor pela luz que dá mais ao editor do que ao autor', uma vez que o dr. Johnson não tinha grandes conhecimentos sobre o teatro elisabetano e não era inclinado à pesquisa." Com certeza foi por isso que o dr. Johnson sintetizou a vida de Shakespeare com estas palavras simples e diretas: "Tudo o que se sabe com grande certeza com relação a Shakespeare é que ele nasceu em Stratford-upon-Avon, casou-se e teve filhos lá, foi para Londres, onde começou como ator, escreveu poemas e peças, voltou para Stratford, fez seu testamento, morreu e foi enterrado."

Em 1618, quando escreveu os versos elogiosos para Shakespeare, Ben Jonson parece ter deixado de lado qualquer possível ressentimento artístico. Além do mais, àquela altura dos acontecimentos, estava mais do que evidente que Shakespeare era o maior dramaturgo do seu tempo. Mesmo assim, em meio aos grandes elogios, lá está o verso maldito a respeito do "pouco latim e nenhum grego", sugerindo para a posteridade sua ignorância e incompetência cultural. Por mais que estivesse patente que não era o caso, o verso ficou, confundiu e enganou muitos estudiosos. Jonson escreve:

> Alma dos Tempos!
> O aplauso! O prazer! O espanto destes palcos!
> Shakespeare, levanta! Não quero colocar-te junto
> a Chaucer, ou a Spencer, pedir para Beaumont
> jazer de forma a dar-te mais espaço.
> Sem tumba já és um monumento.
> E ainda vives enquanto viva for a tua obra
> e nós pudermos lê-la e assim louvar-te.
>
> Não vou juntar-te a Musas, mesmo as grandes,
> que perto de ti se apequenaram,
> pois se fosse te julgar no tempo
> eu te colocaria junto dos teus pares
> a confessar como ofuscaste a Lily,

ou o bravo Kyd e ainda o forte Marlowe,
e mesmo com teu pouco latim e nenhum grego,
para te honrar, não buscaria nomes,
mas chamaria por Ésquilo troante,
por Sófocles e Eurípedes,
Pacuvius, Accius e ainda o Cordovês
(de volta à Vida), para que ouvissem o som
da tua trompa apitando o palco.
Deixo-te só com a tua voz, que se a compare
com o que a insolência e altivez greco-romana
nos deu ou nos tem dado às tuas cinzas.
Triunfa, Bretanha, pois tens para mostrar
alguém que a Europa inteira tem de honrar.
Não foi do nosso tempo, foi eterno.
(Ben Jonson, "To the Memory of my Beloved Master William Shakespeare, and what he Hath Left us" [À memória do meu bem-amado mestre W. S., e o que ele nos legou]. O poema aparece no prefácio do *First Folio*.)

2. *A escolha*

Não se sabe ao certo por que Shakespeare deixou sua cidade natal, Stratford-upon-Avon, e escolheu a carreira no teatro. Não há também nenhuma evidência de que tenha sofrido alguma influência que o levasse a abraçar essa carreira. Mas, se estava realmente trabalhando em um escritório de advocacia, não poderia deixar de sentir que uma vida aborrecida entre quatro paredes, diante de uma mesa de trabalho, cercado de alfarrábios, era bem menos emocionante e vibrante do que a difusa promessa das sensações de uma companhia teatral, no universo das coxias, entre o mundo mágico das palavras ditas em voz alta.

Havia anos que ele observava companhias de atores chegando a Stratford. Em suas carroças, carregavam o que necessitavam para o cumprimento do seu ofício e representavam onde houvesse lugar para se instalar. Como acontecia em todas as cidades onde não havia casas de espetáculo, ocupavam os pátios a céu aberto das estalagens, mesmo em Londres, antes de terem um local permanente para se exibir. Em Stratford, podiam se apresentar na sede da municipalidade, o Guild Hall, e ocupavam também o pátio da estalagem em Bridge Street.

As companhias pagavam às estalagens parte da receita. O pátio tornava-se delas, por assim dizer, após a hora do almoço, já que os espetáculos eram sempre realizados ao ar livre e à luz do dia. Geralmente começavam por volta das duas da tarde e duravam, em média, duas horas. Era um acordo dos mais satisfatórios, uma vez que o estalajadeiro lucrava e os atores tinham, além de um público garantido, abrigo certo, pois usavam a mesma estalagem para pernoitar.

É inteiramente inconcebível que John Shakespeare, pai do dramaturgo, não tivesse tido contato pessoal com as companhias, já que ocupara cargos de responsabilidade na comunidade desde 1571, recebendo-as "oficialmente". Àquela altura, as companhias tinham apoio e patrocínio de membros da mais alta aristocracia, e a elas eram até dados os nomes dos seus patronos. Assim, as companhias patrocinadas pelos condes de Oxford, de Derby e de Southampton eram conhecidas, respectivamente, como Oxford's Men, Derby's Men e Southampton's Men; aquela patrocinada pela rainha Elisabete I era chamada de Queen's Men.

Embora muitas pessoas desconfiassem daqueles saltimbancos, outras achavam que eram apenas sujeitos que levavam uma vida diferente, com hábitos incomuns, atitudes liberais, talvez de uma liberalidade tão grande que poderia conduzi-los facilmente à devassidão e falta de pudor. Claro que, se houvesse mulheres, as companhias eram vistas como verdadeiros prostíbulos, mas naqueles tempos, na Inglaterra, as mulheres não podiam representar. Os elencos eram inteiramente masculinos.

Essa era uma herança milenar. Às mulheres era permitido apenas interpretar mímica, sem dizer uma única palavra, desde os primórdios do teatro antigo. Na Idade Média, elas também não participavam das longas apresentações de peças religiosas. Quando Filipe IV, o Belo, rei da França (1268-1314), recebeu na sua corte Eduardo II (1284-1327), rei da Inglaterra, em visita oficial logo antes de se casar com Isabel Capeto (1292?-1358), foi realizada uma apresentação da Paixão de Cristo totalmente em mímica. Cabe ressaltar que Eduardo II foi protagonista na peça homônima escrita pelo dramaturgo elisabetano Christopher Marlowe (1564-1593). No século XIV, uma versão alemã da Paixão de Cristo (da qual só restaram alguns fragmentos) incluía um "balé de Salomé", que era acompanhada por quatro donzelas. Já no século XV, em Nuremberg, as apresentações de espetáculos na Semana Santa permitiam que mulheres mais velhas, interpretando personagens mais jovens, aparecessem no final.

Assim, ao longo de muitos séculos, no Oriente e no Extremo Oriente, o público achava muito natural homens interpretarem papéis femininos. Mas, quando a Renascença europeia já aplaudia mulheres em cena no continente, a tradicional Inglaterra continuava aceitando garotos nos papéis de Julieta, Ofélia, Pórcia e Catarina, até que mudassem de voz, quando eram promovidos a jovens coadjuvantes. No entanto, era-lhes permitido aparecer nas mascaradas, espetáculos de origem italiana encenados na corte. Atores mascarados interpretavam peças curtas sobre personagens da mitologia, com breves interlúdios de danças e canções. Eram espetáculos amadores em sua essência, ainda que, ocasionalmente, atores profissionais fossem convidados para interpretar papéis com falas.

Quando o rei Carlos II subiu ao trono, em 1660, a Restauração presenciou não só a reabertura dos teatros como também a introdução de mulheres em cena. Consta que a primeira vez que uma mulher subiu a um palco inglês foi para encenar *Otelo*. O privilégio coube à atriz Margaret Hughes (1630-1719), que interpretou Desdêmona.

Em meados do século XVII, Oliver Cromwell (1599-1658) tomou o poder e se fez ditador da Commonwealth – espécie de governo republicano que exerceu o poder no Reino Unido entre 1649 e 1660. Nessa época, a situação dos teatros não poderia ser pior. Os puritanos ordenaram que todos fossem fechados. De 1642 até 1660, não foram realizados espetáculos teatrais na Inglaterra e a glória que havia sido a magnífica explosão criativa da era elisabetana cessou. Na verdade, se Cromwell tivesse ficado mais tempo no poder, o teatro inglês poderia ter desaparecido, talvez sem possibilidades de recuperação futura. Claro que algumas representações eram feitas às escondidas, mas os artistas sempre corriam o risco de ser descobertos pela polícia de Cromwell, com terríveis consequências para os infratores.

Mas em 1587 a pequena Stratford teve um verdadeiro banquete teatral. Foi visitada por cinco companhias, entre elas a Queen's Men e as dos condes de Strafford e de Leicester, esta última com o elenco liderado pelo grande ator cômico William Kemp. Eles haviam mambembado pelo Sul e pelo Oeste da Inglaterra e se apresentaram em Stratford em julho daquele ano.

Deixando de lado todas as considerações quanto ao que teria levado Shakespeare a fugir, fosse qual fosse o motivo, é muito mais provável que ele tivesse apenas deixado sua terra natal.

Naquele verão de 1587, ele poderia, aos 23 anos, ter conhecido e se encantado com o ofício do grande comediante William Kemp, do qual não se conhece a provável data de nascimento e a de morte. Por meio de publicações da Dugdale Society, instituição sem fins lucrativos que preserva documentos antigos relacionados ao condado de Warwick, é possível saber alguns fatos relacionados a Kemp. Em uma dessas publicações, intitulada *Minutes and Accounts of the Corporation of Stratford-upon-Avon and Other Records* [Relatórios da Sociedade de Stratford-upon-Avon e outros registros], descobre-se que ele "[...] tinha cabelos castanho-avermelhados e olhos cor de avelã, musical, versado em latim, capaz de escrever uma canção ou um poema, rever uma peça velha e melhorá-la, ou até mesmo escrever uma peça nova; um rapaz treinado em declamação, talentoso, como ouvira outros dizerem, ao representar peças na escola, atleta e espadachim, apaixonadamente ambicioso [...]".

Kemp deve ter convidado Shakespeare a seguir carreira dramática começando do zero, como um faz-tudo. Quanto a representar na escola, em uma das suas primeiras peças, encontramos esta fala bastante significativa, presente num diálogo entre as personagens Júlia e Sílvia, de *Os dois cavalheiros de Verona*:

> No Pentecostes
> Quando se encenavam aqueles prazerosos espetáculos,
> O nosso jovem me faz fazer um papel de mulher
> e me vestiram com os trajes da senhora Júlia,
> que me caíram perfeitamente bem, segundo os homens,
> como se tivessem sido feitos para mim...
> Naquela ocasião eu a fiz chorar bastante,
> pois interpretei um tristíssimo papel:
> era Ariadne sofrendo
> devido ao perjúrio e injusta fuga de Teseu:
> que eu interpretei com tantas lágrimas
> que minha pobre senhora, profundamente comovida
> chorou amargamente.
> (Ato IV, cena 4)

John Aubrey, além de informar que Shakespeare fora açougueiro e professor no campo quando adolescente, escreveu, em *Brief Lives*, editada na última década do século XVII: "Este William, tendo uma inclinação natural para a poesia e representação, foi para Londres." Ou seja, essa inclinação providencial o conduziria a uma área comprovadamente mais lucrativa: a dramaturgia. Shakespeare conheceu os atores e encantou-se com eles. Nada mais natural do que se deixar levar e seguir sua inclinação pelo mundo artístico.

Não seria fácil deixar uma família que amava. Ele deve ter conversado com sua esposa, Anne, e explicado a situação. Assim, é possível que Shakespeare tenha mudado para Londres por escolha própria, em busca de uma vida melhor, como qualquer chefe de família dos dias atuais que aceita empregos que o levam para longe de casa porque é a única forma de garantir uma sobrevivência digna. O talento e o rápido contato com amigos artistas que admiravam seu trabalho devem tê-lo incentivado a alcançar, com relativa rapidez, o sucesso em Londres.

O universo de Stratford era dos mais limitados. Shakespeare fez o que até hoje fazem os jovens de talento que se sentem sufocados nas pequenas cidades do interior. Se continuasse no condado de Warwick, cercado de histórias e belas paisagens serenas, o que lhe estaria reservado? Que futuro o esperava ali, às margens do Avon, deslizando com uma serenidade de espelho e preguiça imutáveis? A ponte de Clopton e a igreja da Santíssima Trindade (quando ele era jovem, jamais deve ter pensado que acabaria enterrado na nave central) permanecem ali. O que iria fazer pelo resto da vida? Continuar como professor-assistente, ganhando uma miséria? Seguir os passos do pai, não como hábil artesão, mas cuidando dos negócios, comercializando lã? Ou trabalhar num aborrecidíssimo escritório de advocacia? Ele teve a coragem de escolher, como outros artistas, ao longo dos séculos, também fizeram, não necessariamente em busca de fama, e sim de um ofício ideal.

Nenhuma das perspectivas que Stratford oferecia era atraente. Além do mais, não se pode esquecer que o dramaturgo era produto direto e visceral da era elisabetana. Sentia, como todos aqueles do seu tempo, algo que fervilhava, algo que carregava uma urgência e uma aflição de ser e realizar. Nesse sentido, é possível comparar o período elisabetano com o triste período da Segunda Guerra Mundial, ainda que as condições sociopolíticas e econômicas do século XX contrariem as expectativas herdadas do século XVI. De qualquer forma, assim que acabou a Segunda Grande Guerra, havia uma incontrolável necessidade de refazer, de crescer, de se firmar e reafirmar como povo e como nação. Ser elisabetano no século XVI era exatamente isso.

Mas o que era ser realmente elisabetano naquele século XVI? Era, acima de tudo, possuir o sentido de pertencer a uma grande nação sob o comando de uma soberana poderosa e inflexível. Shakespeare era um elisabetano puro, no sentido mais amplo. O que havia de glorioso na nação que crescia e se impunha aos seus maiores inimigos eclode nas suas peças como chama, como um sol ardente.

Em *Ricardo II*, o personagem John of Gaunt (1340-1399) era o quarto filho do rei Eduardo III e tornou-se duque de Lancaster em 1362. Além disso, era tio de Ricardo II e pai de Henrique Bolingbroke (1367-1413), que, depois da morte do pai, se revoltou contra o rei Ricardo II, lutou, venceu e assumiu a coroa como Henrique IV, o primeiro monarca da dinastia de Lancaster, que governou a nação entre 1399 e 1413. Logo antes de morrer, John of Gaunt lamenta o estado em que se encontra o país, e Shakespeare dá a ele um dos mais belos monólogos escritos sobre a Inglaterra.

> Este trono de reis, est'ilha coroada,
> Terra de majestade, sede de Marte,
> Este outro Eden, semiparaíso,
> Fortaleza que a natureza edificou
> para a si mesma defender contra o invasor
> e o braço armado da batalha.
> Esta raça
> feliz de homens, universo pequenino,
> Pedra preciosa incrustada em mar de prata
> que a defende como se fora uma muralha
> Ou como o fosso protetor de um castelo
> contra a inveja de terras menos venturosas.

> Abençoado trono desta terra, este reino
> Esta Inglaterra, este ventre fervilhando
> de príncipes reais temidos por sua raça,
> famosos pelo berço. Renomados por seus feitos longe de casa,
> renomados feitos cristãos
> e de real cavalaria como no sepulcro da rebelde Judeia,
> no resgate do mundo nobre filho de Maria.
> Este país de almas tão queridas, tão
> e tão queridas por sua reputação
> no mundo inteiro.
> E agora afirmado (e eu morro confirmando)
> como um feudo ou fazenda pequenina.
> Inglaterra, parte de um mar triunfante,
> cujas praias rochosas rechaçam o cerco
> invejoso de Netuno.
> (*Ricardo II*, ato II, cena 1)

Essa fala é a que mais carrega sentimentos patrióticos em peças de um autor inglês. John of Gaunt representa o que havia de melhor na Inglaterra, em um dos mais belos trechos que Shakespeare escreveu.

Quando o dramaturgo nasceu, Elisabete I tinha trinta anos e reinava havia seis numa ilha atrasada e falida que parecia ignorar a existência de uma Renascença polvilhando o resto da Europa com criatividade e energia. Mas parece que a Inglaterra precisava exatamente das qualidades que sua rainha possuía: firmeza, decisão e tenacidade. Porém, se Roma não se fez em um dia, ela também não conseguiria, em pouco tempo, fazer da ilha o país que sonhava. O que ela logrou, e logo, foi unir a grande maioria da população por meio de uma forma moderada de protestantismo como religião oficial, apesar de ainda haver alguns católicos descontentes e protestantes puritanos para os quais a Reforma era branda demais. Se a rainha Elisabete I teve sucesso nesse sentido, não era possível impor um renascimento nas letras. A última importante referência literária inglesa ainda era medieval: o filósofo e diplomata Geoffrey Chaucer (c. 1343-1400). A glória, portanto, parecia vir do teatro, manifestação que a rainha apreciava muito.

Elisabete I tinha por hábito fazer longas viagens oficiais, nas quais visitava e se instalava nas propriedades de alguns dos seus mais abastados nobres, como Robert Dudley (1532-1588), conde de Leicester, um dos seus favoritos, a quem ela concedera o grande castelo de Kenilworth, não muito distante de Stratford. É preciso recordar que o conde de Leicester, um dos maiores apoiadores do teatro elisabetano, tinha sua própria companhia de atores, a The Earl of

Leicester's Men. Foi nessa companhia que Shakespeare ingressou depois de deixar sua cidade natal.

Em Kenilworth, o conde organizou, em 1575, especialmente para a rainha, um festival de teatro com duração de três semanas. Havia rumores de que ele seria um dos candidatos a marido de Elisabete I, mas o Parlamento não o aprovaria como consorte, sobretudo devido ao boato de que mandara assassinar sua primeira mulher, o que, porém, nunca foi comprovado.

Em agosto de 1566, a rainha passou alguns dias hospedada em Kenilworth. Foi em seguida para o castelo de Warwick, perto de Stratford, visitar outro nobre, Ambrose Dudley, irmão de Robert Dudley e conde de Warwick. No caminho, pousou em Charlecote, numa mansão que pertencia a Sir Thomas Lucy, de quem Shakespeare supostamente iria roubar um cervo, anos mais tarde. Sem se dar conta, Elisabete I estava cercada por Shakespeare; e ele, por ela. Era um mundo pequenino, no qual certos nobres acabavam se relacionando de algum modo com plebeus que gravitavam pelo seu universo, principalmente se fossem artistas de reconhecido talento.

Naquela altura de 1566, Shakespeare tinha apenas dois anos e meio. Mas quem sabe ele não viu, nos braços do pai, Sua Majestade passar pelo grande portão e atravessar a ponte levadiça do castelo de Warwick a caminho de Banbury e Oxford? Contudo, se o menino não a viu nessa época (e nada teria registrado em sua memória principiante), isso aconteceu decerto quando a rainha se dirigiu a Kenilworth para apreciar um grande festival de teatro, no verão de 1575, quando ele já tinha onze anos. Mais tarde, em 1587, assistiria ao grupo de atores da rainha (Queen's Men) e ao do conde de Leicester, que se apresentaram em Stratford-upon-Avon. Ainda assim, Shakespeare não poderia imaginar que, graças às suas peças, cairia no gosto de Elisabete I, que se tornaria uma de suas grandes admiradoras. Ele a conheceu pessoalmente e manteve um contato respeitoso com a soberana.

Quando o dramaturgo chegou a Londres, em 1587, a rainha estava com 54 anos e já havia dado amplas mostras de sagacidade política e ardilosidade feminina. Seus súditos iriam viver numa era, de certa maneira, privilegiada. Durante os quase 45 anos de reinado elisabetano, a Inglaterra se consolidou como a maior potência da Europa, depois de vencer seu arqui-inimigo, Filipe II da Espanha, e transformar sua armada na grande dominadora dos mares.

Elisabete I possuía muitas qualidades sempre associadas a um chefe de Estado: julgamento sólido, enorme capacidade de trabalho, além de imensa perspicácia na escolha dos seus ministros e principais colaboradores. Sabia controlar as finanças e administrar a justiça. Levou anos para mandar executar sua inimiga política e prima, Maria Stuart (1542-1587), mas não hesitou um segundo em fazer o mesmo com o conde de Essex, seu favorito na época, condenado pela tentativa frustrada de destroná-la. Era prudente, vigilante, cheia de vigor, constância e magnitude (sempre que possível).

Sob muitos aspectos, era bem filha de seu pai, Henrique VIII. No entanto, havia comentários de que sua mãe, Ana Bolena (c. 1501/1507-1536), cometera adultério com Mark Smeaton (c. 1512-1536), um músico da corte que acabou sendo executado por esse suposto crime. Não obstante, é difícil imaginar que a rainha tenha herdado suas melhores qualidades de ousadia e destemor de um delicado músico que teria se deixado levar pelos encantos perigosíssimos de uma jovem rainha sensual.

Há um interessante incidente que revela o temperamento decidido e implacável de Elisabete I, mesmo diante de uma figura como Richard Cox (c. 1500--1581), o bispo de Ely, uma das mais altas autoridades eclesiásticas da Inglaterra. O bispo havia prometido a ela trocar uma parte das terras pertencentes ao bispado de Ely por outra equivalente, mas não o fez. Elisabete I escreveu, então, uma carta ao bispo, deixando bem clara a condição das partes: ela, de mandatária, e ele, de obediente. A carta, reproduzida por David Hume em sua *História da Inglaterra*, apresenta o famoso trecho: "Orgulhoso prelado: compreendo que estejais um pouco hesitante em cumprir com o nosso acordo, mas quero que fiqueis sabendo que eu, que fiz quem sois, posso desfazê-lo, e se não cumprirdes imediatamente o compromisso vou destituir-vos. Sinceramente, enquanto me aviltardes, Elisabete."

Em 1535, quando Henrique VIII rompeu com o papa Clemente VII e o Parlamento votou o Ato de Supremacia, anulando a autoridade papal – transformando, assim, o soberano em chefe supremo da Igreja na Inglaterra –, o povo se viu à deriva. Bruscamente, tinham acabado mil anos de respeito à autoridade moral católica. De repente, havia um rei de quem dependia a última palavra sobre conduta moral. Mas Henrique VIII não pretendia uma Inglaterra protestante; a ideia do monarca era gerir uma "Igreja Católica sem papa". Porém, ao tomar essa atitude, tornou-se responsável pela mais ampla revolução social, econômica e religiosa do país. O rei queria apenas um cisma, pois na verdade desejava que a mesma Igreja, fundamentada em dogmas essencialmente católicos, concedesse a ele a autoridade papal. Entretanto, uma vez destruído um princípio, só podia acontecer um movimento: a ruína dos demais... O anglicanismo se transformou em protestantismo, este subdividiu-se em ramos menores, cada qual reivindicando seu direito de existir, e Henrique VIII se viu diante de uma transformação que ultrapassou de longe seus próprios desígnios.

Claro que a mudança provocou uma perturbação desastrosa. Os ricos foram desmoralizados. Os nobres foram vítimas de prisões e exploração. O ministro Thomas Cromwell (c. 1485-1540) persuadiu o rei a dissolver as casas religiosas e se apoderar de suas vastas riquezas. Não só Henrique VIII saiu lucrando, mas também os seguidores de Thomas Cromwell. Com a antiga Igreja posta de lado, a maioria aceitou (ou foi obrigada a aceitar) a nova ordem, já que não era muito seguro aderir a outra doutrina religiosa. Obviamente, muitos ainda professavam a velha ordem em segredo, já que não se podem mudar crenças religiosas enraizadas no ser humano por meio de um decreto. Houve mártires. Mesmo assim, poucos. Tudo somado, a questão religiosa só teria uma trégua anos depois, quando Elisabete I subiu ao trono, em 1558, sucedendo um reinado tido como vingativo, cuja monarca era sua irmã mais velha, Maria I, católica ferrenha como sua mãe, a princesa espanhola Catarina de Aragão, primeira mulher de Henrique VIII. Maria impôs a volta da religião católica a ferro e fogo. Os mártires se multiplicaram pelo país a tal ponto que ela entrou para a história como *Bloody Mary* [Maria sanguinária], em virtude da intensa perseguição empreendida aos protestantes. Seus cinco anos de reinado foram totalmente desastrosos e, a partir de 17 de novembro de 1558, com a sua morte, Elisabete tornou-se a nova monarca e inaugurou uma nova era. Ela realizou a segunda reforma religiosa no país e, ao reforçar-lhe o caráter protestante, controlou o ódio religioso vigente.

Elisabete I era venerada pelo povo. Assim, era impossível não aparecer nas peças históricas de Shakespeare. Ele já escrevera uma – *Henrique VIII* – em que aparecia o avô da soberana, Henrique VII, personagem da peça sobre Ricardo III, o rei que, ao subir ao trono, acabou com a Guerra das Rosas. Em 1486, Henrique VII casou-se com Elizabeth de York (1466-1503), unindo as duas casas inimigas e dando início ao período do reinado dos Tudor. Tal período terminaria em 1603, com a morte de Elisabete I, que não deixou herdeiros. Em decorrência, o filho de sua prima e arqui-inimiga Maria Stuart, James VI da Escócia (1566-1625), assumiu o trono. Ocorreu então uma ironia na história dos monarcas ingleses, que uniu inimigos seculares: James VI tornou-se James I, rei da Inglaterra, e o território passou a se chamar Reino Unido da Inglaterra e da Escócia.

Shakespeare não escreveu uma peça para Elisabete I, mas procurou se redimir disso, ao escrever sobre seu pai, Henrique VIII. O conteúdo de propaganda política era flagrante. Foi, na verdade, sua última peça, e sua estreia se deu no dia 29 de junho de 1613, três anos antes da morte do dramaturgo. No final, há uma cena que mostra o batizado da soberana, em que ele não só lhe presta uma homenagem como sublinha todas as qualidades que acreditava que um chefe de Estado devia ter.

Nessa cena, quando o rei pergunta a Cranmer, o arcebispo da Cantuária, qual é o nome da menina, ele diz: "Elisabete." O rei beija a filha e o arcebispo toma a palavra:

> Permiti que fale, meu senhor,
> que assim me ordena o céu agora,
> e que as palavras que eu disser não sejam
> tomadas por lisonja, pois são bem
> verdade. Esta real criança –
> e que sempre o céu vele por ela –
> ainda que no berço, já promete
> mil e mais mil bênçãos para a nossa terra,
> o que o tempo saberá justificar.
> Ela será (e poucos de vós verão
> tanta grandeza) um modelo
> para quantos príncipes viverem
> junto dela e de quantos se seguirem.
> A própria rainha de Sabá nunca
> foi mais sequiosa de sabedoria
> e de virtudes do que est'alma pura.
> As graças principescas que amoldam
> seres assim tão poderosos,
> com todas as virtudes que acompanham
> os bons, serão nela redobradas.
> A verdade será o seu sustento;
> celestes pensamentos, conselheiros
> para sempre. Os céus a benzerão. Seus inimigos, como espigas
> abatidas, vão tremer
> co'as cabeças
> inclinadas de tristeza.
> A bondade cresce nela.
> Enquanto ela viver
> os homens comerão em segurança
> sob suas vinhas, tudo que plantaram
> e cantarão canções alegres e pacíficas
> para seus vizinhos.
> E Deus será
> realmente conhecido; e os que a cercarem
> serão guiados nos reais caminhos
> da honra.

É a isto, e não por descendência,
que deverão tanta grandeza.
Quando se for
o esplendoroso pássaro da
fênix virginal as cinzas criarão
outro herdeiro
tão grande quanto ela,
e assim estenderá sua bênção sobre todos.
E quando o céu a chamar da escura nuvem,
das cinzas sagradas da sua honra
se erguerá uma estrela, tão grande
em fama como ela, e assim
irá permanecer.
Paz, fartura, amor, verdade
e até terror, que foram os servos
da escolhida infante,
serão então os seus
e como as vinhas crescerão com ele.
Onde quer que o sol dos céus fulgure,
sua honra e a grandeza do seu nome
penetrarão e fundarão novas nações.
Ele vai florescer como o cedro montanhês
e alçar galhos acima das planícies
ao redor.
E os filhos dos filhos nossos
vão ver isto, benzerão os céus.
[...]
E ela viverá, para grandeza da Inglaterra,
até avançada idade
e muitos anos
escoarão com ela
e não haverá
dia nenhum sem feliz feito que o coroe.
Eu quisera não saber mais nada.
Mas ela morrerá, será preciso,
preciso porque os anjos hão de tê-la.
Ainda virgem, como um lírio imaculado,
voltará à terra e o mundo inteiro
sentirá sua falta.
(*Henrique VIII*, ato V, cena 5)

Essa peça foi escrita em 1613, dez anos depois da morte da rainha, e muitos acham que a homenagem de Shakespeare, por mais justa e admirável que tenha sido, foi tardia. É curioso que ele tenha escrito e tecido elogios para Elisabete I quando seu sucessor, James I, era o monarca. É preciso lembrar que James era filho do principal desafeto de Elisabete, sua prima escocesa Maria Stuart. Por outro lado, Shakespeare não poderia deixar de elogiar James I, e o fez ao dizer que, quando a rainha se fosse, "da/ fênix virginal as cinzas criarão/ outro herdeiro/ tão grande quanto ela,/ e assim estenderá sua bênção sobre todos". E mais: "das cinzas sagradas da sua honra/ se erguerá uma estrela, tão grande/ em fama como ela, e assim/ irá permanecer". Quando, alguns versos depois, ele diz que a "grandeza do seu nome" irá fundar "novas nações", está se referindo à colonização da Virgínia, na parte nordeste do território que se tornaria os Estados Unidos um século e meio mais tarde. Podiam não ser grandes elogios, mas Shakespeare, excelente dramaturgo e ainda melhor diplomata, parece ter contornado a situação.

Se ele era diplomático ao se referir às pessoas – pelo menos aos poderosos –, muitos dos que escreveram a seu respeito o fizeram sem a menor diplomacia, com a irresponsabilidade da ignorância, porque as invencionices e inverdades são produto dela. Foi o que aconteceu com o reverendo Richard Davies, vigário de Sapperton entre 1696 e 1708, um lugarejo a cerca de sessenta quilômetros de Stratford. Depois de escrever com suposto conhecimento de causa (o que parece absurdo, já que Shakespeare estava morto havia oitenta anos), o vigário, falando sobre o motivo pelo qual o dramaturgo deixara Stratford, acrescentou uma observação surpreendente e infundada: "Ele morreu papista." Se seu pai, nascido e criado sob os auspícios da doutrina "antiga", não cogitara abraçar a nova ordem – ou seja, tornar-se protestante –, deve tê-lo feito no maior dos silêncios. Não há registros de que a família de Shakespeare tenha tido problemas de cunho religioso. É mesmo possível que ele, crescendo, nem se desse conta da existência de questões político-religiosas, visto que, no ano de seu nascimento, já fazia quase trinta anos que Henrique VIII rompera com Roma. Ele tampouco teria contato com os reinados perigosos, primeiro para os católicos, depois para os protestantes, de Eduardo VI e de Maria Tudor, respectivamente, pois só nasceria quando Elisabete I já estava no sexto ano de reinado.

Não se discutia o fato de o rei ou a rainha serem os representantes diretos e imediatos de Deus na Terra. O direito divino não era contestado. Era aceita gratuita e firmemente a ideia de que o soberano ocupava aquele cargo porque assim queria Deus. Havia, claro, pairando sobre qualquer pessoa comum, aquele vago receio dos perigos de contrariar os padrões de conduta e pensamento, o que, no fundo, era bem mais importante do que ficar pensando em liberdade cultural.

Comparecer aos serviços religiosos da Igreja estabelecida era compulsório. Quem desobedecesse – como alguns poucos católicos ou certos puritanos inconformados com uma Igreja ainda cheia de condescendências – era punido com multas, prisão e, em casos mais extremos, tortura e execução. É claro que as pessoas deviam se sentir inseguras, e não só espiritualmente. Não havia, e já fazia muito tempo, o apoio moral e psicológico da Igreja Católica: as confissões não podiam ser longas, e as absolvições, reconfortantes. E sem a solução que a psicanálise poderia dar, séculos depois, o que fazer? Compreende-se assim, de certa forma, a angústia de Hamlet, em busca de respostas que ele não tinha e que não lhe podiam ser dadas por ninguém. Quando, na peça, Shakespeare faz Hamlet conversar com o pai morto e pede orientação para o seu espírito, ele também está refletindo tais inseguranças. É preciso recordar que o pai do dramaturgo morreu em 8 de setembro de 1601, quando ele tinha 37 anos. Foi nesse mesmo ano que terminou uma versão de *Hamlet*, da qual faria uma revisão definitiva dois anos mais tarde. Sabe-se que, na peça, ele interpretou o papel do Fantasma (que representava o próprio pai).

Na verdade, para Shakespeare, a separação entre a Inglaterra e a Igreja de Roma não passava de história antiga. É como medir o tempo que separa a Revolução Russa de 1917 do nascimento de uma pessoa em 1947, que se tornaria adulta vinte anos depois, ou seja, meio século após aquele outubro revolucionário. Assim, é preciso lembrar que o tempo escorre mais depressa do que flui o pensamento.

Como acontece muitas vezes, as inseguranças e ameaças políticas, o desequilíbrio ou a suspeita dele, em vez de se transformarem em um rolo compressor sufocante, procuram ultrapassar a falta de ar e a escuridão para atingir outros planos, quase sempre criativos. Na Inglaterra não foi diferente: ocorreu um período de grande efervescência cultural, principalmente no teatro, porque, como sempre, o palco era o lugar onde o povo podia se fazer ouvir. Havia, por vezes, surtos de censura, que os dramaturgos tentavam e quase sempre conseguiam contornar. Mas foi, sem dúvida, o período mais rico da dramaturgia de toda a Europa.

Como escreveu Edgar Innes Fripp no seu precioso livro sobre Shakespeare:

> A veneração, para ele, era mais cara do que os sermões, e a veneração nem sempre estava nas igrejas. Ele se interessava mais pelo Homem do que pela doutrina. Nenhuma seita o prendia. Ele era muito amplo e profundo para limitar-se a apenas uma. E se

colocava acima de todos pelo seu liberalismo reverente. Pelo que escreveu, pelo testamento que deixou, concluímos que viveu e morreu fazendo parte da Comunhão Nacional, um amante da Igreja numa época que, antes do Ato da Uniformidade, incluía no púlpito e nos bancos uma rica variedade de pensamentos, antigos e modernos, e degustava bem, ainda que por vezes dolorosamente, de um choque de salutares inteligências.

Como súdito de uma monarquia Tudor, Shakespeare acreditava na teoria do direito divino, ou seja, no caráter sagrado do monarca, a quem se devia obedecer e venerar. Revoltar-se contra isso era o mesmo que revoltar-se contra Deus. O monarca existia para ser obedecido incondicionalmente, já que recebera o seu poder como um legado da autoridade divina. Elisabete I não só o representava bem, como era a verdadeira essência daquilo que uma monarca deveria ser: chefe e, ao mesmo tempo, mãe de todos os seus súditos. O monarca centralizava os desejos e as angústias de todos os que o cercavam. Era o primeiro e o último responsável pelo seu povo. Essa noção do que representava ser rei, Shakespeare exemplifica de modo esplêndido na peça *Henrique V* (o tetravô de Elisabete I). Em um dos seus mais belos trechos, Henrique V monologa sobre a responsabilidade, a qualidade e o dever de um soberano:

> Sobre o Rei! Nossas vidas, nossas almas
> as dívidas e as esposas dedicadas,
> nossas crianças e nossos pecados
> caiam sobre o rei.
> Tudo suportamos.
> Ó dura condição! Gêmea da glória,
> sujeita à crítica de qualquer tolo
> cuja capacidade de sentir
> não vai além do próprio sofrimento.
> Que paz no coração não tem o rei,
> a paz de que desfruta o homem comum.
> E o possuem os reis que eles não têm,
> senão a pompa e as grandes cerimônias?
> E o que és tu, inútil cerimônia?
> Que divindade és tu, que sofres mais
> do que aqueles que te adoram?
> Quais são teus benefícios, quais teus lucros?
> Ó cerimônia, mostra-me o que vales!
> Que te faz digna de tanta adoração?
> És algo mais que posição, lugar
> ou forma, amedrontando os homens?
> Te sentes ao menos feliz causando

temor do que eles sentem, temendo?
E o que bebes em vez de louvor doce
senão pura lisonja envenenada?
Adoece, grandeza poderosa,
e pede à etiqueta que te cure.
Pensas que a febre em brasa vai cessar
com títulos que sopram adulações?
Dará lugar a vênias e mesuras?
Não podes tu, que mandas nos joelhos
dos mendigos, ordenar-lhes saúde?
Não, sonho orgulhoso,
que brinca sutilmente com o real
repouso. Sou um rei que te conhece.
Não são o bálsamo, o cetro e o orbe,
a espada, a maçã, a imperial coroa
nem o manto tecido de ouro e pérolas
nem o título nobre de um monarca,
o trono onde se senta, a maré
da pompa de encontro às praias do mundo,
não, cerimônia
nem teu fulgor triplo,
nem tudo isto em leito majestoso,
poderia nos dar o sono fundo
do vil escravo que, com o corpo cheio
e o espírito vazio, vai e dorme
feliz do seu pão ganho com a miséria,
sem jamais reconhecer a horrenda noite –
a filha dos infernos.
Este lacaio, que desde que o sol sobe
até se pôr, sua aos olhos de Febo
e dorme a noite inteira no Elíseo.
E quando chega o dia, ao clarear, ajuda Hipério com o seu cavalo
e segue assim, os anos galopando
com trabalho profícuo até o túmulo.
E a não ser as cerimônias,
o pobre
miserável,
com dias de labuta
e noites bem dormidas
tem vantagens
sobre o rei,
goza da paz

sem saber
das vigílias do rei
para manter
o que o pastor desfruta com proveito.
(Ato IV, cena 1)

Tarlton, Kemp e Alleyn:
os atores das comédias shakespearianas

É impossível que Shakespeare não tivesse contato com os atores que visitavam Stratford. A cidade era minúscula, e os encontros seriam inevitáveis. Assim, não seria fantasioso supor que ele tenha conhecido Richard Tarlton, William Kemp e Edward Alleyn, que se destacaram entre os maiores atores ingleses do século XVI. Para um rapaz de pouco mais de vinte anos que trabalhava em um escritório de advocacia, ou que era professor de meninos numa escola sem nenhuma distinção especial, esses encontros devem ter sido inspiradores. Eram homens famosos, com mentes abertas e criativas.

Mas quem eram esses grandes atores?

• RICHARD TARLTON

Não se sabe quando Richard Tarlton nasceu – talvez por volta de 1530 –, mas o renomado comediante morreu em 1588, logo depois da chegada de Shakespeare à capital inglesa. Tarlton foi para Londres bastante jovem e trabalhou como taverneiro. Casou-se com uma mulher de reputação mais do que duvidosa, que deve ter lhe trazido problemas. Como todo elisabetano talentoso e eclético, escreveu baladas, além de ensinar esgrima. Acabou entrando para a companhia de teatro Queen's Men, patrocinada pela rainha Elisabete I, entre os anos de 1583 e 1595. Tal companhia visitou Stratford em 1587, certamente quando Shakespeare o viu representar e o conheceu de perto.

Ele era conhecido como *Lord of Myrth* [Senhor da alegria], e consta que nem bem entrava em cena o público começava a rir. Era baixinho, com o rosto bem largo, cabelos crespos, olhos acesos que piscavam muito, nariz achatado e barba rala. Era um dos favoritos da rainha, que gostava da sua impertinência de improvisador, a não ser quando ele se excedia imitando personalidades da corte, o que fazia com frequência. Consta que era o único capaz de acabar com o mau humor real. Por mais irritada que a soberana estivesse, ao vê-lo toda a sua fúria se diluía.

Tarlton deve ter divertido Shakespeare enormemente. Ele marcou, com seu temperamento histriônico, o futuro do escritor. É bem possível que o dramaturgo estivesse se referindo a ele na famosa cena dos coveiros, em *Hamlet*. O príncipe está no cemitério acompanhado pelo seu amigo Horácio. Param junto a uma cova que está sendo preparada para receber um novo corpo. Hamlet pega a caveira e fica sabendo, pelo coveiro, que pertencia a Yorick, o bobo da corte. Segue-se este comentário:

> Pobre Yorick. Conheci-o, Horácio, sujeito
> de graça infinita, de imensa fantasia.
> Carregou-me nas costas milhares de vezes e agora,
> como me parece repugnante, me parte o coração.
> Aqui estavam aqueles lábios que tantas vezes eu beijei.
> Onde estão agora as suas piadas,
> as cantorias, as explosões de alegria
> que faziam os convidados uivar às gargalhadas?
> Não resta hoje mais ninguém
> para rir da sua careta? Coisa lamentável.
> Vá agora ao quarto da minha dama e diga
> a ela que, por mais que cubra o rosto
> com pinturas das mais grossas,
> ao mesmo há de chegar. Faça-a rir-se disto. [...]
> (Ato V, cena 1)

É bem possível que, ao se referir a Yorick, Shakespeare estivesse evocando Tarlton. No futuro, já criador de personagens extraordinários, inesquecíveis figuras de comédia, quanto do que lhe transmitira Tarlton não se encontrava nos alicerces do próprio coveiro, personagem de *Hamlet*; de Bottom, de *Sonho de uma noite de verão*; de Costard, de *Trabalhos de amor perdidos*; de Gobbo, personagem de *O mercador de Veneza*?

Se para o ator é importantíssimo saber ver para aprender, o que dizer do escritor – e mais ainda do dramaturgo –, que tem no homem vivo a matéria-prima para a sua criação? John Stow (1525-1605), famoso comentarista, disse: "Richard Tarlton, com seu humor espantoso, farto e agradável, era o espanto do seu tempo." No palco, improvisador irrecuperável, suas respostas às tiradas da plateia eram sempre invariável fonte de prazer para todo o público. Conta-se que certa vez um dos espectadores lhe perguntou onde é que ele tinha arranjado aquele nariz chato, e Tarlton retrucou, na hora:

> Por mais chato que seja em seu lugar
> meu nariz está sempre do meu lado

> pois me ajuda pelo cheiro separar
> um homem honesto de um safado.

O trecho acima aparece em muitas obras sobre Shakespeare e sua época. Foi especificamente retirado do importante livro *The Elizabethan Stage* [O palco elisabetano], escrito em 1923 pelo crítico literário inglês Edmund Kerchever Chambers (1866-1954).

Quando Richard Tarlton morreu, em 3 de setembro de 1588, William Kemp assumiu a vaga de principal comediante do teatro inglês.

• WILLIAM KEMP

Shakespeare conheceu Kemp muito bem ao longo dos doze anos em que trabalharam juntos. A influência do comediante sobre a obra do escritor deve ter sido considerável. Foi para ele que Shakespeare escreveu muitos dos seus melhores papéis de comédia, como Gobbo, o juiz Shallow, que aparece na segunda parte de *Henrique IV* e em *As alegres comadres de Windsor*, o criado da Ama, Peter (*Romeu e Julieta*), Dogberry (*Muito barulho por nada*), Cade e o Prefeito (na segunda e na terceira partes de *Henrique VI*), Costard, Touchstone (*Como quiseres*) e Launce (*Os dois cavalheiros de Verona*) – um invejável repertório de papéis cômicos.

Kemp era citado como "inculto, bondoso e honesto". Baixinho como Tarlton, magro, resistente e descabelado, o ator era um bom instrumentista. Além disso, era ótimo dançarino, dono de pés agilíssimos, o que o tornava um excelente intérprete das *morris dances*, danças folclóricas exaustivas em que os homens colocam guizos nos tornozelos. Eram danças de caráter religioso, cujas origens remontam a meados do século XV. Hoje, nas festas no interior e nos festivais de folclore, em toda a Grã-Bretanha, é possível assistir aos grupos que ainda as interpretam, como faziam há mais de quatrocentos anos.

William Kemp era de um atrevimento sem conta, e muitas vezes se entusiasmava tanto que começava a inventar textos, a ponto de a peça literalmente parar e só ele continuar improvisando, para terror dos colegas em cena e absoluto deleite do público, que sabia que o ator estava aprontando das suas.

Mas, quando se comportava adequadamente, recebia aplausos calorosos até da rainha Elisabete I. Havia muitos pontos em comum entre ele e Tarlton, por isso não é de admirar que Kemp tenha ocupado o lugar do amigo após sua morte, em 1588.

Em 1587, Kemp fez uma longa excursão – desde a Quaresma até 1º de agosto – que levou os Leicester's Men até Stratford, no início de julho. Foi quando, sem dúvida, Shakespeare o conheceu. O encontro de ambos aconteceu, ao que parece, no momento psicológico certo. Para Shakespeare, não poderia haver nada de mais irrecusável do que trocar o ramerrão por "poesia e interpretação".

Naquela época, todo primeiro ator tinha a seu serviço um aprendiz, mas Shakespeare já estava em uma idade considerada avançada para trabalhar como tal. Foi aceito na companhia como um faz-tudo. Assim se explica o apelido pejorativo que lhe deu seu primeiro severo crítico, Robert Greene, que o chamou de *Shake-scene* e de *Johannes Factotum* (João Faz-Tudo).

Depois de trabalharem juntos durante doze anos, surgiu uma séria desavença entre Shakespeare e Kemp. Supõe-se que tenha sido causada pelo fato de o ator ter tomado liberdades comprometedoras com o papel de Dogberry, escrito especialmente para ele, o que teria magoado e ofendido Shakespeare. A peça fora encenada em 28 de dezembro de 1599 perante a corte. A companhia continuou atuando em Londres até o início da Quaresma, em fevereiro, quando, por lei, teve de interromper suas atividades.

Kemp aproveitou a pausa e realizou uma façanha inédita: foi de Londres até Norwich interpretando sua *morris dance*, acompanhado por um tocador de tambor e uma testemunha. Ele tocava um flautim. Saiu da casa do prefeito de Londres no dia 11 de fevereiro de 1600 e chegou à casa do prefeito de Norwich no dia 8 do mês seguinte. Quando voltou para Londres, não foi mais para o Teatro Globe, do qual era um dos sócios, como Shakespeare. Alegou que tinha dançado tudo o que aguentava. Na verdade, em inglês ele diz, literalmente, que "dançou para fora do mundo", expressão presente na obra *Shakespeare and Comedy*, de Peter Holland. Ele bem poderia estar se referindo ao globo terrestre e, por associação, ao Teatro Globe, recém-inaugurado, onde não pisaria mais. O problema com o personagem Dogberry deve ter sido bastante grave. Embora não se saibam detalhes, Kemp vendeu sua participação no teatro, se preparou para fazer a sua jornada dançante na Europa e, ao voltar, entrou para outra companhia, chamada Worcester's Men.

O afastamento de Kemp do convívio com Shakespeare coincidiu com a época em que este estava escrevendo *Hamlet*. Há um momento na peça em que o protagonista dá o seu famoso conselho aos atores e, sem dúvida, aqui há uma alusão ao desrespeito de Kemp pelo texto. É curioso notar a relação importante entre o comediante William Kemp e a peça *Hamlet*: o comediante fora a Helsingore, com mais seis atores, quando prestaram serviços ao rei Frederico da Dinamarca por três meses, em 1586, justamente o ano em que apenas aquela companhia anônima visitou Stratford. É até possível que Kemp tenha dado informações para Shakespeare sobre aquela corte – transformanda na peça em Elsinore –, informações que seriam extremamente úteis para a escrita de *Hamlet*.

Na publicação intitulada *First Quarto* (1603), aparece, na verdade, uma edição "pirata" da peça. O trecho que mais tarde seria a segunda cena do terceiro ato é bastante diferente do que está no *First Folio*, publicado duas décadas depois, em 1623. A versão definitiva foi publicada por John Heminge e Henry Condell, atores e fiéis amigos de Shakespeare, cujo dedicado trabalho salvou as peças do dramaturgo inglês.

Eis os conselhos dados por Hamlet, contidos nos versos 1888 a 1889 do texto publicado no *First Quarto*:

> Não permita que os cômicos falem mais do que aquilo que está escrito. Há os que muitas vezes, eu garanto, começam a rir para que um grupo de espectadores indiferentes comece a rir com eles, apesar de haver na peça alguns detalhes que devem ser observados. É uma coisa indigna e revela a lamentável ambição de todo que assim seja. E há ainda aqueles que usam de uma série de gracejos já sabidos, como um homem que possa ser conhecido por seu traje, e há cavalheiros que repetem esses gracejos à mesa antes de irem para o teatro, como: "Não podes ficar até eu acabar de comer o meu mingau?" e "Ainda estás me devendo parte do salário" e "Sua cerveja está choca" e "Meu paletó precisa ser remendado", e palreando sem parar com a boca, continuarão assim com cinco ou seis gracejos quando, Deus meu, um real comediante, por melhor que seja, não pode fazer graça senão por mero acaso, como quando um cego apanha uma lebre. Senhores, digam isto a ele.

Nos versos 1849 a 1862 do texto publicado no *First Folio*, a versão definitiva da peça, os conselhos de Hamlet para os atores são bem diferentes. Não guardam nada do "recado dirigido" a Kemp, mas se referem à maneira e à qualidade da representação, conselhos que são válidos até hoje e que deveriam ser lidos e relidos por qualquer estudante de teatro. Hamlet diz ao Primeiro Ator do grupo itinerante que está visitando o castelo de Elsinore:

> Diga sua fala, por favor, com soltura e naturalidade, como eu estou fazendo; mas se começar a gritar, como fazem inúmeros atores, é melhor dar os meus versos para serem gritados pelos que fazem pregões nas ruas. E não fique cortando o ar demais movimentando as mãos, mas faça tudo suavemente. Porque na própria torrente, na tempestade e, como poderia dizer, no torvelinho da sua paixão, você deve conseguir e impor uma temperança que faça sua expressão ser elegante. Sinto-me ofendido quando vejo um cabotino barulhento de peruca, rasgando o coração em mil pedaços, arrebentando os tímpanos dos que o escutam e que, na maioria das vezes, não se deixam comover, pois são incapazes de apreciar algo além de pantomimas e ruídos.

De bom grado eu mandaria chicotear esses exagerados. Isto é fazer Herodes ser pior que Herodes. Por favor, evite este tipo de exagero.

Kemp não teve muito tempo para aprender esses sábios conselhos, pois morreu em um dos mais terríveis surtos de peste, no ano de 1603. Richard Braithwaite (1588-1673) escreveu em seu epitáfio, reproduzido na obra do crítico norte-americano Frank Ernest Hill, intitulada *To Meet Will Shakespeare*:

> Bem-vindo a Norwich, Kemp! Que alegria
> ver-te voltar assim tão "morriscoso".
> É pena que tão cedo a tua dança
> morris se acabou!
> Agora que o tambor
> e a flauta, os teus amigos, foram-se
> (e te abandonaram aqui para dançar)
> esta outra parte co'a fraca natureza
> não com a ágil arte,
> os triunfos teus
> entremeados com tais divertimentos
> vão ser trancados no salão da terra.
> Vão mesmo? Dançaste até perder o fôlego
> e agora vais dançar mais uma vez
> a despedida, com a primeira morte.

No registro do seu falecimento lê-se apenas "1603 – Novembro 2 – William Kemp, homem".

• EDWARD ALLEYN

O terceiro grande ator que Shakespeare viu representar em Stratford foi Edward Alleyn (1566-1626), durante a apresentação da companhia Worcester's Men em 1582 e 1584.

Alleyn era dois anos mais moço do que Shakespeare e um ano mais velho do que Richard Burbage (1568-1619), que herdaria o cetro de maior ator trágico do seu tempo após a aposentadoria prematura de Alleyn.

Sua carreira teve início muito cedo e logo ele demonstrou espantoso talento como ator. Seu pai era estalajadeiro, ajudado nos negócios pelo irmão mais velho de Alleyn. Londrino nascido em Bishopsgate, casou-se com a enteada do produtor teatral Philip Henslowe (c. 1560-1616), homem que tinha vários negócios e era também personalidade importante no mundo teatral. Henslowe construiu três conhecidas casas de espetáculo – o Rose (em 1587), o Fortune (em 1600) e o Hope (em 1613) –, o que ajudou a enriquecer, e muito, Edward Alleyn, que as explorava.

Um espectador francês que o viu no palco escreveu que ele havia elevado a arte de representar a um nível até então desconhecido. Foi para ele que o dramaturgo Christopher Marlowe (1564-1593) escreveu *Tamerlão* (1587), *O judeu de Malta* (c. 1589) e *Dr. Fausto* (c. 1592). Foi Alleyn também que criou o *Orlando furioso* (c. 1590), de Robert Greene.

Alleyn deixou o palco bruscamente em 1605, com apenas 39 anos, e continuou a trabalhar com Henslowe, a quem considerava "pai e mãe". Com a enorme fortuna que ganhou, comprou uma grande propriedade em Dulwich, perto de Londres, e ali fundou um hospital e o Colégio da Dádiva de Deus, o Colégio de Dulwich, que existe até hoje.

Conta-se que teria abandonado o palco porque, certa vez, ao representar o papel do Fausto, teve uma visão do diabo, o que o aterrorizou. Um motivo bastante dramático, mesmo que possa ser invencionice pura. Alleyn morreu dez anos depois de Shakespeare, em 1626, com sessenta anos. Era bastante incomum naquela época viver tanto. Quem sabe não houve alguma confabulação com o próprio Mefistófeles que o assustou? Não se sabe ao certo quando a peça *Dr. Fausto* foi escrita, mas seu lançamento ocorreu em 1592, no mesmo ano em que foi representada a peça *Eduardo II*, também de Marlowe.

Em que momento da peça Alleyn teria visto o demônio? Teria sido em uma das cenas em que o ator que contracenava com ele lhe pareceu outro? Trata-se de suposição, por certo, mas inegavelmente fascinante. Talvez tenha sido na cena final, quando Fausto espera a meia-noite, a hora em que os demônios o levarão embora.

> Ah! Fausto!
> Agora tens apenas de vida uma hora
> e condenado depois serás eternamente.
> Parai, esferas movediças destes céus!
> que o tempo cesse e a meia-noite jamais chegue.
> Olho da bela natureza, vai subindo,
> faz o dia ser perpétuo
> e que esta hora
> não seja mais que um ano, um mês, uma semana,
> um dia igual,
> para que Fausto se arrependa
> e salve a alma!
> Correi mais devagar,
> corcéis da noite.

As estrelas se movem, o tempo
escorre, o relógio vai soar, o demônio
virá, e Fausto condenado há de ser.
Ergo-me para chegar a Deus. Quem me impede?
Vê no alto firmamento onde escorre o sangue
de Cristo e só uma gota bastaria
para minh'alma salvar.
Meia gota, ó Cristo,
Meu coração se parte só de mencionar seu nome!
Contudo, hei-de invocá-lo,
Lúcifer, me poupe!
Estende o braço enquanto o seu cenho franze.
Vinde a mim, colinas e montanhas, e caiam
sobre mim e escondam-me da fúria divina!
Não, não.
Até o fundo da terra eu vou mergulhar!
Colhe-me, ó terra. Não, não vai me receber!
Estrelas que brilhavam quando eu nasci
cuja influência separou morte do inferno,
erguei agora Fausto como uma neblina
até o centro das pesadas nuvens,
e quando lançarem seus membros pelo ar
brotando de suas bocas fumacentas
minh'alma poderá subir aos céus.
(Cena 14)

Em momentos de decisão, não há uma terceira escolha. Fausto disse *sim* a Mefistófeles e as consequências foram nefastas. Mas, quando foi convidado a fazer teatro, o jovem Shakespeare também disse *sim* e as consequências para a história do teatro foram, de fato, excelentes.

3. *O caminho a seguir*

Quando John Aubrey escreveu suas anotações a respeito de Shakespeare, disse que "supunha" que ele tivesse chegado a Londres com dezoito anos. Isso teria ocorrido, portanto, em 1582, ano de seu casamento com Anne Hathaway. A primeira filha do casal foi batizada em maio de 1583 e os gêmeos que tiveram depois foram batizados em fevereiro de 1585, com os nomes dos seus padrinhos, Judith e Hamnet Sadler, que eram vizinhos da família. Assim, é pouco provável que Shakespeare tenha se dirigido para Londres antes de ter batizado os recém-nascidos.

Shakespeare foi para a cidade grande, sem dúvida, atraído pelo convite, se não de William Kemp, de outros atores da companhia do conde de Leicester. Tudo aconteceu na hora certa. Apesar de grupos itinerantes se apresentarem todo ano em sua cidade natal, em 1585 nenhum deles apareceu, mas no ano seguinte, curiosamente, sabe-se que um grupo atuou em Stratford, embora não se saiba seu nome. Foi só em 1587 que a pequenina cidade acolheu um punhado de gente famosa. Nada menos do que cinco companhias – uma desconhecida, a do conde de Strafford, a do conde de Essex, a do conde de Leicester e os Queen's Men. Este último grupo era um dos mais famosos. Fora formado em 1583, reunindo doze dos melhores atores de outras companhias. Assim, Londres nunca ficava sem grupos profissionais de altíssima qualidade.

Para sair de Stratford e chegar a Londres, só havia duas maneiras: atravessar a ponte de Clopton na direção de Oxford ou ir diretamente para Banbury e Trendon, onde, segundo se diz, havia um *constable* – espécie de chefe de polícia – que serviu de modelo para o estúpido personagem Dogberry em *Muito barulho por nada*.

Londres se apresentava então como uma promessa fora de alcance. Era relativamente perto de Warwick. Com algum esforço, e a coragem que só os muito jovens conseguem ter, Shakespeare sabia que chegaria lá, sem cortar os elos que o ligavam aos seus.

Deixemos de lado a visão totalmente romântica e absurda de que ele se juntou a um grupo itinerante sem categoria (como aqueles saltimbancos que aparecem em *A megera domada*) e seguiu o grupo do conde de Leicester por puro espírito aventureiro. Muito pelo contrário, Shakespeare não buscava incertezas, e sim garantias, como uma carreira que desse sustento a si e à sua família. Decerto, não estava pensando em ser dramaturgo. Seria uma ambição longínqua para quem não tinha nenhum contato direto com teatro. Ele poderia ajudar no que fosse possível. Ser ator não era profissão de respeitabilidade. Mas escrever, ser poeta, isto sim. Era a ambição literária de muitos, já que a poesia dava renome e prestígio.

No livro *Shakespeare's Audience*, Alfred Harbage apresenta um retrato rápido e preciso do trabalho das companhias, que viviam

> excursionando pelas cidades do interior no verão, ensaiando e apresentando novas peças no outono nos subúrbios de Londres, no inverno indo para mais perto do coração da cidade, e com aquele fulgurante objetivo à frente – a glória e o lucro de representar perante a própria corte –, os atores estavam mais em contato com todos os níveis de gosto e inteligência do país, e em todas as classes sociais, na cidade londrina, na corte e no campo, mais do que quaisquer outros atores ingleses em qualquer outra época.

Shakespeare juntou-se à companhia durante uma excursão que começara na Quaresma, em fevereiro de 1587, na mesma época em que Maria Stuart fora decapitada em Londres. A companhia chegara a Stratford no início de julho. Passou por Norwich e Oxford e, no outono daquele ano, Shakespeare viu Londres pela primeira vez. Até então, a maior cidade que visitara fora Coventry, mas estava prestes a mergulhar em um burburinho de 150 mil habitantes, uma fascinante e envolvente população, cem vezes maior do que a de sua cidade natal.

Hoje, em Stratford, é possível encontrar construções do tempo em que Shakespeare viveu, tanto na cidade como no seu entorno. Um dos exemplos é a já citada igreja da Santíssima Trindade, onde ele foi batizado e está enterrado, junto ao rio Avon, além da torre quadrada e da capela do Guildhall. Também é possível ver a casa onde ele nasceu, em Henley Street, e a escola onde estudou.

Mas da primeira casa de tijolos da cidade, comprada pelo dramaturgo em 1597, restam apenas os alicerces. Foi construída no final do século XV por um solteirão endinheirado, Sir Hugh Clopton (c. 1440-1496), que ergueu a ponte de pedras sobre o rio Avon. Essa casa ficou conhecida como New Place, e Shakespeare não fez dela sua residência permanente a não ser depois de se aposentar, em 1611. A casa passou para os seus herdeiros até ser comprada por Sir Edward Walker (1611-1677), em 1674, e mais tarde pelo reverendo Francis Gastrell, que mandou demoli-la em 1759.

Em Londres, encontra-se ainda a Great House, que hoje é o Hotel Shakespeare; outra grande mansão que abriga o Hotel White Swan; a Clopton Bridge e a Clopton House, onde foi planejada a fracassada Gunpowder Plot, ou "trama da pólvora", de 1605, um complô para explodir o Parlamento e matar o rei James I; a casa de Sir Thomas Rogers, vizinho de Shakespeare; a casa de Robert Arden, em Wilmcote, onde sua mãe nasceu; a casa de fazenda da família da sua mulher, os Hathaway, em Shottery. E isso não é tudo.

Evidentemente, havia muito mais coisas na Londres medieval e quinhentista. Mas um grande incêndio, que começou na madrugada de 2 de setembro de 1666, um domingo, e ardeu durante seis dias consecutivos, acabou destruindo a maior parte da cidade. Além da catedral de Southwark, do Palácio de St. James, de parte do Westminster Hall (no lugar em que se situa a atual Casa do Parlamento) e de uma grande casa da Holborn Street, tudo o mais foi devorado pelas chamas: 87 igrejas, 13.200 casas e a catedral de St. Paul.

Entretanto, a Londres que Shakespeare encontrou não era uma cidade devastada. Muito pelo contrário, era uma cidade que crescia a olhos vistos, espalhando-se cada vez mais pela margem sul do Tâmisa. E havia teatros permanentes! Os atores não precisavam mais representar apenas nos pátios das estalagens quando não estivessem se apresentando nas mansões e palácios da realeza.

Em 1576, James Burbage (1531-1597) construiu, perto de Bishopsgate – então considerado o "bairro dos artistas" –, The Theatre. Seguiram-se em 1577 o Curtain, o Newington Butts, antes de 1580 (mais afastado, já que foi erguido na parte mais ao sul do Tâmisa), e o Rose, em 1587 (o qual, apesar de também estar situado na margem sul do Tâmisa, ficava perto do rio).

Como a grande maioria das ruas e marcos londrinos ainda conserva os nomes dos tempos em que Shakespeare chegou à cidade, é fácil localizá-los, mesmo que não guardem a mais leve semelhança com o que foram. Lá estão a Torre de Londres; a velha catedral de St. Paul; a Strand Street, beirando o rio, com suas mansões e jardins que descem até a beira d'água, na margem norte do Tâmisa. Nessa região se encontram a York House, a Durham House, a Somerset House (hoje existe uma, igual apenas no nome, bem ao lado da ponte de

Waterloo) e a Leicester House. Vendo-a, Shakespeare deveria se recordar de Kenilworth, concedida como presente para o conde de Leicester, justamente o patrono da companhia de teatro à qual ele estava agregado. A ponte de Londres de então, a única ligação que havia entre as margens, era coberta de casas. Sem dúvida, a capital inglesa era uma cidade fascinante.

Mas Shakespeare não deve ter ficado muito tempo por ali, porque passaria o Natal com a família. A ideia do amor-união, do amor a dois, da ligação amorosa, interdependente, sempre surgiria na obra do dramaturgo como uma afirmação do próprio amor. Em seus 154 sonetos, há alguns dos mais belos versos escritos sobre o amor, como o 130, assim traduzido por Bárbara Heliodora:

> Não tem olhos solares o meu grande amor.
> Mais rubro do que os seus lábios é o coral,
> e se a neve é branca, é escura a sua cor
> e a cabeleira dela ao arame é igual.
> Vermelha e branca é a cor da rosa adamascada
> mas a esta rosa a sua face não se iguala
> e não há fragrância bem mais delicada
> do que a que está no ar que a minha amante exala.
>
> Muito gosto de ouvi-la, ouvi-la mesmo quando
> na música não existe melhor diapasão.
> Meus olhos nunca viram deusas deslizando
> mas minha amada se caminha é pelo chão.
> Mas juro aqui que esse amor me é mais caro
> do que qualquer outra a quem eu a comparo.

Invasão frustrada e primeiras experiências profissionais em Londres

Em 1588, a Inglaterra estava ameaçada de ser invadida pela Espanha. Filipe II, com os navios de sua Invencível Armada, pretendia fazer a invasão pela costa sul. O país preparava suas defesas, organizando dois exércitos para a possível batalha: um ficaria em St. James, para defender a rainha, e o outro em Tilbury, que defenderia a cidade e estava estrategicamente posicionado na entrada do Tâmisa, acesso direto para Londres. Acreditava-se que a invasão aconteceria em julho. Apesar da ameaça espanhola, a companhia a que Shakespeare se agregara foi excursionar no litoral sul. Em janeiro, estavam justamente no ponto mais frágil e vulnerável do litoral, a costa do canal da Mancha, dirigindo-se para as cidades de Maidenhead, Plymouth e Dover, onde se imagina que ele tenha visto o mar pela primeira vez, aquela escarpada branca que desce a prumo na direção da praia. Em *Rei Lear*, o dramaturgo se refere aos *cliffs of Dover*, na cena em que Edgar chega à beira do penhasco. Ele encontra-se com o pai, Gloster, que está cego, e diz:

> Que terrível!
> Como ficamos tontos só de olhar para baixo!
> Os corvos e as gralhas que voam pelo ar
> não parecem ser mais do que escaravelhos.
> A meio caminho há alguém catando funchos.
> Trabalho horrendo! Os pescadores lá na praia
> são como meros ratos e mais ao longe
> há um grande barco ancorado que parece
> ser menor do que uma chalupa; e esta
> é quase pequena demais para ser vista.
> O murmurar das ondas que batem de encontro
> à imensurável quantidade de pedrinhas
> não pode ser ouvido desta altura. Não
> olharei, pois sei que tonto vou ficar
> e sem visão despencarei no abismo.
> (Ato IV, cena 6)

A companhia rumou então para o norte, até alcançar a cidade de Gloucester. Em julho, estava em York. Como não há nenhum registro de suas apresentações até setembro, é provável que Shakespeare tenha passado algum tempo com a família.

O dr. Samuel Johnson, um dos editores da obra de Shakespeare, escreveu no prefácio da antologia *The Plays of William Shakespeare* (1765): "Ele chegou a Londres como um aventureiro necessitado, que viveu algum tempo de empregos dos mais precários." O dr. Johnson deve ter tido conhecimento do que o autor e roteirista Theophilus Cibber (1703-1758) escreveu a esse respeito no seu livro *The Lives of the Poets of Great Britain and Ireland to the Time of Dean Swift* [As vidas dos poetas da Grã-Bretanha e da Irlanda do tempo de Dean Swift], publicado em 1753: "Aqui não posso deixar de relatar uma história que Sir William Davenant contou a Mr. Betterton, que a comunicou a Mr. Rowe, o qual relatou-a a Mr. Pope e este contou ao dr. Newman, o falecido editor de Milton, e um cavalheiro a ouviu dele, e aqui está relatada."

Como se vê, é uma daquelas histórias do tipo: quem conta um conto, aumenta um ponto.

Trata-se da história de como Shakespeare, ao chegar a Londres, foi trabalhar como cuidador de cavalos à entrada dos teatros. Vale lembrar que quem não caminhava até os teatros, ia a cavalo. Ao que parece, ele tornou-se "eminente mesmo nessa profissão" e era de "conversação de tal maneira refinada" que acabou lhe sendo dado um emprego precário no teatro onde ganhou fama. Acredita-se que isso também seja pura invenção de Alexander Pope (1688-1744), poeta britânico e um dos grandes editores da obra de Shakespeare. Mas o dr. Johnson contribuiu com um desfecho curioso para a história, ao escrever: "Descobrindo que havia mais cavalos do que podia cuidar, contratou meninos que ficavam sob sua inspeção e que, quando Will Shakespeare era chamado, apresentavam-se imediatamente, dizendo: 'Eu sou um dos meninos de Shakespeare, senhor'."

Ainda que ele tivesse muito trabalho, é curioso pensar que seu pai, sabendo que o filho estava passando necessidade em Londres, sujeitando-se a cuidar de cavalos à porta dos teatros, não tenha feito nada para ajudá-lo. Por mais difícil que fosse sua situação financeira, ele ainda tinha um negócio que continuava a funcionar normalmente e uma excelente propriedade em Henley Street. Mas não se podem perder de vista algumas datas: as observações do dr. Johnson foram publicadas em 1765, ou seja, 149 anos depois da morte de Shakespeare. Com 23 anos, o poeta e dramaturgo já passara da idade de ser aprendiz e foi aceito como *hired man* – assim eram chamados os funcionários contratados. Foi nesta categoria que o ator Augustine Phillips, que morreu em 1605, com apenas trinta anos, o agraciou em seu testamento: "Eu doo a cada um dos *hired men* da companhia, dos quais eu sou um..."

Na categoria de empregado contratado, Shakespeare acabou fazendo de tudo. Era um rapaz suficientemente instruído para copiar textos e retocá-los e, se fosse preciso, até mesmo reescrever alguns. Além disso, já dava seus primeiros passos em cena e decorava papéis, uma vez que, naquela época, os primeiros atores tinham sempre um pupilo, um adolescente que podia até mesmo interpretar papéis femininos. As peças mudavam a cada noite, e não era incomum lançarem uma nova a cada semana. Era necessário tempo para estudar e memória para decorar aqueles textos enormes.

Isso inevitavelmente lhe deu conhecimento, intimidade e traquejo e permitiu que alcançasse o objetivo pretendido. Em setembro de 1588, logo depois da derrota da armada de Filipe II, a companhia recebeu a notícia de que seu mentor, o conde de Leicester, morrera dias antes. Foram duas grandes perdas, já que no dia 3 daquele mesmo mês morreu também o grande Tarlton. William Kemp assumiu automaticamente a posição de primeiro comediante do grupo, e eles, que não podiam ficar sem mecenas, passaram para a companhia de Lord Strange (c. 1559-1594).

A essa altura, Shakespeare tinha contato íntimo com Kemp e este provavelmente o inspirou na criação de alguns papéis imortais. Ele foi o primeiro Bottom, que o travesso Puck ornamenta com uma cabeça de burro na comédia *Sonho de uma noite de verão*. Shakespeare já podia prever todos os tipos de cacos e brincadeiras que Kemp iria aprontar tendo nas mãos um personagem como aquele. O ator foi também o inesquecível policial Dogberry em *Muito barulho por nada*, que, cheio de solenidade e muito orgulho, se descrevia como um asno. Contracenando com Kemp, no papel de Verges, estava outro excelente ator cômico, Richard Cowley (?-1619). Esta é a primeira cena em que eles aparecem, numa praça, junto com dois guardas-noturnos a quem Dogberry tem de dar ordens e dizer exatamente quais são suas obrigações. Ele usa palavras sem conhecer seu sentido exato, produzindo algumas incompreensíveis asneiras. Essa era uma das coisas de que o público mais gostava nos personagens cômicos, e Shakespeare sabia satisfazê-lo. A cena começa com Dogberry perguntando aos guardas:

> DOGBERRY: Vocês são homens honestos e fiéis?
> *Ao que o guarda responde:*
> VERGES: Somos, senhor, caso contrário seria uma pena, pois estaríamos arriscando a salvação do corpo e da alma.
> DOGBERRY: Não, seria punição boa demais para eles se é fato que houvesse neles algum compromisso para vigiar o príncipe. Quem você acha mais digno para ser guarda-noturno?
> GUARDA: Hugo Oatcake ou George Seacol, meu senhor, pois os dois sabem ler e escrever.
> DOGBERRY: Sabia que esta ia ser a sua resposta. No que diz respeito a ser bem-posto, senhor, dê graças a Deus e não fique envaidecido, e quanto a saber ler e escrever, a vaidade não é nada necessária. O senhor aqui é tido como um dos mais ineptos, o mais adequado para ser guarda-noturno. Assim sendo, pegue a sua lanterna. Esta é a sua função. "Compreendereis" todos os vagabundos e mandareis que todos sejam detidos em nome do príncipe.
> GUARDA: E se tiver quem não quiser parar?
> DOGBERRY: Bem, nesse caso, não se preocupe com ele, deixe que vá embora e dê graças a Deus por ter se livrado de um safado, e reúna o resto da guarda.
> VERGES: E quem não obedecer à ordem não é súdito do príncipe.
> DOGBERRY: Verdade, a guarda só deve se meter com os súditos do príncipe. Além disso, não deve fazer barulho pelas ruas porque guarda-noturno que fica tagarelando e matraqueando é por demais tolerável e não pode ser suportado.

GUARDA: Eu prefiro dormir a conversar. Sabemos quais são os deveres de quem monta guarda.
DOGBERRY: Você fala como um guarda veterano e pacato e eu não posso achar que dormir seja uma ofensa. Mas cuidem para que não furtem nenhum dos seus pertences. Devem ir a todas as cervejarias e mandar os bêbados irem para casa dormir.
GUARDA: E se não quiserem?
DOGBERRY: Então não se metam com eles até que fiquem sóbrios. Mas se eles reagirem podem dizer que pensaram que eles eram outras pessoas.
GUARDA: Está bem, senhor.
DOGBERRY: Se encontrarem um ladrão, poderão suspeitar dele, já que essa é a sua função, mas que não seja uma pessoa honrada. E com essa semelhante espécie de homem, quanto menos se envolver com eles, melhor para a sua reputação.
GUARDA: Se soubermos que é ladrão não deveremos prender?
DOGBERRY: Poderão, sim, já que são quem são, mas, no meu parecer, quem vai tosquiar acaba sempre sendo tosquiado. A coisa mais pacífica que vocês têm a fazer, se prenderem o ladrão, é deixar que ele mostre quem é e se furtar à sua companhia.
VERGES: O senhor foi sempre considerado um homem misericordioso, companheiro.
DOGBERRY: Para ser franco, eu jamais enforcaria um cão de bom grado, muito menos um homem que tenha algum traço de honestidade.
VERGES: Se ouvirem uma criança chorar de noite, há que chamar a ama para fazer ela se calar.
GUARDA: E se a ama estiver dormindo e não nos der ouvidos?
DOGBERRY: Então vão embora em paz, deixem que a criança a acorde com os seus gritos. Porque a ovelha que não ouve o balido do seu cordeiro nunca vai obedecer ao carneiro quando ele berra.
VERGES: Pura verdade.
DOGBERRY: Isso é tudo que vocês têm a fazer. Guardas, representem a pessoa do príncipe. E se encontrarem o príncipe tarde da noite podem detê-lo.
VERGES: Pela Virgem, não, eu não posso fazê-lo!
DOGBERRY: Aposto cinco shillings contra um, com quem conheça os estatutos, que pode detê-lo. Claro, o príncipe deve concordar porque, na verdade, um guarda--noturno não deve ofender ninguém, e é uma ofensa deter um homem contra a vontade dele.
VERGES: Pela Virgem, é isso mesmo!
DOGBERRY: Ha! Ha! Ha! Então, senhores, tenham uma boa noite. Se acontecer alguma coisa de grave, me chamem. Guardem os segredos de seus camaradas e os seus também. Vamos, vizinho.
[*Dogberry e Verges saem. E um guarda diz para o outro:*]
GUARDA: Pronto, amigo, sabemos o que temos de fazer. Vamos sentar naquele banco na porta da igreja até as duas horas e depois vamos dormir.
(Ato III, cena 3)

Os atores e as companhias de teatro

O que eram essas companhias de atores e como funcionavam? Em geral, elas contavam com oito atores permanentes. Os demais eram contratados. Conhecidos como *hired men*, podiam subir ao palco como extras, interpretar papéis minúsculos, servir de porteiros, contrarregras ou músicos. Quase sempre tinham contrato de dois anos.

Oficialmente, não havia atores no século XV. Ser ator, ou *player*, como eram chamados, significava não ter nenhuma respeitabilidade social. Cidades como Oxford e Cambridge pagavam às companhias para que elas não se apresentassem. Mas os estudantes nas universidades menos puritanas (como nos colégios de St. John e Christ Church, em Oxford, e St. John e Trinity, em Cambrigde) encenavam comédias clássicas em latim e grego. Organizavam caríssimos e pomposos espetáculos que podiam até ser assistidos pela rainha. Havia ainda companhias de meninos atores que se apresentavam na corte e nas mansões dos aristocratas.

No entanto, mesmo com a profissão reconhecida, os atores continuavam a ter a reputação de vagabundos e trapaceiros, e estavam sujeitos a grandes humilhações, quando não à prisão sumária. Podiam escapar a essa sorte se estivessem ligados a alguma família nobre, que os considerava como criados. Em 1482, tem-se o registro de um dos primeiros grupos permanentes, e já a partir do reinado de Henrique VII (de 1482 a 1509) os soberanos passaram a ter suas trupes de atores.

Mas eles só teriam reconhecimento profissional anos mais tarde. Apesar de a rainha Elisabete ter subido ao trono em 1558 e gostar tanto de teatro, em 1576 foi aprovada pelo Parlamento a famigerada Poor Law Act, ou Lei dos Vagabundos. De acordo com essa lei, atores comuns e menestréis que não pertencessem a nenhum barão do reino ou a nenhuma outra personalidade de maior prestígio seriam considerados trapaceiros, vagabundos e mendigos contumazes. As penalidades eram severas: "Quando for preso, deverá ser despido da cintura para cima, chicoteado até sangrar e, em seguida, mandado de paróquia em paróquia até aquela onde nasceu."

A primeira companhia de atores realmente profissional na Inglaterra foi fundada em 1559 (quando Shakespeare tinha cinco anos), sob o patrocínio de Robert Dudley. O grupo era chamado Dudley's Men, até receber o título de Leicester's Men, em 1564.

Em 1576, James Burbage (1531-1597), pai de Richard Burbage, associou-se ao seu cunhado marceneiro, John Brayne, para alugar um terreno em um bairro na região norte, chamado Shoreditch. O contrato era válido por 21 anos. Nesse terreno, construíram um teatro que batizaram simplesmente de The Theatre. Esse foi, portanto, o primeiro teatro erguido em Londres com essa finalidade desde os tempos dos romanos. Ele podia ser desmontado – como rezava o contrato – e remontado em outro local, como de fato iria acontecer 21 anos depois, em 1597. Pioneiro dos teatros permanentes, após ser demolido e remontado passou a se chamar Globe Theatre.

Em 1581, o ator Richard Burbage recebeu uma licença – na verdade, uma permissão real – para encenar "comédias, tragédias, interlúdios e peças teatrais" com a companhia do conde de Leicester. Estava assim regulamentada a profissão, poucos anos antes de Shakespeare chegar a Londres. E, no ano de sua chegada à capital, 1587, a cidade ganhava o Rose.

Mesmo em Londres, as autoridades cívicas e os comerciantes opunham-se a que seus empregados e fregueses frequentassem teatros. Achavam que era algo que tinha a ver com o papa e envolvia idolatria, licenciosidade e imoralidade. Pairava em tudo o ameaçador fantasma da devassidão.

As mulheres e o teatro shakespeariano e as peças religiosas

Como é sabido, desde os primórdios do teatro grego não era permitido às mulheres subir ao palco. Em Roma, só mulheres de má reputação tomavam parte nas peças. A Igreja pôs fim ao teatro profano e só autorizava a participação feminina, em especial de senhoras de mais idade, em espetáculos religiosos.

Evidentemente, a tradição secular continuou a existir e o público habituou-se a aceitar garotos nos papéis femininos. Em *Júlio César*, a esposa do imperador, Calpúrnia, e a de Brutus, Pórcia, eram representadas por garotos adolescentes cuja voz ainda não engrossara. Interpretavam Ofélia (*Hamlet*), Desdêmona (*Otelo*), Imogene (*Cimbeline – Rei da Britânia*), Miranda (*A tempestade*), Rosalind e a Princesa (*Trabalhos de amor perdidos*), Beatrice e Hero (*Muito barulho por nada*), além de outras personagens bem mais jovens, como Julieta. No caso dos papéis mais dramáticos, era mais complicado. Era preciso que os rapazes tivessem talento e peso interior para interpretar Lady Macbeth, Cleópatra, Tâmora em *Tito Andrônico*, Constance (*Rei João*) e Volúmnia (*Coriolano*).

E havia ainda papéis mais complicados, que exigiam atores jovens e, ao mesmo tempo, bastante talentosos. É o caso da terrível rainha Margarida em

Henrique VI e em *Ricardo III*, peças nas quais há cenas fortes para um adolescente interpretar.

Em *Ricardo III*, há uma dessas grandes cenas. Uma vez que os Lancaster perderam a Guerra das Rosas, a rainha Margarida, viúva, perturbada, enlouquecida, perambula pelo palácio, onde encontra um grupo de nobres conversando. Com eles está o duque de Gloucester, futuro rei Ricardo III. Margarida interrompe a conversa, furiosa:

> O quê? Rosnavam todos antes de eu chegar
> prontos para se esganarem uns aos outros
> e lançam agora seu ódio contra mim?
>
> Será que as maldições dos York prevaleceram
> tanto junto aos céus que a morte de Henrique,
> do meu belo Eduardo, a perda do seu reino,
> o meu triste desterro, não serão mais
> do que o castigo imposto de um fedelho irado?
>
> Podem as maldições furar as nuvens,
> Penetrar nos céus?
> Então, nuvens sombrias,
> deixem penetrar as minhas maldições!
>
> A guerra não matou o vosso rei, mas os excessos,
> e o nosso foi assassinado para ele ser rei.
> Teu filho, Eduardo, hoje Príncipe de Gales,
> pelo meu Eduardo que era o príncipe,
> morreu jovem, vitimado por violência.
> Tu, que és rainha, por mim que fui rainha
> possas sobreviver à tua glória, mas miserável como eu.
>
> Que vivas longamente chorando por teus filhos.
> E vejas outra, como eu te vejo,
> dona dos teus bens, como hoje és dos meus.
>
> Morram teus dias felizes antes de morreres
> e depois de muitas horas de tristeza,
> não morras mãe, esposa, nem rainha da Inglaterra.
>
> Tu, Rivers, e tu, Dorset, que a tudo viram –
> Como tu, Lord Hastings – quando meu filho
> foi apunhalado, rogo a Deus que nenhum de vós
> morra de morte natural, mas por acidente.
>
> [...]

> Não te esqueci, Ricardo. Fica e escuta, cão!
> Se o céu possui alguma praga horrenda
> maior do que as que rogo sobre ti,
> que as conserve até que teus pecados
> bem maduros fiquem e aí lance sua fúria
> sobre ti, perturbador da paz no mundo!
>
> Que o verme do remorso te devore a alma,
> que os amigos suspeites de traidores
> e só tenhas traidores por amigos.
>
> Que o sono nunca mais te feche os olhos
> a não ser para algum sonho aterrador
> que te atormente como demônio horrível,
>
> Aborto com a marca do diabo! Porco imundo!
> Escravo ignóbil! Filho dos infernos!
> Calúnia dolorosa do parto da tua mãe!
> Produto nojento da semente do teu pai!
> (Ato I, cena 3)

Fica evidente que esse papel exigiria um garoto de temperamento muito forte para interpretá-lo.

Essa é, na verdade, uma das razões de haver um número maior de papéis masculinos fortes no repertório de Shakespeare. Se contarmos o número de cena dos papéis femininos, temos: Lady Macbeth tem nove contra catorze do marido; Ofélia tem cinco contra treze de Hamlet; Cleópatra tem dezesseis contra vinte e dois de Marco Antônio. Desdêmona chega perto de Otelo – tem nove, e ele, doze. A única que tem mais cenas é Pórcia, com nove contra cinco de Shylock, que é, diga-se de passagem, o menor dos grandes papéis de Shakespeare.

Os puritanos achavam que a nova Igreja anglicana ainda era muito semelhante à Igreja dos velhos rituais católicos e reagiram com veemência. Para eles, o teatro, além de imoral, promovia a violência e o assassinato através das tragédias, e as comédias davam vazão ao relaxamento das leis morais. Além do mais, a Bíblia condenava homens vestidos de mulher e vice-versa, como na seguinte passagem do Velho Testamento (Dt 22, 5): "A mulher não deverá usar um artigo masculino, e nem o homem se vestir com roupas de mulher, pois quem assim age é abominável a Iahweh teu Deus."

As mulheres, proibidas de subir à cena, escapavam à fúria divina, mas os homens, fossem comparsas ou o grande primeiro ator da companhia, tinham lugar garantido no inferno.

Ademais, os puritanos execravam o hábito de encenar peças aos domingos. Pior ainda era colocar crianças em cena, meninos pequenos provenientes do coro das escolas ou das *grammar schools*, os quais se tornariam aprendizes dos atores mais experientes. Cabia a eles fazer os papéis dos pré-adolescentes – como os príncipes que são assassinados em *Ricardo III*; os filhos de Bancquo e de Macduff em *Macbeth*; as fadas de *Sonho de uma noite de verão*. Há, inclusive, uma anedota que envolve a personagem Desdêmona que entrou para os anais da história do teatro. Conta-se que uma representação de *Otelo* começou com atraso devido a um problema incontornável: Desdêmona estava fazendo a barba!

Em 1534, com a criação da Igreja da Inglaterra, por iniciativa de Henrique VIII, todas as peças religiosas foram modificadas da noite para o dia. Era preciso apagar delas todo e qualquer vestígio da Igreja de Roma. Por fim, quando subiu ao trono, Elisabete proibiu a apresentação de todas as peças religiosas. Uma vez que as companhias estavam se tornando organizações de caráter permanente, tanto os autores como os atores lucravam, estes porque tinham trabalho garantido, e aqueles porque podiam começar a escrever peças de teatro de verdade, podiam criar textos de comédia rasgada ou de tragédias sangrentas, que o público adorava.

Surgiu, então, uma nova figura, o *Master of the Revels*, um oficial da corte cujo título poderia ser traduzido como "mestre dos festejos". Era uma forma de censura, já que ele tinha o poder de aprovar ou não as peças que as companhias pretendessem encenar. Não se cogitava pronunciar a palavra "censura", e as companhias podiam sofrer severas consequências.

Shakespeare e a cidade

Chegar a Londres, na época em que Shakespeare foi para a cidade, era como chegar a qualquer metrópole atual: era uma terra de expectativas e promessas. No entanto, é curioso observar que ele não escreveu muito sobre Londres. Na verdade, cita a capital inglesa apenas 59 vezes em sua obra. Essa contagem só é possível mediante uma consulta ao extraordinário *A Complete Concordance to Shakespeare*, publicado em 1894 pelo editor norte-americano John Bartlett (1820-1905). Trata-se de um minucioso e abrangente glossário que reúne, em suas 1.918 páginas (edição de 1982), todas as palavras, frases e versos das peças e poemas de Shakespeare. A obra de Bartlett esclarece que ele só se referiu a Londres como um indicativo de lugar. Apenas uma única vez ele a adjetiva: "Orgulhosa Londres", em *Henrique IV*, ato I, cena 2. Na mesma peça, nota-se um carinho nostálgico, quando Shallow diz: "I hope to see London ere I die" [Espero ver Londres antes de morrer] (ato V, cena 3). Em *Henrique V*, quando o exército está às portas de Honfleur, um rapaz diz: "Would I were in ian alehouse in London" [Eu bem queria estar numa cervejaria em Londres] (ato III, cena 2).

Nas peças históricas, é claro, Londres é mencionada com frequência, mas sempre como um local. Por outro lado, sete das peças do dramaturgo têm como cenário a Itália: *Os dois cavalheiros de Verona*, *O mercador de Veneza*, *A megera domada*, *Romeu e Julieta*, *Muito barulho por nada* (que se passa na Sicília), *Otelo* (ambientada em Veneza e na ilha de Chipre) e *Um conto de inverno* (que se passa na Sicília e na Boêmia). Há ainda as peças que têm a Roma clássica como pano de fundo: *Coriolano*, *Tito Andrônico*, *Júlio César*, *Cimbeline – Rei da Britânia* (com algumas cenas na Bretanha) e *Antônio e Cleópatra* (com cenas em Roma e no Egito).

Uma única vez Shakespeare usa o adjetivo "londrino". É numa cena do início da peça *Henrique VIII*, aliás a última das peças históricas que escreveu. Instigado pelo cardeal Wolsey, o rei, cheio de desconfiança, se volta contra o duque de Buckingham e manda executá-lo.

Na cena, Henrique VIII está com o cardeal e a rainha Catarina de Aragão, aguardando a chegada do intendente do duque de Buckingham, cuja missão é fazer um relatório que irá incriminar de maneira irremediável o nobre a quem o cardeal Wolsey planejava destruir. A rainha se dirige ao rei, dizendo:

> RAINHA: Sinto que o duque tenha incorrido/ em vosso desagrado.
> HENRIQUE: Muitos o sentem.
> É um homem sábio e fala muito bem,
> a natureza o dotou em tudo.
> Seu saber é tal que grandes mestres
> podem com ele aprender sem nunca
> procurar luz noutro lugar.
> Portanto
> (quando estas nobres qualidades não
> estiverem bem direcionadas
> e uma vez a alma corrompida),
> elas hão de se transformar em vícios
> dez vezes bem mais feios do que foram
> belos.
> E este homem, assim completo,
> nos era tido como maravilha,

todos ficávamos estarrecidos
com sua fala.
O que nos dizia
em uma hora era um minuto.
Pois ele, senhora, em monstruosos
hábitos transformou os que eram
seus em uma escuridão suja dos infernos.
Sentai-vos aqui e ides ouvir
– do seu homem de confiança – coisas
que vão fazer a honra entristecer.
Pedi-lhe que reconte o que contou
dos seus terríveis planos,
que nunca será pouco de se ouvir.

O intendente entra. O cardeal Wolsey toma a palavra:

CARDEAL WOLSEY: Avança e conta com sinceridade,/ devoto súdito, o que escutaste/ do duque de Buckingham.
HENRIQUE: Anda, fala!
INTENDENTE: Para começar, ele tinha por hábito/ dizer (com a língua cheia de veneno)/ que se o rei morresse sem herdeiros/ ele daria um jeito de empunhar/ o cetro./ Eu ouvi estas palavras/ quando ele as disse para o seu genro,/ para quem jurou vingar-se (eu o juro)/ do cardeal.

E o cardeal Wolsey responde:

Peço que Vossa Alteza
observe aqui a maldade do plano.
Seus desejos terríveis vão a ponto
de não atingir somente a vós,
vão além, até vossos amigos.

A rainha interfere:

Nobre
cardeal, falai a nós claramente.

O rei insiste:

Fala! Em que é que ele se baseia
para colher nossa coroa se cairmos?
Ouviste-o dizer mais alguma coisa?

O intendente continua:

Creio que ele estava se baseando
na profecia de Nicholas Hopkins.
HENRIQUE: Quem é esse Hopkins?
INTENDENTE: É um monge/ da Cartuxa, que enche sua cabeça/ com palavras sobre soberania.
HENRIQUE: E como sabes disto?
INTENDENTE: Pouco antes
de Vossa Alteza viajar para a França
o duque estava naquela taverna
(a rosa, que fica ali na paróquia
de São Lourenço Poultney). Quis saber
o que os londrinos estavam dizendo
quanto a vossa viagem à França.
Eu disse: todos estão com receio
de que alguma perfídia dos franceses
venha a ser perigosa para vós.
(Ato I, cena 2)

Era relativamente simples escrever a respeito da monarquia britânica tendo à mão o precioso material informativo do historiador inglês Rafael Holinshed (1529-1580), publicado em 1577 e intitulado *Chronicles of England, Scotland and Ireland*, de Raphael Holinshed. Há também outra importante compilação histórica feita pelo advogado Edward Hall (c. 1498-1547), publicada em 1542: *The Union of the Two Noble Illustrate Families of Lancaster and York*.

Alfred Leslie Rowse, grande estudioso e conhecedor da obra de Shakespeare, concluiu que o então jovem poeta e escritor não conhecia muito sobre a história da Inglaterra. Como ela não era ensinada nas escolas, baseou-se nos dois livros supracitados para coletar informações a respeito dos nobres ingleses. Se por um acaso Holinshed ou Hall se equivocassem, o mesmo aconteceria com Shakespeare.

Quem poderia tê-lo posto em contato com essas e outras obras importantes foi seu amigo e conterrâneo Richard Field (1561-1624), poucos anos mais velho do que Shakespeare. Field fora trabalhar em Londres como aprendiz impressor com o famoso huguenote francês Thomas Vautrollier (morto em 1587) e acabou se casando, em 1589, com a viúva do falecido patrão, Jacqueline Vautrollier. Vale lembrar que naqueles tempos era quase impossível as viúvas não se casarem de novo, não raro mais de uma vez.

Sem dúvida, Field e sua biblioteca foram fundamentais para Shakespeare, que nela mergulhou e se pôs a ler tudo o que o amigo publicara, como uma edição das *Metamorfoses*, de Ovídio, que tanto o marcou. Além do mais, Field foi o responsável pela impressão das primeiras obras publicadas de Shakespeare – os poemas eróticos "Vênus e Adônis" (1593) e "O rapto de Lucrécia" (1594).

Field deve, portanto, tê-lo acompanhado com seus amigos atores nas tavernas, algumas muito conhecidas, como a Siren, onde Shakespeare acabaria conhecendo artistas, escritores e aristocratas que gostavam de se misturar com gente do mundo cultural da cidade.

Há os que comentam que Shakespeare, nos tempos de juventude, frequentava a noite londrina, hábito que foi abandonando com os anos, e ele acabou se transformando em um homem caseiro. Não existe a seu respeito nenhum relatório de vida desregrada e sem controle, como foi o caso de Christopher Marlowe, Robert Greene e George Peele (1556-1596).

Certamente foi nessas noitadas que Shakespeare conheceu alguns refugiados italianos, quase todos foragidos por motivos religiosos. Foi o caso do famoso filósofo e cientista Giordano Bruno (1548-1600) e do linguista da corte de James I, Giovanni Florio (1553-1625). O pai de Giovanni, Michelangelo Florio (1515-1572), fugira da Voltellina, no Norte da Itália, por ser protestante. Eles poderiam estar de posse de informações valiosas e até ter exercido alguma influência indireta sobre o que Shakespeare escreveria. Como sempre, voltamos ao terreno das suposições, mas é preciso admitir que todas elas guardam certo encanto: o fascínio dos mistérios não solucionados. Com Giovanni Florio (ou John Florio) ele deve ter aprendido o italiano rudimentar que surge nas suas peças e tomado conhecimento das novelas de Luigi Da Porto (1485-1529), de Matteo Bandello (1480-1562), de Gerardi Cinthio (1504-1573), de Sir Giovanni Fiorentino (século XIV), além das obras de Ariosto (1474-1533) e Maquiavel (1469-1527) – o *Príncipe* exerceu enorme influência sobre sua visão política.

Não se pode avaliar o quanto Florio poderia ter influenciado Shakespeare, não o autor, mas o jovem talentoso. Sempre no terreno das suposições, imagina-se que eles tenham se desentendido, já que em *Trabalhos de amor perdidos* o personagem Holofernes pode ter sido inspirado nele. Florio, por sua vez, foi tutor e amigo do conde de Southampton, a quem Shakespeare dedicaria os *Sonetos*.

A verdade é que Shakespeare conheceu todas as pessoas que lhe interessava conhecer: John Seldon (1584-1654), jurista, antiquário e autor; John Donne (1572-1631), o primeiro dos poetas chamados metafísicos; Thomas Nashe (1567-1601), romancista e dramaturgo; John Lilly (*c.* 1553-1606), autor de comédias e novelas; Sir Philip Sidney (1554-1586), aristocrata, estadista, soldado, crítico e um dos grandes sonetistas de seu tempo. E, claro, também os baderneiros Greene, Peele e Marlowe – este, de longe, o maior dos dramaturgos antes da ascensão de Shakespeare. Com apenas 23 anos, em 1587, Marlowe lançou a peça *Tamerlão, o grande*, que tomou a cidade de assalto. Nesse mesmo ano, Shakespeare chegou à capital. Além do estrondoso sucesso do autor, a peça confirmou Edward Alleyn como o grande ator trágico de então.

A descrição de Tamerlão é, como se diz, o próprio desenho de Edward Alleyn:

> De alta estatura, desenhado rijo,
> com seu porte altaneiro e máscula figura,
> de longos membros, as juntas fortes, firmes,
> os ombros de estrutura resistente a suportar
> pesos como o velho Atlas, a mais valiosa
> pérola que haja neste mundo. Pelo poder
> das artes soberanas o instrumento
> da visão 'stá fixo, e círculos de fogo
> compassados, num céu de corpos nas esferas
> guiam seus passos e atos para o trono. A tez
> pálida o recobre inteiramente,
> tocando-o de soberania e amor às armas,
> sua fronte cerrada sugerindo a morte
> e, em sua quantidade, harmonia e vida.
> Sobre tudo alastra-se o âmbar dos cabelos
> envolto em caracóis como os de Aquiles,
> e os sopros dos céus deleitam-se em brincar,
> agitando-os com a mais alegre majestade.
> Seus braços e dedos longos, resistentes,
> revelam sua bravura e força extremas,
> em tudo proporcionais a ele mesmo.
> (Ato II, cena 1)

Não é possível determinar com exatidão as datas de muitas peças de Shakespeare, pois não se sabe quando foram escritas ou representadas pela primeira vez. Quando Greene escreveu aquelas frases em que o critica, destacando-se tratar de um João Faz-Tudo, acusando-o de ser um arrivista sem qualificações, Shakespeare já devia ter marcado a sua presença como autor e ator na companhia, senão Greene não se daria ao trabalho de colocá-lo entre outros que deveriam ser igualmente vigiados e respeitados. Assim, naquele setembro de 1592, ele já devia ter certo destaque para merecer atenção tão despeitada de um escritor moribundo. E nada mais maldoso do que citar aquele verso da terceira parte de *Henrique VI*, quando o duque de York, falando com a detestada rainha Margarida, diz:

> Coração de tigre com pele de mulher,
> podes fazer correr o sangue das crianças
> e dar ao pai o lenço para enxugar os olhos.
> Mulheres são sensíveis, doces e piedosas
> e és amarga, dura, rude e sem remorso.
> Queres tu que me enfureça? Vê minha fúria.
> Queres minhas lágrimas? Pois aqui as tem.
> Os ventos fortes trazem tormentas incessantes
> e quando a fúria abranda é que a chuva cai.
> (Terceira parte, ato I, cena 4)

E o maldoso Greene, parafraseando a fala, refere-se a um "coração de tigre com corpo de ator".

O ataque não deixaria marcas. Evidentemente, Shakespeare sentiu-se ofendido, mas, como Greene morreu no dia 3 de setembro de 1592, quem assumiu a responsabilidade foi o editor do livro calunioso, Henry Chettle (*c.* 1564- -*c.* 1607), que se desculpou de duas maneiras: primeiro encontrou-se com Shakespeare pessoalmente, depois, no prefácio do seu *Kind-heart's Dream* (1592), escreveu: "Sinto-me tão culpado como se a falta original fosse minha, porque vi sua aparência não menos educada do que a excelência das qualidades que professa. Além disso, muitos louvores foram feitos à sua hombridade no trato, que comprova sua honestidade e sua graça refinada no que escreve, confirmando a sua arte."

Essa é a primeira referência por escrito a Shakespeare – e não podia ser melhor. Ele tinha 28 anos. Boa aparência, correto, bem cotado entre seus superiores, excelente ator, escritor refinado. Realmente, poderia ser melhor?

Tempos de paz?

Na época em que Shakespeare viveu, não houve guerras civis. O governo de Elisabete I era firme e o país progredia. Mas não se pode dizer que no universo das disputas internacionais esse tenha sido um período de paz. Durante toda a primeira fase da carreira de Shakespeare, desde que começou a se firmar como dramaturgo até o começo do século XVII, quando o encontramos no seu período glorioso de criação das grandes tragédias (*Hamlet* teria sido escrito entre 1599 e 1601), ocorreram conflitos praticamente todos os anos.

O cenário internacional e as relações da Inglaterra com as nações vizinhas não eram dos melhores. Houve um ataque a Portugal, com o saque de Lisboa; ataques contra a Espanha, com o saque a Cádiz; soldados ingleses lutaram na Holanda contra os católicos espanhóis; ataques à Bretanha e à Normandia francesas. Além disso, houve uma fracassada expedição contra os Açores, rebeliões constantes na Irlanda e uma nova ameaça de invasão espanhola, aniquilada por uma tempestade, na Biscaia.

Como se essas instabilidades não bastassem, a Inglaterra enfrentou as terríveis epidemias do fim do século XVI (de 1593 até o verão de 1594), com 12 mil vítimas no primeiro ano e 10 mil no segundo.

Mesmo com todos esses conflitos – que incluíram a fracassada invasão da Inglaterra pela Invencível Armada de Filipe II, em 1588, até a derrota da expedição do conde de Essex na Irlanda (que levaria à sua rebelião e execução, em 1601, justamente o ano de lançamento de *Hamlet*) –, a Inglaterra viveu anos de grande efervescência cultural.

Entretanto, era como se essas questões inflamassem ainda mais o brio patriótico dos ingleses. Quando Shakespeare lançou a sua primeira trilogia histórica (*Henrique VI*), era inevitável que soldados assistissem às peças, e elas os tocavam de perto, provocando emoção e participação ruidosa. Quando *Henrique VI* foi apresentada em 1597, o personagem Falstaff tomou Londres de assalto; e havia ainda a presença do príncipe Harry (conhecido como Hal), descontrolado jovem baderneiro, metido em más companhias nas tavernas. Ele viveria o futuro *Henrique V*, o mais heroico dos monarcas, e o público devia chegar ao auge do entusiasmo quando ele entrava em cena, como acontece hoje nos grandes espetáculos de rock.

Shakespeare tornava-se, cada vez mais, um dramaturgo popular, mas isso não significava que fosse aceito como escritor de prestígio, porque ser escritor era, na verdade, dedicar-se à prosa e, melhor ainda, à poesia. De forma geral, as peças não eram tidas como obras importantes. Talvez por essa razão a grande maioria do que foi escrito e encenado tenha desaparecido. Bem poucos textos, entre centenas, foram compostos tipograficamente e impressos na forma de livro. Contudo, mesmo as obras que foram publicadas não eram vistas, por si sós, como de qualidade.

O que realmente importa é que Shakespeare estava surgindo para ser o que nem ele mesmo poderia avaliar naquela Londres atribulada, assolada por epidemias devastadoras, cheia de estalagens e rixas, furtos e assassinatos, uma cidade carregada de violência que a sabedoria da Renascença e as grandes aspirações não eram capazes de aplacar.

Com seus 28 anos, Shakespeare já tinha vivido pouco mais da metade de sua vida. E é extraordinário pensar que, se, segundo o crítico e especialista inglês Edmund Kerchever Chambers, a sua primeira peça data de 1590 e a última de 1612, em 22 anos ele teria escrito 37 peças, o que é realmente espantoso. Isso comprova ainda mais sua genialidade, como salienta o pesquisador inglês George Richard Wilson Knight (1897-1985) em seu *The Shakesperean Tempest*: "Sua obra é sempre caracterizada pelo notável controle do simples, do óbvio e do universal."

Um bom exemplo desse controle pode ser encontrado no prólogo do primeiro ato de *Henrique V*, quando o Coro entra em cena para apresentar a peça. Nesse momento, Shakespeare coloca o espectador dentro do ambiente real – "O de madeira" –, que era a forma do Teatro Globe, e convida-o a acompanhar com ele os caminhos da mais esplêndida e fantástica imaginação:

> Que uma musa de fogo suba alto
> no mais brilhante céu das invenções.
> Reinos no Palco, atores como Príncipes,
> monarcas para ver a glória cênica.
> Então vereis o guerreiro Henrique
> assumindo seu porte marciano
> e em seu encalço a fome, a espada e o fogo
> esperariam ordens.
> Perdoai-me,
> vós que estais aqui
> por eu vos vir trazendo
> tema tão grande sobre este tablado.
> Poderá esta rinha conter os vastos
> campos da França?
> Poderemos nós
> encher este O de madeira com elmos
> que em Agincourt amedrontaram todos?
> Perdão, mas já que só uma pessoa/ vai ter de sugerir aqui milhares,
> que eu (tão pequenino entre tantos)
> possa vibrar vossa imaginação,
> suponhai que entre estas muralhas
> 'stão confinadas duas monarquias
> cujas altas muralhas frente a frente
> separam estreito e perigoso oceano.
> Com vossos pensamentos eliminem/ nossas falhas.
> Em mil partes dividam
> cada homem, criem imaginárias forças.

Pensai que estais vendo corcéis/ enquanto falo deles, imprimindo
seus cascos orgulhosos bem no fundo
da terra.
Pois são vossos pensamentos
que vestem nossos reis, e os carregam
de um lugar a outro, além dos tempos,
concentrando os seus feitos de anos/ numa hora de areia. Permiti
que eu preencha as lacunas desta história
e, como Coro, peça humildemente
que julguem com bondade a nossa peça.
(Prólogo, ato I)

4. *Não sou poeta*

No soneto 116, Shakespeare conclui: "Eu não sou poeta e nunca ninguém amou." Evidentemente, trata-se de um verso nada autobiográfico, pois o que existe de poesia em sua obra dramática é suficiente para que ele seja considerado um dos maiores poetas da história da literatura. Apesar de negar em todos os seus versos ser poeta, ninguém pode levar a sério tal negação. A perfeição, a imaginação e a força das suas peças quase sempre podem nos fazer esquecer por um instante que o seu verso não era verdadeiro. Isso acontece quando ele afirma, nas quatro últimas palavras do soneto em questão: "e nunca ninguém amou". Como se ele, ao incluir-se nesse grupo de "ninguém", nunca tivesse amado.

O amor ocupa lugar de grande destaque na obra de Shakespeare. Não apenas o costumeiro amor romântico, mas um amor total e completo, que engloba todos os tipos de amor: o patriótico, o familiar, o amor-respeito, o que enobrece a alma e o espírito, o que submete e escraviza, o amor pelo belo e pelo perfeito, o amor-sacrifício, o que atormenta e pode se transformar em sede de vingança, fonte de ódio, o amor de si mesmo, o amor pelo poder, o amor que aperfeiçoa e humaniza.

Todos esses tipos de amor estão contidos nas peças e nas poesias de Shakespeare. E, quando defrontamos com alguns dos seus mais famosos personagens, fica ainda mais fácil associar cada um deles a determinado tipo de amor. Eis o soneto 17, traduzido por Bárbara Heliodora:

> Se te comparo a um dia de verão
> És por certo mais belo e mais ameno

O vento espalha as folhas pelo chão
E o tempo do verão é bem pequeno.

Às vezes brilha o Sol em demasia,
Outras vezes desmaia com frieza;
O que é belo declina num só dia,
Na terna mutação da natureza.

Mas em ti o verão será eterno,
E a beleza que tens não perderás;
Nem chegarás da morte ao triste inverno:

Nestas linhas com o tempo crescerás.
E enquanto nesta terra houver um ser,
Meus versos vivos te farão viver.

Desde o início da década de 1590, após a derrota da Invencível Armada (em 1588), muitas pessoas passaram a escrever sonetos (período chamado de *sonneting*), e Shakespeare não fugiu à regra. Mas antes de os seus sonetos serem publicados, o que só aconteceria em 1609, dois longos poemas vieram à tona graças aos cuidados de seu amigo, o impressor Richard Field.

A peste e "Vênus e Adônis"

William Rowe (?-1593) ocupava o posto de *Lord Mayor of London*, que equivalia ao cargo de prefeito da City (região central da capital inglesa). Em 21 de janeiro de 1593, ele recebeu uma carta de um conselheiro real – radicado no palácio de Hampton Court –, responsabilizando-o pelo alastramento da peste. O conselheiro, ou *privy counsellor*, acreditava que isso havia acontecido por causa da negligência de Rowe ou por este não ter cumprido as ordens recebidas.

Uma semana depois, foi proibida a exibição de peças teatrais, disputas de *bear baiting* – uma diversão popular em que cães ferozes atacavam ursos presos – e de boliche, além de qualquer outro evento que reunisse pessoas, com exceção de serviços religiosos.

Em 1º de fevereiro foi encenada a peça *O judeu de Malta*, de Christopher Marlowe, e no dia seguinte todos os teatros foram fechados. Poucos meses depois, Marlowe foi assassinado, na versão oficial, em uma briga em uma taverna de Deptford, bairro da região sudoeste de Londres. Tinha a mesma idade de Shakespeare, apenas 29 anos.

O surto de peste foi devastador. Em 1593, foram registrados mais de 10 mil óbitos, numa época em que Londres possuía apenas 200 mil habitantes.

Nesse período, Shakespeare não excursionou com a companhia. Concentrou-se na produção da obra poética "Vênus e Adônis", publicada em 1593. É espantoso que diante da ameaça constante de um perigo mortal ele tivesse concentração para fazê-lo. No volume das obras de Thomas Nashe (1567-1691), romancista britânico e contemporâneo de Shakespeare, há uma referência de que teria havido 1.600 óbitos em uma única semana!

"Vênus e Adônis" foi inscrita no *Stationer's Register* (espécie de Registro de Publicações ou Registro dos Livreiros) em 28 de abril de 1591 e nele constava o nome do impressor – Richard Field – e o do editor-livreiro – John Harrison. No entanto, esse registro indicava apenas a intenção de fazer a publicação, e não a data da publicação propriamente dita. Na parte inferior da capa da primeira edição (da qual só existe um exemplar, na Biblioteca Bodleian, em Oxford), lê-se: "Impresso por Richard Field, e está para ser vendido onde se encontra a tabuleta do galgo branco no pátio da igreja de São Paulo." O volume foi posto à venda no dia 12 de junho, menos de duas semanas depois da morte de Marlowe. Sabe-se que foi comprado junto com outro livro, intitulado *Survey of Paris*, graças às anotações de um certo Richard Stanley.

Em "Vênus e Adônis", há uma referência à epidemia. Nela, Shakespeare menciona os *almanack-makers* (que faziam as previsões para o futuro) e os óbitos ocorridos.

> Que possam beijar-se um ao outro
> Em recompensa deste bem, e longamente,
> E que não percam nunca os rosados das faces
> Cortando a infecção dos anos perigosos.
> E que aqueles profetas que preveem os óbitos
> Digam que o hálito do amor venceu a morte.
> (Estrofe 85)

Como Shakespeare ficou em Londres algum tempo, deve ter acompanhado de perto a revisão das provas e a impressão, que saiu perfeita, sem erros. O resultado foi mais do que compensador, o que não aconteceu, por exemplo, quando seus sonetos foram publicados, anos depois. Aliás, essa foi a primeira vez em que o seu nome apareceu impresso por extenso. É curioso lembrar que havia pelo menos dezessete formas diferentes de soletrar o sobrenome Shakespeare. Mesmo seu pai o escrevia de várias maneiras. Naqueles tempos, os elisabetanos não davam muita importância a uma forma única de grafia, mas sim à sonoridade do que estivesse sendo dito.

Na era elisabetana, as obras eram sempre oferecidas e submetidas a aprovação, acompanhadas por uma dedicatória longa e rebuscada, escrita em linguagem floreada, obsequiosa, mesmo servil, na qual a palavra "amor" surgia com frequência exagerada. Tal marca representava respeito e humildade. Caso o homenageado gostasse do que lhe estava sendo oferecido, era costume dar ao escritor uma espécie de gratificação que podia variar de trinta shillings a três libras – na época, uma considerável quantia.

Como o pai de Shakespeare estava sendo processado em Stratford por dívidas e ele mesmo estava desempregado como ator, já que a companhia encontrava-se em recesso (por causa da peste que se alastrava), um apoio financeiro era mais do que bem-vindo, por isso ele procurava um patrono ou mecenas. Assim, o dramaturgo dedicou "Vênus e Adônis" ao conde de Southampton e barão de Tichfield, então com dezoito anos, Henry Wriothesley (1573-1624). Referiu-se a ele como o "primogênito da minha invenção" e "o justamente honrado".

Felizmente, o poema, além de elogiado por outros escritores, foi um grande sucesso pessoal para o jovem que se firmava como autor (é preciso recordar que não se dava muito valor literário às peças de teatro). "Vênus e Adônis" ganhou a aprovação da corte. Já havia uma segunda edição a caminho. O conde de Southampton era cumprimentado pelo êxito do seu protegido e recompensou o poeta regiamente. Shakespeare não teria sobrevivido sem trabalho se não fosse o apoio do nobre.

Até então não havia nenhuma relação pessoal entre o poeta e o conde, mas é possível que tivesem amigos comuns, como o linguista John Florio, tutor de Henry Wriothesley. Quem sabe se não foi o conde que levou o poeta, depois de uma das suas apresentações, do palco para o palácio para que a rainha o conhecesse pessoalmente?

Só depois de terminada a revisão do poema é que Shakespeare se lembrou de fugir da epidemia, indo para Stratford. Lá ficou trabalhando em uma comédia – *Trabalhos de amor perdidos* – que gostaria de apresentar na corte no Natal (se a peste permitisse), dedicando-se igualmente a um trabalho mais sério, outro poema, intitulado "O rapto de Lucrécia".

"Vênus e Adônis" é um poema longo: são 199 estrofes, totalizando 1.194 versos. Tornou-se imensamente popular na época. Basta dizer que, entre 1594 e 1640, teve dezesseis edições – e apenas as cinco últimas foram póstumas.

Curiosamente, é uma história de conquista às avessas: uma Vênus libidinosa e sensual quer possuir a todo custo os favores de Adônis, um rapaz puro, indiferente, quase frígido, dominado por um código moral inesperado para alguém da sua idade e vigor físico, que se recusa a se entregar ao festim de prazeres que a deusa lhe oferece. Vênus então lhe diz: "Tu és filho de mulher e não podes sentir/ O que é amor? E o tormento que é não o ter?" (estrofe 34). Adônis retruca:

> Não digas que é amor porque o amor fugiu,
> Que na terra a luxúria usurpou seu nome,
> Assumiu seu aspecto para devorar
> Sua beleza fresca, cobrindo-a de culpas
> Que o ardente tirano logo destruiu
> Como destroem as larvas e as mais tenras folhas.
> (Estrofe 133)

> O amor conforta o sol depois da chuva,
> Mas a luxúria é tempestade após o sol.
> Do amor a primavera conserva o frescor
> E a luxúria hibernal vai-se antes do verão.
> O amor não se esgota; luxúria morre à farta.
> O amor só é verdade, a luxúria só mentiras.
> (Estrofe 134)

No poema, Vênus se oferece, como vemos em:

> Eu serei o teu parque e tu serás meu cervo.
> Pasta onde quiseres, na montanha ou no vale,
> Come dos meus lábios e se os montes secarem
> Vem mais abaixo e encontrarás melhores fontes.
> (Estrofe 39)

> Ela é o Amor, e ama, mas não é amada.
> (Estrofe 102)

Não é possível dizer que o entusiasmo sensual, a intensidade poética, a delicadeza das imagens e as intenções, as insinuações, o sensualismo que estão embutidos em muitos versos sejam produto do universo emocional de um jovem nas primeiras descobertas do mundo da carne e do sexo. Afinal, Shakespeare já tinha 28 anos quando escreveu "Vênus e Adônis" e era autor de obras dramáticas importantes. As três partes do seu *Henrique IV* já haviam sido encenadas entre 1590 e 1592.

"Vênus e Adônis" é, em última análise, como observou o grande crítico literário francês Henri Fluchère (1898-1987) com irretocável precisão, "o relato de duas caças". Vênus caçando Adônis e Adônis caçando o javali. O desejo físico tentando penetrar aquele mundo que ela não consegue dominar. Ela é uma verdadeira ave de rapina. Adônis é obcecado pela ideia da pureza em contraposição a uma deusa mitológica retratada por Shakespeare como possuidora da intensidade e do furor de uma rameira. Vênus não se aplacaria até conseguir o que desejava. Mas não consegue. Para fugir dela, Adônis vai caçar um javali feroz. Ele persegue o animal, que acaba por devorá-lo.

O amor nem sempre é belo. A leitura dos sonetos de Shakespeare permite encontrar inúmeras visões do que ele pode ser, sugerir ou provocar e, ainda assim, é possível nunca obter uma reposta. É mais fácil encontrar suspeitas e receios, como no soneto 144:

> Amores tenho dois, dois anjos que não dormem.
> Se um me reconforta, o outro desespera.
> O melhor destes anjos é um belo homem;
> O outro é uma mulher, o mal que a mim espera
> Para me levar para o inferno esta mulher terrível
> Tenta afastar de mim meu anjo e sua beleza
> E fazer deste meu santo um satanás incrível
> Com seu orgulho vil vencendo-lhe a pureza,
> Que o meu anjo bom em demônio seja feito
> Bem posso imaginar, mas nada vou dizer
> Pois são agora dois amigos, e suspeito
> Que um até o inferno do outro possa ser.
> Sem ter certeza vou pra sempre perguntar
> Se pode o anjo bom do fogo se livrar.

"O rapto de Lucrécia"

Outra importante obra poética de Shakespeare é "O rapto de Lucrécia", publicada um ano depois de "Vênus e Adônis", em 1594. O poema apresenta forte atmosfera de dramaticidade, com seu amor-tormenta, que leva conscientemente ao crime, já que o estupro de Lucrécia por Tarquínio é um ato criminoso.

Paira por todo o poema uma nuvem cinzenta de tragédia. O leito acortinado onde Lucrécia é molestada já preconiza o leito onde Desdêmona seria assassinada por Otelo. O sol não brilha, a paisagem não floresce, os pássaros não são os mesmos de "Vênus e Adônis". Trata-se de outro mundo, um universo interior, de sentimentos secretos. A mansão romana, aberta e arejada, parece mais uma tumba sufocante.

Não há, em nenhuma outra obra de Shakespeare, um ato de violência sexual tão intenso e tão descritivo. Talvez a única exceção seja o estupro de Lavínia, em *Tito Andrônico*, que é violentada brutalmente e tem as mãos e a língua cortadas. É precisamente essa violência implacável que afasta "O rapto de Lucrécia" da atmosfera lírico-pastoral de "Vênus e Adônis" e coloca o poema no caminho do teatro.

Ademais, é um poema cheio de ação. Tudo o que acontece nele é profundamente teatral. Aqui Shakespeare, homem de teatro por excelência, o criador das grandes tragédias, surge à frente do poeta lírico. Ele deve ter trabalhado no poema até a primavera de 1594, já que no dia 5 de maio foi inscrito no *Stationer's Register*.

É importante lembrar que *Tito Andrônico*, a sua primeira tragédia "oficial", foi escrita seguindo os moldes dos horrores do teatro de Sêneca, e que suas grandes tragédias, depois de *Romeu e Julieta*, começaram a ser escritas a partir de 1594, ano em que "O rapto de Lucrécia" foi publicado. Tanto Edmund Chambers (1866-1954) como Harold Bloom (1930-), dois eméritos shakespearianos, concordam com as datas – Chambers apresenta o intervalo entre os anos de 1592 e 1595, e Bloom considera o intervalo do biênio 1595-1596. Ambos concordam ainda que *Otelo* só teria sido escrita em 1604.

De novo, o que aproxima o poema da tragédia é a violência. Cai no esquecimento o jovem Adônis inexperiente e indiferente aos atrativos ofertados por Vênus e surge um personagem oposto, um Lúcio Tarquínio descontroladamente sensual e libidinoso – acima de tudo, brutal. No passado, ele já provocara o cruel assassinato do sogro, Sérvio Túlio, e, contrariando as leis e os costumes de Roma, apoderou-se do poder e fez-se rei. Tarquínio, devido ao seu orgulho desmedido, era cognominado *Superbus* e só tinha um pensamento em mente: possuir Lucrécia, mulher de rara beleza, casada com seu amigo Colatino, que exaltara excessivamente a castidade incomparável da mulher durante uma conversa entre militares, no acampamento. Numa atmosfera de animação, vão todos para Roma com a intenção de surpreender as esposas com a volta inesperada para pôr à prova o que haviam dito. Apenas Colatino encontra Lucrécia no tear, com as criadas, tarde da noite. As mulheres dos outros estavam se divertindo em festas.

O poema começa narrando o encontro dos militares, que conversam sobre as suas esposas e a felicidade conjugal.

> Ó felicidade gozada por tão poucos
> E se, possuída, logo decai e se desfaz
> Como na mão o orvalho de prata se derrete

De encontro ao esplêndido dourado do sol –

E então, expirando, termina onde começou.

Honra e beleza (nos braços do dono)
São frágeis fortalezas num mundo de maldades.
(Estrofe 4)

    Colatino comentara sobre algo que deveria calar, deixar ignorado de todos. A semente cai em solo fértil. Tarquínio aparece, sozinho, na casa do amigo e Lucrécia o acolhe com reverência, como se acolhe a um rei. Alta noite, ele não consegue dormir, atormentado pela luxúria. Tem plena consciência de que será funesto satisfazer sua vontade.

Que desculpa poderei eu inventar
quando for acusado de algo tão nefasto?
[...]
Como ele é companheiro e caro amigo,
Vergonha e falha não terão desculpa.
Vergonha, sim, se o fato for sabido.
Odioso, sim.
Não há ódio no amor.
Imploro seu amor, mas ela já tem dono.
Pior será a recusa e a reprimenda.
Minha vontade é forte e vai além
Da fraqueza da razão. Quem teme
Uma sentença ou a máxima de um velho
Vai se espantar até com um mamulengo.
(Estrofes 33 a 35)

    Por fim, Tarquínio não resiste e vai para o quarto de Lucrécia, cena das mais inspiradas e perfeitas do poema. Seu solilóquio está entre os mais belos que Shakespeare escreveu.

Agora chegou à porta do quarto,
entre ele e aquilo que procura.
Já perdeu a tal ponto a piedade
Que reza pra poder caçar a sua rês
Como se o céu pudesse perdoar-lhe o crime.

Mas em meio a esta prece sem valia
Tendo pedido ao poder eterno
Que seus maus pensamentos se realizem
E que o momento seja o desejado,

Mesmo assim, diz: "Preciso deflorar
Se quem invoco odeia o que eu faço
Como irá ajudar-me neste ato?

Então, Amor e sorte, deuses meus,
Guiem-me! Meu desejo é resolução.
O pensamento é sonho se não for real
E o mais negro pecado, absolvido, é claro.
O ardor do amor derrete o gelo do receio
E oculta a vergonha que ao prazer se segue."

Dizendo isto, a mão destrava a porta,
E com o joelho a empurra, abrindo-a toda.
A pomba dorme fundo; olha a coruja;
E a traição jamais é suspeitada.
Quem vê a cobra sai do seu caminho.
Mas ela ainda dorme, nada teme,
Deitada à espera da fatal picada.
(Estrofes 49 a 52)

Depois, vendo-se acuada, aguardando pelo pior, Lucrécia tenta fazer Tarquínio avaliar o erro maldoso que está cometendo.

Meu marido é vosso amigo, por ele, me poupai.
Tendes poder, podeis usá-lo e me deixar.
Se sou fraca, por favor, libertai-me.
Não tendes olhar pérfido, não sejais mal,
Meus suspiros são sopros que vos afastarão.
Se pedidos da mulher comovem os homens
Que os meus suspiros e lágrimas o façam.

E tudo junto, como mares turbulentos,
Bate de encontro ao vosso coração de pedra
Para abrandá-lo com seu movimento.
Pois até pedras se dissolvem, viram água.
Se vós não fores mais duro que uma pedra,
Que estas lágrimas vos derretam, tende pena,
Que a bondade penetra até portões de ferro
(Estrofes 84 e 85)
[...]

Compensa ser amado impondo apenas medo?
Felizes são os reis temidos por amor.
Tereis de ser igual aos homens mais vulgares

> Quando culpas iguais à vossa revelarem?
> Ao menos por isto mudai o vosso intento
> Pois os reis é que são o espelho, a escola, o livro
> Onde os súditos aprendem a ler e a escrever.
> (Estrofe 88)

Mas é em vão. Tarquínio a possui e volta de madrugada para o acampamento, deixando-a sozinha com a sua dor.

> Ah! Se eu tivesse alguém para chorar comigo,
> Cruzar assim os braços e inclinar a fronte
> Que esconde o rosto e oculta a sua vergonha.
> Mas eu, sozinha aqui, devo sofrer gemendo,
> Sazonando a terra com o meu salgado pranto,
> Mesclando soluços, palavras, choro e dor,
> Eternos pesares de pobres monumentos.
> (Estrofe 88)

A revolta de Lucrécia ao se ver usada e largada como um objeto que, aos seus próprios olhos, não tem valor algum é outra bela mostra de Shakespeare. Nessa estrofe estão todas as poderosas qualidades que fariam dele não apenas o grande dramaturgo e poeta, mas também o extraordinário pensador:

> Matar-me! Ela disse, o que seria isto
> Senão poluir minha alma com o meu corpo?
> Quem perde a metade suporta com paciência.
> Não é como quem perde tudo na catástrofe.
> Como a mãe que chega à impiedosa conclusão
> Que, tendo dois filhos e um lhe leva a morte,
> Mata o que restou para não nutrir nenhum.
> (Estrofe 166)

Lucrécia manda chamar o pai e o marido, que chegam acompanhados por dois amigos. Vendo-a vestida de luto, inteiramente transtornada, Colatino pergunta:

> Que acontecimento terrível ocorreu
> Para estares assim tremendo tanto?
> Querido amor, que peso roubou as cores
> Do teu rosto; por que estás assim
> Trajando escuro? Revela, querida,
> A causa de toda esta amargura.
> Conta tua dor, que acabarei com ela.
> (Estrofe 229)

Logo depois, ela relata:

Poucas palavras vão clarear todo mal
Que desculpa nenhuma pode reparar.
Pesam sobre mim mais palavras do que dores
E meus lamentos levariam muito tempo
Contando o que meus lábios têm para dizer.
(Estrofe 231)

Então seja isto o que há para contar:
Querido esposo; no aconchego do teu leito
Um estranho surgiu, deitou no travesseiro
Onde repousas a cabeça fatigada
E podes imaginar coisas bem piores,
As humilhações às quais fui submetida.
Tua Lucrécia, pobre dela, foi forçada,
[...]
(Estrofe 232)

Meu inimigo era forte e eu, coitada,
Fiquei mais fraca ainda que era tanto o medo.
Meu sanguinário algoz proibiu-me de falar.
Nada do que implorei o fez mostrar clemência.
Jurou sua luxúria que a beleza foi
Que lhe cegou os olhos, e quando o juiz
Sente que é roubado quem morre é o prisioneiro.
(Estrofe 236)

Lucrécia só revela o nome do agressor quando eles juram que irão vingá-la.

Com um suspiro, como se fosse partir
O coração, disse "Tarquínio. Ele, ele",
E então seus lábios não disseram nada mais.
Depois acrescentou, após muitos suspiros
E pausas, dizendo ainda, "É ele, senhores,
Que guia esta minha mão para ferir-me."
(Estrofe 246)

E enterrou fundo no peito inofensivo
A ofensiva faca, que levou sua alma.
O golpe a liberou (na sua inquietude)
Da prisão em que ela estava mergulhada.

O alado espírito voou sobre a ferida
O último alento de um destino triste.
(Estrofe 247)

O corpo de Lucrécia foi levado para Roma. O povo ficou de tal forma comovido que, por consentimento geral, a família dos Tarquínio foi banida para sempre do comando do império. E o poder passou das mãos dos reis para os cônsules.

O inesperado e a força dramática da morte de Lucrécia lembram a morte de Otelo, peça que Shakespeare escreveria dez anos depois. Entretanto, diferentemente de Otelo, parece que Lucrécia se sentia culpada não pelo que havia feito (que era o caso de Otelo, assassino de sua esposa, Desdêmona), mas por não ter lutado para que o estupro não acontecesse. A coragem que ela não teve para morrer se defendendo de Tarquínio surgiu, com mais força, no momento em que decidiu se punir. E se executou.

"O rapto de Lucrécia" é mais longo que "Vênus e Adônis": são 265 estrofes que totalizam 1.853 versos.

Outras composições poéticas

É preciso lembrar algumas composições poéticas menores – "A queixa de uma amante", "A fênix e a pomba-rola" e "O peregrino apaixonado".

O poema "A queixa de uma amante" parece estar situado cronologicamente entre "Vênus e Adônis" e "O rapto de Lucrécia", datando do mesmo ano de 1593. Foi um período extremamente fértil. Segundo os críticos Edgar Innes Fripp, Harold Bloom e Edmund Chambers, Shakespeare escreveu *A comédia dos erros* (1592) e *Tito Andrônico* (1594) justamente durante o terrível período da epidemia da peste. O poema tem 47 estrofes de sete versos, totalizando 329 versos, bem menor que "Vênus e Adônis" e "O rapto de Lucrécia".

"A queixa de uma amante" apareceu pela primeira vez em uma edição dos *Sonetos* publicada em 1609. Isso nos permite concluir que, como outros trabalhos de Shakespeare, deve ter sido escrito como obra particular para o seu patrono, que foi conservada com os *Sonetos* até eles serem publicados. Em 1640, houve uma segunda edição póstuma, publicada pelo editor londrino John Benson. Ele incluiu no volume, além desse poema, "A fênix e a pomba-rola", "O peregrino apaixonado" e obras de outros autores, como Ben Jonson, Francis Beaumont (1584-1616) e Robert Herrick (1591-1674). Benson agrupou alguns sonetos em blocos, dando-lhes títulos, e cortou oito deles (os de número 18, 19,

43, 56, 75, 76, 96 e 126), alterando, assim, a ordem do original. Também mudou os pronomes, substituindo os masculinos por femininos, para sugerir que haviam sido escritos para uma mulher, e não para o patrono de Shakespeare, o conde de Southampton.

Como o nome sugere, trata-se de um poema de amor, como "O rapto de Lucrécia". A diferença é que nesse há uma heroína violentada e, naquele, a heroína está ansiosa para se entregar a um cortejador de grande beleza física, extremamente atraente, a quem não saberia recusar. Ela sabia que tal conquistador incorrigível usava as mulheres para seu prazer e em seguida as abandonava. Mesmo assim, ao contrário do que se poderia imaginar, ela confessa ser ele tão desejável que de bom grado se entregaria outra vez.

O pesquisador e crítico Ian Wilson (1941-), em sua obra *Shakespeare: the Evidence – Unlocking the Mysteries of the Man and his Work* [Shakespeare: a evidência – desvendando os mistérios do autor e de sua obra], chama a atenção para a evidência de a jovem pastora lamentosa do poema ser a própria esposa do conde de Southampton, Elizabeth Vernon (1572-1655), e o rapaz de cabeleira com "cachos castanhos" que a seduziu, seu marido, o conde.

A história de "A fênix e a pomba-rola" aparece em 1601, como parte de um livro intitulado *Love's Martyr: or Rosalins Complaint* [O mártir do amor ou A queixa de Rosalina].

Aliás, o nome Rosalina, com pequenas variações, parece ser um dos favoritos de Shakespeare. Há uma Rosalind em *Como quiseres*, uma Rosalina em *Trabalhos de amor perdidos* e outra que é apenas mencionada como o grande amor de Romeu antes de ele conhecer e se apaixonar por Julieta. Essa personagem, que não aparece em cena, é prima-irmã de Julieta.

"A fênix e a pomba-rola" é uma elegia sobre a morte da fênix, pássaro que simboliza a imortalidade, e a pomba-rola, que simboliza a fidelidade, sublinhando o tema do casamento feliz, tão caro a Shakespeare. Na verdade, é um pequeno poema fúnebre, com apenas 67 versos. O casal de pássaros foi consumido pelo fogo, mas, na eternidade, estarão reunidos pela força do amor. Os últimos quinze versos constituem-se em uma canção fúnebre.

Edgar Innes Fripp sugere que a morte de jovens recém-casados, do círculo de amigos de Shakespeare na corte, tenha inspirado o pequeno poema.

Por fim, "O peregrino apaixonado" é uma coleção de vinte poemas publicados em 1599. Apesar de o nome de Shakespeare estar estampado no frontispício, apenas cinco são reconhecidamente de sua autoria. Três são de autores conhecidos: Richard Barnfield (1574-1620), Bartholomew Griffin (?-1602) e Thomas Weelkes (1573-1623). Um é atribuído a Marlowe e outro consiste em uma canção popular mencionada por muitos autores da época. Há ainda uma balada, cujo autor se acredita seja Thomas Deloney (1543-1600). Quanto aos demais, não se sabe quem são os autores.

Os sonetos de Shakespeare foram inseridos na coletânea sem a permissão do dramaturgo, como costumava acontecer em uma época em que direito autoral era algo que não existia. Os sonetos foram reproduzidos com pequenas alterações de palavras, como o 138 e o já citado 144. Eis o 138:

> Se o meu amor me jura com sinceridade
> Que é fiel, eu creio, mas sei que no mais fundo
> Deve julgar-me jovem e a minha ingenuidade
> Não me deixa ver o que é falso neste mundo.
>
> Assim, em vão julgando que jovem me creia,
> Apesar de saber que não é mais assim,
> Eu acredito em tudo que em sua boca leia
> Mas nossa sinceridade está no fim.
>
> Por que não me diz a verdade, firme e justa?
> Por que não admito eu que estou passado?
> Manter a aparência no amor é o que mais custa
> Pois o que o amor mais ama é não dizer a idade.
>
> Minto para ela; ela para mim também
> E esta troca de defeitos nos faz bem.

Os mistérios dos sonetos de Shakespeare

Um dos mais renomados sonetistas da época de Shakespeare foi Sir Philip Sidney (1554-1586), que, além de estadista e militar, foi o primeiro crítico literário da Inglaterra. Escreveu uma coletânea de 108 sonetos, intitulada *Astrophel and Stella* [O amante das estrelas].

Os sonetos costumavam ser dedicados a amigos e circulavam em cópias manuscritas para leitura estritamente particular, o que não impedia que aparecessem edições piratas publicadas sem o consentimento do autor, o que era regra geral na época elisabetana.

Entre meados e finais do século XVI, a Inglaterra enviava tropas para ajudar os huguenotes protestantes a lutar contra os espanhóis. Sir Philip Sidney juntou-se a uma dessas tropas e, em 1586, morreu numa batalha em Zutphen, nos Países Baixos. Ele tinha apenas 32 anos. Uma cópia pirata de seus sonetos (*Sonetos de Sidney*) apareceu em 1591 e, no ano seguinte, sua irmã publicou "oficialmente" uma nova edição. Shakespeare deve ter tomado conhecimento das duas, e é indiscutível que os sonetos de Sidney influenciaram a escrita dos seus, a partir de 1592, naqueles meses de epidemia em que se dedicava aos seus poemas longos.

Shakespeare teria escrito seus sonetos entre 1592 e 1597. Atualmente, um grupo de eruditos estende esse período até o fim do século XVI. No entanto, o emérito shakespeariano Edgar Innes Fripp afirma que a febre de "sonetagem" não passou de 1594 e deve ter acabado por volta do ano anterior. É como se Shakespeare tivesse "se antecipado ao cansaço do público diante do gênero. Tudo já havia sido dito e cantado. Não sobrava mais nada". De qualquer maneira, eles só foram publicados anos depois, em 1609, também numa edição pirata, e desde então deram margem a perguntas intrigantes e a livros inteiros a respeito.

A primeira menção aos sonetos foi feita pelo clérigo Francis Meres (1565- -1647) que, em seu livro *Palladis Tamia: Wits Treasury* (1598), comentava que "a doce alma inteligente de Ovídio vive no melífluo e adocicado Shakespeare, veja-se o seu 'Vênus e Adônis', a sua 'Lucrécia' e os seus sonetos açucarados para os seus amigos". Os sonetos não são assim tão açucarados, mas há uma observação inspirada e justa: "Eu diria que as musas falariam com as frases bem torneadas de Shakespeare se falassem inglês".

São sonetos de amor, como se sabe: 156 ao todo. Eles vão, como diz Henri Fluchère em seu *Shakespeare, dramaturge élisabéthain*, "da suavidade delicada e convencional dos primeiros sonetos – alguns tocam no tema usual da mortalidade da beleza – até sonetos mais complexos", carregados de angústia, sofrimento interior, com toques de "ironia, sarcasmo, que, além de perturbar, chegam a ser intrigantes".

Mas o amor aparece sempre como um sustentáculo que dá força ao homem, a esperança de que é uma certeza firme, compensadora, conforme demonstrado no soneto 30, cuja tradução é de Ivo Barroso:

> Quando às sessões do mudo pensamento
> Convoco as relembranças do passado
> Sentindo a ausência do que amei, lamento,
> Com velhos ais, de novo, o tempo amado;
> E avesso ao pranto, os olhos meus inundo
> Por amigos que esconde a noite avara.
> Penas de amor, que já paguei, refundo.
> Choro o perder de tanta imagem cara.
> E me inflingindo uma aflição sofrida

> De pesar em pesar repeso agora
> O balanço da dor adormecida.
> > Mas se então penso em ti este ínterim
> > Restauro toda a pena e a dor tem fim.

A fama desses textos ultrapassou de longe os dramas teatrais na sociedade culta e elegante da época. Diante do sucesso dos *Sonetos*, o público não estava pensando em nenhum dos detalhes que viriam a preocupar e provocar até debates entre os especialistas em Shakespeare. É possível que, naquela época, as pessoas nem estivessem interessadas em saber se os sonetos eram ou não autobiográficos. Além do mais, Shakespeare não devia escrever para fornecer material para futuras biografias. Porém, apesar de o dramaturgo contar uma história nos seus sonetos, certamente havia neles um fio de história, assim como personagens. Mas quem eram?

Os sonetos contrariam o comando clássico dos de Petrarca (1304-1374), que se concentram na exaltação e no louvor do amor por uma mulher. Os sonetos de Shakespeare, surpreendentemente, são de início endereçados a um jovem de rara beleza de uma classe social mais elevada que a do poeta, por quem nutre uma amizade apaixonada. O soneto 17 é um bom exemplo:

> Quem no futuro iria crer nos versos meus
> Se só das tuas perfeições têm a dizer?
> Mas mesmo que não contem tudo, sabe Deus
> Que só um pouco de ti deixam entrever.
> Se teus lindos olhos pudessem comentar,
> Com rimas medir tua beleza sem-fim,
> Teus traços o futuro iria censurar:
>
> "Mentira! Rosto humano nunca foi assim!"
> As minhas páginas, de idade amareladas
> Seriam ignoradas, mesmo por amigo,
> E o que te é devido iria ser chamado
> De loucura extremada de soneto antigo.
> > Mas se naquele tempo houvesse um filho teu
> > Irias viver nele e no verso meu.

É preciso admitir que tamanha exaltação leva a um excesso que pode conduzir a conclusões suspeitosas. Que Shakespeare tivesse, em relação ao seu patrono, sentimentos do mais afetuoso agradecimento, é inegável. Mas o que é extremado é a forma de traduzir tais sentimentos. O soneto 20 é um exemplo da mais absoluta exacerbação e fica claro que não havia, entre o poeta e seu mecenas, a menor conotação de contato físico.

É importante notar, também, que as palavras *love* e *lover* não significavam "amor" e "amante", e sim "amizade" e "amigo", como "paixão" significa realmente "dedicação" e "respeito". Ei-lo:

>A natureza deu-te da mulher o rosto.
>Tu és o dono e a dona das minhas paixões.
>Um terno coração que não se entrega ao gosto
>Que a falsidade tem das bruscas mutações.
>Teu olhar é brilhante e quando enfoca reto
>Vestindo de ouro onde pousa teu encanto
>Vencendo qualquer homem só com teu aspecto
>Deixando a alma deles mergulhar no espanto.
>Para seres mulher criou-te a natureza.
>Depois de te moldar deu um cochilo ao fim.
>Por ter agido assim roubou-me tua beleza
>E acrescentou-te algo sem uso para mim.
>>Foste feito para a mulher satisfazer.
>>Seja meu teu amor e delas o prazer.

A figura do amigo a quem os sonetos são dirigidos se confunde com a de um patrono a quem um poeta rival solicita (e de quem recebe) favores. Surge uma bela dama morena, casada, e, ao que tudo indica, ela torna-se sua amante. O amigo é seduzido por essa mulher, que se convencionou chamar de "a mulher morena", e transferiu para ela o seu amor. Assim, o poeta se vê traído duas vezes: por ela e pelo amigo. Daí resultam, como era de esperar, sofrimento, breves hiatos de alegria, remorsos e o perdão do poeta atormentado.

Os sonetos foram escritos para Henry Wriosthley, o jovem conde de Southampton. É parecer do emérito Alfred Leslie Rowse que Shakespeare conhecia o conde e sua mãe, a viúva Mary Wriothesley (1552-1607), condessa de Southampton, que esperava que seu filho de dezoito anos se casasse com uma menina de quinze, Elizabeth de Vere (1575-1627), neta do tutor de Henry. O conde fugiu para o continente e, portanto, do compromisso. Casaria, anos depois, com Elizabeth Vernon, dama de companhia de Elisabete I, sobrinha do conde de Essex, um dos favoritos da soberana.

É possível que a condessa de Southampton tivesse pedido ajuda a Shakespeare, que este fizesse alguma coisa, mesmo por escrito, para incentivar seu filho ao casamento. Essa hipótese foi considerada verdadeira, já que, nos primeiros 26 sonetos (escritos no verão de 1590, segundo Fripp), junto à exacerbação apaixonada e entusiasmada, seguindo o espírito dos sonetos da época, o autor procura de fato incentivar o jovem.

Ao cabo de 25 sonetos, aparece um que sintetiza todas as "mensagens" enviadas pelo poeta. Eis o soneto 26:

> Senhor do meu amor, a quem em vassalagem
> Vosso mérito com força meu dever prendeu,
> Aqui envio por escrito esta mensagem
> Para testemunhar todo respeito meu
> Para agradecer, meu espírito tão pobre
> Não acha palavras certas, não esta vez,
> E fica à espera que um pensamento nobre
> Da vossa alma brote e me cubra a nudez.
> E se alguma estrela brilhar no meu caminho
> Que me toque de graça, embeleze-me os traços,
> Cubra os pedaços rotos do que é o meu carinho
> Para que eu seja digno deste vosso abraço
>   Então, que vos admiro posso proclamar
>   E só onde aprovardes, meu rosto mostrar.

Não há a menor dúvida de que os sonetos foram escritos para o conde de Southampton, mas isso não ficou claro em sua publicação em 1609, já que não receberam, como no caso de "Vênus e Adônis" e "O rapto de Lucrécia", uma dedicatória específica para o nobre. O que aparecia no frontispício do livro era uma dedicatória do impressor, que assinava T. T. Trata-se de uma sigla bastante intrigante e deu margem a uma pesquisa interessante e curiosa, quase uma pequena novela de detetive, conforme relatado a seguir.

T. T. era Thomas Thorpe (1569-1635), um editor londrino que tinha quarenta anos na época e havia publicado antes várias obras dos dramaturgos Ben Jonson e Cristopher Marlowe. O texto da dedicatória, em inglês, dizia:

> TO THE ONLIE BEGETTER OF
> THESE INSVING SONNETS.
> Mr. W.H. ALL HAPPINESSE
> AND THAT ETERNITIE
> PROMISED
> BY
> OVR EVER-LIVING POET
> WISHETH
> THE WELL-WISHING
> ADVENTVRER IN
> SETTING
> FORTH
> T.T.

Em português, traduz-se: "Ao verdadeiro inspirador destes sonetos, Mr. W. H., toda felicidade e esta eternidade prometida pelo nosso imortal poeta, deseja quem com sinceros votos se aventura a esta publicação. T. T."

Thorpe diz *adventvrer in setting forth*, ou seja, "se aventura", para informar que, já fazia certo tempo, os sonetos estavam fora de moda.

Na dedicatória, ele usa a palavra *begetter*, que pode significar "inspirador", "autor", ou mesmo "engendrador". Seria então Southampton o verdadeiro *begetter*? As iniciais do seu nome, W. H., sugerem que sim. O manuscrito foi dado para Southampton e, após sua morte, ficou em poder de sua mãe, Mary Wriothesley, condessa de Southampton. Em 1599, ela casou-se (pela terceira vez) com Sir William Hervey (1557-1642). Ao morrer, deixou todos os seus bens para ele. Hervey, ao perceber o valor dos *Sonetos*, passou-os para Thorpe, a quem coube a feliz tarefa de publicá-los. Este, em reconhecimento, teria dedicado a publicação a Hervey, o misterioso Mr. W. H.

Para deixar suposições mais intrigantes ainda no ar, muitas pessoas poderiam ser W. H. Uma delas era William Herbert (1580-1630), futuro conde de Pembroke. Mas acontece que, em 1592, ele tinha apenas doze anos, o que inviabiliza a hipótese. Henry Willoughby (1579-1649) também foi cogitado, embora as iniciais de seu nome e sobrenome sejam invertidas em relação às da dedicatória. Era um estudioso de Oxford que publicou os *Sonetos* em 1594. Na introdução a um dos "Cantos", ele revela ter contado sua dor em razão de um amor não correspondido por Avisa, sua musa, para seu velho amigo W. S. (as iniciais de William Shakespeare), um "velho ator" no jogo do amor que acabara de se recuperar de uma paixão. Isso pode ser uma referência a Shakespeare e ao seu romance com a "mulher morena" que o deixara pelo "poeta rival". Outras pessoas surgiram, mas não eram muito plausíveis como hipótese.

Parte da trama detetivesca dos *Sonetos* fica mais enredada ainda com a aparição de dois importantes personagens (há sempre personagens em Shakespeare, mesmo que seja nos sonetos): o poeta rival e a mulher morena. O primeiro aparece no soneto 78 e continua a ser citado até o 86.

Sendo Southampton a pessoa a quem os sonetos eram dedicados e tendo sido ele o destinatário de "Vênus e Adônis" e "O rapto de Lucrécia", é compreensível que, no soneto 79, Shakespeare anuncie, logo no primeiro verso, ter sido ele o primeiro a quem solicitara auxílio.

> Enquanto apenas eu pedia a tua ajuda
> E a doce beleza do verso meu cantar
> Agora é que percebo como tudo muda
> E a minha musa enferma perde o seu lugar.

> Concordo, amigo meu, merece o teu preito
> Uma dedicação maior ao escrever,
> E tudo que o poeta inventa a teu respeito
> Tira antes de ti, pra depois devolver.
> Presta-te valores que tens nas atitudes
> Te cobre da beleza que já tens no rosto,
> Não pode descobrir em ti outras virtudes
> Além de tudo aquilo que te já foi posto.
> > Então não lhe agradeça pelo que louvar
> > Ele é teu devedor e tu deves cobrar.

Para Shakespeare, não se trata apenas de um rival qualquer, mas de alguém com talento e grandeza que podia lhe fazer frente por direito e qualidade. E a confissão alarmada surge logo no soneto seguinte:

> Se sobre ti escrevo sinto que esmoreço
> Pois sinto que alguém melhor que eu me faz calar
> Ao usar com louvor o teu nome sem preço
> Deixando-me mudo sem ter o que louvar.

Mas quem seria esse poeta vital? As suspeitas recaem sobre o dramaturgo e contemporâneo de Shakespeare, Christopher Marlowe.

Quando Shakespeare chegou a Londres, Marlowe experimentava seus momentos de maior sucesso, graças à peça *Tamerlão, o grande*, em que Edward Alleyn era o protagonista. Em menos de quatro anos, Marlowe escreveu ainda *O judeu de Malta*, *Dr. Fausto* e *Eduardo II*. Shakespeare, com poucas peças a seu favor, aparecia em segundo lugar. A grande estrela era, sem a menor sombra de dúvida, Marlowe. Contudo, o destino quis que algo de inesperado acontecesse: a morte de Marlowe, numa suposta briga em uma taverna de Deptford.

Ele estava nessa taverna com outros três rufiões que, não fosse a morte do escritor, jamais teriam sido citados em documentos e descobertos pelos historiadores: Ingram Frizer, Nicholas Skieres e Robert Polley, conforme narra o estudioso John Leslie Hotson (1897-1992) na obra *The Death of Christopher Marlowe* [A morte de Christopher Marlowe].

O relatório oficial diz que os quatro estavam em um quarto reservado, no qual houve uma briga, supostamente por causa da conta. Marlowe, arruaceiro e beberrão por natureza, teria atacado Frizer com um punhal, que driblou o golpe e, na luta, feriu Marlowe mortalmente com sua própria arma, ao acertar um dos olhos do dramaturgo, que morreu na hora.

Toda essa história é um tanto misteriosa, uma vez que é sabido que Marlowe estava envolvido em política e era ligado a Sir Thomas Walsingham (c. 1561-1630), sobrinho de Sir Francis Walsingham (1530-1590), chefe do serviço de espionagem de Elisabete I.

Se admitirmos que Marlowe fosse o poeta rival, no soneto 86, vale notar que Shakespeare se refere a ele usando o verbo no passado. É nesse soneto que o poeta é citado pela última vez.

> Foi a vela orgulhosa do seu grande canto
> Que singrando conquistou o prêmio que venceu,
> Fez meu pensar maduro superar o pranto
> Quando uma tumba achou no ventre onde nasceu.
> E seu espírito aprendeu com outros antes
> Uma arte mais que mortal que me matou.
> Não, nem ele, nem de noite os acompanhantes
> Que lhe deram ajuda, meu verso espantou;
> Não, nem ele, nem o fantasma familiar
> Que noite após noite o enganou sabiamente
> Do meu silêncio pode se vangloriar,
> Pois de temor eu nunca mais fiquei doente.
>   Quando com sua beleza o verso se preencheu
>   O tema me faltou, meu verso enfraqueceu.

Resta ainda a misteriosa "mulher morena dos sonetos". Ela aparece no soneto 127 e continua em cena até o 152. Além de a cor dos seus cabelos ser mencionada, ela é chamada de *my mistress* – "minha amada" ou "minha amante" – e de *black mistress*. Assim, passou a ser a *"dark lady of the sonnets"*: "A morena, outrora, por feia era passada/ E se bela fosse, não era assim chamada." E logo depois esclarece:

> Da minha amante os cílios são de um negro forte.
> Era uma mulher prendada, fazia música,
> Tocava espineta.

Mas havia uma certeza: a mulher era casada, conforme dito no soneto 152:

> Sabes que sou perjuro por te amar assim
> E tu também o és, jurando-me amor,
> Traindo o leito teu, voltando contra mim
> Ódio novo em troca deste meu calor.
> Como acusar-te de violar dois juramentos
> Se vinte eu violei? Quem pecou mais fui eu

Que meus votos eram juras sem fundamentos
E a fé que eu tinha em ti já se desvaneceu.
Enalteci tua ternura verdadeira,
Como tua bondade e tua constância agiam.
Para seres perfeita, na minha cegueira
Obriguei todos a jurar o que não viam.
    Pela tua formosura jurei-te clara
    E menti outra vez porque tu me és cara.

No original desse soneto há um detalhe intraduzível. Naquela época, o padrão de beleza favorecia mulheres claras – assim, o tipo moreno não era o preferido. Nos dois últimos versos, o poeta usa a palavra *fair*, que poderia ser traduzida como "bonita" ou "loira".

Nos sonetos escritos para o conde de Southampton não há a menor insinuação de um amor homossexual – o que na época ultrapassava os limites do pecado carnal e era punido com o máximo de severidade. No entanto, no caso da "mulher morena", é evidente que houve uma união carnal, como se vê no soneto 129:

A luxúria em ação é a perda da alma
Num deserto ruinoso, um ato cruel,
Perjuro, assassino, que nos corrói a calma
Selvagem, violento, carregado do fel
Do desprezo que sobra quando é saciada.
Não há como entender por que tanto a queremos
Já que passamos a odiá-la quando a temos
E nossa vontade é por ela aprisionada.
Louco ao persegui-la, mais louco quando a temos
E tendo, mais queremos ter; e o ardor nos vem
Provar que o prazer é uma dor, e nós o vemos
Como alegria, agora, e apenas sonho, além.
    Todo mundo sabe, mas ninguém vai conseguir
    Do céu que leva ao inferno jamais fugir.

O crítico Ian Wilson tenta esclarecer a questão: se Southampton era realmente o jovem para quem os sonetos foram escritos, tudo indica que foi ele também que roubou do poeta sua "mulher morena". No soneto 140, Shakespeare reage, magoado:

Com meus amores todos fica, meu amor,
E com quem ficarás mais, que já era teu?
Nenhum amor que possas tu chamar, amor,

Que tudo ficou sendo teu do que era meu.
Aceitas-me, amor, fingindo que me amas,
Usas meu amor, não posso te culpar,
Mas te acuso pois jamais me chamas
Pelo prazer perverso de me recusar.
Perdoo o que fizeste, meu gentil ladrão,
De mim não tinhas nada pra roubar
E o amor sabe que fere mais ao coração
O mal do amor em vez do ódio alimentar.
    Graça lasciva, mata-me com teu desdém,
    Mas mesmo assim, te peço, nos queiramos bem.

Dois sonetos depois, no de número 142, percebe-se que se trata de uma mulher:

Que tu a possuis não é toda a minha dor
Mas pode-se dizer que muito eu a amei.
Que ela te possui, a perda deste amor
É o que me atinge mais, isto eu bem sei –
Vós que magoais quem ama, tendes meu perdão.
Vós a amais porque sabeis que eu a amo,
E sabendo que ela me fere o coração
Meu amigo sofre, isto lhe causa dano.
Caso eu a perca, a perda é lucro meu, eu sei,
E ao perdê-la meu amigo a encontrou,
Ambos se acharam, e eu sem ambos fiquei
E foi o amor dos dois que esta cruz me legou.
    Se somos apenas um, meu amigo e eu,
    O amor dela é um só e sei que é apenas meu.

O poeta enfrenta o pior momento do amor – o desespero –, o não saber o que fazer de si, nem do seu amor. Para ele, ela é a mulher que qualquer homem cavalga e simboliza o que há de mais perfeito e ao mesmo tempo mais execrável. Seu sofrimento é expresso no soneto 147:

Meu amor é igual a uma febre que anseia
Pelo que a moléstia possa ainda aumentar
Nutrindo-me das coisas que o mal permeia
Para o seu apetite doentio agradar.
Meu médico do amor (minha razão), zangado
Porque suas ordens não desejo obedecer
Deixou-me, e agora entendo eu, desesperado

> Desejo e morte são iguais, nada a fazer.
> Nada me cura, que a razão está além do mal,
> De aflições enormes vai enlouquecer.
> O que digo e o que falo é loucura afinal
> E quando falo, minto, digo por dizer –
> > Porque julguei-te luminosa, amor, e pura
> > E és negra como o inferno e como a noite, escura.

Os estudiosos e os historiadores veem gente de carne e osso em toda parte. É como se os *Sonetos* fossem um romance, uma peça com numerosos atos. Mas se existiu de fato uma mulher morena na vida de Shakespeare, a sua dedicação à família cai por terra. Na verdade, não interessa se ele, longe de casa por tantos períodos, foi ou não um marido fiel. O ponto é: se a tal "mulher morena" existiu, quem teria sido?

Mais uma vez, é menos difícil chegar às suspeitas e praticamente impossível descobrir a verdadeira identidade da misteriosa mulher. Fala-se de uma prostituta conhecida como Lucy Nero, Lucy Morgan, Lucy Parker ou, simplesmente, *Black Lucy*, e de Jacqueline, esposa de Richard Field, impressor e amigo de Shakespeare. Jane D'Avenant, dona da estalagem Crown Tavern, em Oxford, onde o dramaturgo pernoitava (sugeria-se que ele fosse o verdadeiro pai de William, filho dela), é outra suspeita. Havia também uma certa Emilia Lanier, filha de um italiano e casada com um músico da corte. De pele morena e cabelos pretos, era musical, ousada, adúltera, excelente candidata para ser a *dark lady*. Ele poderia ter tido um caso com Shakespeare e Southampton ao mesmo tempo. Alfred Leslie Rowse dedica todo um capítulo do seu fascinante livro a essa mulher e acredita mesmo se tratar de Emilia Lanier. Rowse pesquisou, teceu comparações, cruzou informações e dados que parecem mostrar que foi mesmo ela a "mulher morena" de Shakespeare.

O soneto 116 é a prova definitiva de que o autor acreditava no amor e o levava muito a sério. Trata-se de uma longa, intensa, conflitante, explosiva, lamentosa, agradecida e enlevada declaração de amor. Cabe reproduzir a irretocável tradução de Ana Amélia Queiroz Carneiro de Mendonça para esse soneto:

> De duas almas fiéis a união perfeita
> Não posso admitir impedimentos. Amor
> Não é amor se muda só com a suspeita
> De que a distância faz cessar o seu calor.
> Amor é um marco firme que não sai do prumo
> E enfrenta tempestades sem titubear,

A estrela que orienta os barcos sem um rumo
E em meio à imensidão consegue navegar.
Amor não é tolo que cede à aparência
Por mais perto que esteja a boca e a face amável
Sem se alterar jamais, fiel à sua essência
No caminho de um tempo para sempre imutável.
    Se isto for errado e alguém já comprovou
    Então não sou poeta e ninguém nunca amou.

5. *Se a vós desagradamos*

(AS COMÉDIAS – Parte 1)
A comédia dos erros (1593)
A megera domada (1593-1594)
Os dois cavalheiros de Verona (1592-1593)
Trabalhos de amor perdidos (1594-1595)
Sonho de uma noite de verão (1595-1596)

Há um saboroso momento em *Hamlet*, quando o velho Polônio diz ao príncipe que os comediantes acabaram de chegar. A cena lembra aqueles atores ambulantes que se apresentavam nos salões da corte, e foi, de fato, assim que encenaram no palácio de Elsinore o drama *O assassinato de Gonzago*. Quando dá a Hamlet a notícia da chegada, Polônio especifica que são "os melhores atores deste mundo, quer para tragédia como para comédia, história, pastoral, pastoral-cômica, histórico-pastoral, trágico-histórica, trágico-cômica-histórico-pastoral, cena indivisível ou poema ilimitado; para eles, Sêneca não é demasiadamente profundo, nem Plauto demasiadamente leve" (ato II, cena 2).

Essa é, sem dúvida, uma alusão a dois autores do teatro romano que influenciaram Shakespeare no início da sua carreira. Sabe-se da dificuldade, às vezes até da impossibilidade, de fornecer com precisão datas para as peças de Shakespeare, mas há uma concordância entre muitos estudiosos: depois de escrever sua primeira trilogia histórica (sobre a vida do rei Henrique VI), a primeira comédia de sua autoria foi *A comédia dos erros* (em 1592 ou 1593, segundo o crítico Edmund Kerchever Chambers) e a primeira tragédia foi *Tito Andrônico* (entre 1593 e 1594).

As peças de Shakespeare não teriam tantas classificações, conforme especifica Polônio, porém, de forma geral, estão divididas em comédias, peças históricas e tragédias. Em seu magnífico volume intitulado *Shakespeare – A invenção do humano*, Harold Bloom apresenta uma classificação lógica que permite acompanhar o desenvolvimento da dramaturgia do autor. Ele divide suas obras da seguinte maneira: "primeiras comédias" (*A comédia dos erros*, *A megera domada* e *Os dois cavalheiros de Verona*), "primeiras peças históricas" (*Henrique*

VI, King John – ou *João Sem Terra* – e *Ricardo III*), "tragédias de aprendiz" (*Tito Andrônico, Romeu e Julieta* e *Júlio César*), "altas comédias" (*Trabalhos de amor perdidos, Sonho de uma noite de verão, O mercador de Veneza, Muito barulho por nada, Como quiseres* e *Noite de Reis*), "grandes peças históricas" (*Ricardo II, Henrique IV, As alegres comadres de Windsor* e *Henrique V*), "peças-problema" (*Troilo e Créssida, Bem está o que bem acaba* e *Medida por medida*), "grandes tragédias" (*Hamlet, Otelo, Rei Lear, Macbeth* e *Antônio e Cleópatra*), "epílogo trágico" (*Coriolano* e *Timão de Atenas*) e "romances finais" (*Péricles, Cimbeline – Rei da Britânia, Um conto de inverno, A tempestade, Henrique VIII* e, como adendo final, inesperado para muitos, ele acrescenta *Os dois parentes nobres*, escrita em parceria com outro renomado dramaturgo, John Fletcher [1579--1625], a única colaboração entre ambos).

A classificação de Bloom é discutível, mas ele faz uma citação do elenco das peças e, ao mesmo tempo, dá uma ideia de como elas poderiam ser analisadas.

Shakespeare criou mais de uma centena de personagens principais e outras centenas de secundários. No índice geral de personagens da edição das obras completas (*The Oxford Shakespeare – The Complete Works*), publicadas pela Oxford University Press, há 810 deles. Não foram incluídos na lista personagens anônimos como o Porteiro, o filho de Lady Macduff, os médicos e os assassinos de *Macbeth*, nem os atores que representam a peça que está sendo encenada em *Hamlet*, apenas citados em bloco, como "atores".

Shakespeare escreveu comédias ao longo de toda a sua carreira e é inevitável que cada fase do seu desenvolvimento seja marcada por nítidas características. As comédias adquiriram corpo e amplitude cada vez maiores e mais ricos, partindo de uma simplicidade inicial para algo bem mais estruturado e muito mais significativo. Assim, o que poderia ter começado como "comédias leves" se transmutou em comédias com um toque de seriedade, que originaram as "comédias dramáticas" surgidas séculos depois.

Tempo, evidentemente, equivale a evolução, e há uma distinção profunda entre a hábil agilidade fársica de *A comédia dos erros* e a extraordinária fantasia de *A tempestade*, na qual o real caminha lado a lado com o irreal.

Apesar de Shakespeare ainda ter escrito uma última peça histórica (*Henrique VIII*), *A tempestade* é considerada seu testamento artístico. Quando Próspero, o senhor da ilha onde se passa a peça, renuncia aos seus poderes mágicos, é como se o autor declarasse que ele também renunciava à sua criação:

A esta brutal magia
aqui abjuro. E quando conseguir

celeste música, o que peço agora,
que o canto aéreo seja para os seus sentidos.
(Ato V, cena 1)

Não há despedidas alegres, mas paira na peça uma atmosfera positiva de magia, de perdão e de amor. O ser humano ainda é algo que deve e pode ser levado em conta e respeitado. E nada é mais positivo e esperançoso do que os breves versos da jovem Miranda, a filha de Próspero, que nunca vira outros seres humanos e agora, além de vê-los, está apaixonada por Ferdinando:

Que maravilha!
Quantas boas criaturas aqui existem!
Como a humanidade é bela! Admirável
mundo novo, que tem pessoas assim.
(Ato V, cena 1)

A COMÉDIA DOS ERROS

Alegria, evidentemente, é o que não falta em *A comédia dos erros*. Shakespeare inspirou-se na comédia de Plauto – *Menaechmi* [Os gêmeos] – e, para complicar ainda mais a trama, emprestou ao Anfitrião, do mesmo autor, dois criados gêmeos. Temos assim o patrão Antífolo e seu criado Drômio, de Siracusa, que chegam a Éfeso, onde moram os outros Antífolo e Drômio. Nenhum deles tem noção da existência dos outros.

Ian Wilson, com bastante humor, sugere que Shakespeare colocara mais um par de gêmeos na sua versão da história, talvez influenciado por ser ele próprio pai de um casal de gêmeos – Judith e Hamnet, então com nove anos.

A presença desses dois pares de gêmeos causa desencontros e equívocos dignos da melhor farsa, como acontece em muitas cenas de outras peças do autor (*A megera domada* e *As alegres comadres de Windsor*, por exemplo).

Shakespeare acrescenta ainda ao seu enredo um personagem chamado Egeu, um velho mercador de Siracusa que está preso, à espera de execução. Ele explica ao duque de Éfeso que a busca por sua família perdida foi o que o levou até aquela cidade. Poupado até a noite para, quem sabe, surgir alguém que resgate sua vida, há uma briga perto do convento e surge Emília, a abadessa, a mulher de quem Egeu está separado há anos. Eles não sabiam do destino um do outro e muito menos do paradeiro dos seus filhos gêmeos. Essa relação, ao mesmo tempo romântica e quase anedótica, dá coerência às intrigas da farsa e serve de gancho para a feliz (e inevitável) solução final.

Shakespeare dá ainda a Adriana, a esposa do Antífolo de Éfeso, uma irmã chamada Luciana, o que ocasiona uma confusão ainda maior quando o Antífolo de Siracusa se interessa por ela e Luciana pensa que é o próprio cunhado que quer conquistá-la. Assim, diferentemente do original de Plauto, percebe-se o sentimento do amor na comédia de Shakespeare.

Quando o Antífolo de Siracusa e seu criado Drômio chegam a Éfeso, o primeiro ordena:

> Vá para o Centauro, onde iremos pernoitar,
> e fique lá, Drômio, que eu vou ter contigo.
> Até então, farei uma volta aqui pela cidade,
> vou dar uma olhada nas lojas, ver as casas,
> depois voltar para dormir na estalagem
> porque a viagem longa me deixou exausto.
> (Ato I, cena 2)

Ele fala como se fosse um ator em excursão que passou muitas horas no lombo de um cavalo e estivesse chegando à cidade onde iria se apresentar.

A confusão começa logo em seguida, quando o Antífolo de Éfeso encontra o Drômio de Siracusa e pensa que se trata, na verdade, de seu criado. A situação piora consideravelmente quando os quatro envolvidos, mais Adriana e Luciana, entram na quadrilha dos enganos. O Antífolo de Siracusa é levado para almoçar com Luciana (que ele não faz ideia de quem seja) e se comporta de forma tão estranha que ela o admoesta com inevitável dureza, dizendo:

> É possível que tenhas esquecido, Antífolo,
> os deveres de marido? E que o amor
> primaveril fique sem fonte, perca seu ardor?
> Antes de ser erguido pode o amor ruir?
> Se desposaste minha irmã pelo dinheiro,
> pela mesma razão com mais bondade a trates.
> Se uma outra pessoa existir, seja discreto,
> esconde teu amor para que ninguém o veja
> e minha irmã não leia nada nos teus olhos.
> Que tua língua não mencione tua vergonha.
> Seja terno, fala doce, na tua deslealdade.
> Reconta teu vício com ares de virtude.
> Com o coração escuro, deixa o rosto claro.
> Ensina ao teu pecado dar-se ares de santo.
> Sê discreto e falso, não lhe reveles nada.
> Que gatuno se vangloria do seu crime?

É um erro duplo ser infiel na cama
e deixá-la ler no teu rosto quando à mesa.
Bem orientada, a vergonha é respeitada.
A má ação piora com uma má palavra.
Ai de nós, pobres mulheres, façam-nos crer,
crédulas que somos, que vocês nos amam.
Se as outras têm o braço, mostra-nos a manga.
Para onde quer que forem, vamos nós atrás.
Assim, querido irmão, na tua casa entra,
consola minha irmã chamando-a de mulher,
que ser um pouco falso tem seu lado bom
quando a lisonja doce põe fim à discórdia.

E o Antífolo de Siracusa responde:

Prezada senhora – que não sei vosso nome
nem avalio como descobriu o meu –,
vossa sabedoria e graça vos fazem ser
maravilhosa beleza extraterrestre.
Ensinai-me, querida, a pensar e a falar.
Desvendai a esta pobre compreensão terrena,
sufocada de erros, superficial
e frágil, o sentido do que me dizeis.
Por que, apesar da vossa pura lealdade,
forçais levar-me a alma a terras que ignoro?
Sois um deus? Pretendeis criar-me novamente?
Transformai-me, cederei ao poder vosso.
Mas, se eu for quem sou, então estarei seguro –
vossa chorosa irmã não é minha mulher
nem devo nenhuma homenagem ao seu leito.
Não ides me atrair com cantos, sereia bela,
para eu me afogar nas vagas do choro fraterno.
Cantai, que só por vós eu me apaixonarei.
Espalha a cabeleira de ouro nas prateadas
ondas, e ali farei meu leito para repousar
e neste belo sonho terei a certeza
de que é bom morrer quando se morre assim.
(Ato III, cena 2)

E como está sempre bem o que acaba bem, os pais encontram os filhos e estes, os pais. E os criados gêmeos, agora muito amigos, encerram a brincadeira, conversando. Quem fala primeiro é o Drômio de Siracusa:

DRÔMIO DE SIRACUSA: Tem uma amiga gorda lá no teu patrão
que fez comida para eu comer no almoço.
Agora é minha irmã e não mulher.
DRÔMIO DE ÉFESO: Tu és o meu espelho, não o meu irmão.
Pela tua cara eu vejo: sou bonito e jovem.
Vamos entrar e ver o que estão conversando?
DRÔMIO DE SIRACUSA: Não, primeiro entra tu, que és o primogênito.
DRÔMIO DE ÉFESO: E como vamos resolver esta questão?
DRÔMIO DE SIRACUSA: Tiremos a sorte para saber quem é mais velho.
Vai tu na frente.
DRÔMIO DE ÉFESO: Não, façamos outra coisa.
Nascemos os dois juntos, como irmão e irmã.
Vamos de mãos dadas. Não um depois do outro.
(Ato V, cena 1)

Essa é a mais curta e uma das mais divertidas peças de Shakespeare, que nela já se mostra, no início da sua carreira, um exímio manipulador de tramas, quer na comédia, quer na tragédia, como será comprovado em *Tito Andrônico*.

Se Shakespeare entrou para a companhia do conde de Leicester em 1588, já fazia cinco anos que trabalhava com elas quando *A comédia dos erros* foi encenada. Antes, em rápida sucessão, fora a vez das três partes de *Henrique VI*.

A companhia do conde de Leicester existia desde 1574, embora ele patrocinasse atores desde 1559. Já era, portanto, uma companhia de invejável reputação quando Shakespeare se juntou a ela e, na verdade, a partir daquele momento, teve início uma associação que duraria até o fim de sua vida. As companhias podiam mudar de nome conforme o seu patrono, mas o grupo de atores continuava basicamente o mesmo.

Por volta de 1592, Shakespeare já estava mais do que integrado na companhia, não só adaptando e reescrevendo textos, como criando os seus e, sem dúvida, atuando.

No fim daquele ano, o dramaturgo estava casado havia dez anos. Poderia, portanto, ter aproveitado o fim da excursão motivada pela epidemia para comemorar a data com a família em Stratford-upon-Avon. Querendo ou não, ele devia estar sentindo o que se pode chamar de "o doce sabor do sucesso". Logo no ano seguinte, publicaria seus longos poemas – "Vênus e Adônis" e "O rapto de Lucrécia" – e consolidaria sua reputação como escritor, já que o renome como dramaturgo carregava menor prestígio.

Com as mortes de outros jovens dramaturgos – Christopher Marlowe, em maio de 1593, com apenas 29 anos, e Thomas Kyd, em agosto de 1594, com 36 anos –, não havia concorrentes para a supremacia de Shakespeare como autor.

Dessa fase são a comédia *A megera domada*, a comédia romântica *Os dois cavalheiros de Verona* e uma comédia sofisticada e literária, *Trabalhos de amor perdidos*.

A MEGERA DOMADA

A megera domada pertence ao universo de *A comédia dos erros* e nela Shakespeare funde elementos da comédia italiana de Ludovico Ariosto (*I Suppositi*, de 1509) e das comédias latinas de Plauto [c. 234 a.C.-184 a.C.] (*Captivos*) e de Terêncio [c. 185 a.C.-159 a.C.] (*Eunuchus*). Como base, usou a versão inglesa da peça de Ariosto, adaptada pelo poeta George Gascoyne (c. 1535--1577) e publicada em 1566 sob o título *The Supposes*, na qual o autor diz, na introdução: "Vocês vão ver um patrão que se supõe ser um criado e um criado que se supõe ser seu patrão."

Na versão de Shakespeare, a trama está centrada em Batista, ricaço de Pádua que tem duas filhas, Bianca e Catarina, esta a protagonista feminina. O pai determinou que Bianca deveria ficar solteira até a irmã se casar. Aí Shakespeare introduz Lucêncio, que se disfarça de professor de latim para conquistar Bianca. O dramaturgo cria a trama principal da comédia ao introduzir na história Petrúquio, um solteirão rico que declara querer desposar Catarina porque ela tem dinheiro, o que muito alivia Batista. Petrúquio casa-se com Catarina, possuidora de um gênio incontrolável e que lhe vale o codinome de "megera", e decide que vai domá-la, fazendo dela uma esposa dedicada e dócil, no que é bem-sucedido. Domada a esposa, o ricaço volta a Pádua com uma "nova Catarina", para os festejos do casamento de Bianca. Mas isso só acontece depois de muitas cenas hilariantes entre o casal briguento. Hortênsio, que pretendia a mão de Bianca, se casa com uma viúva rica. As três noivas são colocadas à prova pelos maridos, e Catarina exorta as mulheres à obediência em uma fala final entusiasmada.

> Vergonha! Desfaçam estes semblantes carregados
> e não lancem tantos olhares desdenhosos
> para magoar seu senhor, seu rei, seu amo.
> Este ar sombrio macula a sua beleza
> como o frio nos prados gela os brotos
> e de nenhuma forma é adequado e doce.
> Uma mulher irada é uma fonte turva
> de água escura e grossa, sem beleza,

e enquanto for assim ninguém, por mais sedento,
irá levá-la aos lábios, sorver-lhe as gotas.
Seu marido é seu senhor, seu guardião, sua vida,
seu chefe e soberano, aquele que a protege.
E para lhe manter, usa seu próprio corpo
em trabalhos penosos, seja em terra ou mar,
velando-a na chuva à noite, no frio ao dia,
enquanto em casa está segura e quente.
Não requer de você nenhum outro tributo
a não ser amor e sincera obediência
(Cobrança pequena para dívida tão grande.).
A submissão que deve ao príncipe o seu súdito
é a que deve uma mulher ao seu marido,
e quando ela for indócil, irritadiça
e amarga, sem obedecer aos seus pedidos,
não passa de uma rebelde imperdoável,
a culpada traidora de um senhor devoto.
Envergonho-me de mulheres que simplesmente
propõem guerra em vez de ajoelhar-se e pedir paz,
que querem poder, mandar, ficar por cima
quando deviam servir, amar e obedecer.
Porque são nossos corpos delicados, frouxos e macios,
inaptos às rudes tarefas deste mundo
senão para que nossa suave condição
deva se harmonizar com a nossa aparência?
Vamos, mulheres obstinadas e incapazes,
meu temperamento era forte como os seus,
um coração ambicioso com mais motivos
para ser sempre a dona da última palavra.
Agora vejo que estas lanças são de palha.
Nossa força é fraca, a fraqueza é sem igual,
parecendo ser bem menor do que pretendemos.
Acabem com este orgulho que de nada vale
e ponham as mãos sob os pés dos seus maridos.
O meu, basta falar e presto obediência
com estas mãos, se ele assim o desejar.
(Ato V, cena 2)

Os dois cavalheiros de Verona

Há quem acredite que *Os dois cavalheiros de Verona* foi a primeira das comédias de Shakespeare. De qualquer forma, ela tem a distinção de ser a primeira das comédias *românticas* do autor e também a primeira em que ele utiliza o recurso de fazer uma heroína, Júlia, vestir-se de homem.

É provável que essa peça nunca tenha sido apresentada ao público, o que não significa que não tenha sido vista particularmente. Ela nem sequer foi mencionada enquanto Shakespeare viveu e seu título aparece apenas no livro de 1598 do clérigo Francis Meres, no qual ele se refere a Shakespeare como excelente autor de tragédias e comédias.

O enredo gira em torno da rivalidade de dois amigos, Valentino e Proteu, pelo amor de Sílvia. Ao fim, um amigo cede lugar ao outro, perdoando-o. O crítico Alfred Leslie Rowse sugeriu que a peça pode ter sido inspirada em um fato real, ou seja, o amor de Shakespeare e do conde de Southampton pela já mencionada "mulher morena". Shakespeare se retira da disputa e o conde fica com a dama morena e com o perdão do poeta. Se, de fato, existe alguma coisa de autobiográfico na comédia, isso poderia explicar por que nunca teve uma apresentação pública.

Poucas vezes encenada, é considerada – e justamente – a peça mais fraca de Shakespeare. No entanto, apresenta um dos seus melhores personagens, Launce – um bufão, criado de Proteu –, que com certeza foi vivido por William Kemp. Sem dúvida, o ator deve ter enriquecido ainda mais o personagem com suas improvisações.

Trabalhos de amor perdidos

Existem muitos indícios de que *Trabalhos de amor perdidos* tenha sido escrita para uma diversão particular do círculo do conde de Southampton, durante o inverno de 1593. Deve ter sido encenada no Natal, na mansão dos Southampton, em Tichfield, quando a companhia terminava uma excursão ou já voltava a Londres na esperança de fazer rendosa apresentação na corte.

Trabalhos de amor perdidos surge na obra inicial de Shakespeare como um mistério de extraordinária criatividade. É uma comédia sofisticada e extravagante, ambientada na corte francesa, embora sua atmosfera seja essencialmente elisabetana. Trata-se de uma verdadeira festa de perfeição poética e vocal de difícil equivalência quando se trata de traduzi-la em qualquer língua. O tema

– como de tantas comédias – é o amor, o prazer da presença feminina, a inquestionável supremacia da paixão.

Escrevê-la foi, de fato, um salto ousado, partindo da falta de inspiração de *Os dois cavalheiros de Verona* para um universo amplo de aprimoramento poético, preconizando as belezas que serão apresentadas na peça escrita por Shakespeare logo em seguida: *Romeu e Julieta*.

Shakespeare – que sempre se inspirava em outras histórias, já que a tessitura dos enredos nunca foi seu forte – escreveu uma peça considerada mais intelectualizada. Pode ter se inspirado em personagens reais, como o rei Henrique IV da França (1533-1610), que se envolvera em graves problemas políticos.

O rei, que era protestante, reivindicou o trono da França e conseguiu o apoio da rainha Elisabete I. Mas, ao fim de quatro anos, converteu-se ao catolicismo e mandou um embaixador pedir desculpas à soberana inglesa. Ela lhe enviou uma carta na qual uma curta frase refletia seu desagrado e repúdio: "Não posso mais considerar-me vossa irmã."

Henrique assumira, junto à rainha, um compromisso que não fora capaz de cumprir, convertendo-se. Tornava-se, assim, indigno de respeito, um personagem que poderia ser satirizado dentro do ambiente de uma agradável comédia extravagante.

Na comédia de Shakespeare, os nobres que o acompanham têm nomes que ecoam de perto os de amigos de Henrique na corte: Biron seria o marechal Brion; Longaville, o duque de Longueville, e Dumaine, o duque de Mayenne.

Em *Trabalhos de amor perdidos*, o rei de Navarra, Ferdinando, assim como o rei francês, Henrique, assume um compromisso que não é capaz de cumprir e exige que três amigos façam o mesmo: dedicar três anos apenas a estudos sérios, abolindo as mulheres de suas vidas. Longaville e Dumaine concordam. Biron, o herói da peça, que é um cético realista, homem de muito humor e detentor de uma visão prática da vida e da humanidade, parte do princípio de que a proposta do rei é impraticável. De que adianta fazer um juramento se não serão capazes de cumpri-lo?

E ele diz, logo no início:

> Só posso repetir o que disseram,
> pois tanto, senhor meu, já jurei antes –
> viver aqui e estudar três anos.
> Mas há ainda votos muito sérios
> como não ver mulheres nestes tempos,
> que espero que não esteja incluído.
> Um dia por semana sem comer

> e uma refeição nos outros seis,
> que espero que não esteja incluído.
> Dormir só por três horas cada noite
> e nunca cochilar durante o dia –
> pois costumo dormir a noite inteira
> e mesmo adormecer durante o dia –
> que espero que não esteja incluído.
> São tarefas estéreis e difíceis,
> estudar sem mulher, comida ou sono.
> (Ato I, cena 1)

E quando o rei se refere aos deleites que levam os homens a prazeres vãos, Biron conclui:

> Todo deleite é vão e o mais vão
> é o que com penas só nos causa pena,
> como penosamente procurar
> a verdade num livro, enquanto esta,
> com falsidade, cega a quem procura.
> Luz que busca a luz, tira a luz da luz
> e antes de encontrar a luz no escuro
> fica escura a luz ao teu olhar
> pousando-o em olhos mais bonitos.
> E ao deslumbrá-lo o olhar vai ser seu guia
> devolvendo-lhe a luz que o cegou.
> O estudo é como o sol, glória celeste,
> não admite olhares atrevidos.
> Lucra bem pouco o leitor assíduo
> senão o que sabia o escritor.
> Pois os padrinhos das luzes do céu
> os que dão nome às estrelas fixas
> não lucram mais com seu fulgor noturno
> do que os que andam sem saber quem são.
> Saber demais só nos faz conhecidos –
> qualquer padrinho pode nos dar nome.
> (Ato I, cena 1)

A decisão é perturbada pela chegada de uma comitiva, chefiada pela princesa da França, que pretende discutir problemas de Estado. Acompanham a princesa três damas: Rosalina, Maria e Catarina. O rei se recusa a recebê-las em sua residência, mas não pode deixar de recebê-las no parque.

Na peça, sucedem-se várias cenas de galanteio, repletas de humor. Mas o óbvio impera: os quatro candidatos à vida monástica apaixonam-se (o rei Ferdinando cai de amores pela princesa da França, Biron por Rosalina, Longaville por Maria e Dumaine por Catarina. O primeiro a capitular é Biron, que manda o *clown* Costard entregar uma carta para a "gentil senhora"):

> Será possível?
> Eu, enamorado? O açoite do amor,
> o algoz dos suspiros apaixonados,
> o crítico severo, o vigia
> pedante, imperioso, do menino
> que reprimi com a maior arrogância?
> Este garoto vendado, chorão,
> cego e perverso, este jovem-velho,
> este Dom Cupido, gigante-anão,
> das rimas amorosas o maestro,
> senhor dos braços cruzados, ungido
> soberano dos suspiros, soluços
> de todos os inúteis descontentes,
> príncipe temido das braguilhas,
> magno imperador, grande general,
> que faz seus funcionários ir trotando?
> Meu coraçãozinho! Eu, reduzido
> a ajudante de ordens, de uniforme,
> multicolorido como um saltimbanco.
> E eu amo? Faço a corte? Quero esposa?
> [...]
> E ser perjuro – isto é que é o pior.
> E dentre as três amar a que é pior.
> Aquela frívola de pele branca,
> criatura com cílios de veludo
> e duas bolas negras como olhos,
> pelos céus, que ela vai fazer das suas
> apesar de Argos ser seu guardião!
> E eu por ela a suspirar! Nem durmo!
> Rezo por ela! Vamos! É um castigo,
> Cupido o impôs, que eu não levei a sério
> seu poder enorme e enorme pequenez.
> Vou suspirar, gemer, rezar, amar,
> implorar e escrever. Que alguns homens

têm de amar uma dama, como eu.
Outros, qualquer mulher do povo basta.
(Ato III, cena 1)

O quarto ato é sempre decisivo na estrutura das peças de Shakespeare. A trama se enriquece até chegar à solução final. Na terceira cena desse ato, que é bastante longa, Biron entra com um papel e lamenta por estar sofrendo por amor a Rosalina. Ele se esconde quando o rei Ferdinando entra em cena.

O recurso de conversas e solilóquios serem ouvidos por outrem era usado tanto em peças sérias como nas comédias, e isso fazia a trama avançar ou complicar-se ainda mais, conforme o caso.

O rei traz consigo um soneto que escreveu para a princesa. Ele surge, suspira apaixonado e lê em voz alta:

> Beijo assim tão doce não dá o dourado sol
> naquele orvalho matinal que cobre as rosas,
> como os raios do teu olhar quando eles caem
> no meu rosto, que a noite inundou de orvalho.
> A lua de prata não tem luz com tanto brilho
> através dos seios do mar, tão transparentes,
> Como fulgura tua beleza em minhas lágrimas
> resplandecendo em tudo aquilo que eu chorar.
> E cada gota do que eu choro te conduz
> e vais, triunfante, sobre todo o meu lamento.
> Mas vê as lágrimas que estão rolando em mim
> mostrando tua glória na amargura minha.
> Mas não me ames. Então vais poder sempre
> ver-te em minhas lágrimas, me fazer chorar.
>   Rainha das rainhas! Como és perfeita!
>   O pensar não concebe, as palavras não dizem.
> (Ato IV, cena 3)

Quando Longaville entra, o rei se esconde, e tanto ele como Biron escutam a poesia que o primeiro escreveu para Maria. O mesmo acontece quando entra Dumaine e os três ouvem o que ele escreveu para Catarina. É quando Longaville se revela e caçoa do amigo traidor, seguido pelo rei, que faz o mesmo. Mas Biron aparece dando-se ares de único cumpridor do compromisso. Seu triunfo dura pouco porque Costard entra trazendo a poesia que ele escrevera para Rosalina, igualando-o aos outros dissidentes apaixonados.

E o rei pede a Biron: "Deixemos de conversas. Prove-nos, caro Biron, que nosso amor é legítimo e os nossos votos não foram violados." Ao que Biron responde:

Levem em conta as juras que fizeram:
jejuar, estudar, não ver mulher –
isto é uma traição contra a juventude.
Podem jejuar? Mas são tão jovens
e a abstinência provoca doenças.
Quando, meus caros, estudar juramos,
todos nós esquecemos nossos livros.
Ainda podem sonhar e contemplar?
E como poderão todos vocês
encontrar a perfeição no nosso estudo
sem o belo de um rosto de mulher?
Nos olhos da mulher isto aprendi,
pois são a base, os livros, os ensinos
de onde brota o ardor de Prometeu.
Que o excesso de estudos envenena
o espírito que corre nas artérias
e o movimento e ação, se prolongados,
exaurem a energia do viajante.
Negando-se a ver uma mulher
abjuram o uso do olhar
e do estudo que tudo isto causou.
Pois qual é o escritor que nos ensina
mais belezas que o olhar de uma mulher?
[...]
O aprendizado é apenas acessório
e estamos onde está o que aprendemos.
E quando olhamos olhos femininos
não vemos neles tudo que sabemos?
Fizemos juramento de estudar
e com ele esquecemos nossos livros
porque, quando teriam os senhores
jamais conseguido encontrar no estudo
o verso flamejante inspirado
pelo olhar de uma tutora bela?
Artes mais lentas vivem no seu cérebro
e assim, achando a terra pouco fértil,
mal conseguem uma colheita farta.
Mas se o amor aprendido em um olhar
não fica aprisionado pelo cérebro,
mas com o mover dos elementos todos
ele se expande como o pensamento

dando a todo poder um poder duplo.
Além da sua função e o seu ofício,
ensina aos olhos como ver melhor.
O olhar do amante cega até uma águia
e o seu ouvido escuta o som mais fraco
quando suspeita que há ladrão por perto.
O tato do amor é mais sensível
Do que o chifrinho de um pobre caracol.
Mais sutil que de Baco o paladar,
não possui a bravura de um Hércules
a subir nas árvores das Hespérides.
Sutil como a esfinge. Musical
como os cabelos da lira de um Apolo.
E quando fala o amor, a voz dos deuses
são as academias, livros, artes,
que alimentam e que o mundo contém.
Sem elas nada chega a ser perfeito.
Foi tolice dizer não às mulheres,
ainda mais tolos firmando a promessa.
Em nome do saber, que os homens amam
ou em nome do amor (que ama os homens)
e em nome das que nos fizeram homens.
Percamos as juras para nos achar
ou percamos a nós para guardar as juras.
É religião ser assim perjuro.
A própria caridade é lei divina
e quem pode separar amor de caridade?
(Ato IV, cena 3)

Em meio ao que parece ser uma celebração geral, os compromissos de ignorar o amor postos de lado, os casais reunidos, surge um mensageiro com a notícia de que o rei da França, pai da princesa, morreu. Ela e sua comitiva precisam partir às pressas. Ferdinando pede, aflito, que lhes concedam seus amores. Ao que a princesa responde, sinceramente:

Creio que seja muito pouco tempo
para fazer uma promessa vitalícia.
Não, não, meu senhor! Vossa Graça é por demais perjuro
cheio de doces culpas. Portanto, eu vos proponho:
se por amor a mim – e nisto eu não creio –
estais disposto a qualquer coisa, fazei isto.
Não confio em vossas juras, mas ide rápido

> para uma ermida longínqua e sem conforto
> longe de todos os prazeres deste mundo
> e ficai lá, até que os doze signos celestes
> tenham percorrido o seu caminho. Se esta vida
> austera e insociável não modificar
> a vossa oferta, feita no ardor dos seus sentidos,
> se geadas e jejuns, comida parca,
> abrigo inóspito não podarem os brotos
> deste amor e ele resistir à prova
> então, com o transcurso de um ano
> procurai-me, procurai-me por merecimento
> e por esta mão virginal que toca a vossa
> palma, serei vossa.
> (Ato V, cena 2)

Por sua vez, Maria pede o mesmo a Longaville, assim como Catarina, notando o rosto macio e imberbe de Dumaine, diz que lhe dará seu amor se ele também lhe prometer fidelidade durante o período de um ano.

E Biron? Apesar de a peça ter um rei no elenco, Biron é, indiscutivelmente, o seu herói. Ele e sua Rosalina formam um casal que preconiza os futuros Beatrice e Benedito em *Muito barulho por nada*, que Shakespeare escreveria alguns anos depois. Eles têm o mesmo tipo de humor mordaz e sardônico, sempre impiedoso, e obviamente se deleitam com o duelo de frases inteligentes que empreendem. Em *Trabalhos de amor perdidos*, não há a grosseria italiana que caracteriza o relacionamento de Catarina e Petrúquio, personagens de *A megera domada*. Afinal, trata-se da corte francesa, e não da de Pádua.

E Rosalina faz esta exigência:

> Ouvi muito falar a seu respeito
> antes de conhecê-lo e a voz do mundo
> diz tratar-se de um grande zombador
> cheio de amarga ironia e críticas
> sobre quem está ao alcance dos seus chistes.
> Para desta amargura libertá-lo
> e assim ganhar-me, peço-lhe um favor –
> porque senão eu nunca hei de ser sua.
> Durante um ano, por todos os dias,
> visitará doentes, falará
> com os que estão sofrendo, e terá
> com toda a aplicação do seu humor
> de arrancar sorrisos dos coitados.
> (Ato V, cena 2)

Paralelamente há na peça o nobre Dom Adriano de Armado, um espanhol pomposo e excessivamente falante, ridículo em sua vaidade. É um típico personagem cômico pretensioso (como será, levado à última essência, o divino Malvólio em *Noite de Reis*), que se apaixona por Jaqueneta, uma simplória moça do campo. Na peça, o bufão Costard é seu rival, embora o espanhol acabe vencendo e conquistando a camponesa.

E há ainda o precioso Holofernes, um professor igualmente pomposo, que cita os clássicos, fala latim, não obstante muitas vezes ninguém entenda nada do que diz. Seu amigo, Sir Nataniel, um cura, é seu contraparte em pomposidade e muito latim.

Todos esses personagens fazem de *Trabalhos de amor perdidos* uma das comédias mais prazerosas de Shakespeare. Curiosamente, foi a primeira em que seu nome aparece como autor, no *First Quarto*. A peça, precursora de um Shakespeare diferente, tem "o encanto do despertar para uma aurora brilhante".

Sonho de uma noite de verão

Esta comédia de Shakespeare, escrita logo depois de *Ricardo II* e *Romeu e Julieta*, foi encenada pela companhia com a qual ele trabalhou com mais frequência: os Lord Chamberlain's Men. Tal companhia, no entanto, tem uma história bastante curiosa.

Chamada inicialmente de Derby's Men, companhia de teatro do conde de Derby, teve seu nome logo alterado, já que seu patrono, Ferdinando Stanley, nascido em 1559, morreu envenenado em 16 de abril de 1594. Ao que tudo indica, foi vítima de uma trama que vale por um romance policial. Suspeitando que a morte estava próxima, ele fez um testamento tomando todas as precauções para que seu irmão William não herdasse propriedades, bens ou títulos, incluindo sua companhia de teatro. Alice Spencer (1559-1637), a condessa de Derby, tornou-se, então, a patrona da companhia, que passou a se chamar Countess of Derby's Men.

Elizabeth Spencer, irmã da condessa viúva, era esposa de George Carey (1547-1603), barão de Hunsdon. O pai dele, Henry Carey (1526-1596), era filho de uma irmã da segunda mulher de Henrique VIII, Ana Bolena, mãe de Elisabete I. Ou seja, o cunhado da condessa de Derby era primo-irmão da rainha e a condessa era, portanto, concunhada de Henry Carey, que, quando mais moço, patrocinara um grupo de atores.

Com tal vínculo, seria fácil convencê-lo a assumir o patrocínio dos Countess of Derby's Men, o que de fato aconteceu. Além de barão, o nobre Henry Carey exercia o importante cargo de Lord Chamberlain na corte. O grupo passaria então a se chamar Lord Chamberlain's Men, denominação bastante privilegiada.

A comédia romântica *Sonho de uma noite de verão* é uma das peças mais famosas e populares de Shakespeare. Quase no final, o rei dos elfos, Oberon, diz:

> De agora até o romper de um novo dia
> que as fadas todas entrem no palácio
> e lá estaremos nós para benzer
> o mais belo dos leitos nupciais.
> (Ato V, cena 2)

Na comédia celebram-se as bodas de Teseu, o duque de Atenas, com Hipólita, a rainha das Amazonas, dois personagens mitológicos, e também, no final, as dos jovens Hérmia e Lisandro e Helena e Demétrio, razão pela qual, supõe-se, a peça teria sido escrita para festejar um casamento. Mas de quem?

O casamento dos jovens casais pode ter como referência o enlace entre Elizabeth de Vere e William Stanley (1561-1642), futuro conde de Derby, em janeiro de 1595, em Greenwich. Ela era filha de Edward de Vere, conde de Oxford, e ele era o irmão mais moço de Ferdinando Stanley, patrono da companhia de Shakespeare. Por sinal, a jovem Elizabeth era aquela mesma que o dramaturgo havia tentado persuadir o jovem conde de Southampton a desposar.

E quanto à união de Teseu e Hipólita, mais velhos e, naturalmente, mais sábios? O crítico Ian Wilson sugere que Shakespeare poderia estar se referindo a outro matrimônio, o de um casal mais idoso e supostamente mais sábio, ou seja, o da condessa de Southampton (a já conhecida Mary Wriothesley, mãe do conde de Southampton), que ainda era uma viúva bastante bonita, com o já idoso Sir Thomas Heneage (1532-1595), ocorrido em 2 de maio de 1594. O casamento, segundo o pesquisador Alfred Leslie Rowse, teria acontecido no antigo palácio da família Southampton, em Londres. A condessa enviuvaria novamente no ano seguinte e, como já vimos, ainda iria se casar uma terceira vez.

O *Sonho* é considerada uma obra-prima, um deleite que se passa numa floresta que poderia ser a floresta de Arden, próxima à cidade natal do dramaturgo, em que será ambientada outra peça, *Como quiseres*. Mas a da peça fica perto de Atenas. Além dos dois casais que nela se perdem, há um grupo de artesãos que fazem teatro amador. Como tantos outros personagens populares de Shakespeare, eles têm nomes curiosos e descritivos: Quince (marmelo),

Bottom (assento ou traseiro), Flute (flauta), Snout (bicanca), Snug (arrumadinho) e Starveling (esfomeado).

Eles se preparam para apresentar um dramalhão para distrair os convidados do casamento de Teseu e Hipólita. Os personagens reais se envolvem com os seres mitológicos da floresta, em divertidas e complexas consequências. Shakespeare tece sua trama com extraordinária maestria técnica e raro brilho de invenção e de humor ligados à poesia. Essa é uma das peças da qual se ignora a fonte de origem ou de inspiração. As demais são *Trabalhos de amor perdidos* e *A tempestade*.

Trata-se de uma peça sobre o amor, característica básica das comédias que Shakespeare escrevera até então. Porém suas peças incluem também equívocos, como é o caso de *A comédia dos erros*, refinada sofisticação, e de *Trabalhos de amor perdidos*, na qual o sentimento paira, por assim dizer, como um encantamento tão romantizado que parece deixar de lado o aspecto físico do amor, o que não acontece em *Sonho*. Nesta, há contato: o previsto no casamento, o planejado na reconquista de Titânia, rainha dos elfos, por Oberon, o desejado entre os casais jovens. E, depois de passarem a noite dormindo na floresta (não necessariamente juntos), acordam pela manhã, guardando a suspeita de um encantamento inexplicável.

Mas o que os levou até lá?

Na floresta, Oberon e Titânia brigam por causa de um menino hindu que ele quer como pajem e ela quer guardar para si. Para conseguir o que pretende, Oberon tem um plano e, para ajudá-lo, chama o duende Puck, que o serve. E lhe diz:

> Lembras-te
> que certa vez sentei num promontório
> e vi uma sereia galopando
> num golfinho, cantando suavemente,
> e o mar encapelado se abrandou
> e as estrelas desceram das esferas
> para escutar a música?
> Daquela vez eu vi (mas tu não viste)
> voando entre a terra e a luz fria —
> Cupido armado. Ele fez a mira
> na direção de uma vestal lindíssima.
> Lançou a seta do amor com o seu arco
> para ferir uns cem mil corações.
> Vi a seta de fogo de Cupido
> banhada pela luz liquefeita
> passar pela sacerdotisa nobre

> em virginal meditação.
> Mas percebi onde caiu a flecha:
> caiu sobre uma pequenina flor,
> que era branca mas ficou vermelha
> quando a seta do amor a atingiu –
> as donzelas a chamam amor-perfeito.
> Traz-me esta flor. Já te mostrei um dia.
> Seu sumo, gotejado sobre as pálpebras
> de quem dorme, fará ao acordar,
> mulher ou homem, ficar apaixonado
> pelo ser vivo que vir ao lado seu.
> Traz-me esta planta.
> Tendo o sumo à mão
> vou vigiar Titânia adormecida
> E pingarei as gotas nos seus olhos.
> e aquilo que ela vir ao despertar
> (seja leão, ou urso, ou lobo, ou touro,
> seja um macaco ou até um gorila)
> ela o perseguirá, apaixonada.
> E antes de acabar o encantamento
> (com outra planta poderei livrá-la)
> farei com que me entregue o pajem.
> (Ato II, cena 1)

E ele assim faz. Titânia adormece e é enfeitiçada. Ao acordar, vai se apaixonar por Bottom. Este está com uma cabeça de burro, resultado de uma brincadeira de mau gosto de Puck – detalhe que Bottom nem percebe.

Os namorados estão vivendo um entrelaçado de enganos, incertos quanto ao objeto dos seus desejos. Helena persegue Lisandro, que persegue Hérmia, que persegue Demétrio, que persegue Helena, na melhor tradição do poema "Quadrilha", de Carlos Drummond de Andrade. Só que aqui não há ninguém que não ame ninguém.

Oberon, vendo os jovens atônitos, genuinamente com pena de Helena, instrui Puck a enfeitiçar Demétrio para que ele, ao acordar e vê-la, se apaixone por ela. Mas Puck se confunde, e o resultado é que os dois rapazes se apaixonam por Helena. Hérmia, a quem ninguém mais ama, briga furiosamente com Helena, e os rapazes, agora rivais, querem até duelar.

Nesse meio-tempo, os artesãos estão ensaiando o drama *Cena entediante do jovem Píramo e sua amada Tisbe, divertimento muito trágico*, escrito e dirigido pelo carpinteiro Quince, que irá apresentá-lo ao público em um prólogo verdadeiramente intrigante.

Se ofendemo é co' a maior boa vontade.
Não penseis que viemo pra ofendê.
Mostrá o que nóis sabemo fazê
é o princípio desse nosso fim.
Penseis que nóis não viemo preocupado
nem tamo aqui pra agradá ninguém.
Essa é a nossa intenção. Pra seu prazê
nóis não tamo aqui. Pra entristecê oceis
os ator vão ajudá. E vão mostrá
tudo que oceis têm pra sabê.
Tarvez a peça vos espante muito
mas a verdade vai deixá tudo bem claro.

Esse home aqui é o Píramo, se vós queirais sabê,
e aquela bela dama é a Tisbe.
Esse home de argamassa arrepresenta
o cruer muro que assepara os dois
e os dois, bela brecha deste muro
se conteam em cochichá, os coitado.
Aquele home com lanterna, cão e galho
arrepresenta o luar, porque, como saibais
era no luar que os amante se encontravam
sem vergonha de namorá no cemitério.
Esse animar terrível, chamado de leão,
assustou a pobre Tisbe, que chegou
de noite e fugiu espantada de pavor.
Quando fugiu deixô caí o manto
que o leão sujô co's dente ensanguentado.
E logo chega o Píramo, alto, belo,
jovem, e acha, assassinado, o manto dela.
E então, co' a faca retorcida
gopeô seu peito efervescente.
E Tisbe, escondida numa moita,
pegou o punhar, matou-se. E pro restante
o leão, o luar, o muro e os dois amante
vão contá tudo procês enquanto vão falano.
(Ato V, cena 1)

O *Sonho* é uma superposição de quatro mundos. O primeiro é o da mitologia grega, representada por Teseu e Hipólita. Eles nada têm a ver com os seres mitológicos da floresta: Oberon, Titânia, Puck e as pequeninas fadas. O segundo é o composto de dois casais apaixonados que poderiam pertencer a qualquer lugar ou cenário. O terceiro é o dos artesãos, que são personagens tipicamente elisabetanos, camponeses simplórios como os que Shakespeare encontrava no condado de Warwick, onde nasceu. E o quarto é o do tecelão Bottom, que transita livremente entre o mundo da fantasia e o real – se bem que, passado o encantamento, não lhe reste memória do que aconteceu. A cabeça de burro teria sido um sonho, o maior dos sonhos. A própria Titânia, a rainha das rainhas, apaixonada por ele – outro sonho maior do que os maiores sonhos!

Bottom só aparece na segunda cena do primeiro ato e Puck, logo em seguida, abrindo o segundo ato. Mas eles são, na verdade, os protagonistas da comédia, cuidadosamente bem desenhados. Bottom tem a simpatia do futuro Falstaff; e Puck, pequeno demônio, terá seu contraparte futuro em Ariel, o espírito do ar que serve a Próspero, em *A tempestade*. Os dois contribuem para alguns dos melhores momentos da comédia, pela simplicidade risível de Bottom (que se julga um grande ator) e pela situação inusitada do seu romance com Titânia. E Puck, por ser propositadamente maroto e trapalhão, diverte a si próprio com a mesma intensidade com que diverte o leitor da comédia ou o espectador da peça.

No final, Puck fica sozinho no palco. Cabe a ele dizer o epílogo do *Sonho de uma noite de verão*:

> Se nós, sombras, a vós desagradamos,
> pensai nisto para anular os danos:
> que aqui apenas todos cochilaram
> enquanto estas visões vos embalaram.
> E que esta humilde história, eu vos proponho,
> não passou mais do que de um humilde sonho.
> E sede justos não nos condenando
> que com vosso perdão 'stamos contando.
> E sendo eu um Puck honesto nesta lida
> e ainda tiver a sorte merecida
> fugiremos ao vilão da serpente
> para fazer melhor e prontamente,
> ou de embusteiro podem me chamar.
> Assim, o meu boa-noite irei vos dar.
> De mãos dadas, amigos vamos ser;
> e só vos poderei agradecer.

6. *Uma estrela dançou*

(As comédias – Parte 2)
O mercador de Veneza (1596-1597)
Muito barulho por nada (1598-1599)

O mercador de Veneza

Segundo os estudiosos, Shakespeare escreveu *O mercador de Veneza* entre 1596 e 1597. Fazia então três séculos que os judeus tinham sido expulsos da Inglaterra no reinado de Eduardo I, em 1290. Eles só teriam permissão para voltar em dezembro de 1655, quando Oliver Cromwell autorizou sua readmissão no país. Assim, oficialmente, os judeus ficaram proibidos de viver na Inglaterra durante 365 anos.

É possível que Shakespeare e seus contemporâneos nunca tivessem visto um judeu. De qualquer maneira, admitindo-se que não havia judeus praticantes em Londres, pelo menos de cem a duzentos, aparentemente já convertidos ao catolicismo, moravam na cidade.

Richard Field, impressor e amigo de Shakespeare de longa data, morava em Blackfriars, bairro central de Londres, e perto da sua casa residia um judeu convertido chamado Jehoa Kim Gauntz. Em setembro de 1589, ele foi preso numa viagem que fizera a Bristol, porque supostamente havia negado a divindade do Senhor. O prefeito local o deteve e o entregou ao Privy Council sob a acusação de se tratar de um "infiel maléfico que não devia estar entre cristãos". É provável que Shakespeare tenha tomado conhecimento desse fato por meio de seu amigo impressor.

Não se pode dizer que houvesse uma questão judaica naquela época, mas a própria ausência de um número maior de judeus no país levou o povo a desenvolver uma imagem negativa e gratuita contra eles. Essa noção perigosamente equivocada foi inspiração para algumas peças, todas elas muito parecidas e igualmente injustas para com os judeus.

Em 1579, dezesseis anos antes de Shakespeare escrever *O mercador de Veneza*, Stephen Gosson (1554-1624), um ator que havia trocado o palco pelo púlpito, criticava os excessos dos artistas ao interpretar judeus. Uma dessas peças, intitulada *O judeu*, como ele disse na sua prédica, representava "a ganância dos homens que fazem escolhas", acusando a "mentalidade sórdida dos usurários".

O dramaturgo Thomas Dekker (1572-1632), oito anos mais moço do que Shakespeare, também escreveu uma peça sobre judeus. Pouco se sabe sobre ele e suas obras, já que a maioria de suas peças, incluindo essa, foi perdida.

Não é de admirar, portanto, que Christopher Marlowe, nascido no mesmo ano que Shakespeare, tivesse se aproveitado de um assunto que estava, por assim dizer, na moda entre os dramaturgos, e logo deu a sua contribuição, escrevendo uma peça sobre um judeu. Em 1588, aos 24 anos, Marlowe conhecia o sucesso com *Tamerlão, o Grande* e já no ano seguinte lançou *O judeu de Malta*, texto repleto de brutalidades que encantaram o público, sequioso de massacres em cena.

Nessa peça, Barrabás é o anti-herói, a própria essência do mal: ganancioso, impiedoso, astucioso, vingativo e cruel. Sua filha tinha dois pretendentes cristãos e ele deu um jeito de fazer os dois se matarem. Quando a filha se converte ao catolicismo, Barrabás não hesita em acabar com ela. Como ele se recusa a pagar um imposto devido aos judeus, o Estado confisca sua propriedade e parte de sua fortuna, transformando-a em um convento. Barrabás estrangula um monge e envenena todas as freiras que lá viviam. No fim, prepara um caldeirão de água fervendo para nele atirar seu principal benfeitor, mas é o próprio Barrabás que cai nessa armadilha. O anti-herói morre, portanto, cozido. O público delirava e vibrava com as maldades de Barrabás, e sua morte era recebida com uivos de aprovação. Os elisabetanos adoravam a presença de sangue e violência em cena.

A peça foi encenada muitas vezes e era uma das favoritas do repertório quando um fato inesperado exigiu ainda mais apresentações. Em janeiro de 1594, houve um caso envolvendo o médico português Rodrigo Lopez (*c.* 1525--1594). Ele foi médico particular do jovem conde de Essex e, desde 1586, era médico da rainha Elisabete I. A soberana havia assinado um tratado de paz com a Espanha, e Antonio Pérez (1540-1611), secretário de Filipe II, encontrava-se ligado à corte elisabetana. Como Pérez não falava inglês, o dr. Lopez atuava como seu intérprete. O médico era um marrano, ou seja, descendente de judeus portugueses batizados (para permanecerem vivos, é claro).

O conde de Essex, que era um homem bonito, pretensioso e ambicioso, queria ocupar o lugar do conde de Leicester como favorito da rainha, apesar de ele ter 28 anos e ela, 61. Fingindo protegê-la, acusou Lopez de estar ligado a espanhóis que planejavam envenenar a soberana e a Don Antonio, pretendente ao trono de Portugal. A acusação foi feita em janeiro de 1594, e Lopez foi julgado e brutalmente torturado – jogaram chumbo derretido nas suas entranhas. Em 7 de junho, ele foi enforcado e esquartejado por traição à rainha Elisabete I.

O povo se interessou vivamente pelo processo. De acordo com o crítico Henri Fluchère, durante o período do julgamento até o final daquele ano, a peça *O judeu de Malta* foi encenada quinze vezes. Para o biógrafo britânico John Leslie Palmer (1885-1944), esse número é ainda maior: vinte encenações no período citado. Como quer que tenha sido, ela foi encenada mais oito vezes em 1595 – pela companhia dos Lord Admiral's Men – e, uma vez mais, em 1601.

Àquela altura, o país inteiro estava cansado de saber que Lopez tinha origem judaica. E os gratuitos sentimentos de desconfiança e reação antissemita vieram à tona, ainda mais com a grande popularidade de que a rainha gozava. Consta que ela acreditava na inocência de Lopez, mas cedeu ao clamor popular e aos conselhos do conde de Essex e seus amigos. Sete anos depois, eles é que iriam, sem sucesso, tentar destroná-la. O conde, então, recebeu o mesmo fim de Lopez: foi executado.

O produtor teatral Philip Henslowe era um empresário de renome na época. Ele foi responsável pela construção de importantes teatros, como o Rose, o Hope e o Fortune, e era sogro do famoso ator Edward Alleyn. Henslowe tinha um diário de trabalho no qual anotava os títulos das peças encenadas, o número de apresentações, dados sobre a bilheteria, valores de pagamento de atores e de custos de montagem das peças. Tais diários constituem fonte de valor inestimável para historiadores e estudiosos do teatro elisabetano, como John Leslie Palmer, para quem o texto de Henslowe era "licencioso, vulgar e brutal".

Esses diários estão repletos de dados curiosos acerca da época e das produções de Henslowe. Destaca-se, por exemplo, a encenação de uma peça intitulada *Comédia veneziana*, em agosto de 1594. Outra peça da mesma época, cujo título em alemão é *Der Juden in Venedig* [Os judeus em Veneza], foi encenada por uma companhia inglesa em 1611, numa excursão pelo continente.

Não é de admirar, portanto, que Shakespeare tivesse escrito *O mercador de Veneza*. O enredo da peça é tão popular que mesmo os que nunca a viram sabem do que se trata.

Bassânio, que esbanjou todo o seu dinheiro e agora não tem nenhum para cortejar Pórcia, faz um empréstimo com Shylock, um judeu agiota, e apresenta como fiador Antônio, o mercador de Veneza. Uma cláusula do empréstimo diz que, se a dívida não for saldada, Antônio pagará com uma libra de sua própria carne (o equivalente a pouco menos de meio quilo).

Para conseguir casar-se com Pórcia, os candidatos têm de escolher uma entre três caixas – uma de ouro, uma de prata e a última de chumbo. Bassânio escolhe a que esconde o melhor sob a aparência mais simples – a de chumbo. Assim, consegue se casar com Pórcia.

Jéssica, filha de Shylock, foge com o cristão Lourenço, levando o dinheiro e as joias do pai, deixando-o desesperado. Com a notícia de que o navio de Antônio naufragara, o que o impossibilita de saldar a dívida do amigo, Shylock exige a libra de carne que lhe é devida.

Bassânio deixa a cidade de Belmonte para tentar ajudar o amigo, mas Pórcia tem um plano: disfarça-se de advogado e, no tribunal, pede clemência para o seu cliente. Mas Shylock não quer saber de meios-termos. Pórcia concorda, porém lembra que, ao cortar um pedaço da carne de Antônio, Shylock terá de cortar exatamente uma libra e não deixar verter uma única gota de sangue, senão será morto e todos os seus bens, confiscados. É óbvio que Shylock perde a causa.

Como a peça é uma comédia, os dois casais terminam bem e felizes. Para marcar o gênero, a famosa cena do tribunal aparece no quarto ato. Shylock desaparece e é esquecido. O quinto ato constitui uma reunião de personagens muito satisfeitos com o próprio sucesso.

O mercador de Veneza é muito mais o que se poderia chamar de comédia dramática. Shakespeare parece ter escrito o texto certo no momento mais oportuno – é preciso recordar que a peça data de 1596, dois anos depois da trama que envolveu o dr. Lopez. O fato ainda estava na memória de todos e a peça apresentava justamente o que o público queria ver. Além do mais, esse mesmo público acreditaria em tudo o que fosse dito a respeito dos judeus.

Shakespeare não pintou o seu judeu com as cores malditas do Barrabás de Marlowe. Por isso mesmo, decidiu fazer de Shylock um personagem cômico. No entanto, a carga de dramaticidade que pesa sobre ele torna bastante difícil vê-lo como um personagem cômico. Ele não tem o mesmo aspecto ridículo de Malvólio, personagem da peça *Noite de Reis*. Não pode ser comparado a outros personagens cômicos de Shakespeare, como Bottom, de *Sonho de uma noite de verão*, com sua ingenuidade caipira e engraçada, ou Biron, que é a personificação do humor sofisticado, em *Trabalhos de amor perdidos*. É distinto de Petrúquio e de Catarina, que agem como desinibidos personagens das comédias de pastelão. A comicidade dos pais dos gêmeos e as atônitas esposas em *A comédia dos erros* é evidente e difere, em muito, da que Shakespeare dá a Shylock.

Portanto, o caso de Shylock é diferente. Afinal, pode-se até perguntar: a peça é de Shylock ou de Pórcia? É uma comédia ou um drama? O título é enganoso, já que pode dar a entender que o protagonista é Antônio, o mercador do título, o que não é verdade. Seria de Pórcia, firme e ardilosa, inteligente e arguta? Seria de Shylock, o causador de tudo, o personagem que, apesar de ter um papel pequeno, é algoz e vítima ao mesmo tempo? Algoz pelo que exige de Antônio; vítima pelo que é exigido dele. Sua punição é terrível. Shylock perde tudo – sua filha, Jéssica, além de dinheiro e joias:

> Sim, fiquem com a minha vida e tudo mais. Não me
> perdoem nada. Vocês me tiram a minha casa, levando o
> que sustenta a minha casa. Vocês me tiram a vida,
> tirando os recursos de que vivo.
> (Ato IV, cena 1)

O mesmo acontece com *Júlio César*, cujo personagem-título é assassinado na primeira cena do terceiro ato e Brutus e Cássio assumem definitivamente a posição de protagonistas. Com efeito, Shylock tem um papel pequeno: o personagem só aparece em cinco cenas na peça toda e cabem a ele falas num total de apenas 360 versos.

Shakespeare nunca hesitava em sacrificar um bom personagem em benefício da peça como um todo. O grande perigo era o personagem adquirir mais e mais importância. O caso mais óbvio é o de Mercúcio em *Romeu e Julieta*, que morre na primeira cena do terceiro ato. O bobo, de *Rei Lear*, some na última cena do terceiro ato. A própria Lady Macbeth não é um papel capaz de fazer sombra ao do marido. Shakespeare dá a ela a excelente cena do sonambulismo, mas rouba-lhe o grande momento do suicídio. Ouve-se um grito de mulher, fora de cena. Nas cenas finais, já no quinto ato, Macbeth pergunta ao oficial Seyton:

> MACBETH: Que barulho foi este?
> SEYTON: É o grito de uma mulher, meu bom senhor.
>
> Seyton sai e volta, seis versos depois.
>
> MACBETH: E o que foi aquele grito?
> [...]
> SEYTON: A rainha, meu senhor, está morta.
> (*Macbeth*, ato V, cena 5)

Não pode haver nada mais rápido e definitivo. Mas o dramaturgo sabia que o clímax da tragédia não podia ser dividido entre o casal: ela morreria na coxia, enquanto ele permanecia fora de cena, como convém a um grande herói trágico.

No final de *O mercador de Veneza*, fica no ar outra pergunta que é feita sempre numa situação em que se perde tudo: o que fazer? Pórcia, com a mais fria indiferença (e é uma heroína de uma comédia), ousa querer saber: "Está satisfeito, judeu? O que tem a dizer?" (ato IV, cena 1). E Shylock responde: "Estou satisfeito. Peço licença para me retirar. Não estou passando bem" (ato IV, cena 1).

O grande crítico Harold Bloom comentou, com razão, que talvez seja "uma comédia negra" ou uma "peça-problema", precursora de *Bem está o que bem acaba*, *Troilo e Créssida* e *Medida por medida*.

A tradição acabou transformando Shylock em um herói-vilão. Se ele vem sendo interpretado como vilão, como considerá-lo um personagem de comédia? Interpretá-lo, portanto, é tarefa bastante complexa.

Logo na primeira cena em que Shylock aparece, ele concorda em emprestar três mil ducados para Bassânio, tendo Antônio como fiador. Assim que o mercador aparece em cena, Shylock monologa, em um aparte mais do que esclarecedor, a respeito de sua aversão a ele:

> Ele tem ar de taverneiro hipócrita!
> Eu o odeio porque é cristão
> e ainda mais por se fazer de simples
> fazer empréstimos gratuitamente
> baixando os juros aqui em Veneza.
> Se jamais o tiver em meu poder
> vou saciar o horror que tenho dele.
> Ele tem ódio da nossa nação!
> Maldiz de mim em meio aos mercadores
> e diz que os meus lucros são de juros.
> Maldita seja toda a minha gente
> se eu o perdoar!
> (Ato I, cena 3)

Como parte de uma minoria sem privilégios e sem prestígio, aceita-se o comportamento de Shylock. No fundo, ele é o produto natural da intolerância cristã, da qual se ressente, com sua desconfiança e superioridade humilhadoras. Isso torna Bassânio e Antônio os grandes vilões da peça.

Bassânio não passa de um reles caça-dotes. É um esbanjador que está apaixonado pela rica Pórcia e não faz segredo de que precisa de dinheiro para cortejá-la e, para isso, pede empréstimo a Shylock. Antônio, o mercador, já foi definido como "um ideal de altruísmo" quando, de fato, é um homem que confunde amizade com credulidade. Não se compreende que um adulto pensante aceite a proposta nas condições impostas por Shylock. Esse homem ingênuo mostra traços de bondade em um verso e de grande maldade dois versos depois.

Não teria havido da parte de Shylock um toque de ingenuidade ao aceitar o acordo, mesmo que fosse sob as suas condições? Ele não deveria ter imaginado que, se desse tudo certo, Antônio saldaria a dívida de Bassânio? Por outro lado, não deveria ter levado em consideração que não iria conseguir cobrar a libra de carne, ainda que a lei estivesse do seu lado? Não teria condições de avaliar, tampouco, que a lei dos cristãos seria mais poderosa que a sua?

Shylock sabe como Antônio se comportava com ele:

> Senhor Antônio, mais de uma vez
> o senhor, no Rialto, criticou-me
> devido ao meu dinheiro e aos meus negócios.
> A tudo suportei, dando de ombros,
> já que sofrer é a sina do meu povo.
> O senhor chamou-me de descrente, cão,
> cuspiu na minha roupa de judeu
> só porque faço uso do que é meu.
> Parece agora querer o meu auxílio.
> Que seja! Vem até mim para dizer:
> "Shylock, queremos dinheiro!" Diz isto
> o senhor que cuspiu na minha barba
> e me chutou como um desconhecido
> da sua porta. Agora quer dinheiro?
> Que deveria dizer? Não seria
> "cachorro tem dinheiro? É possível
> um cachorro emprestar três mil ducados?"
> Deveria reclinar-me humildemente,
> parar de respirar, dizer baixinho:
> "Belo senhor, na quarta-feira última
> cuspiu em mim; e teve uma vez,
> chamou-me até de cão. Por estas cortesias
> deveria eu emprestar-lhe tanto dinheiro?"
> (Ato I, cena 3)

E Antônio, como que prevendo o que vai acontecer, completa:

> Sou bem capaz de o xingar de novo,
> cuspir de novo, expulsá-lo aos chutes.
> Se emprestar dinheiro, que não seja
> como a um amigo – pois quando amizade

se aproveitou do vil metal dado a um amigo?
Empreste uma vez ao inimigo seu.
Se ele falhar, não há de ser trabalho
cobrar-lhe o que é devido.
(Ato I, cena 3)

Apesar de ficar mais do que claro que ambos se odeiam, Shylock esmorece. Está disposto a esquecer o que Antônio o fez passar. Emprestará os três mil ducados e não cobrará juros. Ao assinar o acordo, no notário, por brincadeira, incluem uma cláusula: se a dívida não for saldada, Antônio pagará com uma libra de carne. Shylock sai, e o mercador, crédulo como sempre, diz para Bassânio: "O hebreu acabará cristão. Está ficando bom" (ato I, cena 3).

Um dos pontos altos da peça é a cena do tribunal. O monólogo de Pórcia – disfarçada de advogado – é considerado uma prova de habilidade para a atriz que o interpreta:

A qualidade da clemência é não ser
forçada. Cai do céu como suave chuva
sobre o que está abaixo. Duas vezes é
abençoada: faz bem a quem dá e àquele
que recebe. É o mais poderoso dos poderes.
Ao monarca entronizado assenta melhor
do que a coroa. O seu corpo mostra a força
do poder temporal, é atributo do espanto
e majestade, de onde emana o respeito,
e o temor aos reis. Mas a clemência está
acima do poder do cetro e o seu trono,
acima do poder dos reis, é um atributo
do próprio Deus, e o poder terrestre mais
semelhante a Deus é aquele que tempera
a justiça com a clemência. Assim, judeu,
se bem que a justiça seja o teu argumento
considera isto: no curso da justiça
nenhum de nós salvação deveria buscar.
Rezamos por clemência e a própria prece ensina
a todos a praticar atos de clemência.
Digo isto para mitigar a justiça
da tua causa. Se persistes, o tribunal
veneziano deverá pronunciar
sua severa sentença contra o mercador.
(Ato IV, cena 1)

Depois, com Shylock já derrotado, Pórcia pergunta a Antônio: "Que clemência podeis mostrar a ele, Antônio?" (ato IV, cena 1). Ao que ele responde:

> Peço ao duque, meu senhor, e a toda corte
> reduzir sua multa a metade dos seus bens.
> Me satisfaz se ele me emprestar
> a outra metade a juros e a passar
> quando morrer, ao mesmo cavalheiro
> que há pouco tempo fugiu com sua filha.
> A esta graça, peço mais duas condições:
> que ele se converta ao cristianismo
> e que faça doação, aqui documentada,
> para seu filho Lourenço e sua filha.
> (Ato V, cena 1)

Pórcia, no tribunal, ao tentar fazer Shylock tomar o caminho do perdão compensador, planeja que ele seja subjugado a todos os rigores do castigo da justiça "do severo tribunal", de acordo com a lei.

Ela é, de fato, uma grande advogada. A cena do tribunal é uma surpresa para o público, uma vez que, até aquele momento, Pórcia era vista apenas como uma jovem rica e mimada. Apesar de obedecer aos desejos do pai – pelo qual os pretendentes deveriam escolher uma entre três caixas –, já demonstrava declarado interesse por Bassânio ao pedir que não fizesse sua escolha imediatamente, que esperasse um pouco. Várias mulheres já tinham cometido o equívoco de escolher um perdulário atraente, e ela não foi exceção. E seria curioso ver, em outra peça, como teria sido a vida futura da rica herdeira com o estroina irresponsável.

O dramaturgo conclui sua peça com um final digno de uma comédia romântica. O judeu incômodo e tragicômico é deixado para trás no quarto ato, e nada mais se sabe daquele homem sem filha, sem riqueza, sem a antiga religião. Enquanto ele aprende seu catecismo, os apaixonados se divertem. Jéssica – a despeito de ser uma filha desnaturada, ingrata e, ainda por cima, ladra – não deixa de participar de uma das mais bonitas cenas de amor que Shakespeare escreveu. Com ela está o não menos interesseiro Lourenço, que faz parte do grupo dos amigos de Antônio. Não fica claro para o público se ele se casou com Jéssica por amor ou se estava mais interessado no dinheiro e nas joias que ela roubara do pai. Tampouco é possível concluir se sabiam de antemão que seriam os herdeiros de Shylock.

O casal abre o quinto ato:

LOURENÇO: A lua resplandece. Numa noite assim
 o vento beijava as copadas docemente
 sem fazer ruído. Foi numa noite assim
 que Troilo escalou as muralhas de Troia
 e suspirou tristonho sobre as tendas gregas
 onde dormia Créssida.
JÉSSICA: Foi numa noite assim
 Tisbe andou temerosa pelo orvalho
 e viu a sombra do leão antes de vê-lo
 e fugiu espantada.
LOURENÇO: Numa noite assim
 Dido, que segurava um galho de salgueiro,
 junto ao mar bravio, pediu ao seu amor
 que voltasse a Cartago.
JÉSSICA: Numa noite assim
 Medeia colheu as ervas que remoçaram
 o velho pai de Jasão.
LOURENÇO: Numa noite assim
 Jéssica escapou do judeu abastado
 e com o bem-amado fugiu de Veneza
 e foi para Belmonte.
JÉSSICA: Numa noite assim
 o jovem Lourenço jurou amá-la muito
 roubando-lhe a alma com palavras de fé
 nada verdadeiras.
LOURENÇO: Foi numa noite assim
 que a bela Jéssica, igual a uma tirana,
 caluniou o amante, que a perdoou.
JÉSSICA: Ficaria aqui toda a noite se ninguém
 aparecesse.
(Ato V, cena 1)

Para escrever *O mercador de Veneza*, Shakespeare se inspirou numa coleção de contos italianos intitulados *Il Pecorone*, de Sir Giovanni Fiorentino, publicados em 1558. Mas o texto ainda não tinha sido traduzido para o inglês.

Como ele poderia ter tido acesso ao texto? É preciso lembrar que Shakespeare era amigo de John Florio, tutor do conde de Southampton. Uma das histórias de Fiorentino poderia ter servido de base para a trama do usurário veneziano. O episódio da escolha das caixas vem de uma coletânea latina de contos e lendas traduzida em 1577, intitulada *Gesta Romanorum*. Nessa coletânea, uma balada mostrava a crueldade do judeu Gernutus e fazia menção a uma história de uma libra de carne.

Seja como for, Shylock, mesmo não sendo o personagem-título da peça, será sempre a figura dominante de *O mercador de Veneza*. E sua fala mais famosa é a do seu encontro com Salânio e Salarino, amigos de Antônio e de Bassânio. Eis o teor da conversa:

> SALÂNIO: Então, Shylock! Quais são as novidades entre os mercadores?
> SHYLOCK: Já sabem melhor do que ninguém, do que ninguém, da fuga da minha filha.
> SALARINO: Sem dúvida. Quanto a mim, conheço o alfaiate que fez as asas que ela usou para voar.
> SALÂNIO: E Shylock, da sua parte, sabia que o pássaro tinha plumas e é natural que todos os pássaros deixem o ninho.
> SHYLOCK: Ela vai ser amaldiçoada por isto.
> SALARINO: Decerto, se o diabo for o juiz dela.
> SHYLOCK: Meu próprio sangue e minha carne se rebelaram assim!
> SALÂNIO: Dá o fora, carcaça velha! Como, rebelar-se com a sua idade?
> SHYLOCK: Estou dizendo que minha filha é carne minha e sangue meu.
> SALARINO: Há mais diferença entre a tua carne e a dela do que entre o ébano e o marfim; e mais entre os seus sangues do que há entre o vinho tinto e o vinho do Reno. Mas diga, ouviu dizer que Antônio teve alguma perda no mar?
> SHYLOCK: Mais um mau negócio para mim. Um falido, um pródigo que mal se atreve a mostrar a cara no Rialto; um mendigo, que costumava se exibir todo presunçoso lá na praça, que tenha cuidado com os seus documentos. Sabe-se que ele me chamava de usurário. Ele que tome cuidado com os seus documentos. Tinha o hábito de emprestar dinheiro por cortesia cristã. Ele que tome cuidado com os seus documentos.
> SALARINO: Bem, estou certo de que, se tiver de pagar a multa, você vai ficar com a carne dele. De que adiantaria?
> SHYLOCK: Para servir de isca aos peixes. Se não prestar para mais nada, alimentará minha vingança. Ele me desgraçou. Me fez perder meio milhão. Riu-se das minhas perdas. Caçoou dos seus ganhos. Escarneceu minha gente. Dificultou meus negócios. Esfriou meus amigos. Esquentou meus inimigos. E por que razão? Eu sou judeu. E um judeu não tem olhos? Um judeu não tem mão, órgãos, dimensões, sentidos, afeições, paixões? Não é alimentado pela mesma comida, ferido pelas mesmas armas, aquecido e resfriado pelo mesmo verão e inverno, tal como o cristão? Quando nos espetais, não sangramos nós? Quando nos fazem cócegas, não nos rimos? E se nos envenenarem, não morremos? E se nos enganarem, não haveremos de nos vingar? Se um judeu engana um cristão, qual é a humildade que encontra? A vingança. Se um

cristão enganar um judeu, qual deveria ser a sua reação, segundo o exemplo cristão? A vingança, é claro. A vilania que me ensinais eu executo, e vai ser bem difícil, mas superarei meus mestres.
(Ato III, cena 1)

Shylock tinha muito mais motivos humanos do que religiosos para ser como era. O seu posicionamento na peça é uma acusação reveladora da opressão cristã. Não é possível que Shakespeare fosse tão antissemita como qualquer outro inglês mal informado de seu tempo. E não havia a menor conotação política com relação aos judeus naquela época. Havia, sim, a reação do povo, que continuava a julgá-los como os assassinos de Cristo e, contra isso, infelizmente, não havia nada a fazer.

Muito barulho por nada

A origem inspiradora da história de Hero e Cláudio, que é a intriga central de *Muito barulho por nada*, pode ser encontrada no quinto canto da obra de Ludovico Ariosto, *Orlando furioso*, recontada nas *Novelas*, de Matteo Bandello, publicadas entre 1510 e 1560. Tais *Novelas* foram fonte de inspiração para outras obras de Shakespeare, como *Romeu e Julieta*.

Na peça, Beatrice e Benedito, um casal com um toque de sofisticação inteligente, dão alma e humor ao texto e chegam até a enfrentar alguns momentos de dramaticidade. Há também os cômicos bufos Dogberry e Verges, que são pura invenção de Shakespeare. Eles aparecem na terceira cena do terceiro ato, interpretados por dois grandes atores, William Kemp e Richard Cowley. Essa cena constitui um recurso comumente empregado nas peças de Shakespeare.

Outro recurso que agradava bastante ao público era a introdução de uma cena cômica depois de um momento denso, como a do Porteiro em *Macbeth*, logo depois do assassinato do rei Duncan.

Entre *O mercador de Veneza* e *Muito barulho por nada*, Shakespeare escreveu outras grandes peças históricas – as duas partes de *Henrique IV*, nas quais aparece um dos seus mais famosos personagens, Falstaff, que, como reza a história, tomou Londres de assalto.

Os estudiosos discordam quanto ao ano da escrita de *Muito barulho por nada*. Edmund Kerchever Chambers e Harold Bloom acreditam que Shakespeare a criou entre os anos de 1598 e 1599. Para Edgar Innes Fripp, a peça deve ter sido escrita entre 1599 e 1600.

Em fins do século XVI, Shakespeare já fazia sucesso como autor. Não havia mais a sombra de Christopher Marlowe, e Ben Jonson ainda não lhe fazia concorrência. O dramaturgo morava em Bishopsgate, no nordeste de Londres, e logo depois passaria a residir em Southwark, perto dos teatros. Em maio de 1597, compraria New Place, em sua cidade natal, Stratford-upon-Avon. Tudo estaria perfeito se seu filho Hamnet não morresse em agosto. Ainda em 1597, outra epidemia atingiu Londres e os teatros foram fechados. A companhia viajou e só voltaria à capital no outono. Nesse período, Shakespeare fez ainda uma revisão de *Trabalhos de amor perdidos*, a pedido da rainha Elisabete I. Nessa revisão, o antigo duque Ferdinando vira rei, a princesa passa a ser rainha e Biron ganha mais falas. A peste chega a Stratford em novembro de 1597 e só iria desaparecer em abril do ano seguinte. Em 1598 foi publicado o livro de Francis Meres, em que ele menciona Shakespeare como um dos melhores autores ingleses. Curiosamente, entre as peças citadas não está *Muito barulho por nada*.

É sabido que o papel de Dogberry fora escrito para William Kemp, grande comediante e incontrolável inventor de "cacos", e o de Verges, para Richard Cowley. Sobre esses dois personagens, o pesquisador londrino Ronald Brunlees McKerrow (1872-1940) comenta, em seu *Prolegomena for the Oxford Shakespeare*, publicado em 1977: "Dogberry e Verges são tão verdadeiros porque não eram apenas um delegado e um guarda-noturno abstratos, mas realmente Kemp e Cowley, de quem Shakespeare conhecia todos os detalhes [...]."

Quando o texto foi publicado, baseado no manuscrito de Shakespeare, aos personagens de Dogberry e Verges são dados os nomes de Kemp e Cowley, prova irrefutável de que esses atores eram de fato os intérpretes dos papéis.

Da mesma forma, o nome de Baltasar, criado de dom Pedro, fora trocado pelo do ator Jack Wilson. Este é o personagem que canta a linda canção "Sigh no more, ladies" [Não suspirem mais, senhoras] na quarta cena do segundo ato.

Desconsiderar a comédia só porque o autor lhe dá esse título é uma atitude equivocada. Ela representa o que há de melhor no gênero das altas comédias de Shakespeare, ocupando lugar de destaque, ao lado de *Como quiseres* e *Noite de Reis*.

Depois da morte do filho, Shakespeare tomou o caminho das grandes tragédias, começando por *Hamlet*, seguida de *Troilo e Créssida*, *Bem está o que bem acaba* e *Medida por medida*, chamadas de "peças-problema". O dramaturgo nunca mais voltaria a escrever altas comédias e, em seus derradeiros anos de vida, comporia seus "últimos romances" (*late romances*), entre os quais se inclui a peça com tema histórico *Henrique VIII*.

Muito barulho por nada tem como cenário a cidade siciliana de Messina. É, portanto, a quarta peça italiana, antecedida por *A megera domada* – que tem Pádua como cenário –, *Romeu e Julieta* – que se passa em Verona e Messina – e *Os dois cavalheiros de Verona*.

Há os que reclamam de um desequilíbrio entre as comédias e os dramas, já que, nas comédias de Shakespeare, sempre há histórias paralelas envolvendo casais românticos – dois em *A megera domada*, outros dois em *Os dois cavalheiros de Verona*, quatro em *Trabalhos de amor perdidos*, dois em *Sonho de uma noite de verão*, dois em *O mercador de Veneza* e outros dois em *Muito barulho por nada* – Beatrice e Benedito e Hero e Cláudio.

Após chegar de uma guerra, uma comitiva masculina, formada por Benedito, seu amigo Cláudio, dom Pedro de Aragão e seu irmão bastardo dom João, visita a casa do governador de Messina, Leonato. Durante uma festa, o jovem Cláudio se enamora de Hero, filha do proprietário da casa. Benedito reencontra a prima de Hero, Beatrice. Ambos têm inteligência aguçada e língua ferina e são contra o casamento. Eles já se conhecem de longa data e são extremamente críticos e impiedosos um com o outro. No primeiro reencontro, eles logo se agridem verbalmente. É Beatrice quem ataca primeiro:

> BEATRICE: Não sei por que continua a falar, senhor Benedito. Ninguém lhe presta a menor atenção.
> BENEDITO: Mas como, senhora desdenhosa, ainda está viva?
> BEATRICE: Seria possível que o desdém morresse quando tem um alimento tão inesgotável como o senhor Benedito? A própria cortesia se transformaria em desdém na sua presença.
> BENEDITO: Então a cortesia é uma vira-casaca. É fato que sou amado por todas as mulheres, com a sua única exceção. E gostaria de descobrir, no fundo do meu coração, não ter um coração de pedra, pois, na verdade, não amo nenhuma.
> BEATRICE: Felicidade enorme para as mulheres. Caso contrário seriam importunadas por um pretendente dos mais perniciosos. Agradeço a Deus pelo meu sangue-frio e nisto concordo plenamente com o senhor, pois prefiro ouvir meu cachorro latir para um corvo a um homem jurar que me ama.
> BENEDITO: E que Deus a conserve assim pensando. Desta maneira o jovem escapará ao destino de ter o rosto arranhado.
> BEATRICE: Um arranhão não o deixaria mais feio se se tratasse de um rosto como o seu.
> BENEDITO: A senhora fala como um perfeito papagaio.
> BEATRICE: Um pássaro com a minha língua é bem melhor do que um animal com a sua.

BENEDITO: Eu gostaria que meu cavalo fosse rápido como a sua língua e tivesse o mesmo fôlego, por Deus! Siga o seu caminho. Eu paro por aqui.
BEATRICE: O senhor sempre para na cocheira com um bom par de coices. Não é de hoje que o conheço.
(Ato I, cena 1)

Na peça, Shakespeare não só mostra toda a sua habilidade na carpintaria da cena como se deleita com o tema da hostilidade amorosa, que nunca deixava de divertir o público. Como não se podia abrir mão de uma boa intriga e um bom par de comediantes, então, quanto mais afiados fossem, melhor o resultado. Curiosamente, esse casal que rouba o interesse dos espectadores é, sem dúvida, o que protagoniza a peça. A essência da trama dramática paralela ao seu romance pesado de pedregulhos gira em torno do casal mais jovem, Hero e Cláudio. Se *Muito barulho por nada* se resumisse ao primeiro encontro desses dois e ao seu casamento – que, como sempre, acontece no quarto ato –, não resultaria em nenhum trampolim para apertar a trama e fazer a peça crescer em interesse.

Dom João, o irmão bastardo, tem forte ressentimento contra dom Pedro. Por isso, tem sede de vingança e deseja fortemente magoar o irmão. Como Ricardo II, no início da peça homônima, dom João confessa abertamente: "Não sei esconder o que eu sou. Tenho de estar triste se tiver motivo e não sorrir às brincadeiras de ninguém. Comer quando tiver vontade e não pedir licença a ninguém. Rir se me sentir feliz, não interessa qual seja o humor dos outros" (ato I, cena 3).

Nesse trecho, dom João conversa com seu amigo Conrado, que o alerta. Apesar dos problemas com o irmão, que só ultimamente voltou a se dar com ele, dom João deve primeiro criar raízes, diz o amigo, e esperar a hora certa, aguardar até ter certeza de uma boa colheita. Ao que o bastardo responde:

> Eu preferia ser um verme numa sebe a ser uma rosa só para agradá-lo. E me sinto melhor sendo por todos desdenhado a acomodar meu jeito de ser para atrair a afeição de alguém. Assim, apesar de não poder dizer que eu seja um homem bajulador, não é possível negar que eu seja um vilão declarado. Deixam-me à solta apenas com mordaças, e só me soltam se estiver preso à corrente. Pois bem, eu decidi que não vou mais cantar na minha janela. Se estiver sem focinheira, morderei. Se tiver minha liberdade, farei o que entender. Até lá, me deixe ser o que eu sou e não procure me mudar.
> (Ato I, cena 3)

Quem lhe apresenta a possibilidade de satisfazer sua sede de vingança é seu amigo Borracho, que é íntimo de Margarida, criada da jovem Hero. Ele irá ter com ela, à noite, no quarto da patroa, e dará um jeito de aparecerem juntos à janela em uma situação comprometedora. Se dom João conseguir fazer que Cláudio os veja, o rapaz irá acreditar que surpreendeu uma noiva infiel.

Se esse dom João, típico vilão sem perdões, conhece os trejeitos de Benedito, este também sabe tudo a respeito de si. Em um saboroso monólogo – no qual a imagem de Beatrice está por trás de tudo o que ele pensa e fala –, Benedito confessa a segurança que acredita caracterizá-lo:

> Espanta-me muito que um homem, vendo o quanto é tolo um outro homem que se consagra ao amor, depois de ter rido das tolices alheias, possa servir de tema para seu próprio escárnio, apaixonando-se. No entanto, este homem é Cláudio. Eu recordo os tempos em que não havia, para ele, outra música que não fossem o tambor e o pífaro. Os tempos em que ele teria caminhado dez milhas para ver uma boa armadura. E agora ele fica acordado dez noites inteiras pensando no corte de um gibão. Ele costumava falar simples e claramente, como um homem honesto e um soldado. Agora, ficou pedante. Sua conversação virou um fantasioso banquete no qual só há pratos exóticos. Será possível que eu também me transforme ou me deixe fascinar? Não sei dizer. Creio que não. Não posso jurar, mas é possível que o amor me transforme em uma ostra. Mas uma coisa eu juro: até que faça de mim uma ostra, jamais fará de mim um tolo. Uma mulher é bonita, e isto não me altera. Outra é sábia, e ainda não me altera. Outra é virtuosa, e tampouco me altera. E enquanto uma mulher não tiver todas as graças, não haverá de se engraçar comigo. Ela terá de ser rica, isto é certo. Sábia, ou não vou querer saber dela. Virtuosa, ou jamais darei meu lance. Bela, ou nem a olharei. Doce, ou não chegará perto de mim. Nobre, ou não vou querê-la, nem que seja um anjo. De elocução perfeita, excelente música, e os cabelos serão da cor que Deus quiser.
> (Ato II, cena 3)

Nesse meio-tempo, dom Pedro, acreditando que seria bom fazer de Beatrice e Benedito um casal feliz – apesar de o tio dela ter dito que, se eles se casassem, ficariam loucos de tanta falação –, tece um plano, com a ajuda de Hero e de Cláudio. Os homens comentarão o amor de Beatrice por Benedito de maneira a fazê-lo ouvir o que dizem. Hero e suas amigas farão o mesmo quando Beatrice estiver por perto.

O estratagema de fazer alguém ouvir alguma revelação importante – sem ser visto – é bastante usado por Shakespeare e, no caso dessa peça, dá margem a um dos melhores monólogos de Benedito. Ele escuta a conversa e mal pode acreditar no que está ouvindo:

> Não pode ser brincadeira. Estavam conversando a sério. Foi por Hero que souberam da verdade. Parecem ter pena de Beatrice. Parece que sua afeição chegou ao máximo. Ela me ama! Então, este amor tem de ser retribuído. Ouvi comentarem até que ponto

eu tenho culpa. Dizem que me comportarei cheio de desdém ao perceber o amor que dela vem. Dizem que ela preferiria morrer antes de dar algum sinal do seu afeto. Nunca pensei em me casar. Não devo parecer orgulhoso. Felizes são aqueles que ouvem falar dos seus defeitos e estão dispostos a corrigi-los. Dizem que a dama é bela. Verdade, posso comprovar. E virtuosa. É verdade, não posso contestar. E sábia, a não ser por me amar. De fato, isto nada acrescenta ao seu talento, como também não comprova sua loucura, porque eu vou ficar terrivelmente apaixonado por ela. Pode acontecer de eu ser alvo de sarcasmos e ironias, já que por tanto tempo caçoei do casamento. Mas os apetites não mudam? O homem, na juventude, ama a carne que não suporta na velhice. Será que piadas e frases, e aquelas bolas de papel do cérebro irão fazer um homem recuar no caminho do que gosta? Não. O mundo tem de ser populado. E quando eu disse que ia morrer solteiro nunca pensei que iria viver até casar. Aí vem Beatrice. Deus meu! Como é bonita! Já vislumbro nela alguns sinais de amor.
(Ato II, cena 3)

Sem perda de tempo, dom João põe seu plano em ação, com a sagacidade de um personagem digno do ódio do público, o que era uma boa maneira de satisfazer os pagantes. Ele diz, na frente do seu irmão dom Pedro, que Cláudio não se casaria no dia seguinte caso soubesse o que ele sabe. É preciso que Cláudio vigie, à noite, a janela do quarto da noiva para descobrir seu verdadeiro caráter. Assim, com um toque de mestre, numa breve cena de ligação, Shakespeare mostra sua habilidade. A ação poderia deixar a desejar, mas, na segunda cena do segundo ato, esse elemento dramático é introduzido para contrastar com a comédia de maneiras elegantes dos embates verbais entre Beatrice e Benedito.

O outro lado da intriga amorosa cabe a Hero, Margarida e Úrsula, que comentam o amor de Benedito por Beatrice. Esta tudo escuta, como acontecera no caso dele, no mesmo jardim pesado de arbustos que escondem os intrigantes. Trata-se de uma cena toda composta em versos. Uma vez sozinha, Beatrice diz:

> Minhas orelhas estão queimando. Será
> verdade? Vou ser condenada por orgulho
> e por desdém? Adeus, desprezo virginal.
> Os orgulhosos nada deixam atrás de si.
> Vai, ama, Benedito, que eu retribuirei.
> Tua mão vai domar meu coração selvagem
> e vai unir nosso amor com os sagrados laços
> da ternura. Todos dizem que você merece
> e creio, sem precisar lhes dar ouvidos.
> (Ato III, cena 1)

Dessa maneira, a isca foi mordida pelos dois.

O elemento causador da vilania é Borracho, amigo do irmão bastardo. Na rua, de madrugada, ele conta a Conrado como enganaram o pobre Cláudio, que jurou desmascarar Hero no dia seguinte, na hora do casamento, revelando sua falsidade diante do padre e de toda a comunidade. Os comentários de Borracho – que, como sugere o nome, vive embriagado – são ouvidos pelos guardas-noturnos, que os prendem e levam até Dogberry, o chefe de polícia. Fica evidente nesse momento, mais uma vez, o emprego do recurso de alguém que ouve determinada revelação que não deveria ser ouvida.

No dia do casamento, Dogberry e Verges procuram Leonato, que, além de pai da noiva, é governador de Messina, para contar a trama, mas a estupidez dos dois nada esclarece. Leonato então livra-se deles e vai para a igreja.

O quarto ato é sempre importante nas peças do dramaturgo, já que é a partir dele que a trama se enreda por completo, causando no público a espera da solução no ato que está por vir. Em *Muito barulho por nada*, a cena da acusação de Cláudio é das mais violentas. Aqui surge outro elemento comum a alguns dos personagens de Shakespeare: a credulidade. Ela aparece na mais tênue comédia e nas grandes tragédias, como em *Otelo*. Cláudio aceita a culpa de Hero sem maiores hesitações, sem duvidar, nem por um instante, que o "vilão" pudesse estar planejando alguma coisa quando a acusou. Não há julgamento: a condenação é sumária.

Cláudio e os demais se retiram como se Hero os tivesse ofendido. Entra em cena o segundo frade católico de Shakespeare, o frei Francisco – o primeiro foi frei Lourenço em *Romeu e Julieta*. Ele propõe um plano que, de certa forma, relembra o usado com Julieta. Mas, no universo da comédia, a consequência não é funesta. Ela precisa ser dada como morta, e o tempo trará a solução.

Quando Beatrice e Benedito ficam sozinhos na igreja, ele pergunta:

BENEDITO: Senhora Beatrice, choraste todo este tempo?
BEATRICE: Sim, e vou chorar ainda mais.
BENEDITO: Não é o que eu gostaria.
BEATRICE: Não vejo por quê. Choro porque quero.
BENEDITO: Na verdade, creio que sua prima foi difamada.
BEATRICE: Ah! O homem que a reabilitasse teria toda a minha gratidão.
BENEDITO: Há uma maneira de lhe demonstrar esta prova de amizade?
BEATRICE: Há um meio, e bem simples. O que não há é o amigo.
BENEDITO: Um homem poderia fazê-lo?
BEATRICE: É a tarefa de um homem, não para o senhor.
BENEDITO: Não há nada no mundo que eu ame mais do que a ti. Não é estranho?

BEATRICE: Tão estranho quanto possa ser o que eu ignoro. Seria tão fácil dizer que não amo senão a ti. Mas não me creias. No entanto, não minto. Nada confesso e não vejo nada. Estou com tanta pena da minha prima.
BENEDITO: Por minha espada, Beatrice, tu me amas!
BEATRICE: Não jures por ela e a engulas.
BENEDITO: Quero jurar por ela que te amo, e quem disser que não te amo é que farei engolir.
BEATRICE: E não queres engolir tuas palavras?
BENEDITO: Com nenhum molho que se possa inventar.
BEATRICE: Então que Deus me perdoe.
BENEDITO: Por que ofensa, doce Beatrice?
BEATRICE: Me interrompeste na hora certa. Ia admitir que te amo.
BENEDITO: E o faço de todo coração.
BEATRICE: Eu te amo com tanto coração que nada sobra mais para dizer.
BENEDITO: Então, pede-me para fazer não importa o quê.
BEATRICE: Mata Cláudio!
BENEDITO: Por nada neste mundo.
BEATRICE: A tua recusa mata a mim. Adeus.
BENEDITO: Espera, doce Beatrice.
BEATRICE: Já me afastei, apesar de estar aqui. Não há amor em ti. Peço que me deixes ir embora.
BENEDITO: Beatrice!
BEATRICE: Quero mesmo ir.
BENEDITO: Mas, antes, sejamos amigos.
BEATRICE: A audácia torna bem fácil seres meu amigo do que te bateres com meu inimigo?
BENEDITO: Cláudio é inimigo teu?
BEATRICE: Ele não provou ser o maior dos celerados, que caluniou, insultou e desonrou minha parente? Ah! Se eu fosse homem! Mas como? Ofereceu-lhe a mão até estarem juntos e aí apareceu com uma acusação pública, uma difamação estrepitosa, um rancor desenfreado. Ó Deus! Se eu fosse homem comeria o coração dele em praça pública!
(Ato IV, cena 1)

Essa é a verdadeira Beatrice, uma mulher de fibra autenticamente elisabetana, que, se tivesse nascido na Inglaterra, e não em Messina, seria nobre com sangue Tudor nas veias. Nessa cena, Beatrice torna-se muito maior do que Benedito, que, por mais cavalheiro e combatente que seja, não chega à altura dela em determinação. Ela vai das palavras afiadas ao ataque com a espada crua. Ele vai do gracejo pronto ao gentil recuo, a espada ainda na bainha. Ela tem a ousadia de Pórcia e, se esta luta com o apoio das palavras, Beatrice quer lutar com todas as forças que seu corpo pode oferecer. Ela é, certamente, da família espiritual de Elisabete I.

Dogberry, por mais estúpido e confuso que seja, sem dizer coisa com coisa, deixa Borracho frente a frente com dom Pedro e Cláudio, e aquele confessa sua participação na trama caluniosa. Ao saber da verdade, Cláudio, arrependido e em sofrimento, diz, de maneira irritante e imperdoavelmente simplória:

> Escolhe tu mesmo a vingança.
> Impõe-me a penitência que quiseres
> sobre o meu pecado. Mas eu não pequei.
> Apenas me enganei.
> (Ato V, cena 1)

Ao que dom Pedro acrescenta:

> Nem eu pequei tampouco.
> E para satisfazer este bom velho
> me curvarei sob qualquer peso
> que ele desejar.
> (Ato V, cena 1)

Será que Shakespeare se dava conta desse universo tão brutalmente machista? E o público? Conforma-se ao saber que Hero não está morta e que o jovem Cláudio está a caminho de se tornar um machão insensível? Pode-se dizer que Petrúquio de *A megera domada* era um machão, brutamontes, fanfarrão e divertido – um personagem à altura da *commedia dell'arte* representando um papel para conquistar Catarina. Mas Cláudio é mesquinho e hipócrita e, por ser jovem, tende a se tornar pior com a idade. Para compensar, ele se oferece para se casar com quem Leonato escolher. A "sobrinha" escolhida é a própria Hero, que ergue o véu que esconde o seu rosto na hora do casamento e se revela. E tudo acaba em um duplo casamento, já que, na melhor tradição das comédias, haverá uma festa ruidosa.

Mas os briguentos não sossegam e concluem:

> BENEDITO: Um milagre! Aqui estão nossas mãos pousadas sobre nossos corações. Vamos, eu te aceito. Por esta luz que me ilumina, eu te aceito por piedade.
> BEATRICE: E não vou te dizer não. E, à luz deste belo dia, eu cedo sob sua grande persuasão, em parte para salvar a tua vida, pois ouvi dizer que estavas te consumindo.
> BENEDITO: Paz! Vou calar tua boca!
> (Ato V, cena 4)

Benedito a beija e toma a palavra. Beatrice não dirá mais nada nos últimos minutos da peça. Portanto, não há dúvida: a peça é deles. Na verdade, parece muito mais dela do que dele, já que Beatrice tem uma luminosidade fascinante e um humor infinito. E ela sabe muito bem o porquê. Dom Pedro diz para ela: "[...] não há dúvida, nasceste numa hora feliz" (ato II, cena 1). Ao que ela responde: "Decerto que não, meu senhor, que minha mãe chorou. Mas uma estrela dançou e sob ela eu nasci" (ato II, cena 1).

7. O mundo inteiro é um grande palco

(As COMÉDIAS – Parte 3)
Como quiseres (1599-1600)
Noite de Reis (1601-1602)

Para os mais conceituados estudiosos, *Como quiseres* e *Noite de Reis* são as comédias mais românticas de Shakespeare. São também, de acordo com eles, as suas últimas grandes comédias, apesar de terem sido escritas na virada do século. Depois delas o dramaturgo ainda escreveria outras dezesseis peças. Mas é preciso registrar que há uma última peça, intitulada *The Two Noble Kinsmen* [Os dois parentes nobres], que, segundo Harold Bloom, foi escrita em parceria com John Fletcher, em 1613 – ano da aposentadoria oficial de Shakespeare. Segundo Bloom, Fletcher teria escrito sessenta por cento do texto.

Como quiseres e *Noite de Reis* foram escritas imediatamente antes de *Hamlet* (1601), sem dúvida a primeira das grandes tragédias, seguida por *Otelo*, *Rei Lear*, *Macbeth* e *Antônio e Cleópatra*.

Há três comédias que Bloom classifica como peças históricas: *As alegres comadres de Windsor* (escrita em 1597, acredita ele), *Bem está o que bem acaba* e *Medida por medida*. A despeito de a primeira ser uma comédia que em alguns momentos se aproxima da farsa, seu personagem central, o boêmio beberrão Sir John Falstaff, teve bastante destaque nas duas peças históricas sobre Henrique IV. Nelas, Falstaff convivia com grande intimidade com o jovem príncipe Hal, que seria proclamado Henrique V na segunda peça. Nesta, aliás, um dos momentos mais pungentes é a morte do boêmio, narrada pela estalajadeira Mistress Quickly.

Bem está o que bem acaba e *Medida por medida* sempre foram aceitas como comédias. Bloom as classifica em um pequeno grupo à parte, as chamadas peças-problema, ao lado de *Troilo e Créssida* (escrita entre 1601 e 1602, sobre a guerra de Troia, em geral considerada uma tragédia). São, na verdade, tragicomédias, uma vez que apresentam finais felizes – requisito essencial para uma comédia – e contam com elementos de alta dramaticidade. Entre elas seria possível incluir algumas das últimas peças de Shakespeare: *O mercador de Veneza*, *Cimbeline – rei da Britânia*, *Péricles* e *A tempestade*.

Como quiseres e *Noite de Reis* são peças leves e de trama saborosamente enredada sobre o amor e os disfarces. Nelas ocorrem trocas de identidade, equívocos, nomes inventados e atrações fisicamente perigosas. Contudo, ambas trazem em si um sinal de amargura: são um lamento pelo que o ser humano tem de falível e insolúvel, que iria eclodir em *Hamlet*.

Muitos estudiosos acreditam que elas foram concebidas em um momento especialmente negativo para o povo inglês, sobretudo para a vida particular de Shakespeare. É importante recordar que seu único filho homem, Hamnet, morrera em 1596. Dois anos depois, o conde de Southampton, amigo e primeiro patrono de Shakespeare, foi preso porque se casara às escondidas, sem o consentimento da rainha, com uma de suas damas de companhia. Em 1599, quando foi solto, uniu-se ao conde de Essex, preso ao voltar de uma malograda missão militar na Irlanda. Essex tramou um fracassado plano contra Elisabete I. Todos os seus correligionários foram presos, inclusive Southampton, que ficou preso até 1603. Essex foi decapitado em fevereiro de 1601.

Nessa época, Shakespeare estava escrevendo *Hamlet* e vivia momentos emocionalmente difíceis em sua vida. Como sempre, nada ficou documentado. Não é possível saber ou avaliar o que estava de fato sentindo. Sabe-se apenas o que ele produziu e conclui-se que, profissionalmente, estava muito bem.

Os Lord Chamberlain's Men tiveram problemas com o teatro que ocupavam, o Theatre, e só poderiam renovar o contrato do aluguel do terreno por mais cinco anos; passado esse período, teriam de deixá-lo de vez. Mas havia uma cláusula que beneficiava a companhia: a ela era concedido o direito de demolir o teatro – erguido em 1576 – e usar a madeira como lhe conviesse. Logo depois do Natal de 1598, seus componentes encontraram um local adequado no Bankside, não muito longe do antigo teatro Rose. Aproveitando que o dono do terreno estava viajando, demoliram o Theatre e levaram a madeira para a margem sul do Tâmisa. Lá ergueram aquele que seria o Globe. Apesar de já possuírem parte do material, ainda gastaram bastante dinheiro. Era o maior e o mais famoso de todos os teatros elisabetanos de Londres, com lugar para 2 mil espectadores. Foi a casa da companhia, até que um incêndio a destruiu em 1613, justamente durante uma apresentação de uma peça de Shakespeare, *Henrique VIII*.

Quando o Globe foi inaugurado, em 1599, Shakespeare já era um dos proprietários da companhia, ao lado dos irmãos Burbage (o grande ator Richard e o empresário Cuthbert [1566-1636]) e dos atores John Heminge, William Kempe, Augustine Phillips (morto em 1605) e Thomas Pope (morto em 1603). Todos contribuíram para a construção e tinham participação nos lucros. Assim, metade do teatro pertencia aos irmãos Burbage e a outra parte, a Shakespeare e aos atores citados. É importante registrar que Cuthbert Burbage foi o criador da primeira cooperativa de atores de que se tem notícia.

Como quiseres e *Henrique V* podem disputar o privilégio de ter inaugurado o Globe. No prólogo dessa última peça, Shakespeare cita "O de madeira", que pode ser uma referência ao formato daquele teatro:

> Poderá esta rinha conter os vastos
> campos da França? Poderemos nós
> preencher este O de madeira com os elmos
> que em Agincourt amedrontaram a todos?
> (*Henrique V*, prólogo)

A sugestão de que tal distinção coube à peça *Como quiseres* está ligada aos famosos versos do personagem Jaques de Boys, no trecho que ficou conhecido como "As idades do homem": "O mundo inteiro é um grande palco / E os homens e as mulheres são todos atores" (*Como quiseres*, ato 2, cena 7).

Essa é uma versão do mote que estava escrito em um cartaz à entrada do Globe: *Totus mundus agit histrionem* [Todo mundo representa o ator].

Como quiseres

A maior parte do enredo de *Como quiseres* se passa na floresta de Arden, em que – como aquela perto de Atenas, de *Sonho de uma noite de verão* – existem deliciosas magias, apesar de ela não ser povoada por seres fantásticos.

Um dos personagens mais encantadores de Shakespeare aparece em *Como quiseres*. Trata-se de Touchstone, criado e fiel acompanhante de Rosalinda, uma das heroínas. É também o sábio bobo do palácio do duque Frederico. Touchstone é um bobo filósofo – como todo bobo que se preza –, parente próximo do Feste de *Noite de Reis* e do extraordinário bobo do *Rei Lear*.

Quando o velho pastor Corin pergunta a Touchstone se ele gosta da vida que os pastores levam, sua resposta é de quem sabe das coisas:

> Na verdade, pastor, em si mesma é uma boa vida. Mas levando-se em conta que é uma vida de pastor, não é nada. Quanto a ser uma vida solitária, gosto muito; mas no que se refere a ser uma vida específica, é uma vida de cão. Se levarmos em conta que

se passa no campo, me é agradável, mas se levarmos em conta que estamos longe da corte, é um aborrecimento. Como é uma vida frugal, veja bem, combina com a minha maneira de ser, mas como não encontramos nela nada de mais, contraria o meu bom gosto. Tu entendes de filosofia, pastor?
(Ato III, cena 2)

Para escrever *Como quiseres*, Shakespeare inspirou-se em um romance em prosa de Thomas Lodge (*c.* 1558-1625), intitulado *Rosalynde*, impresso em 1590 e relançado oito anos depois.

A trama é bem simples: o duque Frederico apoderou-se dos bens do seu irmão, o duque Sênior, que passa a viver na floresta de Arden com um grupo de amigos, entre os quais está Jaques, o melancólico e irônico crítico do mundo. Orlando, filho de um latifundiário local, também foi espoliado pelo irmão e, sabendo que corre perigo de vida, foge para a floresta com seu velho criado Adam. Mas, antes, conhece Rosalinda, sobrinha do duque Frederico, por quem se apaixona. Ela, por sua vez, é expulsa da corte de seu tio usurpador, junto com Célia, sua prima e amiga fiel, e Touchstone, o bobo da corte. Eles também procuram refúgio na floresta de Arden. Para se proteger, Rosalinda se veste de homem e passa a se chamar Ganimedes. Célia, vestida com roupas de camponesa, transforma-se em Aliena.

E, assim, todos vão se encontrando. O primeiro a dar o ar da graça é Jaques. Ele desejaria usar o traje multicolorido de um arlequim, como o de Touchstone, e poder ridicularizar abertamente os homens, sem nenhuma consequência. A descrição que ele faz do encontro dos bobos é bastante vívida:

Um bobo, um bobo! Achei um bobo na floresta,
multicolorido. Que mundo miserável!
Juro pelo que me alimenta, um bobo achei.
Ele estava deitado se aquecendo ao sol,
xingando com termos exatos e precisos
Nossa Senhora da Sorte, mas era um bobo!
"Bom dia, bobo", eu disse. "Não senhor", disse ele.
"Não me chame de bobo até que o céu me mande
a roda da fortuna." E então tirou do bolso
um relógio de sol (que examinou com calma),
e disse, sabiamente: "Agora são dez horas.
Assim podemos ver como está o mundo.
Há apenas uma hora eram nove horas
e se passar mais uma então serão as onze
e assim, de hora em hora, nós apodrecemos.
E isto é tudo." Quando eu escutei o bobo

colorido moralizando sobre o tempo
meus pulmões começaram a cantar como um galo
só de pensar que um bobo fosse assim tão longe
na sua meditação e na contemplação.
E, sem parar, eu ri por uma hora, marcada
no relógio dele. Que bobo nobre e digno!
A roupa multicor é a única que tem.
(Ato II, cena 7)

Em seguida surge Orlando que, obcecado por Rosalinda, grava seu nome nas árvores da floresta e nelas deixa presas as poesias de amor que escrevera, decorando a paisagem com seus versos. Quando eles se encontram, Orlando não a reconhece em seu traje de Ganimedes, obedecendo à melhor tradição da suprema ingenuidade das comédias de Shakespeare. Segue-se uma deliciosa conversa sobre amor, velada, intrigante e dúbia:

> ROSALINDA: Há um homem que assombra esta floresta, que faz mal às nossas árvores, gravando Rosalinda nos seus troncos, e pendura poemas nos espinheiros, elegias nos galhos, todos endereçados ao nome Rosalinda. Se eu jamais encontrasse este vendedor de poesias, eu lhe daria uns bons conselhos, para livrar-se desta febre de amor cotidiana.
>
> ORLANDO: Quem treme assim de amor sou eu. Por favor, qual é o remédio?
>
> ROSALINDA: Não vejo em vós nenhum dos sintomas que um tio meu indicou. Ele me ensinou a diagnosticar um homem possuído pelo amor, e estou seguro de que o senhor não é prisioneiro desta jaula de juncos.
>
> ORLANDO: Quais são os sintomas?
>
> ROSALINDA: Um rosto magro, o que não é o seu caso; olhos de olheiras muito fundas, o que não é o seu caso; um horror a perguntas, o que não é o seu caso; barba por fazer, o que não é o seu caso, mas por isto eu o perdoo, porque tem pouca barba; que é lucro dos irmãos mais jovens. Além do mais, devia estar desabotoado, o boné amassado, os punhos abertos, os sapatos desamarrados, o senhor não é o homem em questão porque está muito arrumado, pois me parece amar mais a si mesmo do que a outra pessoa.
>
> ORLANDO (que pensa que ela é Ganimedes): Belo rapaz, quero te convencer de que amo mesmo. Nada poderia expressar a força deste amor.
>
> ROSALINDA: Ora, o amor é só uma loucura e merece um quarto escuro e um chicote, como os loucos. E a razão de não serem assim punidos e curados é que a loucura é tão comum que até quem chicoteia está apaixonado. Sou partidário da cura pelos conselhos.
>
> ORLANDO: E já curaste assim algum apaixonado?
>
> ROSALINDA: Já. Ele pensava que eu era a sua amada, sua amante, e diariamente eu o obrigava a me fazer a corte. Então, como uma mocinha que está de lua, eu me

mostrava mais feminina, mais tristonha, mutante, exigente, caprichosa, orgulhosa, fantasiosa, mordaz, superficial, inconstante, lacrimosa, cheia de sorrisos, afetando todas as paixões sem sentir nada por nenhuma, como os rapazes e as moças que são todos eles gado, desse tipo. Ora eu o queria, ora desprezava; ora o recebia, ora o expulsava; ora chorava por causa dele, ora nele cuspia; e levei o meu apaixonado do seu violento acesso de amor a acessos violentos de loucura. Foi assim que eu o curei [...]

ORLANDO: Mas eu quero sarar, meu rapaz.
ROSALINDA: Para sarar basta me chamar de Rosalinda e ir todos os dias aonde eu moro, me fazer a corte.
ORLANDO: Irei, de todo coração, meu jovem.
ROSALINDA: Não. Precisa me chamar de Rosalinda.
(Ato III, cena 2)

O diálogo é um jogo perigoso. O disfarce mais perigoso de todos é aquele em que os sexos se transformam. Shakespeare, consciente de que seu público aceitava a convenção de rapazes representando papéis femininos, consegue, com leveza única, fazer esse jogo de troca de identidades e de sexos ser aceito como uma brincadeira inconsequente. Todos sabem que é um jogo, um jogo intrincado. É como caminhar em um labirinto à procura da própria identidade. Orlando se declara a Ganimedes e, na presença de Célia, casa-se com ele, de brincadeira, fingindo que ele é Rosalinda. Assim como ocorre em *Sonho de uma noite de verão*, os desejos, os corpos e as identidades se misturam. É um jogo elaborado, e Rosalinda se vê cada dia mais apaixonada por Orlando.

Mas há ainda outro casal envolvido em uma trama amorosa. A feiosa e pouco romântica pastora Febe é amada pelo pastor Sílvio, mas gosta mesmo é de Ganimedes. Febe é quem, na comédia, sofre do mal do amor não correspondido, relembrando o problema da mal-amada Helena, de *Sonho de uma noite de verão*. Rosalinda alerta Febe, ao dizer que, se ela tem quem a ame, não deve se voltar para um amor que sabe que não será retribuído.

Shakespeare cria, no último ato, uma deliciosa litania: o pastor Sílvio ama Febe. Esta gosta de Ganimedes que é, na verdade, Rosalinda, a amada de Orlando. Essa curiosa litania inicia-se na cena em que Febe censura Ganimedes por este ter mostrado a Sílvio uma carta que ela lhe escrevera:

FEBE: Jovem, tu foste muito indelicado
    mostrando a ele a carta que escrevi.
ROSALINDA: Não me importo, pois só quis parecer
    desdenhoso e descortês aos olhos teus.
    Tens a te seguir um pastor fiel.
    Olha-o, ama-o, que ele a ti adora.

FEBE: Sílvio, diz a Ganimedes o que é o amor.
SÍLVIO: É ser feito de lágrimas e suspiros,
    como eu por Febe.
FEBE: E eu por Ganimedes.
ORLANDO: E eu por Rosalinda.
ROSALINDA: E eu por mulher nenhuma.
SÍLVIO: É ter fidelidade e devotamento
    como eu por Febe.
FEBE: E eu por Ganimedes.
ORLANDO: E eu por Rosalinda.
ROSALINDA: E eu por mulher nenhuma.
SÍLVIO: É ser feito todo só de fantasia
    todo de paixão e de desejos
    todo adoração, dever, respeito
    todo humildade, paciência e impaciência
    todo pureza, respeito e obediência
    como eu por Febe.
FEBE: E eu por Ganimedes.
ORLANDO: E eu por Rosalinda.
ROSALINDA: E eu por mulher nenhuma.
(Ato V, cena 2)

É claro que, quando as verdadeiras identidades são reveladas, os pastores Sílvio e Febe se casam, como não podia deixar de acontecer, já que se trata de uma comédia.

Em meio a essa bem-educada confusão de sentimentos, o único que ama sem se confundir é o bobo Touchstone. Ele gosta de Audrey, uma pastora que cuida de cabras, e não se importa com sua classe, feiura, falta de educação. É dela que gosta e é com ela que fica. Um bobo que, afinal, não se deixa confundir e sabe muito bem o que quer.

Se, na peça, Jaques tem uma visão crítica, irônica, por vezes amarga, das pessoas e das coisas, Touchstone vê tudo de maneira precisa, verdadeira e nada humorística. Conclui-se, portanto, que todo bobo seria, no fundo, um sábio.

Como acontece em outros trabalhos de Shakespeare, em *Como quiseres* há personagens secundários que adquirem tal força em desenho, caracterização, empenho e interferência que, sem o devido cuidado, poderiam se tornar figuras centrais. Mas há também personagens menores, que, embora pontuais, são importantes em determinados trechos da peça.

Entre esses últimos, há o velho criado Adam, que, além de acompanhar Orlando floresta adentro, lhe deu todas as suas economias para o jovem sobreviver dignamente. Esse personagem desaparece a partir do terceiro ato de *Como quiseres*. A partir do momento em que Orlando encontra Rosalinda, ele não precisa mais de um acompanhante. Adam é relegado ao destino de Firth, o velho criado fiel de *O pomar das cerejeiras*, de Anton Tchekov (1860-1904), a quem a família esquece na casa fechada quando vai embora no final da peça. O papel de Adam, aliás, foi interpretado pelo próprio Shakespeare.

Outro exemplo nos é dado por Oliver, o irmão de Orlando. Esse vilão só aparece na quarta cena do quinto ato, com o intuito de capturar o irmão, vivo ou morto. Mas Orlando o salva do ataque de um feroz leão, que, aliás, parece ser o único leão solto em plena floresta de Arden! É interessante lembrar que em *Sonho de uma noite de verão* os personagens Quince, Snug, Bottom, Flauta, Snout e Starveling planejam encenar uma peça que tem um leão no elenco. Enfim, o ato corajoso o impressiona de tal maneira que o irmão vilão se transforma de repente em irmão amantíssimo, outro milagre das comédias. Ele se apaixona por Célia, o que deixa Orlando alarmado: "Será possível que, conhecendo-a tão pouco, gostes dela?" (ato V, cena 2). Ao que o irmão enamorado responde:

> Não discutas a vertigem que tomou conta de mim, nem a pobreza dela, nem suas poucas relações, nem uma declaração precipitada, nem seu súbito consentimento, mas, em vez, repita comigo que eu amo Aliena, diga-me que ela me ama, concorde com isto e que poderemos nos casar. Será para o seu bem, pois a casa de meu pai e todas as rendas pertencentes ao velho Sir Rowland passam para o teu nome, pois aqui eu vou viver e morrer, como um pastor.
> (Ato V, cena 2)

Essa paixão repentina de Oliver por Célia é indiretamente comentada por Febe: "Poeta desaparecido, agora sei;/ Quem jamais amou que não amou à primeira vista?" (ato III, cena 5).

O poeta desaparecido é Christopher Marlowe e o segundo verso é uma citação do poema "Hero and Leander" (1598), a única citação-homenagem que Shakespeare fez a outro poeta contemporâneo, àquela altura já falecido.

O próximo encontro de Célia e Oliver – na verdade, o segundo da peça – já acontece na celebração do casamento. Eles não trocam palavras e, calados, depois de o duque reconhecer Rosalinda, sua filha – que aparece novamente com trajes femininos –, aceitam a bênção de Himeneu, que conduz a celebração de quatro casamentos simultâneos, o maior número de finais felizes escrito por Shakespeare. É Himeneu mesmo quem entrega a filha ao pai e sua simples presença restaura identidades, sexos, conflitos e entrechoques. Rosalinda, tão falante, tão independente, tão cheia de ideias e seduções, diz, primeiro ao pai, um verso que depois repetiria para Orlando: "Ao senhor eu me entrego, pois eu sou sua." Seu pai responde: "Se a visão for verdade, és minha filha." E diz Orlando: "Se for verdade, és minha Rosalinda." E ela conclui: "Não tenho pai se o senhor não for ele/ Nem marido, se não fores tu" (ato V, cena 4).

Assim, Himeneu põe ordem na comédia. Mas ainda falta alguma coisa para serenizar, senão o presente, o futuro. Os alicerces do sonho não devem ser mais abalados. Como a peça se passa na floresta "do Bom e do Bem", surge alguém com revelações sobre outro milagre que tocou o vilão maior, mas fora de cena. Aparece um inesperado personagem, o irmão mais moço de Orlando e Oliver. Chama-se Jaques de Boys, mencionado de passagem na primeira cena da peça, quando Orlando comenta que ele estava na universidade, "onde relatórios falam elogiosamente do seu progresso". Ele vem para contar que o duque Frederico, o usurpador

> Reuniu uma tropa
> com a intenção de desafiar o irmão.
> Mas ao se aproximar da entrada da floresta
> ele encontrou um velho homem religioso.
> Bastaram poucas palavras entre os dois
> para converter o duque, que deixou para trás
> Os seus intentos e o próprio mundo.
> Cedeu a coroa ao irmão que havia banido
> restituindo as terras daqueles que o seguiram.
> (Ato V, cena 4)

No final, Jaques comunica o milagre da sua decisão:

> Senhor, tende paciência. Se bem ouvi,
> o duque optou pela vida religiosa
> deixando de lado as pompas da corte!
> [...]
> Vou ter com ele. Destas conversões
> há muito para ouvir e aprender.
> Senhor, vos deixo com antigas honras
> vossa paciência e virtude bem merecem.
> A ti, Orlando, o amor que te é devido,
> a ti, Oliver, terra, amor e parentela.
> A Sílvio, um leito há muito merecido.
> A ti, bobo, tuas complicações domésticas:
> (Tua lua de mel não vai durar dois meses.)
> Espero que todos se divirtam.
> Não estou aqui para juntar-me ao baile.
> (Ato V, cena 4)

E ele se afasta, levando consigo suas incredulidades, sem pôr muita fé naqueles casamentos em série. Ele já dissera anteriormente: "Com certeza outro dilúvio se aproxima; estes casais estão sendo levados para a Arca" (ato V, cena 4).

Jaques é outro personagem que se insere entre os memoráveis pequenos papéis. Surge quase no fim do primeiro ato e participa em apenas cinco cenas. Tem um total de 39 falas, e a mais conhecida é a que comenta as sete idades do homem. É um dos textos mais conhecidos do dramaturgo inglês:

> O mundo inteiro é um grande palco
> e os homens e mulheres são todos atores,
> e cada qual tem suas saídas, suas entradas
> e em sua vida o homem faz muitos papéis.
> Sete idades são seus atos. Primeiro, o infante
> que soluça e vomita nos braços da ama.
> O escolar, choramingando, leva a sua sacola.
> Com a cara matinal lavada; é um caramujo,
> vai se arrastando sem vontade até a escola.
> Depois o amante (uma fornalha suspirosa)
> faz versos tristonhos para os perfeitos olhos
> da amada. O soldado coberto de juras
> e de pelos, briguento como uma pantera,
> persegue aquela bola de sabão chamada glória
> e cuida (arma na mão) da sua reputação
> até na boca do canhão. O juiz,
> o barrigão redondo cheio de capões,
> de olhar severo, a barba muito bem cortada,
> dizendo frases sábias, dando maus exemplos,
> faz o seu papel. A sexta idade o muda
> em um Pantaleão bem magro, de chinelas,
> com óculos no nariz, uma sacola ao lado.
> As calças de outros tempos, bem cuidadas, longas,
> agora que ele já encolheu. A voz viril
> voltou à de criança, falha e assovia.
> A cena final, que põe fim a esta história,
> é a segunda infância, o esquecimento,
> sem dentes, sem olhos, sem sabor e sem mais nada.
> (Ato II, cena 7)

NOITE DE REIS

No monólogo inicial de *Ricardo III*, o vilão – que ainda não é rei, mas aguarda para sê-lo e, por enquanto, responde pelo título de duque de Gloucester – revela o que planeja fazer para conquistar o trono e o poder. Fala aberta e diretamente ao público e o põe a par do seu elenco de maldades.

Isso não acontece em *Noite de Reis*, na qual Orsino, herói romântico e duque da Ilíria, no seu pequeno e conhecido monólogo de abertura, nada adianta sobre o desenvolvimento da peça, mas revela tudo a respeito da atmosfera refinada e suave em que ela vai transcorrer. Em uma sala de seu palácio, o duque declama, ao som de uma música:

> Se a música alimenta o amor, tocai.
> Dai-me em excesso e que o meu desejo,
> uma vez satisfeito, adoeça e morra.
> O acorde novamente. O tom morrente.
> Um doce som que chega aos meus ouvidos
> como um sussurro sobre as violetas
> roubando e dando olor. Chega! Já basta.
> Não é mais a doçura que era antes.
> Espírito do amor, sensível, rápido,
> tua capacidade é imensa
> como o mar, onde tudo que ali cai
> perde o valor no espaço de um minuto
> tão cheia de caprichos é a paixão
> das fantasias todas a maior.
> (Ato I, cena 1)

Se a peça tem início com música instrumental, termina com a canção intitulada "When that I Was and a Tiny Little Boy" [Quando eu era um garoto pequenino], cantada por Feste, o *clown* – bobo de Olívia, assim definido na lista de personagens.

Feste tem mais três intervenções cantadas. A primeira delas, "O Mistress Mine Where Are Thou Roaming" [Ó amada minha, por onde é que estás indo?], na terceira cena do segundo ato. Na cena seguinte, o bobo canta "Come Away, Come Away, Death" [Venha, morte, venha]. E, por último, na segunda cena do quarto ato, "I Am Gone, Sir" [Eu parto, senhor]. Assim, Feste é o mais musical de todos os *clowns* shakespearianos.

Em *Como quiseres* também há música, mas seus intérpretes são variados. Amiens, um dos nobres que acompanham o duque exilado, interpreta "Under the Greenwood Tree" [À sombra destas árvores]; um cavalheiro canta a pequenina "What Shall he Have that Killed the Dear" [O que vai ganhar o que matou o cervo?]; um pajem canta a famosa "It Was a Lover and His Lass" [Havia um apaixonado e sua garota]; e, no final, canta-se "Wedding is Great Juno's Crown" [O matrimônio é a grande coroa de Juno].

Para alguns críticos, Feste, um dos mais sábios *clowns* de Shakespeare, era mais um *fool*. *Clown* significa "palhaço" e *fool* é o "bobo" – bobo da corte ou bufão. No caso de Feste, há ainda outra classificação: ele também é um *jester*.

Em seu precioso *Dictionary of Shakespeare*, Louise McConnell esclarece que "o *fool* descende do *jester*, o tradicional bobo do rei, um profissional que divertia a ele e à corte com suas brincadeiras. Tanto os *jesters* como os *fools* usavam trajes de losangos coloridos, com um capuz bem ajustado na cabeça, do qual brotavam como que orelhas pontiagudas com guizos nas extremidades; carregavam um cetro real de brincadeira ou um pequeno bastão".

Nas peças elisabetanas ele aparece na lista dos personagens como *clown* ou *fool*, indistintamente. Embora o papel do *fool* possa ser confundido com o do *clown*, eles são diferentes. Nas comédias de Shakespeare, o espírito e a função do *fool* são muito mais complexos do que os de um personagem que apenas diverte.

O humor do *clown* é resultado da comédia rasgada, comédia de pancadaria, até mesmo chanchada, com o uso de expressões e insinuações vulgares. Há momentos, nas peças de Shakespeare, em que surgem expressões ou insinuações bastante pesadas – para não dizer chulas. Mas o valor das palavras era, certamente, outro. Além do mais, o público dos teatros abertos aceitava e usava um palavreado bastante coerente com a sua condição social. Numa analogia com o cinema, como imaginar os personagens de um filme de gângsteres, como *Scarface*, não empregando livremente palavras específicas desse tipo de criminoso?

O *fool*, nas peças de Shakespeare, tem uma função diferente. Raras vezes se envolve com os acontecimentos da trama. Trata-se, por assim dizer, de um observador que pode dar um toque de comicidade, mas em essência a sua função é complexa, até simbólica . Ao contrário do *clown*, o *fool* diz verdades e faz comentários sérios e pertinentes. Assim, o famoso *fool* do *Rei Lear* pode ecoar a consciência do patrão. Ele alerta Lear quanto a seus atos tresloucados. Em *Noite de Reis*, Feste pode parecer superficial. Age de uma forma que o faz envolver-se na trama, mas ele canta sobre a vida, a morte, a juventude e o amor. Confere um tom sombrio e abafa momentaneamente as risadas. No epílogo da peça, todos saem de cena e apenas ele permanece para cantar a famosa "When That I Was and a Little Tiny Boy", cuja letra diz:

Quando eu era um garoto pequenino
Com vento e com chuva, olé, olé, olá,
A loucura não era mais que brincadeira
Já que a chuva chovia todo dia.

Mas quando eu cresci e fiquei um homem feito
Com vento e com chuva, olé, olé, olá,
Pros maus e ladrões as portas se fechavam
Já que a chuva chovia todo dia.

Mas ai de mim, que um dia eu me casei,
Com vento e com chuva, olé, olé, olá,
Não consegui vencer, sendo um devasso,
Já que a chuva chovia todo dia.

Quando depois eu ia para a cama
Com vento e com chuva, olé, olé, olá,
Com outros beberrões me embriagava
Já que a chuva chovia todo dia.

Já faz muito tempo que o mundo começou
Com vento e com chuva, olé, olé, olá,
Mas não tem importância, a peça já acabou
E tentaremos agradá-los todo dia.
(Ato V, cena 1)

Noite de Reis é, oficialmente, a última das comédias leves e românticas de Shakespeare. Dois versos revelam o espírito da peça. São o primeiro: "Se a música alimenta o amor, tocai", e o último: "E tentaremos agradá-los todo dia." Eles resumem toda a atmosfera e o objetivo da peça.

Feste é, sem dúvida, o mais musical, discreto, equilibrado e elegante de todos os bobos, palhaços e cômicos de Shakespeare. O escritor britânico Sir Arthur Thomas Quiller-Couch (1863-1944), que assinava como Q, escreveu com exatidão sobre a atmosfera de desencanto da peça. O escrito é citado em *Shakespeare, the Man*, biografia elaborada pelo pesquisador Alfred Leslie Rowse:

> Em 1601 estamos lidando com um Shakespeare de 37 anos, um dramaturgo que já dominou os truques teatrais e podia jogar com eles a seu bel-prazer, um artista que está nas vésperas de usar sua habilidade para conquistar o novo reino da tragédia; um homem que (por mais espetacular que tenha sido a causa) tinha adquirido, de alguma maneira, ou estava no processo de adquirir, uma desconfiança quanto à lealdade dos homens e uma suspeita aguçada para sentir a pureza da mulher.

Em referência à trama de *Noite de Reis*, Q recapitula os truques que Shakespeare foi aprendendo com as comédias que a antecederam: "Encontramos uma tessitura de incidentes, personagens e situações que provaram ser eficientes em experiências cênicas anteriores."

Confusões de identidades foram resolvidas em outra peça: *A comédia dos erros*. Nela, um naufrágio leva um capitão amigo que vai explorar a cidade desconhecida a um reconhecimento. A amizade de um homem mais velho por um jovem reaparece em *O mercador de Veneza*, e Antônio, o nome do amigo naquela peça, ressurge nessa *Noite de Reis* – ele é o capitão amigo de Sebastian. O menino-ator que interpreta Viola disfarçada de rapaz relembra Júlia de *Os dois cavalheiros de Verona*, que se disfarça de Sebastian para seguir o seu amado Proteu, a quem serve como pajem. Ela se faz passar por homem, como fizeram tantos outros personagens, cada qual com um motivo justificável. O subterfúgio do disfarce irá culminar em *Cimbeline – rei da Britânia*, quando Imogênia se disfarça de Fidélio para fugir ao marido que, injustamente, acreditava que ela era infiel.

Para enriquecer a peça e divertir o público, há uma trama paralela que envolve membros do séquito de Olívia – seu tio Sir Toby Belch, Sir Andrew Aguecheek, a criada Maria e Malvólio. (Na verdade, Feste – o *fool* – e Malvólio são os grandes personagens da peça. O rei Carlos I, quando a leu, riscou o título e escreveu "Malvólio" em seu lugar. Esse exemplar anotado pelo rei está guardado na biblioteca do castelo de Windsor.) Como *belch* significa "arroto", o nome bem define a figura – um glutão beberrão. Outro personagem é Sir Andrew Aguecheek, seu crédulo e ridículo amigo e companheiro. São parentes de Slender, de *As alegres comadres de Windsor*.

Há confusão também nos nomes das peças. Em inglês, *Noite de Reis* é *Twelfth Night, or What You Will*. Este subtítulo – *What You Will* – causa certa confusão, já que quer dizer "O que você quiser", que é o título de outra peça: *Como quiseres*. De qualquer maneira, mais uma vez Shakespeare brinda seu público com uma comédia que bem poderia intitular-se "Bem está o que bem acaba" – este, por sua vez, é o título de uma obra dramática que, como *Medida por medida*, é considerada uma peça-problema.

Na trama de *Noite de Reis*, um navio naufraga nas costas da Ilíria, e dois gêmeos idênticos, Viola e Sebastian, passam a acreditar que o outro morreu. Viola consegue empregar-se servindo ao duque de Ilíria, Orsino, travestida de Cesário. O duque pede ao serviçal que vá cortejar a condessa Olívia em seu lugar. A nobre está de luto e afastada do mundo e do convívio dos homens, inconformada com a morte do irmão. O problema é que Viola acaba se apaixonando por seu patrão, Orsino.

Mas como Sebastian não se afogou no naufrágio, reaparece na cidade, acompanhado pelo capitão do navio, Antônio. Aliás, acredita-se que Shakespeare tenha representado esse papel.

Os que não conhecem Sebastian, ao vê-lo, pensam que ele é a sua irmã gêmea, que está se fazendo passar por Cesário. O mesmo pensa Olívia, que logo se apaixona por ele. Novamente está pronta mais uma das armadilhas de Shakespeare: a do amor à primeira vista. Olívia convence Sebastian a se casar com ela, para alegria dele e desespero de Orsino. Porém, como se trata de uma comédia rósea, a verdadeira identidade de Viola é revelada, e ela e seu irmão gêmeo se reencontram. O duque compreende que, na verdade, é a Viola que ele ama. E se casam.

Quando se trata de encenar a peça, os atores não querem saber de nenhum outro papel e se voltam, fascinados, para Malvólio, cobiçado personagem que constitui o suprassumo do ridículo. Mas quem é ele? Malvólio critica e persegue impiedosamente os boêmios, puritano que é. Persegue-os tanto que a vingança anedótica é mais do que justificada.

Sir Toby Belch, Sir Andrew Aguecheek e Maria deixam uma carta caída no jardim, supostamente escrita por Olívia, por onde sabem que Malvólio vai passar. Tal subterfúgio lembra as intrigas usadas para enredar Beatrice e Benedito, em *Muito barulho por nada*. É válido registrar que as referências às peças *As alegres comadres de Windsor* e *Muito barulho por nada* só são plausíveis se forem considerados os anos entre 1597 e 1601 como os de sua criação.

A carta falsa é uma obra-prima, e Malvólio, sem se dar conta de que está sendo vigiado – outro recurso constante do dramaturgo –, apanha-a e começa a lê-la:

> Juno sabe que eu adoro,
> mas a quem? Lábios, calem-se.
> Homem nenhum deve saber.
> E depois?
> "Homem nenhum deve saber."
> E se fores tu, Malvólio?
> [...]
> A quem amo posso comandar.
> Mas o silêncio, como faca afiada,
> meu coração despedaça. M. O. A. I. A minha vida muda.
> [...]
> "M. O. A. I. a minha vida muda." Um momento.
> Antes, vamos ver, vamos ver, vamos ver.
> [...]

A quem amo posso comandar. Ora, ela pode me comandar. Eu a sirvo. É a minha senhora. Ora, isto é claro para qualquer inteligência normal. Não há nada de complicado aqui. E, ao final, o que pode significar esta ordenação alfabética? Se eu pudesse fazê-la assemelhar-se a qualquer coisa em mim! Calma! "M. O. A. I."
[...]
M – Malvólio. Ora, M é a primeira letra do meu nome.
[...]
M – Mas aí, depois, não há consonância na sequência. Não resiste a uma análise detalhada. O A deveria seguir-se. Mas vem um O.
[...]
E em seguida surge um I.
[...]
M. O. A. I. – Esta dissimulação não é como a anterior. Entretanto, se eu forçar um pouco, se curvaria para mim, pois cada uma dessas letras se encontra no meu nome. Calma! Segue-se um trecho em prosa.
Se isto cair em tuas mãos, reflete. Minha estrela colocou-me acima de ti, mas não tenhas receio da grandeza. Alguns nascem grandes, alguns alcançam a grandeza, a alguns a grandeza é atirada.
Teus fados abrirão as mãos. Deixa que teu sangue e teu espírito os abracem. E para acostumar-te ao que provavelmente serás, despoja tua pele de humildade e aparece, renovado. Enfrenta a um parente, seja rude com os criados. Que em tua língua ressoem as questões de estado. Coloca-te na trilha da singularidade. Quem assim te aconselha é quem suspira por ti.
Lembra-te de quem te elogiou as meias amarelas e desejou sempre ver-te com as ligas entrelaçadas? Digo-te, lembra-te.
Segue em frente! Estás feito, se assim o desejares. Se não, que eu ainda veja-te sempre empregado, companheiro de criados, indigno do toque dos dedos da Fortuna. Adeus. Aquela que gostaria de trocar de posição contigo.
A Venturosa Infeliz.
A luz e o céu aberto não são mais reveladores. Isto é óbvio!
Serei orgulhoso! Lerei autores políticos! Vou humilhar Sir Toby! Vou humilhar conhecidos de classes inferiores. Tudo farei para ser o homem certo.
Não estou me deixando enganar. Deixar-me levar pela imaginação. Pois toda razão me incita à coisa certa.
Ainda recentemente ela elogiou-me as meias amarelas e elogiou minhas pernas com as ligas em cruz. Nesta carta ela se manifesta ao meu amor, e com insinuações bondosas me encaminha para os hábitos de que gosta.
Agradeço às minhas estrelas! Eu sou feliz!
Serei estranho, altaneiro, com meias amarelas e ligas entrecruzadas, tão rápido quanto possa vesti-las.
Que Júpiter e os astros sejam louvados.

Ainda há um *post-scriptum*:
Não podes deixar de reconhecer aquela que eu sou. Se aceitas meu amor, que isto se revele em seu sorriso. Teu sorriso te vai muito bem. Por isso, em minha presença, sorri sempre, meu doce, meu caro, eu te imploro.
Júpiter, obrigado! Eu sorrirei. Farei tudo que quiseres.
(Ato II, cena 5)

O resultado é que o crédulo Malvólio faz tudo o que a carta pede e seu comportamento é tão alarmante para aquele homem normalmente pudico, puritano, mal-humorado, que ele acaba preso, jogado num quarto escuro onde é tratado como louco pelos vingativos gozadores que, assim, recebem as compensações pelas humilhações a que Malvólio os submetera. O personagem se retira jurando uma retribuição que não ocorre porque, como Feste anuncia, a peça acabou.

No entanto, apesar de toda a sua antipatia e presunção, Malvólio ainda se constitui em um personagem de que não se pode relembrar sem um sorriso – do público, que fique claro, já que ele não sabia sorrir. Malvólio é um dos anti-heróis mais queridos do público. Seu nome diz tudo: "malquerer".

A origem inspiradora de *Noite de Reis* foi a mesma de *Como quiseres*: o romance *Rosalynde* de Thomas Lodge. A trama central, contudo, teve sua origem em uma comédia italiana montada por um grupo amador em Siena, os Academici Intronati. A peça, de autoria de Niccolò Secchi, um grande sucesso em toda a Europa, intitula-se *Gl'inganatti* (1531) e foi imitada em outra peça, *Gl'inganni*.

É provável que Shakespeare conhecesse as duas. Alfred Leslie Rowse tenta seguir os passos do dramaturgo inglês e comenta que "não seria difícil para este homem inteligente, com base no latim, não aprender suficiente italiano". Shakespeare sempre usava a espinha dorsal de uma trama e fazia alterações que, invariavelmente, a tornavam mais rica. Mas é possível que tenha encontrado o título numa passagem da introdução: "A história é nova, nunca vista nem assistida..." com menção a *"notte di Beffana"*, que, para os italianos, equivale à décima segunda noite depois do Natal; ela dá origem à *"twelfth night"* dos ingleses ou à Noite de Reis, comemorada em 5 de janeiro pelos cristãos. Diz a lenda italiana que os três magos convidaram uma "bruxa boa" – a "Beffana" – para ir com eles a Belém, entretanto ela se atrasou. Chegou depois dos reis, com os presentes. Daí, na Itália, é chamada *"notte di Beffana"* – a noite da troca de presentes natalinos. Shakespeare usou o nome italiano, traduzindo-o para *Twelfth Night*.

Shakespeare deve ter recebido a sugestão de apresentá-la para a rainha na Noite de Reis de 1601, quando Elisabete I tinha como convidado o jovem Judas Orsino, duque de Bracciano.

Há uma curiosa anotação de um estudante de direito chamado John Manningham (morto em 1622), datada de 2 de fevereiro de 1602, que revela que a peça deve ter sido escrita pouco antes do fim do ano anterior. Ela fora apresentada no Middle Temple Hall – uma associação jurídica que ainda existe em Londres. Manningham, que parecia gostar – e conhecer bem – de teatro, escreveu: "Na nossa festa tivemos uma peça chamada *Noite de Reis*, muito como *A comédia dos erros* ou a *Menaechmi* de Plauto, bastante parecida e próxima de uma peça italiana chamada *Inganni*."

O amor escorre pela peça, das cenas de Orsino com Olívia para as de Olívia com Viola/Cesário, para os momentos absurdos de Malvólio com Olívia. Muito mais do que ocorre em *Sonho de uma noite de verão*, a confusão de sentimentos em *Noite de Reis* é de tal ordem que Harold Bloom chega a dizer que, em Ilíria, todos são loucos. Salva-se apenas Feste, o mais sábio dos *fools*.

Em relação ao duque, o exagero é total, exemplificado pela confissão a Viola/Cesário do seu amor por Olívia:

> Nenhum seio de mulher suportaria
> os batimentos de uma paixão tão grande,
> como os que o amor me deu ao coração.
> Nenhuma mulher teria um tão grande
> para conter tanto. Nenhum é assim imenso.
> Ai, que seu amor pode chamar-se apetite.
> O que nos emociona não é só o fígado
> mas o palato, sujeito à saciedade,
> a repulsa e à revolta. Mas meu amor
> é esfaimado como o mar
> e devora tanto quanto ele. Não há
> comparação entre o amor que uma mulher
> tenha por mim e o que sinto por Olívia.
> (Ato II, cena 4)

Há uma cena, das mais lindas e delicadas que o dramaturgo escreveu, entre Olívia e Cesário. Ela está enamorada por ele e ele – que na verdade é Viola – não pode revelar quem realmente é:

> OLÍVIA: Fica.
> Peço, digas o que pensas de mim.
> VIOLA: Que pensas ser aquilo que não és.
> OLÍVIA: Se eu penso assim, eu penso igual de ti.
> VIOLA: Pensas bem, que eu não sou o que sou.
> OLÍVIA: Queria que fosses o que eu queria.

VIOLA: Seria melhor, senhor, do que sou?
Bem que podia, que agora eu sou um bobo.
OLÍVIA: Como o desprezo parece cair bem
no desprezo irritado dos teus lábios.
O remorso do assassino não se trai
mais rápido que o amor a esconder.
A noite do amor é o meio-dia.
Pela flor da primavera, Cesário,
pela virgindade, honra, verdade e tudo mais,
eu te amo tanto que nem orgulho
inteligente e razão vão esconder.
Não faças do que eu digo um pretexto
para me afastar, não tens motivo;
mas pensa com o melhor do pensamento.
O amor implorado é doce o oferecido
mais doce ainda.
VIOLA: Por minha inocência,
pela juventude, tenho um coração,
um peito, uma verdade como mulher
nenhuma tem. E nenhuma além de mim
a possuirá, a não ser eu. Portanto,
adeus, cara senhora. Não me virei
jogar aos vossos pés choros alheios.
OLÍVIA: Volta assim mesmo. Quem sabe vai poder
tornar o seu amor mais agradável
ao coração que agora o abomina.
(Ato III, cena 1)

Noite de Reis, a mais encantadora das comédias alegres, marca o fim de uma evolução do autor, devida talvez à sua reação diante do problema do conde de Essex e da prisão de Southampton, ambos seus amigos.

Há um toque de desencanto nessa peça. Shakespeare nunca mais voltaria a escrever com igual leveza e singeleza. As próximas comédias são dramáticas, com um toque de seriedade. Estava aberto o caminho para as grandes tragédias que se seguiriam a *Hamlet*. Mas a verdade é que, se fosse preciso estabelecer uma hierarquia de nobreza para as comédias, *Noite de Reis* seria, decerto, a rainha.

E de tudo o que foi dito e relembrado, contado e descoberto sobre o dramaturgo inglês, não é possível esquecer que a verdade de Feste seria também a dele, quando escreveu: "E tentaremos agradá-los todo dia" (ato V, cena 1).

8. *Os homens que foram Shakespeare*

Por mais inacreditável que possa parecer, há quem defenda teorias totalmente infundadas a respeito da veracidade da existência de Shakespeare. Não que advoguem que não teria havido um homem chamado Shakespeare. Houve, mas não seria esse personagem que nasceu e morreu em Stratford-on-Avon em 1616.

É fato que esse homem existiu. Porém ele pode ter sido muitos outros que viveram na mesma época. Nesta obra, procuramos lembrar os "candidatos" ao Shakespeare dramaturgo. Esta peregrinação detetivesca promete surpresas e, em alguns momentos, saborosas gargalhadas.

As comprovações de sua existência começam pelo registro de batismo, na igreja da Santíssima Trindade de Stratford-upon-Avon, no qual é possível ler "1564, abril 24 – *Guglielmo filius Johannes Shakspere*". A grafia, sem dúvida, está errada, mas os elisabetanos não davam muita atenção a isso.

Nessa mesma igreja, 52 anos depois, foi enterrado o já então renomado dramaturgo William Shakespeare. Na época, ela era um pouco diferente: a torre octogonal sobre a base quadrada que se erguia acima do altar principal – no fundo da nave central – só seria construída no século XVIII. Mas o interior da igreja era o mesmo. Ao seu redor, lá fora, tudo parecia não se alterar com o decorrer das décadas e dos séculos: a serenidade dos olmos e das tílias que a ladeavam e o cemitério intocado, no terreno adjacente à nave principal. Mais adiante, uma área vazia, enfeitada com um círculo de choupos, marca o local onde foi erguido o pavilhão para comemorar, em 1864, três séculos do nascimento de Shakespeare.

Essa cidade pequenina vive da memória de Shakespeare e é, com toda justeza, dedicada a ele. Nela tudo se refere, diz respeito, lembra e celebra seu filho mais importante. Não importa onde o rio Avon nasça e onde vai desaguar; o que interessa é que o rio de Stratford é o rio de Shakespeare. As águas do rio, sereno e estreito, deslizam tão lentamente que parecem paradas e os cisnes reais (porque na Inglaterra, por uma tradição milenar, os cisnes pertencem à Coroa) ficam praticamente imóveis. Mas o rio escorre e passa no fundo da igreja, ladeando o cemitério e banhando a lateral do Teatro Memorial de Shakespeare (Stratford's Shakespeare Memorial Theatre). Construído em 1932, seis anos depois de o primeiro teatro, que era caracteristicamente vitoriano, ter sido destruído por um incêndio, o memorial abriga o museu e a biblioteca shakespearianos.

A ideia de celebrar Shakespeare em sua cidade foi do ator David Garrick (1717-1779), grande intérprete das suas peças, em 1760. Porém, só um século mais tarde seria encenada pela primeira vez uma das suas peças no seu aniversário de morte, 23 de abril. Desde então, a cidade é sede de um festival anual, iniciado, seguindo a tradição, nessa data.

O primeiro teatro foi edificado em sólido e hediondo estilo vitoriano, com um corpo central circular que lembra os originais teatros londrinos do século XVI, com uma torre imponente muito mais alta do que o telhado circular pontiagudo, encimado por uma espira. Foi de E. F. Flower, dono de uma fábrica de cerveja e importante personalidade da cidade, a ideia de erguê-lo. Construído em 1879 com o apoio financeiro de seu filho, Charles Edward Flower (1830-1892), custou cerca de 20 mil libras e foi inaugurado no marcante dia 23 de abril.

No dia 6 de março de 1926, o Memorial Theatre foi destruído por um incêndio – por ironia do destino, o mesmo fim que tivera o Globe, o teatro da companhia de Shakespeare em Londres, em 1613. Entre 1926 e 1932, o festival foi realizado em um cinema local.

Durante as três primeiras décadas de existência, o teatro viveu sob a gloriosa inspiração do ator Frank Benson (1858-1939). Ele foi importantíssimo para a preservação da memória "ativa" de Shakespeare, por meio da montagem de suas peças, que mantiveram o escritor vivo onde deveria estar, no palco, e não apenas nas bibliotecas e nas escrivaninhas dos estudiosos. Nascido 294 anos depois de Shakespeare, era ator e empresário, como tantos outros que ainda seguem essas carreiras na Inglaterra. Sobrinho do arcebispo Benson, foi educado em Winchester e em Oxford, onde se tornou membro proeminente da Oxford University Dramatic Society (OUDS), associação que existe até hoje.

Benson atuou pela primeira vez aos 24 anos, na companhia de Henry Irving (1838-1905), um dos maiores atores do seu tempo, renomado por suas interpretações das peças de Shakespeare. Aos 25 anos, fundou a própria companhia, que também passou a encenar todas as peças do dramaturgo de Stratford-upon-Avon, com exceção de duas: *Troilo e Créssida* e *Tito Andrônico*. Ambas eram consideradas "peças problemáticas", de encenação extremamente difícil, não tanto pela montagem, e sim pela compreensão e aceitação do público, pelo menos naquele final da era vitoriana. O rei Jorge V decidiu outorgar-lhe o título de *sir* por ocasião de uma temporada que Benson ia fazer no mais antigo teatro da capital inglesa, o Drury Lane (que ainda existe). Esse ato foi realizado em uma cerimônia chamada *accolade*, que, no caso de Benson, transcorreu no camarote real do próprio teatro. Ele foi o único ator a receber tal homenagem em um teatro. Mas houve um incidente inesperado e curioso durante o evento. Descobriu-se que não havia nenhuma espada para que o soberano, empunhando-a, tocasse a ponta da lâmina em cada ombro do agraciado. Felizmente, um dos militares em serviço cedeu a sua e a sagração pôde ter o seu lugar, mesmo que à custa de um empréstimo.

Benson teve seu nome ligado a Stratford por muitos anos. Recebeu o título de cidadão honorário da cidade e também atuou como diretor-geral do Memorial Theatre e curador do museu instalado na casa em que Shakespeare nasceu.

Frank Benson treinou inúmeros atores e atrizes, que se orgulhavam de ser chamados de "velhos bensonianos". Alguns anos antes de morrer, ele recebeu uma pensão especial por serviços prestados ao teatro, em 1933. Após sua morte, o Stratford's Shakespeare Memorial Theatre e o Stratford-on-Avon Festival passaram a ser dirigidos pelo cenógrafo e pesquisador teatral William Bridges-Adams (1889-1965).

Benson teve a satisfação de ver o novo Memorial Theatre ser inaugurado em 1932 com uma apresentação das duas partes de *Henrique IV*. O teatro foi reconstruído com financiamento de outro membro da família Flower, Sir Archibald, que contou com vultosas contribuições de milionários norte-americanos.

Esse memorial é apenas uma das casas de Shakespeare na região. Há, além desta, aquela em que ele nasceu – mobiliada no estilo das casas das famílias remediadas da época; o *cottage* de Anne Hathaway, com quem ele se casou em 1582, e os alicerces de New Place, destruída em 1759, onde viveu depois de voltar para Stratford, três anos antes de morrer. Mas há ainda outros locais que abrigam histórias do dramaturgo: a casa de John Hall e Judith – sua filha caçula; a escola primária (*grammar school*) onde estudou e a casa de sua mãe, Mary Arden, em Wilmcote. Quase todas estão bem preservadas, como se não tivessem sido tocadas pela passagem de mais de quatro séculos.

Shakespeare foi sepultado na Trinity Church, à esquerda do altar-mor. Incrustado na parede de pedra, há um monumento esculpido pelo anglo-flamengo

Gerard Janseen. Trata-se de um nicho ovalado, ladeado por duas colunas, encimado por um portal; nele, entre dois pequenos anjos sentados, vê-se o brasão da família de Shakespeare. Sobre o nicho, a efígie aterradora de uma caveira. Em seu interior está o conhecido busto de Shakespeare: um homem de meia-idade, bem-posto e bem tratado, empunhando uma pena com a mão direita, sugerindo que o poeta dramaturgo continua escrevendo. E, abaixo dele, estão gravadas as palavras que Shakespeare teria escrito como epitáfio:

> Meu amigo, em nome de Jesus, deixa de lado
> Tua intenção de tocar no pó aqui enterrado.
> Abençoado quem nestas pedras não mexer
> Maldito seja aquele que meus ossos remover.

O escritor francês Alexandre Dumas (1824-1895) sugeriu que "hoje em dia nada faz tanto sucesso como Shakespeare", afirmação que suscita esta questão: "Qual dos Shakespeare?"

Com efeito, Shakespeare existiu e era apenas um homem. Toda e qualquer dúvida ou insinuação contrária soa absurda e não merece ser levada em consideração. São muitas as hipóteses igualmente tolas, como a de que pode ter existido um homem chamado Shakespeare, mas talvez não tenha sido ele o autor das peças e dos sonetos que lhe são atribuídos. Mais absurdo ainda, há os que advogam que Shakespeare *não foi* Shakespeare.

Em meados do século XVIII, o reverendo James Wilmot (1726-1807), que morava em um vilarejo a cerca de vinte quilômetros ao sul de Stratford, ficou intrigado com a vida de Shakespeare e começou a pesquisá-la. Muitas questões precisavam ser respondidas: como podia o dramaturgo ser recebido como amigo e igual por pessoas de cultura e educação, os únicos que, pelo seu convívio, podiam compensar as deficiências da sua juventude? Além do mais, onde estavam os livros que haviam pertencido a ele? As cartas que escrevera? Talvez não houvesse nenhuma dirigida à mulher porque ela não soubesse ler, algo de que não se tem confirmação. Por que nenhum dos seus manuscritos foi encontrado? E como é possível que em Stratford não houvesse ninguém que o conhecera? De mais a mais, como poderia aquele homem – que nunca entrara numa universidade – escrever peças de tamanha grandeza e com tão profundo conhecimento da alma, que estudava e analisava o ser humano e os dilemas de seu universo, desde a Antiguidade – nas que têm Roma ou Grécia como cenário – até as de sua época – as oito a respeito da Guerra das Rosas?

Aquele escritor tinha de ser um erudito, um humanista, conhecedor de línguas e da Bíblia, ter noções de astronomia, medicina, alquimia, artes militares, artilharia, apicultura, retórica, lógica, dialética, música, dança e filosofia – enfim, precisava conhecer uma vasta gama do pensamento humano, o que, segundo seus detratores, Shakespeare não conhecia.

Shakespeare como Francis Bacon

Para alguns estudiosos, havia um contemporâneo de Shakespeare capaz de conhecer tantas áreas: Sir Francis Bacon (1561-1626). Seu irmão, Anthony Bacon (1558-1601), morara durante algum tempo na corte francesa e de lá escrevia cartas para Sir Francis. Seus interesses literários e conhecimento de leis e o fato de ter sido Lord Chamberlain no reinado de James I levaram alguns a cogitar se Bacon não poderia ser o autor das obras atribuídas a Shakespeare. Esta é a base da teoria baconiana. Além do mais, sua família sempre foi muito próxima à realeza e não ficava bem para uma personalidade de tão elevada estirpe escrever e encenar peças como se fosse um reles dramaturgo.

O reverendo Wilmot não publicou nada referente às suas suspeitas, já que o turismo estava começando a florescer em Stratford e, de acordo com o pesquisador Ian Wilson, ele não queria pôr em risco possíveis lucros de amigos e vizinhos.

A origem das dúvidas sobre a autoria das peças atribuídas a Shakespeare pode ter começado quando Robert Lawrence, em 1769, sugeriu que o dramaturgo não podia ter escrito peça nenhuma. Ele, felizmente, não se aventurou a afirmar que fosse Bacon o verdadeiro autor. De qualquer maneira, a semente plantada por Lawrence iria angariar seguidores.

Quase oito décadas depois, o escritor norte-americano Joseph Coleman Hart (1798-1855) também duvidou da autoria das peças de Shakespeare, em seu *The Romance of Yatching* (publicado em 1848) e em um artigo publicado no *Chamber's Journal*, em 1852.

A sugestão de que o autor seria Bacon partiu de um livreiro inglês chamado William Henry Smith (1825-1891), em 1857. A teoria tomou corpo e adquiriu proporções dignas de nota porque respondia a uma pergunta que muitos se faziam: se Shakespeare não era o autor das peças a ele atribuídas, quem seria?

Em janeiro de 1856, a dramaturga norte-americana Delia Bacon (1811--1859) publicou um artigo no *Putnam Monthly* intitulado "William Shakespeare and his Plays: an Inquiry Concerning Them", no qual fazia uma alerta sobre a paternidade das peças. Delia deixara de lado sua carreira como conferencista nos Estados Unidos e partira para a Inglaterra. Durante três anos, pesquisou a vida e as obras de Shakespeare. Em 1857, foi publicada sua obra definitiva: *The Philosophy of the Plays of Shakespeare Unfolded*. Ela concluiu que Shakespeare não passava de "um ator de terceira categoria, estúpido e ignorante" que trabalhava com um "grupo de atores imundos e desclassificados".

Absurda ou não, a hipótese de Shakespeare não ter existido ou de não ter sido o dramatrugo que foi sobreviveu, e hoje a Francis Bacon Society – nome oficial do grupo dos defensores da teoria baconiana – continua em plena atividade e conta com alguns membros de renome no mundo teatral, como os atores ingleses Michael York (1942-) – que interpretou Lucêncio em *A megera domada* e Teobaldo em *Romeu e Julieta*, ambos dirigidos por Franco Zefirelli – e Derek Jacobi (1938-), que não afirma publicamente ser baconiano.

Os baconianos alegam que existe uma obra teatral escrita, seguramente, por Sir Francis Bacon. Trata-se da mascarada *The Conference of Pleasure* (1592). Os trechos de poesia são fraquíssimos e é difícil acreditar que pertençam à mesma época em que Shakespeare estava escrevendo *Romeu e Julieta* e *Trabalhos de amor perdidos* – é gritante a diferença entre elas.

A mascarada (em inglês, *masque*) tornou-se um gênero muito popular a partir do reinado de James I (1603). Surgiu como uma forma de entretenimento da corte italiana, no período renascentista. Os atores mascarados interpretavam peças curtas sobre figuras mitológicas, quase sempre durante banquetes, e frequentemente membros da corte – inclusive mulheres e crianças – participavam das apresentações. Os atores se misturavam aos espectadores e os convidavam para dançar – não raro, oferecendo-lhes pequenas lembranças.

Bacon morreu dez anos depois de Shakespeare. Nesse período, teria a fonte de inspiração secado? Ou Bacon não podia mais acrescentar novas peças à sua já "extensa lista"? Não teria sido possível encontrar "outro autor" que assumisse o posto, com "outro nome", evidentemente?

Os defensores norte-americanos de Bacon continuaram a proliferar. Nathaniel Holmes, juiz da Suprema Corte do Missouri, publicou, em 1866, dois volumes sobre o assunto, intitulados *The Authorship of Shakespeare*. Os livros se transformaram em verdadeiros *best-sellers*: tiverem quatro edições em dois anos!

Em 1888, Ignatius Loyola Donnelly (1831-1901), congressista por Minnesota, propôs o método criptográfico em seu *The Great Cryptogram*. Ele tem sido usado com mais frequência desde então para apoiar a teoria baconiana. Usos podem levar a absurdos. Sir Edwin Durning-Lawrence (1837-1914) descobriu na palavra "Honorificabilitudinitatibus" – uma invenção brincalhona de Costard, na primeira cena do quinto ato de *Trabalhos de amor perdidos* – um suposto anagrama em latim ("Hi ludi F. Baconi nati tuiti orbi"), cujo significado seria: "Estas peças, rebentos de F. Bacon, estão preservadas para o mundo."

Um grupo de estudiosos do teatro elisabetano e jacobiano, período que se seguiu imediatamente ao reinado de Elisabete I, chegou à conclusão de que as alegações baconianas eram fragmentárias e inconcludentes. Na verdade, os pesquisadores modernos fizeram de Shakespeare uma figura bem mais sólida do que fora no século XIX.

Vale destacar que, enquanto Shakespeare viveu, o *Stationer's Register* era o livro no qual se registravam todas as peças liberadas para apresentação, por ordem do governo, as quais, depois, poderiam ser impressas. Não é um registro infalível em todos os aspectos, tampouco se pode dizer que a atribuição de autoria das peças nele presentes esteja errada.

Caso Shakespeare tenha contado com colaboradores em algumas peças, é bastante provável que um deles tenha sido John Fletcher, quinze anos mais moço e também parceiro de Francis Beaumont, cuja morte, aliás, ocorreu no mesmo ano que a de Shakespeare. Acredita-se que Fletcher tenha colaborado com Shakespeare em duas peças – *Dois parentes nobres*, publicada em 1634, e *Henrique VIII*, de 1613. Para muitos estudiosos, a primeira não recebeu a colaboração de Shakespeare, mas Harold Bloom a inclui na lista.

Shakespeare como Christopher Marlowe

Outro nome que aparece como candidato à paternidade das peças é Christopher Marlowe, que já havia sido nomeado um dos possíveis colaboradores de Shakespeare nas suas primeiras tentativas dramáticas.

Eles foram batizados no mesmo ano: Marlowe em fevereiro e Shakespeare em abril de 1564. Morreu jovem, aos 29 anos, e deve ter convivido tanto com nobres e intelectuais como com gente da mais baixa classe. Baderneiro dissoluto e libidinoso e filho de pais abastados, estudou e se formou em Cambridge. Robert Greene reprovava seu ateísmo, sua boca suja e sua língua solta. O dramaturgo Henry Chettle (*c.* 1564-*c.* 1607) dizia que Marlowe era uma pessoa que "não se importava com quem privasse". Para ele, os ricos e famosos eram iguais aos delinquentes beberrões.

Como diria o próprio Shakespeare, em seu *Hamlet*, isso não podia acabar. Basta lembrar que a versão comumente aceita para a sua morte é a briga entre bêbados em que se metera. Mas houve quem foi além e criou ao redor do seu destino algo digno dos intrigantes romances de Ian Fleming (1908-1964) e John le Carré (1931-). O autor dessa misteriosa dedução é o escritor norte-americano Calvin Hoffman (1914-1987), que publicou, em 1955, um livro intitulado *The Murder of the Man Who Was Shakespeare* [O assassinato do homem que era Shakespeare], que não deixa de ser leitura fascinante.

Para Hoffman, a morte de Marlowe teria sido forjada e o principal motivo era ele estar envolvido em sérias intrigas políticas. Ele havia trabalhado para Francis Walsingham (1532-1590), chefe do serviço de espionagem de Elisabete I, e agora era patrocinado por seu sobrinho, Sir Thomas Walsingham (1561--1630). Marlowe, o dramaturgo, não o "agente secreto", estava sendo acusado de heresia, considerada crime gravíssimo, e deveria se apresentar para julgamento. Morreu antes, ou, conforme afirma Calvin Hoffman, fizeram-no passar por morto.

Teria sido tudo planejado: o corpo enterrado era de um desconhecido, e Marlowe fugiu para a Itália, onde permaneceu até morrer. De lá, mandava as peças completas para Londres, prontas para serem encenadas, usando o pseudônimo Shakespeare. Como tudo fora mantido em segredo, só Deus e o sr. Hoffman sabiam quem fazia os textos chegarem a Londres.

Outra versão, ainda mais dramática, afirma que ele foi levado de volta para a Inglaterra, clandestinamente, e passou seus vinte anos restantes de vida enclausurado em Chislehurst – distrito no sudeste de Londres onde ficava a mansão de Walsingham. E lá continuou produzindo outros textos dramáticos.

Há ainda os que afirmam que Marlowe colaborou com Shakespeare, no início de sua carreira, em pelo menos três peças – *Henrique VI*, *Ricardo II* e *Tito Andrônico*, todas anteriores à data da morte de Marlowe, obviamente. De qualquer maneira, eles deviam se conhecer. Era impossível que, com a mesma idade, envolvidos com teatro, trabalhando a pouca distância um do outro, não se conhecessem.

No filme *Shakespeare apaixonado*, em que o protagonista foi interpretado por Joseph Fiennes e Marlowe por Rupert Everett, há inúmeras liberdades poéticas – como quando, ao representarem a peça *Romeu e Julieta*, a protagonista ter sido interpretada por uma mulher, que todos na companhia julgavam ser um rapaz. Isso era impossível, ainda mais na presença da rainha Elisabete I, que jamais frequentaria um daqueles teatros públicos.

Marlowe também aparece no filme. Tem poucas falas, que revelam seu temperamento violento e os ambientes pouco ortodoxos que costumava frequentar. Amigo de Shakespeare, por engano é assassinado em seu lugar. Um nobre, por ciúme, para se vingar de Shakespeare, providencia para que o matem, mas Marlowe é tomado por ele e morto em seu lugar. Trata-se de grande licença poética, mas cumpre o dever histórico de matar Marlowe e dar um toque dramático ao filme.

Tanto Calvin Hoffman insistiu, que até a imprensa se envolveu. Ele tinha certeza de que, se abrissem o túmulo de Walsingham, o mistério estaria solucionado: seriam encontradas as provas para consolidar a sua teoria. O túmulo foi aberto, mas estava vazio, ou melhor, tinha apenas areia.

Shakespeare como Roger Manners

Os baconianos não ficaram solitários na questão da busca da paternidade das peças de Shakespeare. Um dos sugeridos para exercer tal papel foi o conde de Rutland, Roger Manners (1576-1612).

O professor belga Célestin Demblon (1859-1924) publicou em 1912 um livro intitulado *Lord Rutland est Shakespeare*. Demblon encontrou no velho livro de despesas do castelo de Belvoir, no condado de Leicester, uma anotação feita em 1613, logo após a morte de Roger Manners, o quinto conde de Rutland. Segundo a anotação, foram pagos a "Master" Shakespeare e seu colega, o ator Richard Burbage, "22 s." para cada um, por terem feito um escudo para ser usado pelo sexto conde nas celebrações do décimo ano do reinado de James I.

O professor Demblon concluiu que Shakespeare estava trabalhando para os condes de Rutland, o que é bem estranho, já que ele parou de escrever por volta de 1613, precisamente na época da morte do quinto conde – três anos antes do próprio Shakespeare.

Que elementos havia na vida de Rutland para alertar o professor Demblon e levantar tamanha suspeita? Shakespeare era amigo de Southampton, a quem dedicara "Vênus e Adônis" e os seus *Sonetos*. Em 1569, Rutland fora a Veneza, Verona e Pádua, cidades onde Shakespeare situou algumas peças. Na Universidade de Pádua, Célestin Demblon descobriu registrados dois nomes de estudantes dinamarqueses, Rosencrantz e Guildenstem, personagens que aparecem em *Hamlet*, embora seja preciso observar que tais nomes eram bastante comuns na Dinamarca na época. Em 1603, Rutland visitou a corte daquele país por ocasião da entrega da Ordem da Jarreteira para o rei Cristiano V, o que justificaria as diferenças de tamanho e conteúdo das duas versões de *Hamlet*, publicadas antes e depois de 1603.

Shakespeare como William Stanley

Outro forte representante da linha aristocrata é William Stanley (1561-1642), sexto conde de Derby, alvo dos trinta anos de pesquisa do professor Maurice Jules Abel Lefranc (1863-1952), do Collège de France. Ele escreveu duas importantes obras sobre o assunto: *Sous le Masque de William Shakespeare* [Sob a máscara de Shakespeare], de 1918, e *À la découverte de Shakespeare* [Em busca de Shakespeare], cujo primeiro volume foi lançado em 1945 e o segundo, em 1950.

Ele aponta uma grave falha nos argumentos a favor de Bacon e de Rutland, já que o soneto 135 explica claramente que o prenome do poeta não era Francis, nem Roger, e sim Will.

Esse soneto é um dos mais difíceis e enganosos para traduzir, porque a palavra "Will" é usada várias vezes. Will é, como se sabe, abreviação de William. Significa, ainda, "vontade" ou "desejo" — como intenção de fazer alguma coisa — e indica também algo a fazer no futuro. Na tradução francesa do soneto, de Jean Fuzier, ele usa a palavra *désir* (desejo). Já na tradução espanhola, de Luis Astrana Marín (1889-1959), empregam-se a palavra *voluntad* e, quando o poeta se refere a ele mesmo, a abreviação Will.

O que chamou a atenção do professor Abel Lefranc foi uma carta que o pesquisador James H. Greenstreet encontrou no Departamento dos Registros Públicos de Londres. De acordo com Ian Wilson, em seu *Shakespeare: the Evidence* (1994), a carta, até então desconhecida, foi escrita em 1599 por George Fenner — agente secreto jesuíta. Mas há quem diga que o jesuíta era na verdade Robert Parsons (1546-1610) — ou Persons –, que recrutava conspiradores entre os nobres católicos para derrubar Elisabete I. A carta foi descoberta por Greenstreet e publicada no periódico *The Genealogist*, em 1891. O jesuíta Fenner — ou Parsons — observou que não se podia esperar que o conde de Derby tomasse parte na conspiração porque ele estava muito ocupado "escrevendo comédias para atores dos teatros públicos".

Foi essa frase do jesuíta que deu origem à candidatura de Derby como o verdadeiro Shakespeare, o que é bastante curioso, já que Sir William Stanley é um dos personagens da terceira parte de *Henrique VI*. Ele teria se incluído na peça? É preciso lembrar também que *Sonho de uma noite de verão* foi escrita para o casamento do mesmo William Stanley com Elizabeth de Vere, filha do conde de Oxford. E o personagem Malvólio — de *Noite de Reis* — seria o próprio intendente da família Stanley.

Para Lefranc, foi tudo uma revelação. Um aristocrata no círculo que parecia familiar a Shakespeare escrevendo teatro? E as iniciais W. S.? Quanto revelavam? Nas cartas, ele assinava Will. O ator assinava-se sempre "Wm" ou "Willm".

Stanley viajava muito – estivera na corte de Navarra em 1582 e em 1587, acompanhado de Richard Lloyd, seu tutor, e fora também à Rússia –, o que o ajudaria na formação de repertório para as peças.

Shakespeare como Edward de Vere

Como se não bastasse, ainda há os que acham que as peças não foram escritas por uma única pessoa, e sim por um grupo, por assim dizer, uma sociedade anônima de criação coletiva de altíssima qualidade, com inspiração e vastíssimo conhecimento.

Em 1958, o pesquisador Reginald Charles Churchill publicou um livro intitulado *Shakespeare and his Betters*: a History and Criticism of the Attempts Which Have Been Made to Prove that Shakespeare's Workswere Written by Others [Shakespeare e os seus: a história e a crítica dos que tentaram provar que a obra de Shakespeare foi escrita por outras pessoas], no qual apresenta uma lista de candidatos que ocupa uma página inteira.

Edward de Vere (1550-1604), 17º conde de Oxford e sogro de William Stanley, também já foi cotado como Shakespeare. De Vere nasceu catorze anos antes de Shakespeare e morreu com 54 anos, ou seja, doze anos antes da morte do verdadeiro Shakespeare.

Nascido no coração da aristocracia, o pai de Edward de Vere morreu quando ele tinha apenas doze anos. Um de seus tios maternos traduziu as *Metamorfoses*, de Ovídio, livro que teve grande influência sobre Shakespeare. Edward tornou-se pupilo do barão de Burghley, William Cecil (1521-1598), poderoso homem de Estado e secretário de confiança de Elisabete I. A mãe de Sir Francis Bacon era da família Cecil. De Vere parece ter sido bom soldado, conforme aparece em seu retrato, pintado em 1575. Mas sua reputação foi maculada por alguns fatos bastante graves: atravessou com sua espada o peito de um pasteleiro, na casa de William Cecil, matando-o; brigava muito com a mulher e foi mandado para a prisão por ser pai de uma criança ilegítima.

Seu nome surge ligado ao de Shakespeare por causa do trabalho do professor John Thomas Looney (1870-1944). Ele pesquisou e traçou as características principais da obra de Shakespeare – genialidade, gosto literário, entusiasmo pelo teatro mundial, relações com os Lancaster, gosto por falcões, por música, por esportes e por assuntos relaticionados à Itália, provável simpatia pelos católicos e pela educação aristocrata. Looney buscou uma pessoa que respondesse a todas essas características e encontrou Edward de Vere. O conde escrevera alguns poucos poemas, reconhecidamente sem inspiração. Dos pouco mais de vinte que deixou, todos escritos na juventude, não é percebida força poética ou nada que indique que deles seria possível surgir um bom poeta. Em suma, não há neles nenhuma profundidade, o que o afasta de qualquer grandeza.

De Vere viajou pela França e pela Itália, visitando cidades que Shakespeare não conheceu, mas a respeito das quais escreveu. Assim, fica sempre a pergunta, proposta, na verdade, pelo editor da *Time*, Howard G. Chua-Eoan: e se o autor fosse realmente um nobre cujas origens remontassem aos tempos anteriores aos de Guilherme, o Conquistador, ou seja, antes de 1066? E se, ao contrário do homem de Stratford, ele tivesse o inegável comprovante de uma educação impecável – um diploma da Universidade de Oxford e um sólido aprendizado sobre leis –, que explicaria o conhecimento exibido nas peças históricas? E se fosse um nobre, com brasão que estampasse um leão com as patas estendidas que sacode (*shake*) uma lança (*spear*)?

O professor Roger Stritmatter é o defensor da teoria oxfordiana, ou seja, a que supõe que Shakespeare era, na verdade, Edward de Vere, conde de Oxford. Ele recebeu o título de doutor em literatura comparada em 2000, com um trabalho sobre a Bíblia de Genebra, que pertenceu ao conde e está agora na Folger Shakespeare Library, em Washington.

A Folger Shakespeare Library foi fundada em 1932 e abriga a maior coleção de livros de Shakespeare e de obras históricas relacionadas a ele e ao período elisabetano. No pequeno museu da Folger há luvas e meias compridas, tricotadas em linha finíssima, que pertenceram a Elisabete I, além de livros raros e, num cofre-forte, originais dos fólios e dos quartos do dramaturgo inglês.

Na Bíblia de Edward de Vere há várias palavras sublinhadas, muitas das quais aparecem com destaque nos textos de Shakespeare. Por exemplo, a frase "I am that I am" [Eu sou aquele que é], presente em Êxodo 3, 14, é citada em uma carta dele para o pai. Ela também aparece no soneto 121: "No, I am that I am, and thy that level/ At my abuses reckon up their own."

Em *As alegres comadres de Windsor*, uma fala de Falstaff refere-se a um "weaver's beam" [cilindro de tecedeira], palavras marcadas no exemplar do conde de Oxford (2 Sm 21, 19).

Se, de um lado, os oxfordianos podem citar muitos outros exemplos ligando a Bíblia aos textos de Shakespeare, de outro, os stratfordianos perguntam:

por que Edward de Vere faria tanto segredo? Seria assim tão absurdo um nobre ter seu nome ligado ao mundo do teatro, ainda mais sendo público e notório que ele escrevia poemas? Os oxfordianos respondem: ele não era um nobre como os outros – era o Lord Great Chamberlain, o Grande Lorde Camerlão –, hereditário, e fora, em certa época, um dos favoritos da rainha. Os stratfordianos retrucam: se havia algum segredo, quem poderia provar que Elisabete não sabia a verdade?

É curioso que, a partir de 1586, sem motivo aparente, a rainha começou a dar mil libras por ano ao conde. Poder-se-ia dizer maldosamente que se tratava de pagamento por serviços prestados como um dos favoritos que era. O problema é que a mesma soma continuou a lhe ser concedida depois de James I subir ao trono, em 1603.

O reverendo John Ward, que foi vigário de Stratford a partir de 1662, registrou em seu diário que Shakespeare escrevia "duas peças por ano e em troca disso tinha uma pensão tão vultosa que gastava anualmente cerca de mil libras". Sabe-se que Shakespeare ficou rico fazendo teatro, não como autor, e sim por ser sócio de casas e companhias de teatro. Mas teria tanto dinheiro assim?

Na edição de 15 de fevereiro de 1999 da revista *Time* há um interessante artigo assinado por Howard Chua-Eoan e outros jornalistas, intitulado "The Bard's Beard?". Eles propõem um breve estudo que compara as possíveis semelhanças e as prováveis diferenças entre a vida de Edward de Vere e a de Shakespeare a partir das peças publicadas. Na lista a seguir, são apresentadas tais peças, segundo a cronologia do emérito crítico Harold Bloom, talvez o maior crítico literário contemporâneo:

• *A megera domada* (1593-1594) – Quando esteve na Itália, o conde fez negócios com Baptista Nigrone e Pasquino Sínola. Na peça, o pai de Catarina chama-se Baptista Minola. Shakespeare, em *A megera*, fez uma referência à gramática de latim que era usada na Stratford Free School, onde ele certamente estudou.

• *Trabalhos de amor perdidos* (1594-1595) – Como nobre familiarizado com política exterior, Edward de Vere teria tido conhecimento de um episódio ocorrido em 1578 na corte do rei de Navarra, e que aparentemente teria dado origem a essa comédia. Mas Shakespeare tinha então apenas catorze anos e ainda vivia em Stratford-upon-Avon.

• *Hamlet* (1600-1601) – Como acontece com Hamlet, o conde também foi capturado por piratas. Seu sogro, Lord Burghley, pode ter sido o modelo para o personagem Polônio, pai de Ofélia e de Laertes. Quanto a Shakespeare, é sabido que teve um filho chamado Hamnet (não Hamlet), que morreu com onze anos.

E houve o afogamento de uma moça no rio Avon, que pode ter sugerido para ele a morte de Ofélia.

• *Medida por medida* (1604) – Cláudio é preso por ter engravidado uma moça solteira. Já foi dito que o conde também era pai de uma criança ilegítima, o que igualmente o levou à prisão. Shakespeare também engravidara uma moça solteira, mas, como havia um compromisso de casamento com Anne Hathaway, o fato não teve a menor importância na época.

• *Otelo* (1604), *Cimbeline – Rei da Britânia* (1609-1610), *Conto de inverno* (1609-1610) – O conde se recusou a ver sua esposa leal por mais de cinco anos, depois de ter dado ouvido a intrigas quanto à sua fidelidade. Mais tarde, retratou-se. Nas peças, tanto Otelo como Cimbeline e Leontes recusam-se a reconhecer a lealdade de Desdêmona, da Rainha e de Hermíone, também por terem acreditado em intrigas. Mais tarde, novamente, vão se arrepender. O mesmo tema é desenvolvido nas três peças.

No caso de Shakespeare, nada se sabe sobre detalhes de sua vida matrimonial. É conhecido o respeito com que escrevia sobre o casamento e que, provavelmente, deixava a família em Stratford durante o tempo em que trabalhava em Londres.

• *Rei Lear* (1605) – O conde teve de lidar com a herança de três filhas. Shakespeare só teve duas, Suzana e Judith, e foi bastante generoso com ambas no testamento.

Edward de Vere morreu em 1604, e muitas peças de Shakespeare foram escritas posteriormente – ao todo, oito, mais *Dois parentes nobres*. Para esse conflito de cronologia, os oxfordianos afirmam apenas que tais datas estão erradas.

Mas eles não dão trégua e querem dar ao conde a alma de Shakespeare. Em 1984, o advogado nova-iorquino Charlton Greenwood Ogburn (1911-1998) escreveu *The Mysterious William Shakespeare:* the Myth & the Reality. Outro advogado norte-americano, David Kreeger, promoveu um debate entre os stratfordianos e os oxfordianos na American University Washington D.C., em 1987. E, no ano seguinte, repetiu a façanha em Londres, no Middle Temple Hall. Entretanto, o oxfordiano mais ousado é, sem dúvida, o norte-americano Charles Francis Topham de Vere Beauclerk (1965-), ou simplesmente Lord Burford. Note-se o nome "de Vere": ele é descendente de Edward de Vere, mora em Devon e percorre os Estados Unidos fazendo conferências sobre seu ancestral ilustre. Em 2010, publicou o livro *Shakespeare's Lost Kingdom:* the True History of Shakespeare and Elizabeth, no qual afirma que o conde seria, na verdade, filho ilegítimo de Elisabete I e teria tido com a própria mãe um filho: Henry Wriothesley, conde de Southampton.

No seu livro, Charles Ogburn afirma que "não há prova *nenhuma* de que as peças foram escritas *depois* de 1604". E o conde de Oxford, como provável candidato à autoria, é estudado em mais universidades e colégios do que é possível imaginar. "A teoria está sendo analisada nos Estados Unidos e também na Inglaterra", diz o professor Daniel L. Wright, diretor do Shakespeare Authorship Research Centre, da Concordia University, em Portland. Ele coordena também a Shakespeare Authorship Studies Conference, simpósio acadêmico realizado anualmente, desde 1997. Muitos dos trabalhos apresentados aparecem depois na publicação anual do simpósio: *The Oxfordian*.

São muitos os Shakespeare

Ainda no delírio de encontrar o verdadeiro Shakespeare, houve quem indicasse, como prováveis candidatos, Robert Devereux, o conde de Essex, o favorito que Elisabete mandou executar; Robert Cecil (1563-1612), conde de Salisbury; Sir Walter Raleigh (*c.* 1552-1618), o infeliz herói que foi preso na Torre de Londres em 1603, ao terminar o reinado de Elisabete I, e lá morreu; e Henry Wriothesley, conde de Southampton. E são sugeridos nomes tão absurdos quanto o do rei James I.

Os favoritos merecem aparecer agora, no fim. Em 1986, o oxfordiano Leslie Dressler, da Universidade da Virgínia, entrou em contato com a dra. Lillian Feldman Schwartz, consultora dos laboratórios da AT&T, em Nova Jersey, e pediu a ela que tentasse uma correspondência computadorizada entre o retrato de Shakespeare no *First Folio* e os retratos que conhecemos do conde de Oxford. A consultora nada conseguiu. Algum tempo depois, em visita à National Portrait Gallery, em Londres, ela observou atentamente o retrato de Elisabete I, pintado por George Gower (1540-1596), em 1588. "Eu vi os olhos da rainha me encarando e pensei: 'Meu Deus, é incrível!' Estive trabalhando meses a fio com o retrato e nunca pensei na rainha!"

Para ela, o mistério estava solucionado. O autor das peças não apenas seria uma mulher, mas a própria rainha Elisabete.

E há mais uma teoria quase tão boa: nos anos 1940, o oxfordiano Percy Allen contatou a médium Hesther Dowden, cujo pai era estudioso de Shakespeare. A ideia era evocar os espíritos e encontrar as respostas. Para tanto, Hesther contava com a ajuda do seu guia, Johannes. Depois de várias sessões, ficou estabelecido um elo extraordinário entre o próprio Shakespeare, Francis Bacon e Edward de Vere. Assim, combinava-se o trio perfeito: Shakespeare armava a trama, o conde de Oxford dava forma aos personagens e Francis Bacon sugeria revisões. O além conseguiu um milagre: fundiu três escolas numa só.

Na verdade, não se trata de pensar quem foi Shakespeare. Que ele existiu, não há dúvida. O que interessa, realmente, é o que diz o grande personagem Hamlet: "The play is the thing!" [A peça é a essência]. E quem a escreveu foi um homem chamado Shakespeare.

Sobre os primeiros anos do dramaturgo, antes de ir para Londres, conhece-se mais, mas, depois disso, pouco se sabe de concreto. No entanto, de tudo que foi escrito sobre ele – até aparecer a primeira dúvida em relação à autoria de sua obra –, nunca houve a menor questão quanto a não considerá-lo o dramaturgo que escreveu as peças cuja autoria lhe é atribuída.

9. *Suas tragédias*

Júlio César

Shakespeare escreveu treze peças tendo a Itália como pano de fundo. *Bem está o que bem acaba* divide honras entre a França e Florença. *Otelo* é quase toda passada na ilha de Chipre, mas o ato inicial acontece em Veneza, que, por sua vez, dá título a *O mercador de Veneza*. *Romeu e Julieta* e *Os dois cavalheiros de Verona* têm lugar em Verona, embora em alguns momentos Romeu apareça exilado em Mântua, cidade para onde vai Petrúquio em busca de uma esposa em *A megera domada*. *A comédia dos erros* e *Muito barulho por nada* transcorrem na Sicília, a primeira em Siracusa e a segunda em Messina. Próspero, de *A tempestade*, havia sido duque de Milão. Seu irmão se apossou do poder e o lançou ao mar, à deriva, numa embarcação que foi ter, milagrosamente, numa ilha. Neste caso, a Itália é apenas o local de origem de vários personagens.

Restam as quatro obras denominadas "peças romanas": *Tito Andrônico, Júlio César, Coriolano* e *Antônio e Cleópatra*. Nesta há cenas em Roma e no Egito.

Harold Bloom coloca *Júlio César* entre as tragédias de aprendiz (junto com *Tito Andrônico* e *Romeu e Julieta*), escritas antes das grandes tragédias – *Hamlet, Macbeth, Otelo, Rei Lear* e *Antônio e Cleópatra*.

Como é de praxe, os estudiosos divergem quanto à data em que foi escrita, mas a maioria a situa entre 1599 e 1601. Shakespeare raramente inventou as tramas para suas peças. No caso de Júlio César, personagem histórico, o enredo estava pronto.

Ele teve como fonte principal *Vidas dos nobres gregos e romanos*, de Plutarco (*c.* 45-120), em uma tradução para o inglês de Sir Thomas North (1535--1604). Uma tragédia sobre Júlio César, que se perdeu, foi encenada pelos Lord Chamberlain's Men, companhia em que Shakespeare trabalhava, e que ele deve ter assistido.

Em 44 a.C., Júlio César foi assassinado no Capitólio, em Roma, por um grupo de conspiradores, entre os quais alguns amigos e colegas. Seu corpo, desfalecido ao pé da estátua de Pompeu, foi perfurado por 23 punhaladas. Mas quem teria sido o responsável pelo golpe fatal? Shakespeare, como sempre, dá um toque de grandiosidade trágica ao fazer que o último de tantos golpes seja dado por Brutus. César então murmura, já agonizante, a famosa frase: "Até tu, Brutus?" e morre.

À medida que a peça se desenvolve, evidencia-se a profunda amizade que ligava César a Brutus. Shakespeare, porém, não menciona algo que tornaria ainda mais pungente a participação de Brutus na carnificina. Plutarco fez alusão a uma intriga segundo a qual Brutus seria filho natural de César. Se fosse realmente verdade, um patricida tomara parte no assassinato. Isso daria um sentido inteiramente novo à peça e Shakespeare se veria obrigado a escrever uma obra bastante diferente daquela que se conhece. Ele faz Brutus dizer:

> César tem de sangrar por isto...
> Vamos matá-lo com audácia, e trinchá-lo
> sem fúria, como um prato digno dos deuses.
> (Ato II, cena 1)

O trecho demonstra um sentimento de inconfundível admiração e respeito.

Ao ser assassinado, César estava no auge do poder. Era um nobre que recebera educação de aristocrata romano. Tutor quando jovem, foi instruído nas culturas grega e romana. Realizou o serviço militar no Oriente Médio. Estudou oratória. Preparara-se como todos os jovens romanos da classe mais alta. Tinha 43 anos quando foi eleito para o consulado – o mais alto cargo constitucional em Roma. Em vinte anos de serviço público, não havia feito nada de verdadeiramente excepcional – embora seja verdade que tampouco fizera alguma coisa errada.

De repente, começou sua ascensão brilhante e perigosa. Foi nomeado governador militar da Gália (atual França) e sua genialidade veio à tona. Em apenas oito anos, formou um exército exemplar, levou as conquistas de Roma até as margens do canal da Mancha, ultrapassou-o e por duas vezes explorou a Britânia (atual Grã-Bretanha). Escreveu, sobre sua atividade militar, um relato frio e lacônico, a melhor autodivulgação possível. Contudo, em mais dois anos teria de ceder o poder, pois chegaria ao fim a sua década de glória.

O que restava fazer? Voltar para Roma, aposentar-se e viver na obscuridade de um general que deixara a ativa? Não. Ademais, Júlio César estava atento ao que ocorria no mundo político. A velha Constituição romana ruía. Políticos espertos praticavam ilegalidades "legalmente". Até os menos perspicazes podiam ver que Roma tinha caído nas mãos de homens que eram sutis ou militarmente poderosos, ou ambas as coisas.

Havia mais duas figuras que chamavam a atenção: os outros dois membros que formavam o triunvirato com César. Pompeu tinha grande força militar, mas era fraco como político. Crasso era importante principalmente devido à sua imensa fortuna.

Ao fim do seu período de comando na Gália, César era um general soberbo, de comprovada sagacidade política, decidido a ser cônsul novamente. Ao descobrir que Pompeu estava procurando afastá-lo, tomou uma séria decisão: se os políticos romanos não o aceitassem legalmente, teriam de aceitá-lo por meio de uma guerra civil. O rio Rubicão era a fronteira legal da Itália. Uma vez que seu exército o atravessasse, o que aconteceu em 49 a.C., não haveria caminho de volta. Pompeu foi rechaçado da Itália e derrotado nos Bálcãs. César tornara-se ditador – ou seja, um magistrado apontado pelos cônsules e com poderes excepcionais –, suas tropas haviam subjugado todo o Império Romano. O mundo estava a seus pés. Em 44 a.C., era ditador e cônsul perpétuo.

Roma – Reino e República

Roma foi fundada em 753 a.C., segundo a tradição, e foi governada inicialmente por reis eleitos para um mandato vitalício. O rei exercia o poder total sobre o Executivo, o Legislativo e o Judiciário, além de ser chefe militar e religioso. Desde o início, o reino romano possuía um Senado, composto de representantes ricos da nobreza, com funções legislativas e de aconselhamento do rei.

O sétimo rei de Roma, Tarquínio Soberbo (535 a.C.-496 a.C.), foi deposto pelo Senado em 509 a.C., dando lugar à República. O Senado passou então a exercer o poder, tanto local como na política externa romana. A administração se tornou bastante complexa: havia uma variedade de cargos, com poderes conferidos pelo povo de Roma (nobres e plebeus), embora os magistrados mais altos fossem eleitos pelos soldados, geralmente de origem nobre. O cônsul era o magistrado superior, com poderes militares e sobre o Executivo. Os pretores cuidavam das leis civis e comandavam as guardas provinciais. Os censores realizavam o censo e também podiam aplicar as leis (ou abusar delas), inserir cidadãos no Senado, entre outros poderes – era um cargo de grande prestígio. Em tempos de necessidade militar, um ditador com poderes absolutos era eleito para governar por seis meses. Havia ainda assembleias tribais e de plebeus.

A história da República Romana foi marcada pelos choques de classe entre os nobres e os plebeus, com conflitos em virtude da legislação fundiária. Aos poucos, uma nova aristocracia emergiu da plebe e substituiu a antiga nobreza.

Outro fato marcante foi a expansão territorial. No século IV a.C., Roma controlava 10 mil quilômetros quadrados e, menos de três séculos depois, expandiu seu território para quase 2 milhões de quilômetros quadrados. O destaque foram as Guerras Púnicas – entre 264 a.C. e 146 a.C. –, contra Cartago, que rivalizava com Roma no controle do mar Mediterrâneo. A vitória romana garantiu o controle da costa norte-africana.

No ano 133 a.C., Tibério Graco (163 a.C.-132 a.C.) foi eleito tribuno e conseguiu aprovar uma lei limitando a propriedade de terra, para desgosto da aristocracia. Depois da morte de Tibério, seu irmão Caio (154 a.C.-121 a.C.) prosseguiu com reformas que ampliaram a democracia em Roma e enfraqueceram o Senado. Em 62 a.C., o poder deixou de estar nas mãos de um cônsul e foi estabelecido um triunvirato entre 59 a.C. e 53 a.C., com Crasso (Marco Licínio Crasso, c. 115 a.C.-53 a.C.), Pompeu (Cneu Pompeu Magno, 106 a.C.-48 a.C.) e Júlio César (Caio Júlio César, 100 a.C.-44 a.C.). Após disputas entre eles, o Senado deu poderes ditatoriais a Pompeu, mas Júlio César (que estava no exterior) invadiu Roma com seu exército, expulsou Pompeu e os senadores e assumiu o poder.

Em 44 a.C., Júlio César foi assassinado em virtude de uma conspiração dos senadores, que o acusavam de absolutismo e de desrespeito à instituição do Senado. Um novo triunvirato foi formado, entre 43 a.C. e 33 a.C., com Marco Antônio (83 a.C.-30 a.C.), Marco Emílio Lépido (90 a.C.-c. 13 a.C.) e Otaviano (Caio Júlio César Otaviano Augusto, 63 a.C.-14 d.C.). Como no anterior, disputas internas levaram a uma guerra, dessa vez entre Marco Antônio e Otaviano, que se sagrou vencedor e adotou o título de Augusto, como primeiro imperador de Roma. Chegava, assim, o fim da República.

Para saber mais:

- *Júlio César*. Direção: Joseph L. Mankiewicz, EUA, 1953, 116 min.
- Canfora, Luciano. *Júlio César*. São Paulo: Estação Liberdade, 2002.

É nesse ponto que tem início a peça de Shakespeare, quando o excesso de poder de César começa a pesar sobre tudo e todos. Cássio se refere a ele como o "César imortal", e os conspiradores se põem a traçar os planos que culminarão na morte do ditador.

Quem convence Brutus a se juntar ao grupo conspirador é Cássio. Ele sente inveja da força e do poder de César, é amargo, seu ressentimento é transbordante. César pressente que ele é perigoso e, ao vê-lo na rua, comenta com Marco Antônio:

> Que eu tenha homens junto a mim que sejam gordos
> com cabeças brilhosas e que durmam à noite.
> Cássio me parece magro, cheio de fome,
> pensa demais. Estes homens são perigosos.

Ao que Marco Antônio sereniza: "Não há por que temê-lo, não é perigoso./ É um romano nobre. Dizem que excelente."

César não está convencido:

> Se fosse apenas mais gordo. Mas não o temo.
> Mas se meu nome se ligasse ao medo
> não sei que homens deveria evitar
> como o magro Cássio. Ele lê demais.
> Ele é um grande observador e entrevê
> com nitidez a precisão de cada homem.
> Não gosta de jogos como tu. Nem escuta
> música. É raro sorrir. E quando sorri
> é como se caçoasse de si mesmo.
> Este tipo de homem jamais está à vontade
> quando está diante de alguém maior que ele.
> E é assim, portanto, muito perigoso.
> Digo-te do que nós precisamos temer,
> não do que temo, porque eu sou sempre César.
> Fica à minha direita. Este ouvido é surdo.
> Sê sincero e diz o que pensas dele.
> (Ato I, cena 2)

Sim, César não teme. Logo no início da peça, acompanhado pela esposa Calpúrnia e seu séquito, está indo assistir aos jogos, a fim de celebrar um triunfo militar. Um vidente se interpõe no seu caminho e o previne contra os perigos dos idos de março, ou seja, o dia 13 daquele mês. César manda que repita a profecia e, sem dar importância, diz apenas: "É um sonhador. Vamos deixá-lo aqui, sigamos" (ato I, cena 2). No entanto, na manhã do dia 13, ele comenta em sua casa:

> Nem céu nem terra tiveram paz esta noite.
> Calpúrnia, que dormia, três vezes gritou:
> "Socorro! 'Stão matando César!" Quem vem lá?
> (Ato II, cena 2)

É o criado, a quem pede: "Diz ao sacerdote que faça um sacrifício/ E traga-me depois notícias do sucesso." E Calpúrnia pressente que ele está disposto a ir ao Senado: "Que significa isto, César? Vais sair? Hoje deverias ficar aqui em casa."

E César responde:

> Vou sair, sim. As coisas que me ameaçam
> sempre o fazem pelas costas. Mas ao ver
> o rosto de César, logo desaparecem.

Mas Calpúrnia continua:

César, não sou de me preocupar com maus augúrios.
Mas hoje estou com medo. Apareceu um homem,
que além de tudo aquilo que vimos e ouvimos,
conta coisas medonhas que os guardas viram.
Uma leoa pariu bem no meio da rua,
os túmulos se abriram e vomitaram os mortos.
Guerreiros de fogo lutaram entre as nuvens
divididos em esquadrões como nas guerras
derramando sangue por todo o Capitólio.
Ruídos de batalha cortavam o ar,
cavalos relinchavam, feridos gemiam,
fantasmas guinchavam e gritavam nas ruas.
César, estas coisas são inusitadas.
Temo-as todas.

Ao que César responde:

Quem pode evitar o fim,
decidido pelo poder maior dos deuses?
[...]
Os covardes morrem muitas vezes
antes de morrer, mas os valentes
sentem o sabor da morte uma só vez.
Das coisas espantosas que ouvi
contar, a que parece mais estranha
é o homem temer a morte, um fim
necessário que deve chegar
quando vier.

Quando o criado volta, o recado deveria demovê-lo:

Que o senhor não deveria sair hoje.
Ao abrir as entranhas de uma vítima,
viram que o animal não tinha coração.

Mas César está decidido:

Os deuses o fazem temendo covardia.
César seria um animal sem coração
se por temor hoje ficasse em casa.
Não, não ficará. O perigo sabe bem

que César é mais perigoso do que ele.
Somos leões nascidos no mesmo dia,
e desses dois sou o mais velho e mais terrível.
César seguirá em frente.
(Ato II, cena 2)

A coragem e a extrema segurança de César estão diretamente ligadas a uma extraordinária vaidade. Egocêntrico, ele sabe que é César e se deleita com o fato. Contudo, só mais umas horas e ele perderia o poder: seus anos de glória tinham se acabado. Mas isso ele não poderia imaginar que pudesse acontecer.

Depois de tantos feitos militares, ele se idealiza, se idolatra. Acredita em quem é e tem certeza de que todos o respeitam e veneram como se fosse um deus. E não seria isso mesmo que ele achava a respeito de si? Deificado e inexpugnável. Um homem que se considera tão grande que se refere a si mesmo na terceira pessoa: "César não sou eu, é ele." César: inatingível, um deus que é preciso adorar à distância, cujo nome, por respeito, não se deve pronunciar.

Todo poder absoluto é nefasto, e nessa peça pesada de política – na verdade a mais política de quantas escreveu – Shakespeare deixa isso bem claro. E não foi preciso inventar fato, situação, consequência final. Tudo realmente aconteceu. Como aconteceria com Marco Antônio, personagem que aparece nessa peça e irá surgir como protagonista da última tragédia escrita por Shakespeare, nove anos depois, em 1608.

Acredita-se que a peça foi encenada no Teatro Globe durante sua inauguração. Um viajante suíço, Thomas Platter (1574-1628), esteve presente e fez o seguinte registro em seu livro *Travels in England*:

> Depois do almoço, lá pelas duas horas, eu e meu grupo atravessamos o rio e, num edifício coberto de palha, presenciamos uma excelente apresentação da tragédia sobre o primeiro imperador, Júlio César, com um elenco de umas quinze personagens; quando a peça terminou, eles dançaram linda e graciosamente juntos, como é costume, dois vestidos de homem e dois de mulher.

Esse depoimento é muito importante por confirmar detalhes sobre o teatro e a representação. O fato de os espetáculos serem à tarde, começando às duas horas; o número de atores no palco – embora ele mencione quinze, a lista do elenco indica 34 personagens, mais comparsas, portanto muitos atores deviam fazer papéis duplos. A jiga a que ele se refere era sempre dançada depois de uma tragédia ou uma comédia, nos teatros públicos. E a referência ao "edifício coberto de palha" remete ao Globe, destruído anos mais tarde, depois que um contrarregra deu um tiro de canhão e a palha pegou fogo. Isso foi em 1613, durante uma apresentação de *Henrique VIII*, a última peça que Shakespeare escreveu.

Quando uma peça tem o nome de um personagem como título, subentende-se que ele seja o herói. No entanto, César é um papel pequeno, tanto quanto Mercúcio em *Romeu e Julieta*, e se some de cena não é por razões estruturais, e sim porque realmente foi assassinado. Mas, mesmo que não apareça depois da primeira cena do terceiro ato, a sua presença continua a ser sentida até quase o final. Na verdade, a última fala da peça poderia ser esta, dita por Brutus:

> Ó Júlio César, continuas poderoso!
> Teu espírito vivo faz nossas espadas
> se voltarem contra nós.
> (Ato V, cena 3)

Shakespeare inspirou-se nos relatos de Plutarco. Contudo, sempre que preciso, alterava a história, a cronologia, concentrava a ação, comandando o tempo e mudando mesmo alguns traços das personalidades para satisfazer às suas necessidades dramáticas. Velho hábito, e estava invariavelmente certo ao fazê-lo. Contrariando a verdade histórica, o dramaturgo apresenta um César egocêntrico e vaidoso, porém de extrema habilidade política. No Capitólio, instantes antes de ser morto, Artemidorus apresenta petições para ele assinar: "Esta toca a César de perto. Lede, César." Ao que ele responde: "O que me diz respeito é o que há de vir por último" (ato III, cena 1).

Uma rara qualidade política, essa de demonstrar o máximo com o mínimo. César era, além de hábil general, grande político. E sabia disso. Até que ponto Shakespeare aprendera a lição com o exemplo de Elisabete I, nunca poderá ser avaliado. Mas ele sabia observar, bem como o seu César. Basta lembrar como analisou com precisão quem era Cássio (não obstante, na vida real, tivesse tido mais intimidade com este). Se Elisabete I governava com sabedoria, tocada pelo direito divino, César governava, orientava a República e mantinha a paz porque era representante de *poderes imortais*. O poder era ele e nada poderia abalá-lo. No entanto, há sempre fraquezas humanas que podem levar o homem ao pecado, à destruição. Aliás, na peça não há nenhuma sugestão de religião, tampouco algum resquício de humor. É um texto dominado pela seriedade.

Logo depois de Calpúrnia implorar que César não vá ao Capitólio naquele 13 de março fatídico, ele concorda inicialmente e, quando Décio aparece para acompanhá-lo, explica por que não irá:

> A razão é minha vontade. Não irei.
> Basta para satisfazer aos senadores.

Mas para tua satisfação pessoal,
por ter-te na mais alta conta vou contar.
Calpúrnia, minha esposa, quer que eu fique em casa.
Esta noite sonhou que viu a minha estátua
que, como uma fonte cheia de mil jatos,
jorrava sangue, e romanos vigorosos
vinham sorrindo p'ra nele lavar as mãos.
Isto ela considera como sendo aviso
de perigos iminentes, e de joelhos
implorou-me para ficar em casa hoje.

O ardiloso Décio sabe com quem está falando e diz, com naturalidade:

O Senado decidiu
entregar hoje uma coroa ao grande César.
Se acaso mandardes dizer que não ireis
podem mudar de ideia. E algum brincalhão
poderá dizer: "Que a sessão seja suspensa
até a mulher de César ter melhores sonhos."
Se César se esconder poderão murmurar:
"Como? César tem medo?"
Perdoai-me, César. O respeito que tenho
e a amizade profunda que nos une
foram os que comandaram minhas palavras.

César cai na armadilha da vaidade:

Que tolos, Calpúrnia, parecem teus receios!
Envergonho-me de haver cedido a eles.
Dá minha toga, que eu irei.
(Ato II, cena 2)

Essa pequena sequência mostra – como acontece também com outros personagens de Shakespeare – que a credulidade pode levar a graves consequências. Além de tudo, se há algo de que César goste é de bajulação. Shakespeare o desenha com falhas, algumas inspiradas na biografia de Plutarco, outras não.

A surdez do imperador é relatada logo na segunda cena do primeiro ato: "Fica à minha direita. Este ouvido é surdo", ele diz a Marco Antônio. A epilepsia, como também terá Otelo, aparece na conversa entre Brutus, Cássio e Casca, quando este comenta, na mesma cena, que César "caiu no mercado, a boca espumando, emudecido". Cássio diz que César tinha medo de se afogar, e ele o salvara de morrer, no rio Tibre. Na verdade, segundo Plutarco, César atravessara a nado a baía de Alexandria, no Egito, salvando-se.

Tanto na peça como na realidade, Cássio não gostava de César. É ele quem fomenta no espírito de Brutus a necessidade de se rebelarem contra a ameaça daquele homem que detinha cada vez mais poder e poderia muito bem destruir a harmonia do governo. Isso, para os elisabetanos, era algo ameaçador. Naqueles tempos, a imagem de César era a de um tirano terrível. Shakespeare o apresentou de tal maneira que o que Brutus teme era o que o público temeria se estivesse na sua posição: a ameaça de um tirano sobre Roma.

César sabe quem é e o que quer. Detém poder e sabe que o detém. Grande militar que é, tem mão e vontade férreas. Por outro lado, consegue transmitir a sua capacidade de poder ser amigo, principalmente de Marco Antônio.

Mas nele predominam a vaidade, o orgulho; sua grandeza se deve à consciência de ser quem é. E o faz tão bem, tão precisamente, que deixa sua marca em um papel com apenas três cenas e 150 linhas de falas. Estrategista exemplar, sem dúvida.

Cássio, tomado pelo seu furor contra César, firme no propósito de convencer o amigo e cunhado Brutus a juntar-se à conspiração contra o indiscutível tirano em formação, explode:

> Homem, ele transpõe este estreito mundo
> como um Colosso de Rodes e nós, anões,
> andamos sob suas pernas para achar
> algum túmulo desonroso para nós.
> Os homens são por vezes donos do destino.
> a culpa, caro Brutus, não 'stá nas estrelas
> mas em nós mesmos, já que somos inferiores.
> Brutus e César: Que é que há na palavra
> "César"? Por que este nome soa mais que o teu?
> Escreva os dois e o teu é igualmente belo.
> Canta-o e soará bem na tua boca.
> Pesa-o e o peso é igual. Invoca: "Brutus!"
> E o espírito há de vir ligado ao de "César"!
> (Ato I, cena 2)

É curioso que, entre as biografias de Plutarco, não encontramos a de Caio Cássio, mas é possível descobrir muito desse homem na extensa biografia de Marco Brutus. Shakespeare segue de perto o relato de Plutarco no que se refere ao relacionamento entre os dois, entretanto omite detalhes sobre a origem dos ressentimentos de Cássio contra ele. De fato, Shakespeare utiliza, em muitos momentos, frases citadas por Plutarco, como aquela em que César comenta a desconfiança que Cássio lhe inspira.

César sabia que Cássio tinha inveja dele e de Marco Antônio, que, amargurado, se ressentia diante da grandeza alheia. Cássio sabe que Brutus é um idealista, que tem horror à tirania e que, para ele, os ideais republicanos estão acima de tudo. É um homem de uma honestidade e integridade a toda prova, exatamente a pessoa de que ele precisava, porque, como escreve Plutarco, um "homem com a reputação de Brutus começaria a fazer todos pensarem com segurança que só a sua presença faria a ação ser santa e justa".

Cássio conhece os pontos fracos de Brutus. Será fácil, sem dúvida, convencê-lo.

> Sei que tu és um homem virtuoso, Brutus,
> tão bem quanto conheço o teu rosto.
> A história que te vou contar fala de honra.
> não faço ideia o que tu e outros homens
> pensam da vida, mas no que me diz respeito
> tanto me daria não viver, a viver
> sob a tirania de alguém igual a mim.
> Nasci tão livre quanto César, tu também.
> Fomos igualmente alimentados e ambos
> enfrentamos o inverno frio como ele.
> Lembro-me de um dia muito feio e ventoso
> em que as águas do Tibre corriam revoltas.
> César me falou: "Terias coragem, Cássio,
> de mergulhar comigo nestas águas turvas
> e nadar até aquele ponto?" E ali, na hora,
> vestido como estava, eu mergulhei, pedindo
> a ele que me acompanhasse, o que fez.
> As ondas fortes rugiam. Nos debatíamos
> para a direita e para a esquerda, os corações
> fazendo força para enfrentar a corrente,
> mas antes de alcançar o ponto combinado
> César gritou: "Ajuda, Cássio, que eu me afogo!"
> E eu, das ondas do Tibre
> arrastei o exausto César. E este homem
> tornou-se agora um deus e o desgraçado Cássio
> é obrigado a fazer uma reverência
> se por acaso César olhar para ele.
> (Ato I, cena 2)

Sem a autoridade moral de Brutus, a conspiração não poderia se tornar ação. Ele, por sua vez, sabia da extensão perigosa do que estavam prestes a fazer. Homem de indiscutível caráter, estimado por representar o que havia de mais respeitado nas virtudes romanas, abandona-se nas mãos de Cássio, torna-se mero instrumento de uma trama que, no fundo, é muito mais pessoal do que política. Brutus é um homem sincero e fiel às suas convicções. Ele tem um ideal republicano, mas não parece ver que o alicerce sobre o qual quer sustentá-lo é impraticável. A situação política em Roma é insegura, o povo está à beira do descontrole. Talvez nem sequer ocorra a Brutus que isso poderia acontecer. Idealista, acredita que poderá fazer o que for melhor para Roma. "O coração do povo o tem em alta conta" (ato I, cena 3), diz-lhe Casca, e o próprio Brutus afirma, convicto: "Em toda minha vida/ Não encontrei um homem que não me fosse fiel" (ato V, cena 5).

É chegado o momento de decisão. Brutus recebe a visita dos conspiradores para os acertos finais. Décio, que iria convencer César a ir ao Capitólio, quer saber se ele seria o único a ser sacrificado. A Cássio ocorre que "Marco Antônio, tão querido de César, não deveria sobreviver a César" (ato II, cena 1), com o que Brutus não concorda:

> Já que Antônio não é mais que um membro de César.
> Nós seremos os sacrificadores, Cássio,
> açougueiros, não.
> (Ato III, cena 1)

Pórcia, mulher de Brutus, tem uma única cena na peça. Mas é uma linda cena, que exemplifica à perfeição o relacionamento entre um casal. Pórcia é filha de Catão, tio de Brutus – é, portanto, prima do marido. Por outro lado, Cássio é casado com Júnia, irmã de Brutus – é seu cunhado. Daí tratarem-se por "irmão" muitas vezes. Na biografia de Plutarco, o encontro de Pórcia e Brutus é descrito minuciosamente, e Shakespeare segue à risca o desenrolar da conversa.

> PÓRCIA: Brutus, meu senhor?
> BRUTUS: Pórcia, que foi? Por que te levantaste?
> Não é nada bom para tua saúde
> expor tua fraqueza à manhã fria.
> PÓRCIA: Nem para ti também. Deixaste o leito
> em silêncio, e ontem, ao jantar
> deixaste bruscamente a mesa e foste
> andar, amargo e suspiroso, os braços
> cruzados, e ao te perguntar por quê
> olhaste-me com expressão severa.

Julguei que fosse amuo passageiro,
que pode acontecer a qualquer homem.
Mas se não te deixa comer, falar.
Dormir e se puder te transformar
em outro, aí te desconheço, Brutus.
Conta qual a razão do teu pesar.
[...]
PÓRCIA: Tu estás doente, e é salutar
sair sem abrigo e enfrentar
a umidade da manhã? Se estás
enfermo não deves deixar a cama
para enfrentar o contágio da noite,
o ar viciado e úmido que vai
piorar o teu estado? Não, meu Brutus,
alguma coisa te preocupa
e eu, pelo direito e posição
que me cabem, deveria saber.
E de joelhos eu te imploro, em nome
da beleza que um dia elogiaste e
pelos votos de amor e o grande voto
que nos incorporou e nos uniu,
que contes para mim (pois somos um,
sou a tua metade), o que é que te preocupa.
pois aqui estiveram uns seis ou sete,
escondendo seus rostos pela noite.
[...]
PÓRCIA: Dos laços do himeneu estás excluindo
ficar sabendo quais são teus segredos?
Somos um só, com certas restrições.
Devo te alimentar, te confortar
no leito e às vezes conversar. Viver
à tua margem, só para o teu prazer.
Porém, se for assim, Pórcia não é
mulher de Brutus, mas a sua rameira.
BRUTUS: Tu és a minha honrada e verdadeira
esposa e tão bem-amada quanto
o que goteja no meu coração.
PÓRCIA: Se for verdade, devo conhecer
teu segredo. Concordo, sou mulher,
mas aquela que Brutus desposou.
Concordo, sou mulher, a respeitada

> filha de Catão. Pensas que não sou
> mais forte que meu sexo por ser filha
> de quem sou e mulher do meu marido?
> Conta-me tudo. Eu serei discreta.
> (Ato II, cena 1)

Brutus não tinha conseguido dormir. É um homem imbuído de um profundo sentimento de honestidade e honra. É como um filho para César. Shakespeare não toca no mérito dessa possível paternidade biológica, mas Plutarco conta que, quando jovem, César se apaixonara pela irmã de Catão, Servília. Ela deu à luz Brutus justamente na época do romance. Plutarco diz, textualmente, que "era pública e notória a afeição que Servília nutria por César". Ele também conta que, por ocasião da batalha de Farsala, entre as tropas de César e Pompeu, como Brutus estava entre os que combatiam contra César, este deu ordem aos seus oficiais que poupassem a vida dele a todo custo. Mais tarde, Brutus passou a ser um dos membros do grupo pró-César.

Shakespeare reduz o relacionamento entre César e Brutus. Na primeira cena, durante a passagem de César e seu séquito, Brutus diz apenas: "É um vidente que vos pede para evitar os idos de março" (ato II, cena 1).

Quando César volta, não trocam palavra. Na cena no Capitólio, Brutus faz pequenas observações, nenhuma delas diretamente a César. Quando lhe dirige a palavra, é pedindo, como os demais, que perdoe o exilado Públio Címber. Segundos depois, César é morto e a famosa frase fica no ar: "Et tu, Brute?" (ato III, cena 1).

Evidentemente, essas palavras ficarão para sempre em seus ouvidos. Logo antes de os conspiradores irem à sua casa, ele pondera:

> Desde que Cássio me incitou a ficar contra César, não pude mais dormir.
> Entre a realização de um terrível ato
> e o gesto que o comete, o tempo que escorre
> é sonhar acordado um sonho horripilante.
> (Ato II, cena 1)

A peça é nitidamente dividida em dois blocos distintos. O primeiro finda com a morte de César no Capitólio. O segundo apresenta as consequências do assassinato, primeiro em relação ao povo romano, depois no campo de batalha.

O corpo de César é levado para a frente do Capitólio, e Brutus fala ao povo. Dirige-se a ele nos seus termos de retidão, numa prosa econômica e precisa.

> Romanos, compatriotas e amigos! Ouçam-me por
> minha causa. Ficai em silêncio para que possam me ouvir.

Acreditem-me por minha honra e respeitai minha honra
para poder acreditar. Censurai-me com a vossa sabedoria
e despertai vossos sentidos para melhor julgar.
Se houver aqui nesta assembleia algum querido amigo
de César, a ele eu direi que o amor de Brutus
por César não era menor que o seu.
Se então este amigo perguntar por que Brutus
levantou-se contra César, esta é a minha resposta:
não foi porque amei menos a César,
mas porque amava mais a Roma.
Preferiríeis que César estivesse vivo e morrêsseis
todos escravos, a César estar morto e viverdes
todos como homens livres?
Como César me amava, choro por ele.
Como era afortunado, regozijo-me com isto.
Como era um bravo, eu o honro.
Mas porque era ambicioso, matei-o.
Há lágrimas pelo seu amor, alegria pela sua sorte;
honra por sua bravura e morte por sua ambição.
Quem há aqui tão baixo que gostaria de ser escravo?
Se houver alguém que fale, pois a ele eu ofendi.
Quem há aqui tão rude que não quisesse ser romano?
Se houver alguém que fale, pois a ele eu ofendi.
Quem há aqui tão vil que não ame o seu país?
Se houver alguém que fale, pois a ele eu ofendi.
Espero uma resposta.
(Ato III, cena 2)

O grande erro de Brutus foi permitir que Marco Antônio falasse, pois não podia prever o conteúdo de suas palavras e a imediata consequência que acarretariam. Brutus falou em prosa, Marco Antônio fala em verso, e o que diz tem um único objetivo: tocar o coração do povo.

Amigos, romanos, ouçam minhas palavras.
Vim para enterrar César, não para louvá-lo.
O mal que os homens fazem vive depois deles,
o bem quase sempre se enterra com seus ossos.
Que o mesmo seja com César. O nobre Brutus
vos disse que César era ambicioso.
Se for verdade, foi uma falha bem grave
e gravemente César respondeu por ela.
Com a permissão de Brutus e dos demais,

pois sabemos que Brutus é um homem honrado,
assim como todos os demais, muito honrados,
eu vim aqui falar no funeral de César.
Foi meu amigo, fiel e justo comigo,
mas Brutus diz que ele era ambicioso
e Brutus é um homem muito honrado.
Mil cativos César trouxe aqui para Roma
e o resgate deles encheu os nossos cofres.
Isto pode parecer ambição de César?
Quando os pobres choravam, ele soluçava.
A sua ambição deveria ser mais forte.
Contudo, Brutus diz que ele era ambicioso.
Brutus é, sabemos, homem muito honrado.
Todos presenciaram que na Lupercália
três vezes lhe ofereci a real coroa,
três vezes recusou. E isto é ambição?
Mesmo assim Brutus diz que era ambicioso
e sabemos que é um homem muito honrado.
Não estou desaprovando o que Brutus disse,
estou falando apenas daquilo que sei.
Todos vós amastes César, e não sem causa.
Que causa vos impede agora de chorá-lo?
Ó razão! hoje tu pertences só às feras,
que os homens não sabem julgar. Peço perdão.
Meu coração está no esquife junto a César
e ficarei calado até que ele me volte.
(Ato III, cena 2)

O povo pareceu aceitar tudo o que Brutus disse. Mas a fala de Marco Antônio se prolongou e, quanto mais os presentes o escutavam, mais se inflamavam e se revoltavam. Convencidos de que os que mataram César eram traidores, estavam dispostos a queimar as casas de todos eles, ainda mais depois de Marco Antônio ler o testamento de César, anunciando que ele deixara a cada cidadão 75 dracmas e abria para todos o acesso aos seus jardins e parques particulares.

Júlio César podia considerar Marco Antônio um folgazão, mas, sob a aparência daquele homem que gostava de esporte e brincadeiras, havia outro, alerta e perspicaz, o que levou Brutus a dizer para Cássio: "Falta-me um pouco da vitalidade inteligente que Antônio tem" (ato I, cena 2).

Talvez César não fosse capaz de visualizar Marco Antônio sublevando o populacho com tanta autoridade.

Alterando o tempo real, Shakespeare faz um criado comunicar a Marco Antônio a chegada de Otávio a Roma, o que na realidade só se deu duas semanas depois. Otávio, filho adotivo de Júlio César, tinha ido para a casa do pai. Como sempre, Shakespeare condensa o tempo com intenções dramáticas. A celebração do triunfo de César e a Lupercália (importante festival de fim de ano, que reunia toda Roma) estavam separadas por quatro meses, não aconteceram na mesma cena (a primeira em que César aparece). Brutus só falaria ao povo dois dias depois do assassinato. As cinco cenas do longo quinto ato (que tem 354 versos) concentram a batalha de Filipos em um só dia, quando na verdade houve um intervalo de vinte dias.

Marco Antônio forma um triunvirato com Otávio e Lépido para governar Roma e combater as tropas reunidas de Brutus e Cássio.

O triunvirato poderia dar certo? Lépido já tem idade. Marco Antônio o descreve como um homem que não vive no mundo real, que pode ser levado para qualquer lado tão facilmente quanto um cavalo. Otávio é um homem frio. Seis anos mais tarde, no Egito, ele irá combater, derrotar e matar Marco Antônio (na época seu cunhado, pois havia se casado com Otávia, sua irmã).

Brutus e Cássio estavam fadados à derrota, pois não é possível edificar um governo, por melhores que sejam as intenções, tendo sangue como base. Brutus, um herói profundamente íntegro e honesto, se vê enredado em uma armadilha. Mas muitas vezes as pessoas agem com honestidade sem fazer uso da sabedoria. Brutus é um homem nobre, mas nem os homens nobres podem participar de assassinatos políticos em nome de liberdade e justiça sem sofrer alguma consequência. Além do mais, ele não é um homem frio, capaz de não ser vítima do remorso. Ele participa de uma conspiração política; é um dos que matam acreditando estar fazendo algo de bom e justo para Roma. Mas ele não conta com a angústia do remorso e, sob esse aspecto, encontra paralelo em Macbeth. Honra é uma palavra comovente – e mesmo Marco Antônio diz inúmeras vezes que "Brutus é um homem muito honrado". Fidelidade também. Brutus diz: "Em toda minha vida não achei/ nenhum homem que não me fosse fiel." E agora, a pergunta: Brutus foi fiel a César? O peso do crime o destrói. Suas palavras ao morrer, atirando-se sobre sua própria espada, são: "Fica calmo, César, que eu não te matei com tanta boa vontade" (ato V, cena 5).

Na véspera da batalha de Filipos, onde os conspiradores foram derrotados, ocorre uma discussão entre Cássio e Brutus, uma das grandes cenas da peça. Brutus não admite questões de peculato entre seus subordinados. Além do mais, a quantia que pedira para Cássio enviar, a fim de pagar suas legiões, não fora mandada. Cássio nega veementemente que tenha sido descaso seu, lamenta ter perdido a amizade de Brutus, oferece o peito aberto para ser golpeado. A dor pertence a ambos, por razões diferentes. Brutus revela:

> Homem nenhum suporta melhor sua mágoa.
> Pórcia morreu.

> Aflita com a minha ausência,
> amargurada com Otávio e Marco Antônio
> terem ficado fortes (pois com sua morte
> acabei sabendo), ficou tão desvairada
> que, sem ninguém por perto, comeu brasas ardentes.
> (Ato IV, cena 3)

Brutus, que já cometera o erro de poupar a vida de Marco Antônio e permitir que ele falasse ao povo, comete outro erro fatal no campo de batalha: discorda de Cássio, que sugere aguardar o ataque inimigo. Brutus insiste em enfrentá-lo antes. É como se já tivesse certeza da derrota.

Antes da batalha, em Filipos, Cássio pergunta a ele: "Se nós perdermos, que é que estás decidido a fazer?". Brutus responde calmamente:

> Mesmo pela regra daquela filosofia
> pela qual culpei Catão pela morte que ele
> infligiu sobre si mesmo, eu não sei como,
> mas considero ser algo covarde e vil
> (com medo do que possa acontecer) cortar
> o tempo de vida. Encho-me de paciência
> para esperar o que decidam os poderes
> que do alto nos governam.

Cássio faz a pergunta terrível: "Caso percamos a batalha aceitavas ser arrastado pelas ruas de Roma para triunfo deles?". Ao que Brutus, bruscamente furioso, retruca:

> Não, Cássio, nunca.
> Não penses, nobre romano,
> em Brutus acorrentado nas ruas de Roma.
> Sua alma é muito grande.

Cássio se suicida e Brutus se atira contra a espada. Chegamos ao fim. Diante do seu corpo, avançam os vitoriosos. Marco Antônio diz:

> Este foi o mais nobre dos romanos.
> Todos os conspiradores, menos um,

agiram por inveja ao grande César.
Só ele foi honesto e uniu-se aos outros
tendo em mente o bem-estar geral.
Generosa foi sua vida e os elementos
de tal forma se mesclaram nele
que a Natureza poderia erguer-se
e gritar ao mundo: "Este foi um homem!"
(Ato V, cena 1)

Troilo e Créssida

Troilo e Créssida trata de valores contrastantes. De um lado, o amor, que será destrinchado a seguir. De outro, a guerra, explicitada na segunda parte deste capítulo.

• O AMOR EM *TROILO E CRÉSSIDA*

Os estudiosos concordam que *Troilo e Créssida, Bem está o que bem acaba* e *Medida por medida* foram escritas entre 1601 e 1604. Foi um período considerado difícil na vida de Shakespeare, principalmente no início do primeiro ano. O conde de Essex regressou a Londres depois de uma infeliz investida contra as tropas irlandesas e uma desonrosa trégua com o rebelde Hugh O'Neill (1550-1616) – o que equivaleria hoje a uma trégua com terroristas. Ele voltava com uma aura de derrota fazendo sombra ao seu passado.

Havia algum tempo Essex já não era visto com bons olhos pela rainha Elisabete I e seus conselheiros, sobretudo por causa de um livro recém-publicado. Fora escrito por um jovem advogado, John Hayward (c. 1560-1627). O assunto era o reinado de Henrique IV, destronado pelo futuro Ricardo II.

Usurpadores eram sempre uma ameaça a qualquer soberano. A rainha iria completar 68 anos. Continuava solteira. A sucessão era assunto sussurrado, mesmo que não se considerasse abertamente a possibilidade de um golpe político. Hayward foi prontamente preso na Torre de Londres. Em junho, foi decretado que tudo o que fosse escrito sobre a história da Inglaterra teria de passar pelo crivo da censura. O próprio Shakespeare só escreveria *Henrique VIII* em 1613, dez anos depois da morte de Elisabete.

O regresso do herói petulante à beira da desgraça aconteceu em setembro de 1600. Tão logo chegou, ele foi procurar a rainha. Apresentou-se sem solicitar audiência, ainda sujo de lama, e a surpreendeu sendo vestida pelas damas de honra. Isso foi no dia 28, a última vez em que se encontraram. Dois dias depois, foi decretada a prisão domiciliar de Essex, que começou a tecer as intrigas que o destruiriam.

O grande amigo de Shakespeare, o conde de Southampton, deixou-se envolver nas tramas de Essex. Como já se falou, ele havia contrariado a rainha seriamente ao se casar às escondidas – sem permissão real, portanto – com uma de suas damas de companhia, Elizabeth Vernon. Como se isso não bastasse, desobedeceu à soberana ao ter com Essex na Irlanda. Essex acreditava que, como era benquisto pelo povo, qualquer atitude que tomasse contra a Coroa teria apoio maciço, o que não aconteceu. A rainha era mais idolatrada do que ele. Nada poderia atingi-la.

Na falta de um herdeiro direto, a pessoa mais cotada para sucedê-la era o rei da Escócia, James VI, filho de Maria Stuart, a quem Elisabete mandara decapitar. Um dos grandes erros de Essex e Southampton foi escreverem para James VI alertando-o sobre a possibilidade de o rei da Espanha conseguir colocar no trono da Inglaterra a infanta daquele proverbial país inimigo. Àquela altura, o serviço secreto comandado por Lord Cecil já estava a par dos menores movimentos dos ingênuos conspiradores. Essex, Southampton e seus correligionários foram presos, o que evidentemente deixou Shakespeare amargurado, já que Southampton fora o seu primeiro patrono. Lembremos que os *Sonetos* e seus longos poemas, "Vênus e Adônis" e o "O rapto de Lucrécia", escritos quando começava sua carreira em Londres, tinham sido dedicados a ele.

Um amigo de Essex, o capitão Lea, tentou libertá-lo. Falhou e foi enforcado no dia 18 de fevereiro, dez dias depois do insucesso da rebelião. Tudo aconteceu muito depressa. Essex e Southampton foram julgados e condenados à morte no dia 19. Seis dias mais tarde, Essex foi decapitado. A pena de Southampton foi comutada para prisão perpétua, mas ele seria solto em abril de 1603, duas semanas após o rei James I subir ao trono. A maioria dos conspiradores foi perdoada, porém ainda houve execuções em março.

Não muito depois, Shakespeare comprou sete acres de terra arável em Stratford e também um *cottage* em Chapel Lane. Mas essas aplicações financeiras – ele administrava muito bem o que ganhava no teatro – não bastavam para equilibrar a sua vida emocional. Em setembro de 1601, ele perderia o pai.

Mesmo assim, continuou a escrever ininterruptamente. Em Stratford, foi morar com a família na grande casa que havia comprado quatro anos antes, a New Place, onde anualmente passava algum tempo. Uma das provas de que se mantinha ligado a Anne e aos filhos era o fato de nunca morar numa casa que tinha em Londres, mas sempre em casa alheia. Ele deixou o Bankside e foi residir em Cripplegate, um bairro melhor. Ficou na casa de um conhecido peruqueiro, Christopher Montjoy, huguenote francês que fugira para a Inglaterra depois do terrível massacre da Noite de São Bartolomeu, em 1572, quando Catarina de Médici mandou matar dezenas de milhares de protestantes.

Quando a rainha Elisabete morreu, às duas da madrugada de 24 de março de 1603, a praga estava prestes a fazer uma nova visita à cidade, como se a falecida soberana estivesse dando más vindas para o seu sucessor escocês. De qualquer forma, James VI conseguiu acabar com as brigas entre os dois países e criou o Reino Unido que conhecemos hoje.

Os teatros, que haviam sido fechados durante os últimos dias de vida e subsequente morte da rainha, deixaram definitivamente de funcionar, por causa da epidemia. James VI gostava de teatro. Em maio, a companhia mudou de nome: de Lord Chamberlain's Men para King's Men, uma alta distinção. No mês seguinte, julho, a praga atingiu proporções alarmantes, tanto que o rei foi coroado numa cerimônia particular, longe das aglomerações. Basta dizer que em setembro, mês de maior gravidade, houve 735 óbitos. A doença também faria sua cobrança entre os membros da companhia: em novembro, morreram o excelente William Kemp, a mulher e os filhos e, logo depois, Thomas Pope.

O país estava cansado de guerras. Finalmente, o condado de Tyrone se rendeu na Escócia e James VI assinou um tratado de paz com Filipe III (1578-
-1621) da Espanha.

Shakespeare escreveu *Hamlet* em 1601, e a revisaria dois anos depois, e *Otelo* em 1604, peças que marcaram o início do seu ciclo das grandes tragédias. Entre elas estão, justamente, *Troilo e Créssida*, *Bem está o que bem acaba* e *Medida por medida*, as três "peças-problema".

Essa expressão foi empregada pela primeira vez pelo irlandês Frederick Samuel Boas (1862-1957), professor de História da Literatura Inglesa, em seu livro *Shakespeare and his Predecessors*, publicado em 1896. Essas peças eram assim chamadas porque era difícil classificá-las dentro de uma só categoria genérica. Não eram históricas, por certo. Apesar de *Troilo e Créssida* ter como pano de fundo a Guerra de Troia, as peças históricas só dizem respeito à Inglaterra. Por outro lado, não são comédias (porque têm o seu aspecto pesadamente sério), nem tragédias (nas quais os equilíbrios são outros). Hoje nós as chamaríamos simplesmente de comédias dramáticas ou tragicomédias, como também o são *O mercador de Veneza* e algumas das últimas peças que Shakespeare escreveu, os "romances" finais: *Cimbeline, Péricles* e *A tempestade*.

A Guerra de Troia

Até meados do século XIX, pesquisadores ocidentais acreditavam que a guerra e a própria cidade de Troia eram meramente fictícias, fruto da imaginação dos gregos. Mas, em 1870, o arqueólogo alemão Heinrich Schliemann (1822--1890) descobriu no monte Hissarlik, na atual Turquia, os vestígios de cidades superpostas, uma das quais era a Troia mencionada por Homero, em suas epopeias *Ilíada* e *Odisseia*.

Não se sabe o que de fato motivou a guerra, embora frequentemente se especule que gregos e troianos disputassem o controle de rotas comerciais. As principais fontes a respeito da cidade são os poemas homéricos e outros de sua época, o que torna difícil separar realidade e ficção: a guerra ocorreu entre 1200 e 1300 a.C., enquanto os poemas foram escritos cerca de quatro séculos depois.

Na versão de Homero, apresentada em sua *Ilíada*, a disputa entre os dois povos acontece quando o príncipe troiano Páris, após visitar Esparta, volta para sua terra natal levando consigo a rainha espartana, Helena. Se ela foi raptada ou se partiu voluntariamente com ele, as versões variam. O certo é que o seu marido, o rei Menelau, pede ajuda ao irmão Agamêmnon, rei de Micenas, para recuperar a esposa. Eles convocam os nobres de todas as cidades helênicas e partem para atacar Troia.

O cerco dura quase dez anos, sem que os gregos consigam romper as muralhas troianas. O principal guerreiro grego, Aquiles, se vê desrespeitado por Agamêmnon e se retira do combate. Até que o melhor amigo de Aquiles, Pátroclos, pega emprestada sua armadura e se lança ao combate. Os troianos, amedrontados, fogem, porém o mais valoroso deles, Heitor, percebe que não é Aquiles, ataca Pátroclos e o mata.

Aquiles jura vingança e retorna à ação. Com sua grande habilidade, causa inúmeras mortes entre os troianos – incluindo a de Heitor, em combate individual –, mas morre quando Páris o atinge com uma flecha envenenada em seu ponto fraco: o calcanhar. A guerra parece longe do fim, até que o grego Ulisses propõe um estratagema para invadir Troia sem ser preciso derrubar suas fortes muralhas. Primeiro, Ulisses envia seu primo Sínon para Troia. Lá, ele diz que era prisioneiro dos gregos, mas conseguiu fugir e pede asilo para os troianos, que o concedem. Depois, os gregos constroem um enorme cavalo de madeira, dentro do qual escondem muitos soldados, e o abandonam às portas de Troia. Então, os acampamentos gregos são desfeitos e os navios fingem que vão embora, ancorando perto dali.

Os troianos encontram o cavalo, não avistam os acampamentos e os navios gregos, e ficam sem entender o que está acontecendo. Sínon é chamado e explica que os gregos desistiram da guerra e partiram. O cavalo seria uma oferenda para os deuses: enquanto ele estivesse fora de Troia, os navios gregos estariam seguros; se fosse levado para dentro, naufragariam.

Os troianos, sem desconfiar de que Sínon era um espião, acreditam em suas palavras e decidem buscar o cavalo de madeira, desejando assim atrair má sorte para os inimigos. À noite, os gregos saem de dentro do artefato e abrem as portas de Troia para seus compatriotas que esperavam do lado de fora. Troia é destruída e Helena volta para Esparta com Menelau.

É interessante perceber que a história original difere da versão de Shakespeare, que toma partido dos troianos e traça os personagens gregos, com exceção de Ulisses, como vilões. Segundo o historiador Túlio Vilela, "vale notar que, na *Ilíada*, a guerra não é mostrada como uma luta entre o bem e o mal. [...] Talvez essa seja uma das razões por que a narrativa encanta gerações: virtudes e defeitos podem ser encontrados em todos os personagens, o que os torna mais humanos, e a derrota ou a vitória é muito mais questão de sorte ou de habilidade do que de virtude".

Para saber mais:

- *Helena de Troia*. Direção: John Kent Harrison, Grécia/Malta/EUA, 2003, 174 min.
- *Ilíada*, de Homero.

De qualquer maneira, paira sobre todas elas uma indiscutível atmosfera de amargura, de tristeza e desencanto com os seres humanos, com uma boa dose de cinismo em relação ao amor. Existem referências a essas peças como *queasy*, isto é, "desagradáveis", "desconfortáveis", o que nos leva ao escritor irlandês George Bernard Shaw (1856-1950), que classificou algumas das suas peças como *pleasant* (alegres) e *unpleasant* (tristes). Será que ele, emérito conhecedor e crítico de Shakespeare, estaria pensando nessas três *queasy plays* quando classificou as suas? A diretora teatral norte-americana Margaret Webster (1905-1972), em seu saboroso volume *Shakespeare Without Tears* [Shakespeare sem lágrimas], as chama abertamente de "peças desagradáveis" e adianta que, por assim serem, são pouco encenadas e, virtualmente, podem ser consideradas "peças perdidas" no que se refere à sua presença nos repertórios. Mas temos de levar em conta que o livro de Webster foi publicado em 1952 e as possibilidades de montar as peças de Shakespeare comercialmente nos Estados Unidos são bem mais difíceis do que na Inglaterra (onde, diga-se de passagem, algumas também raramente são encenadas).

Eu próprio tive o privilégio de morar em Londres durante a década de 1950. Por ocasião das celebrações do Festival da Grã-Bretanha de 1951, a companhia do teatro Old Vic deu início, pela primeira vez na sua história, à apresentação de todas as peças de Shakespeare, que foram se sucedendo anualmente, desde *A comédia dos erros* até *A tempestade*. Ao mesmo tempo, a companhia do Memorial Theatre em Stratford encenava peças raras em seu repertório. Vi a extraordinária montagem de *Tito Andrônico* dirigida por Peter Stephen Paul

Brook (nascido em 1925) e, entre as "peças-problema", assisti a uma memorável (e rara) encenação de *Troilo e Créssida*, dirigida por Glen Byam Shaw (1904--1986), em 1954, e a uma *Medida por medida* memorável, também de Brook. Uma das dádivas mágicas que o teatro proporciona é a lembrança rica e nítida de um magnífico espetáculo visto no passado. Talvez não haja muitos ao longo de toda uma vida, mas os que restaram ficaram gravados na memória como os relevos de pedra nas portas das catedrais da Idade Média.

Troilo e Créssida é uma peça pouco conhecida. Como tantas outras, certamente jamais será encenada no Brasil porque – e isto é bem verdade – é preciso um mínimo de relação entre a matéria-prima e o público a quem ela se destina, e há algo de profundamente remoto no universo daquela Troia e daqueles personagens de Homero, que podem muito bem embelezar e colorir grandes telas de cinema, retratar grandiosos espetáculos e apresentar grandes batalhas; no teatro, isso não é possível em um palco com dez metros de boca de cena.

Ainda me lembro muito bem do momento final da montagem de Byam Shaw. A peça termina com o personagem Pândaros enviando uma mensagem licenciosa e grosseira ao público, que a essa altura já está mais do que habituado ao seu linguajar e ao de Tersites (que é, diga-se de passagem, bem pior).

De forma geral, o texto de *Troilo e Créssida* é tão licencioso e grosseiro que não poucos estudiosos concluíram que ela foi escrita para encenações fechadas, para os jovens ligados à advocacia nas suas associações profissionais (as Inns of Courts). Eles iriam entender os jogos de palavras relacionados aos assuntos legais e, sem dúvida, se deleitar com as alusões escatológicas da linguagem pesada. Sob esse aspecto, é uma peça para intelectuais, que refletia não somente o estado de espírito de Shakespeare, como de tudo o que estava acontecendo: insegurança política, cansaço com as guerras que pareciam não ter fim, os heróis arruinados e desmoralizados, a morte como preço da traição. Tudo isso resulta em angústia, desilusão, descrença. Todos ficam desacreditados. Todos parecem não merecer o respeito do leitor. Vive-se em um mundo de interesses pessoais, de bajulação, de falsidade. A virtude cede lugar à desonra. O amor vira criado da luxúria. Ao fim, é essa a atmosfera da peça.

O público a que ela se dirigia devia ser estritamente masculino e – como todo público masculino da época – extremamente licencioso, gente que não se importava de conviver com o baixo mundo. As alusões a moléstias venéreas no epílogo proferido por Pândaros tornam isso bastante claro. Ele diz:

> Excelente remédio para os meus ossos doloridos! Ah! Mundo, mundo, mundo! Assim se desprezam os pobres agentes. Ó traidores e alcoviteiros, como se aplicam bem ao

seu trabalho e como são mal recompensados! Por que seus serviços seriam tão desejados, e a sua execução de tal forma conspurcada? Existem versos a respeito? Algum exemplo a mencionar? Vejamos:
A humilde abelha canta alegremente
até perder mel e ferrão,
e desde que a picada enfraqueceu
acabaram-se mel e doce canto.
Bons comerciantes da carne, escrevam todos nos seus estandartes.
Vós todos que frequentais a minha casa
chorai, de olhos cerrados, a queda de Pândaros.
Se não puderdes chorar, deem uns gemidos,
se não por mim, pelos ossos que me doem.
Irmãos e irmãs, que por ofício são porteiros,
em dois meses farei meu testamento.
Faria agora se não receasse
ser contaminado por uma sifilítica.
Até então suarei à cata de remédios
e, na hora certa, vos lego minhas doenças.
(Ato V, cena 10)

Um público misto não gostaria de receber essa indelicada oferta.

Ao término da peça, Pândaros está só no palco. Troilo – que teve uma longa fala na qual comenta a morte de seu irmão, Heitor, o grande personagem e herói da peça – se afasta. O jovem personagem-título não morre em cena, como deveria. Na *Ilíada* e em textos subsequentes, Troilo é morto por Aquiles, que o surpreende junto a uma fonte. Por sua vez, Aquiles é morto por Páris com uma flechada no calcanhar, quando ia ao encontro da princesa troiana Polyxene, por quem se interessara. Mas Shakespeare não está nada preocupado com detalhes fiéis ao mito. Ele apenas usa a Guerra de Troia como pano de fundo para desenhar um grupo de personagens dignos de uma peça "desagradável".

Troilo paga o preço da enorme fé que depositava no amor, próxima daquela ingenuidade que parece perseguir tantos personagens de Shakespeare. Ele paga o preço da credulidade dedicada a Créssida da mesma forma que Páris pagará com a morte sua dedicação a Helena. Na encenação de Byam Shaw, o jovem Troilo é deixado sozinho no palco, a espada em punho, um homem ainda cheio de coragem para enfrentar a noite e a morte inevitáveis. Troilo torna-se o símbolo de tudo o que é perdido. Um final pesado e sólido para uma peça que, em última análise, não tem um fim definido, como veremos.

Ao pensar na Guerra de Troia, os primeiros personagens que vêm à mente são Helena e o jovem Páris, que, ao se ver apaixonado por ela, no que é correspondido, foge para Troia. Na peça, Helena não foi raptada: seguiu o homem com quem queria ficar. Foi esse o fato que deslanchou a guerra. Menelau, o marido traído – que na peça é chamado a toda hora de "corno" ou "chifrudo", com o desrespeito digno de uma comédia –, com o apoio de outros generais gregos, reúne uma frota enorme para atacar Troia, de onde ele esperava ser bem fácil recuperar a linda Helena, aquela a respeito de quem Christopher Marlowe, evocando sua rara beleza, escreveu este verso inesquecível na sua peça *Fausto*: "O rosto que lançou mil navios ao mar."

Shakespeare não trata dos antecedentes da guerra, tampouco do seu início. Chegamos à sua Troia no final do longo e exaustivo cerco que já durava dez anos. Não haveria aqui um evidente eco da luta entre a Inglaterra e a Espanha? A Invencível Armada ameaçara a Inglaterra pela primeira vez em 1588; em 1601 fazia então treze anos que esse cerco se iniciara, e a Espanha ainda era vista como uma ave negra às margens do golfo da Biscaia.

Evidentemente, Helena já não é mais tão jovem, mas ainda é uma mulher muito amada. Há um momento em que os troianos, reunidos, discutem uma questão que devem ter debatido infinitas vezes durante os dez anos de cerco, de uma guerra que acaba por apodrecer. O rei Príamo já era idoso quando a Guerra de Troia eclodiu, não tinha forças para lutar. Limitava-se a presidir o conselho, do qual participavam todos os seus filhos. Eram muitos, mas Shakespeare põe em cena apenas quatro, além de Troilo: Heitor, Páris, Heleno e Deífobo. Diz a lenda que sua mulher, Hécuba, célebre pela fecundidade, teve muitos mais filhos do que seria possível imaginar. Ora se fala em catorze, o que é razoável; ora em dezenove, o que é espantoso; e até em cinquenta, o que só pode pertencer ao lendário. Das quatro filhas mais citadas, só aparece na peça a famosa Cassandra, a quem o deus Apolo dera o dom da profecia e cujas previsões eram quase sempre funestas.

O primeiro encontro do público com a chefia troiana ocorre na segunda cena do segundo ato, no palácio de Príamo, onde ele e os filhos discutem a respeito do caminho que devem tomar. Mas dessa vez há algo que os leva a sérias considerações: Príamo havia recebido de Nestor, que comandava um contingente de noventa navios gregos no cerco de Troia, uma proposta.

> Devolvam-nos Helena e nossos sacrifícios
> de honra e tempo, de trabalho e de despesas,
> ferimentos, amigos, tudo que esta guerra devorou
> para alimentar a sua fome incessante
> será esquecido.

Príamo quer ouvir a opinião de Heitor, o filho que dirigia as decisões da Assembleia e os rumos da guerra. Ele concorda, dizendo:

> Desde que a primeira espada foi sacada
> entre milhares de guerreiros dizimados
> nenhum era menos querido do que Helena.
> E se tantas dezenas dos nossos perdemos
> para guardar o que não tem o nosso nome
> nem vale ao menos dez de nós, qual o mérito
> que há em não mandar esta mulher de volta?
> (Ato II, cena 2)

Páris é contra, obviamente, e apela para a perda de dignidade dos troianos, se aceitarem a proposta de Príamo:

> Senhor, eu não proponho apenas para mim
> o prazer que tal beleza traz consigo.
> Mas quero anular a mancha do seu rapto
> conservando-a honradamente junto a mim.
> Seria trair a rainha conquistada,
> desgraça para a vossa dignidade,
> vergonha para mim, abrir mão da sua posse
> em termos tão constrangedores. Como é
> possível exigência assim degenerada
> penetrar fundo em vossos peitos generosos?
> Não há entre nós coragem ainda que fraca,
> um coração que ouse, espada que se erga
> para defender Helena, ninguém tão nobre
> que desse a vida e honrasse a sua morte
> sacrificando-se por ela? Portanto, eu digo,
> podemos lutar por Helena, pois sabemos
> que não há nada que a iguale em todo o mundo.
> (Ato II, cena 2)

Troilo também se coloca ao lado do irmão, mas a voz da razão de Heitor se faz ouvir, quando diz:

> Páris e Troilo, os dois falaram bem.
> Sobre a causa e sobre a questão ora em litígio
> fizeram menção ligeiramente, não muito
> diferente dos jovens a quem Aristóteles
> dizia não serem adequados para ouvir
> filosofia moral. As razões que alegam

> servem mais à ardente paixão de um coração
> desordenado do que justa distinção
> entre certo e errado. Prazer e vingança
> têm ouvidos mais surdos que as afrontas
> à voz de qualquer decisão justa. A natureza
> exige que os direitos sejam devolvidos
> ao seu dono. Existe dívida maior
> que a da esposa para com o seu marido?
> Se essa lei da natureza for corrompida,
> por paixão, e grandes homens, por indulgência
> em parte e por inércia, a ela resistirem,
> há uma lei entre as nações civilizadas
> para tolher esses desejos sem controle,
> os mais refratários e desobedientes.
> Se Helena for assim mulher do rei de Esparta
> como é notório, leis morais, da natureza
> e nações, clamam que seja devolvida.
> Persistir no erro não o atenua, só
> torna mais grave. Essa é a opinião
> de Heitor, para ser franco.
> (Ato II, cena 2)

Mas suas palavras finais contradizem frontalmente tudo o que foi dito até então, quando ele sumariza o seu parecer de uma forma que não deixa de ser surpreendente:

> Contudo, meus jovens
> irmãos, minha tendência é conservar Helena,
> já que a causa diz respeito à honra de todos
> e à dignidade de cada um de nós.
> (Ato II, cena 2)

A noção de honra e dignidade está acima de tudo e justifica um ato que nada teve de honroso ou digno. Todos sabiam que, por mais sincero que fosse o amor entre Páris e Helena, não havia argumentos sólidos que justificassem o fato de o troiano ter ido a Esparta e saído de lá levando consigo a mulher do rei Menelau, por mais honra e dignidade que fossem evocadas.

Helena nunca foi devolvida espontaneamente aos gregos, e os resultados foram funestos para Troia. Mas, ao final, Helena saiu-se muito bem. Diz o mito que, após a morte de Páris, ela se ligou a Deífobo, seu cunhado, que seria morto e mutilado por Menelau, depois de Helena ardilosamente esconder as armas de Deífobo para que este não pudesse se defender. Ela teria dado o sinal para os gregos assaltarem a cidade, agitando uma tocha no alto da cidadela. A adúltera não hesitou em trair toda a estirpe do amante.

O mito reforça ainda a sua categoria de *femme fatale* por excelência da Antiguidade clássica, acrescentando este detalhe saboroso à sua história: quando Menelau foi defrontar-se com ela, Helena o recebeu nua. Assim, ele controlou seu ímpeto vingativo e se reconciliou na hora com a bela adúltera. Diante de tudo isso, os deuses concederam imortalidade para o casal, que passou a viver eternamente no aconchego dos Campos Elísios.

Quanto a Páris, sua atuação na guerra não foi das mais brilhantes. Ele era melhor amante do que guerreiro, obrigado que foi por seu irmão Heitor a combater. Mesmo assim, escondido atrás de uma estátua de Apolo, surpreendeu Aquiles e o matou, atingindo-o com uma flecha no seu único ponto vulnerável, o calcanhar. Por outro lado, a morte do próprio Páris é atribuída a uma flechada de Filoctetes, que foi protagonista de uma peça de Sófocles escrita em 408 a.C.

Embora a Guerra de Troia tenha sido provocada por Páris e Helena, eles não são, curiosamente, os personagens centrais da peça. É Troilo que aparece logo na cena de abertura. Conversando com o alcoviteiro Pândaros, ele se lamenta, com sinceridade: "Que o troiano que comanda seu coração,/ vá à luta; Troilo não é mais dono do seu" (ato I, cena 1). Em seguida, ele confessa seu amor por Créssida, que não o deixa pensar em nada mais. Esse é o romance que interessa, que dá título à peça.

Helena só será vista no começo do terceiro ato, numa pequena cena com Páris e o alcoviteiro Pândaros. Enquanto os guerreiros da família troiana lutavam, Páris ficou para trás, já que Helena não queria que ele partisse. Por incrível que pareça, o "rosto que lançou mil navios ao mar" só aparece nessa breve cena, com apenas dezesseis falas.

Se Helena e Páris tudo provocaram, por que não seriam os personagens centrais? Sem dúvida, porque a peça não tem seus nomes no título. Tampouco ela poderia chamar-se "A Guerra de Troia", já que não se trata de uma peça sobre essa guerra, e sim contra a futilidade, a inutilidade, o absurdo de todas as guerras. Acima do amor e da guerra estão os valores humanos e, mais importante ainda, as falhas e as imperfeições humanas. De qualquer forma, Helena não tem participação importante na peça pelo fato de não ser um personagem caro a Shakespeare, que às vezes implicava com algumas das suas próprias criações. Se ela não agrada ao autor com a sua lascívia destruidora, ele não lhe dá tempo e material para conquistar o espectador. Ela poderia enganar a todos, mas não certamente ao grego Ulisses, que bem a conhecia. Homem de grande vivência, vasta sabedoria e compreensão política, ele sabia ler as pessoas. Assim, quando a troiana Créssida chega ao acampamento grego e Ulisses a vê, desenha seu retrato perfeito, prova do seu agudo sentido de observação e capacidade de julgamento.

> Seus olhos, rosto, lábios têm uma linguagem,
> falam seus pés. Sensualidade se revela
> em cada gesto, cada movimento do corpo.
> Essas impudentes com suas línguas soltas,
> ficam íntimas antes do momento certo,
> expõem o mais secreto dos seus pensamentos
> para o primeiro que o queira. Que sejam
> tidas como fáceis despojos a colher,
> já que elas não passam de filhas do prazer.
> (Ato IV, cena 5)

Habituados a Helena, os gregos não se deixariam levar por Créssida.

Heitor desafia o invencível Aquiles para um combate. Na peça, este é mostrado como um homem sempre mal-humorado, grosseiro, intratável, orgulhoso, covarde e perigoso – um acúmulo de características negativas. Aquiles se recusa a lutar. Quem comunica suas razões para fazê-lo é seu amigo mais chegado, Pátroclos, que leva a seguinte resposta para Agamêmnon, o grande general grego, que a ouve estarrecido:

> Aquiles pede para vos dizer que sente
> muito se algum outro motivo além do vosso
> prazer e distração trouxe Vossa Grandeza
> e tão nobre cortejo para visitá-lo.
> Ele espera que tudo que desejais
> possa ser, para o bem da vossa digestão
> e vossa saúde, uma volta ao ar livre.

Agamêmnon interfere e fala:

> Escuta, Pátroclos, nós conhecemos bem
> essas respostas, mas tais pretextos
> assim lançados sobre as asas do desprezo
> não podem ultrapassar nossa compreensão.
> Muitas virtudes ele tem e há motivos
> para que as reconheçamos. Mas todas elas,
> não sendo empregadas virtuosamente,
> perdem o brilho perante nossos olhos,

> e como belas frutas em um prato impuro,
> podem apodrecer sem serem degustadas.
> Diz que estamos aqui para falar com ele,
> e acrescenta que o julgamos muito orgulhoso
> e menos honesto, grande em sua presunção
> que pelo parecer alheio. E que ele saiba
> que outros mais dignos que ele submetem-se,
> disfarçam a força sagrada do seu poder
> para suportar com indulgência as pretensões
> fantasiosas, observar seu mau humor
> indo e vindo, como se o fluxo desta guerra
> obedecesse à maré da sua vontade.
> Diz isto e mais: caso se faça de rogado
> prescindiremos dele e, como uma máquina
> sem uso, vamos pôr de lado lhe dizendo:
> "Arranjemos outro, este não vai à guerra.
> É preferível termos um anão que ande
> a um gigante que está sempre adormecido."
> (Ato II, cena 3)

A única maneira de fazer Aquiles se animar para a luta é anunciar que escolheram outro guerreiro para tomar seu lugar: Ajax, que ocupa um dos degraus mais baixos na escala de inteligência entre os guerreiros gregos.

Shakespeare toma o partido dos troianos na peça. E o faz abertamente. Há uma intrigante observação de Terence J. B. Spencer no seu livro *Fair Greece, Sad Relic* [Bela Grécia, triste relíquia], no qual menciona o desprezo excessivo que os elisabetanos dispensavam aos gregos, o que é corroborado por Shakespeare no seu retrato de Aquiles. O grego Tersites é também um dos tipos mais desagradáveis que o dramaturgo já criou.

Do lado troiano, vê-se o alcoviteiro Pândaros, um dos mais bem desenhados personagens de Shakespeare, crítico mordaz, de um humor preciso e quase sempre licencioso. Seu irmão Calcas é o pai de Créssida, que se aliou aos inimigos, embora não se saiba exatamente o motivo. É um papel pequeno, sem muita expressão, mas o personagem assume grande importância por ser o responsável pela inevitável separação dos amantes. Desertor dos troianos, aparece pela primeira vez na terceira cena do terceiro ato e fala diretamente a Agamêmnon, irmão de Menelau, lembrando "os serviços que lhes prestara", embora sem especificar quais haviam sido. Como recompensa, Calcas faz um pedido que, ele acredita, não seria recusado. O troiano Antenor havia sido feito prisioneiro. Calcas propõe trocar o guerreiro por sua filha. Assim, Créssida poderia ficar com ele. Isso irá provocar o drama dos amantes, que são separados. E se trata de um drama, não uma tragédia, porque as consequências do relacionameno entre Troilo e Créssida não são nada parecidas com as de outro casal jovem e apaixonado: Romeu e Julieta.

De fato, é possível estabelecer alguns pontos de relacionamento entre eles, como a presença da ama. Ela é, à sua maneira, uma alcoviteira. Mas Pândaros não tem, como ela, cenas da melhor comédia, inigualáveis. Uma dessas cenas se dá quando a ama volta do seu primeiro encontro com Romeu e conta a Julieta as "boas" e honrosas intenções do "garoto". Sim, porque Romeu é um garoto de dezesseis anos e Julieta tem catorze, diferentemente dos protagonistas Troilo e Créssida. A ama não teria dado o seu apoio à noite em que eles passam juntos se não tivessem sido casados por frei Lourenço. Além do mais, Shakespeare sabia que na Itália, onde a peça se passava, as leis morais eram bem mais estritas. Quando casou com Anne Hathaway, ele aos 18 anos e ela aos 26, já tinham um relacionamento, tanto que ela casou grávida. Mas isso não afetou a sua reputação na pequenina sociedade em que viviam, como aconteceria na Troia sobre a qual escreveu. Em uma família na qual um dos filhos vivia havia mais de dez anos com uma mulher casada que ele roubara do marido, mais um romance extraconjugal não teria importância.

Pândaros não tem grandes cenas na peça, contudo o seu personagem é tão divertido e cativante que se insere entre os melhores papéis da riquíssima coleção shakespeariana. A sua moral é, digamos, elástica. Troilo diz a ele:

> Ó Pândaros! Confesso-te, amigo Pândaros –
> Afogaram-se todas as minhas esperanças
> nem queiras tu saber a que profundidade
> 'stão mergulhadas. Digo-te que fiquei louco
> de tanto amor por Créssida. Dizes que é bela,
> e numa chaga aberta no meu coração
> mergulhas teus olhos, cabelos, rosto, andar
> e voz. Tens as palavras dela nas tuas mãos,
> brancas que tudo é tinta escura perto delas
> escrevendo que tudo mais é imperfeito,
> que até mesmo as plumas dos cisnes ficam ásperas
> e a própria sensação do tato fica dura
> como a palma de um trabalhador. E me dizes
> tudo com verdade, como digo que a amo,
> e me dizendo, em vez do óleo e do bálsamo
> enterras nas feridas que me fez o amor
> a faca que as abriu.

> PÂNDAROS: Só estou dizendo a verdade.
> TROILO: Não disseste tudo.
> PÂNDAROS: É verdade, não quero me envolver. Deixe-a ser como é. Se for bonita, melhor para ela. E, se não for, tem meios à mão para fazê-lo.
> (Ato I, cena 1)

Mas Pândaros, como bom alcoviteiro, exerce a sua função e, quando tem tudo preparado, exulta:

> PÂNDAROS: Então vão, o acordo está feito. Selem-no! Selem-no! Dê-me a tua mão, e a tua, minha sobrinha. Se jamais forem infiéis um com o outro, já que tive tanto trabalho para juntar os dois, que todos os pobres alcoviteiros sejam chamados pelo meu nome até o fim do mundo: que sejam conhecidos por Pândaros. Que todos os homens constantes sejam Troilo e todas as mulheres falsas sejam Créssidas, e todos os intermediários sejam Pândaros.
> [...]
> Assim sendo, vou lhes mostrar um quarto e uma cama e, para que ela não comente seus belos embates, pisem nela até matá-la. Agora, vão. Que Cupido dê a todas as donzelas de boca fechada aqui presentes quarto, cama e um Pândaros para preparar a festa.
> (Ato III, cena 2)

Depois de uma noite juntos, Troilo e Créssida se separam num clima parecido com o de *Romeu e Julieta*. As separações são motivadas por razões diferentes. Romeu é obrigado a partir por uma imposição real: se não deixar Verona, sofrerá as consequências. Vale relembrar aqui a linda cena de despedida, já que é possível compará-la com a história de Troilo e Créssida:

> JULIETA: Já vais partir, Romeu? Ainda não é dia.
> Foi o rouxinol, não foi a cotovia
> que feriu de temor profundo os teus ouvidos.
> À noite, ela canta no pé de romã.
> Acredita-me, amor, que era o rouxinol.
> ROMEU: Era a cotovia, mensageira da aurora,
> não o rouxinol. Vê os invejosos raios
> que enfeitam as nuvens no horizonte ao longe.
> (*Romeu e Julieta*, ato II, cena 5)

A amargura de Romeu era incomensurável. Ele acabara de usufruir de um prazer único: aos dezesseis anos, fazer amor com alguém pelo qual estava realmente apaixonado. E chegara a hora de partir, não havia opção.

No caso de Troilo, não. O ato físico saciou a sede, aplacou os desejos, pelo menos momentaneamente. Ele ainda não fazia ideia de que teria de se separar de Créssida. A sua amargura é contra o tempo.

> Troilo: Ó Créssida! Se apenas o dia ocupado,
> que a cotovia acordou, despertasse as gralhas
> torpes, se a noite sonhadora deixasse
> velar as nossas alegrias por mais tempo,
> não te abandonaria.
> Créssida: A noite foi tão breve.
> Troilo: Maldita feiticeira! Lenta ela se arrasta;
> como o inferno, junto aos seres venenosos,
> foge aos abraços do amor com asas mais rápidas
> que o pensar. Vais sentir frio e me maldizer.
> (Ato IV, cena 2)

O contraste entre o amor de Romeu e Julieta e o de Troilo e Créssida é marcante. Nos amantes de Verona, há uma pureza que a atração física não consegue eliminar. E por mais ativa, promíscua e até viciosa que tenha sido a vida sexual de Romeu até aquela noite no baile de máscaras, o jovem que saltou o muro da casa dos Capuleto foi até lá simplesmente para namorar. Na companhia de seus amigos, sobretudo Mercúcio, as suas noitadas estavam longe de ser farras de principiantes. A longa e famosa fala de Mercúcio sobre a rainha Mab está repleta de referências rudes, explícitas e grosseiras sobre sexo. A grande maioria delas é intraduzível, e é incompreensível até mesmo para o grande público inglês de hoje, a não ser que leiam o texto com a ajuda de um glossário ou do utilíssimo volume de Eric Honeywood Partridge (1894-1979), *Shakespeare's Bawdy* [Shakespeare lascivo].

Apesar da fixação "adulta" de Romeu por Rosalina, por quem acredita estar apaixonado, a impressão que transmite do seu sentimento por Julieta é de imensa pureza. Quanto a ela, não podia ser diferente, afinal Julieta tem só catorze anos. É verdade que a ama, mulher do povo que fala sem rodeios, pode dar informações que a mãe não lhe daria. Na cena em que diz a Julieta que vá ter com Romeu na igreja, as palavras da ama são:

> Então, corre à cela de frei Lourenço
> onde te espera um marido para te fazer
> mulher. Olha o sangue que sobe às tuas faces,
> que enrubescem só de ouvir estas notícias.
> Corre até a igreja, que eu vou para o outro lado
> buscar a escada com que o teu amor

subirá ao ninho tão logo fique escuro.
Pelo teu prazer eu peno e fico exausta
mas vais arcar com o peso assim que seja noite.
(Ato III, cena 2)

Ao longo da peça, descobre-se quem é Troilo e tudo o que ele sente, um homem que extravasa sentimentos sem o menor controle. O amor o isola do mundo da guerra. Ele nunca é visto ao lado dos grandes guerreiros, porque não é um deles. Logo no início, ele confessa a Pândaros:

Os gregos são fortes, hábeis na sua força,
violentos na destreza, valentes na fúria.
Sou fraco como a lágrima de uma mulher.
(Ato I, cena 1)

O amor não lhe dá a ousadia de um Romeu: parece doer tanto que o enfraquece. Ele pede a Pândaros: "Arranca as asas coloridas de Cupido/ faça-me voar onde está Créssida." Mas, ao sentir que ela está próxima, Troilo sente desfalecer:

'Stou tonto. A expectativa me enche de vertigem.
A delícia imaginada é tão doce
que encanta meus sentidos. Que irei sentir
quando esta boca úmida provar realmente
o decantado néctar do amor? Receio
que será a morte, a destruição toma conta
de tudo, um prazer tão diferente e sutil,
demasiadamente doce para o meu rude
sentir. Eis o que receio, como receio
também meus sentidos perdidos na alegria
como na batalha quando os vencedores
se atiram sobre o inimigo em fuga.
(Ato III, cena 2)

Não, não se trata de um amante heroico. Há, inclusive, algo de feminino em seu espanto maravilhado diante da sua capacidade de amar. No entanto, esse jovem devorado de desejo puramente carnal por Créssida (e o desenho que Ulisses fez dela dá a impressão de que existem duas Helenas entre os homens, não apenas uma) nem por um momento sugere a possibilidade de casar-se com ela. Por mais amor que haja em Troilo, nem de longe ele pensa em assumir compromisso com Créssida. Ele quer é apenas a satisfação física, nada mais. É um herói romanesco, sem dúvida, consumido por um delirante ardor sensual. Quando diz que está "devorado de amor" por Créssida, Troilo usa o substantivo errado: ele está é devorado de *luxúria*. Mas como admitir? Luxúria em Troia é privilégio de Páris e Helena; entre os gregos, é de Aquiles e Pátroclos, a quem Tersites, com costumeira grossura, chama de "a rameira masculina" de Aquiles.

Por outro lado, é curioso que um rapaz tão jovem como Troilo, que deve ter menos de vinte anos, possa admitir isto para a sua amada: "Esta é a monstruosidade do amor, minha senhora: a vontade/ é infinita, mas a ação é escrava do limite" (ato III, cena 2).

Créssida, com o conhecimento de causa que faz dela uma autêntica "filha do prazer", como Ulisses a definiu, conclui: "Dizem que todos os amantes juram fazer mais do que conseguem e prometem sempre feitos que não podem executar, jurando que atingirão a perfeição de dez, mas alcançando apenas um décimo do prometido."

Por mais jovem que seja, Créssida não tem grandes ilusões, muito menos esperanças no que diz respeito aos deslumbramentos sensuais.

Créssida é linda (não mais do que Helena, evidentemente), é sensual, muito segura de si, possuidora daquela firmeza serena das perfeitas mentirosas. Não há nela nada da famosa fragilidade feminina. Nasceu traidora. É muito mais mulher fatal do que Helena jamais será. Helena é a mulher que tudo fez (de errado) por amor. Créssida é ardilosa demais para isso. Ela pode parecer leviana, mas é, no fundo, devassa. Pode dar a impressão de ser uma jovem que se deixa levar pelo amor, no entanto é insensível, perversa; toda ela é uma artimanha extremamente bem urdida. Muitos críticos, ao falarem dela, se lembram da mulher morena dos sonetos, a grande magia sensual, o mistério do corpo ligado à candura de um verso bem-feito. Troilo é comandado por um descontrole romântico quase doentio. Créssida pensa no que vem a ser o amor antes de se entregar a ele, se é que de fato se entrega, ardilosa como é.

Um dos mais belos momentos da peça é a despedida dos amantes. Créssida faz a terrível pergunta:

> CRÉSSIDA: É verdade que terei de me ir de Troia?
> TROILO: Verdade horrenda.
> CRÉSSIDA: Quê? Deixar Troilo também?
> TROILO: Deixar Troia e Troilo.
> CRÉSSIDA: Mas não é possível!
> TROILO: Imediatamente. A sorte cruel não deixa
> tempo para despedidas e precipita
> todas as esperas, rouba brutalmente
> beijos aos nossos lábios, impede com força

nossos abraços apertados, estrangula
juramentos na hora em que estão nascendo.
Nós dois, que com tantos milhares de suspiros
nos compramos, vamos nos vender pobremente
ao preço de um triste murmúrio concedido.
O Tempo injurioso, co'a pressa de um larápio,
acumulou seu furto, e nem sabe como
empilhou as riquezas que roubou.
Com tantos adeuses, tão numerosos quanto
há estrelas no céu, ele nos reduziu
a um adeus e a um esfaimado beijo
sem sabor nenhum, tanto é o sal das nossas lágrimas.
(Ato IV, cena 3)

Logo antes do final da segunda cena do terceiro ato, quando Pândaros encaminha o casal para o quarto onde passarão sua primeira noite juntos, Troilo fala em fidelidade e Créssida afirma que nesse campo ela o enfrentará de igual para igual. Ao que ele, no seu entusiasmo apaixonado de sempre, irrompe:

Ó combate virtuoso!
Quando a lealdade luta com a lealdade
qual das duas será a mais leal? Um dia
os amantes terão Troilo como exemplo
da sua fidelidade. Quando sua poesia
cheia de protestos, juras e comparações,
quando sua fidelidade se exaurir
de repetir que é fiel como o aço,
como a giesta é fiel para com a lua,
como o sol ao dia, a pomba ao companheiro,
como o ferro ao ímã, como a Terra ao centro,
assim, após todas as comparações
com a verdade, a fidelidade irá
citar a mim como verdadeiro autor.
"Fiel como Troilo" vai coroar seu verso
e santificar seu número.

E Créssida completa:

Se eu for falsa e me afastar da verdade
um fio de cabelo, e quando o próprio tempo
se esquecer de si, quando as pedras de Troia
forem gastas pela chuva e o esquecimento

anular as cidades e grandes estados
desaparecerem na poeira do nada,
que a memória, de falsidade em falsidade,
em meio a falsas donzelas apaixonadas,
denuncie a minha. E quando eles disserem
tão falsa como água, vento e o sal da terra,
como raposa, cordeiro, lobo ou novilha,
do leopardo à cerva, da madrasta ao seu filho,
deixem-nos dizer, para juntar falsidade
ao coração: "Tão falsa quanto Créssida."
(Ato III, cena 2)

A realidade, porém, é bem outra. O jovem encarregado de levar Créssida para o acampamento grego é Diomedes, e ela irá se deixar envolver por ele. Troilo, que assiste escondido a um encontro entre os dois, não pode acreditar no que vê. Na maior das angústias, o jovem se pergunta:

É ela? Não, esta é a Créssida de Diomedes.
Se a beleza tiver alma, não é ela.
Se almas guiam as fés, e se a fé for santa,
se a santidade dá alegria aos deuses,
se a unidade tem sua lei, não era ela.
Ó raciocínio delirante, que faz o pedinte
ser contra e a teu favor ao mesmo tempo.
Contraditória autoridade, que à tua frente
a razão se revolta sem se perder
e a perda tudo aceita sem revolta.
Esta era mas não era Créssida.
Começa na minh'alma uma luta estranha,
uma coisa inseparável que divide
ainda mais o céu da terra. Nem mesmo assim
a brecha imensa desta separação
não dá passagem sequer para o fio
de Ariadne. Ó prova! prova tão forte
como as portas de Plutão! Créssida está
ligada a mim pelos elos do céu. Prova,
prova tão forte quanto o próprio céu.
Os elos celestes são desfeitos, dissolvidos,
afrouxados, e com um outro nó,
com os cinco dedos feito, sobras da sua fé,
nacos do amor, pedaços, fiapos, restos

viscosos da sua maculada honra,
são colhidos por Diomedes.
(Ato V, cena 2)

Troilo e Créssida nunca mais se encontram. Pândaros entrega a ele uma carta enviada pela jovem e quer saber seu teor, ao que Troilo responde:

Palavras, palavras, só palavras, que não vêm
do coração. Não trazem nenhum sentimento.
(*Ele rasga a carta.*)
Vento, vai com o vento e com ele mude.
Ela alimenta com palavras e erros meu amor
mas é para outro que volta as suas ações.
(Ato V, cena 3)

Nada na peça é resolvido. Não há um desfecho para a guerra. Não há desfecho para o amor, que termina com a carta rasgada. Troilo descobre a falsidade de Créssida e não toma nenhuma atitude. Aceita o papel de amante enganado e não dá um passo sequer para enfrentar as circunstâncias. No entanto, quando se discute a devolução de Helena aos gregos, ele enfrenta o próprio pai, mostrando-se favorável a conservar em Troia a causadora de tantas desgraças. Harold Bloom sugere que Troilo considera Créssida inferior a Helena. Possuir a grega traria mais glória para Troia do que conservar Créssida para ele mesmo. E não esqueçamos que nem uma vez ele aventa a possibilidade de se casar com Créssida.

Morrer na guerra talvez seja uma solução. Ele luta com Diomedes, mas não o mata. Tampouco morre em cena, como seria condizente com o herói que dá título à peça. Cabe a Troilo, entretanto, uma bela fala final, na qual lamenta a morte do grande Heitor, seu irmão – no fundo, o verdadeiro herói de uma peça que tem a Guerra de Troia como pano de fundo. Troilo está para o amor como Heitor está para a guerra.

E, no fim, há um breve encontro entre o amante machucado e o velho alcoviteiro, a quem Troilo finalmente repudia, dizendo:

Fora daqui, lacaio alcoviteiro. Que a vergonha
e a ignomínia sigam tua vida e estejam sempre
ligadas ao teu nome.
(Ato V, cena 10)

- A GUERRA EM *TROILO E CRÉSSIDA*

Troilo e Créssida pode ser considerada uma peça shakespeariana injustamente esquecida. Digo injustamente porque, quanto mais fui me familiarizando com ela, mais compreendi seu grau de importância na obra de Shakespeare. Não é uma peça perfeita. Muitos a colocam entre as tragédias, mas ela não chega a exigir dos seus heróis (há pelo menos dois entre os troianos: os irmãos Troilo e Heitor) a submissão à vontade implacável dos deuses, contra os quais não há nada a fazer. Nessa peça, os personagens são vítimas dos próprios erros, e por essa razão muito mais dramáticos do que trágicos. É uma peça de classificação intrigante. Quando da publicação do *First Folio*, em 1623, os editores John Heminges e Henry Condell ficaram em dúvida. Inseriram-na depois de *Romeu e Julieta*, como uma tragédia de amor numa espécie de terra de ninguém, entre as histórias e as tragédias.

É uma peça incompleta, pois as duas tramas centrais — o amor e a guerra — não chegam a uma conclusão satisfatória. São dois temas centrais extremamente importantes, sempre recorrentes na obra shakespeariana. Ao mesmo tempo, é uma peça política, na qual a voz de Ulisses representa o que pode haver de mais perfeito em matéria de lucidez. Ele não é só um guerreiro: é um filósofo.

Shakespeare não está preocupado em contar detalhes sobre a luta. Na maioria das suas peças históricas, ele não perde muito tempo no início e vai logo ao ponto central. Eis o prólogo de *Troilo e Créssida*:

> Em Troia está a cena. Das ilhas da Grécia
> os orgulhosos príncipes, de sangue ardente,
> ao porto de Atenas mandaram seus navios
> carregados das mais cruéis armas de guerra.
> Sessenta e nove chefes com títulos nobres
> deixam a baía de Atenas rumo à Frígia,
> tendo todos jurado saquear a Troia
> cujas muralhas protegem a violentada Helena,
> mulher de Menelau, que com Páris dorme.
> Donde a contenda. Os gregos chegam a Tenedos
> e suas embarcações profundas vomitam
> sua carga belicosa. Depois, pelos campos,
> as tropas gregas, frescas e ainda intactas,
> desfraldam suas flâmulas. E as sete portas
> da cidade de Príamo [a Dardaniana,
> a Tímbria, a Ílias, a Chetas, a Troiana
> e a Antenórida], com suas maciças trancas

e sólidos ferrolhos, abrigam os filhos
de Troia. Durante a espera que atiça
ambos os lados, a febre da impaciência
leva gregos e troianos a se arriscarem.
E se eu, Prólogo, aqui apareço armado
não é para defender a pena do escritor
nem a voz do ator, mas como é nosso costume
dizer, caro público, que vamos saltar
sobre as origens e preliminares
desta luta, começando pelo meio,
e mostrar os acontecimentos que cabem
numa peça. Elogiem ou critiquem,
o julgamento é vosso. Ser boa ou ser má,
esta é, afinal, a sorte de uma guerra.
(Ato I, prólogo)

Mesmo assim, a peça segue de perto uma verdade histórica que Shakespeare não deve ter tido dificuldade para tomar conhecimento. Em 1581, Arthur Hall (1539-1605) traduziu dez livros da *Ilíada* de Homero e outros sete foram traduzidos por George Chapman (*c.* 1559-1634) e publicados em 1598. É nessa obra grega que se encontra a alusão a uma jovem chamada Briseis, quem sabe a primeira sugestão de uma Créssida.

Geoffrey Chaucer (*c.* 1343-1400), o pai da literatura inglesa, escreveu, por volta de 1385, em seu *The Canterbury Tales*, um episódio sobre "Troilo and Criseyde".

John Lydgate (*c.* 1370-*c.*1451), que se considerava discípulo de Chaucer, publicou *Siege of Troy* [O cerco de Troia] ou *Troy Book*, uma adaptação em versos da *História troiana*, do siciliano Guido delle Colonne (*c.* 1210-*c.* 1287). Como tudo eram, digamos assim, "empréstimos culturais", a obra do italiano era uma paráfrase em latim do *Roman de Troie* de Benoît de Sainte-Maure (morto em 1173), escrito por volta de 1160. Créssida aparece, mas com o nome de Briseida. Créssida volta a aparecer em *Filóstrato*, do escritor italiano Giovanni Boccaccio (1313-1375).

Shakespeare deve ter conhecido a tradução feita, do francês, por William Caxton (1422-1491), chamada *Recueyll of the Historyes of Troye*, e que foi, curiosamente, o primeiro livro a ser impresso na língua inglesa. Caxton, por sua vez, foi o primeiro impressor.

Em 1532, um poeta escocês chamado Robert Henryson escreveu uma sequência trágica para o episódio de Chaucer, a que chamou de *The Testament of Cresseid*. Nessa versão, Créssida é punida pela sua infidelidade. Segundo uma das lendas, ela perdeu beleza e riqueza, mendigou pelas ruas e terminou seus dias em um leprosário, o que naqueles tempos era o pior dos destinos.

Thomas Dekker (*c.* 1572-1632) e Henry Chettle (*c.* 1564-*c.*1607) escreveram juntos uma *Troilo e Créssida*, montada em 1599, cujo texto foi perdido.

Com tantas fontes, não seria difícil tecer uma trama ao redor dos jovens amantes. Mas, seguindo uma tradição muito própria, Shakespeare fazia as alterações que julgava necessárias. Troilo é um personagem historicamente importante. E Shakespeare deixa o seu caso amoroso sem uma solução concreta: ele e Créssida apenas se separam, e o destino de ambos, na peça, permanece desconhecido.

No longo e violento quinto ato, quase todo composto por uma batalha, Troilo comprova a infidelidade de Créssida, desafia Diomedes, que a seduziu, e é por ele derrotado. Diomedes ordena que o cavalo de Troilo seja entregue a Créssida, como prova de sua derrota. Shakespeare furta do leitor a morte de Troilo porque precisa dele, dramaticamente, para dar fim à peça, ainda que não seja a conclusão ideal.

Como ele e Heitor são os filhos mais importantes de Príamo, era preciso ter Troilo vivo depois de Aquiles ter matado Heitor traiçoeira e covardemente:

> Heitor foi abatido.
> Está morto, e a cauda do cavalo assassino
> com fúria selvagem arrastou seu corpo
> pelos infames campos. Céus tempestuosos,
> apressai vossa fúria. Ó deuses, sentai
> em vossos tronos e sorri para Troia!
> Encurtai vossos golpes, tende piedade,
> não fazei demorar a nossa destruição!
> [...]
> Não falo de fuga, de pânico ou de morte.
> Desafio a todos os perigos com que os deuses
> e os homens ameaçam. Heitor se foi.
> Quem irá contar a Príamo ou a Hécuba?
> Aquele que o fizer será chamado sempre
> de coruja agourenta. Vão a Troia dizer
> que Heitor está morto e estas palavras vão
> transformar Príamo em pedra, as jovens
> em lágrimas, todas as esposas em Níobes,
> a juventude inteira em estátuas frígidas,
> deixando toda Troia apavorada. Vão.
> Heitor morreu. Não há mais nada a dizer.

> Esperem. Suas vis, abomináveis tendas,
> 'stão erguidas com orgulho nas planícies frígias,
> que o Titã do dia se levante e então
> eu as arrasarei uma por uma! E tu,
> grande covarde, nenhum espaço na terra
> vai apartar nosso ódio. Te perseguirei
> sem trégua, qual consciência culpada que evoca
> fantasmas como o remorso os pensamentos.
> Marchemos para Troia. Que a esperança
> da vingança esconda nossa dor profunda.
> (Ato V, cena 10)

Ao fim do conflito, Troilo também seria morto por Aquiles, que o surpreende junto de uma fonte próximo ao templo. Aquiles leva-o para lá e sacrifica-o no altar antes que os troianos pudessem socorrê-lo. Isso não consta na peça. Há outras versões de sua morte, em que se suaviza a brutalidade de Aquiles. Por outro lado, acreditava-se que, se Troilo chegasse a completar vinte anos, Troia jamais seria conquistada. Havia portanto motivos imperiosos para que ele fosse morto.

Da mesma forma, o famoso episódio relacionado com o cavalo de Troia tampouco é evocado. A guerra em si não era o que mais interessava. O romance de Troilo e Créssida parece frágil desculpa para uma peça muito mais enredada com política, escrita em uma época de grande nervosismo, com a rainha Elisabete já velha e doente. Havia insegurança no ar e é exatamente por isso que todas as interferências de Ulisses, com seus longos discursos sobre o equilíbrio do Estado, são muito importantes no tocante ao conteúdo da peça.

Não é, ao fim, uma peça sobre o amor, nem sobre a guerra. Sobre a desilusão e a inconfiabilidade no amor, sim; sobre o absurdo e a inutilidade das guerras, também. Há um personagem fascinante na peça, o escravo Tersites, descrito no elenco como "um grego obsceno e deformado", desrespeitoso e chulo, que resume todos aqueles dez anos de luta inglória com estas palavras cruas, brutais e horrivelmente verdadeiras: tudo ocorreu por causa de "um corno e uma rameira".

Tersites sabe da verdade e da inutilidade da guerra. No auge da sua irritação com a humanidade, lança a sua maldição implacável, como Mercúcio, antes de morrer, fizera sobre as duas famílias em feudo perpétuo em Verona: "Uma praga! uma praga sobre as suas duas famílias!" (*Romeu e Julieta*, ato II, cena 6).

A praga de Tersites é mais ampla e implacável:

> [...] Vingança sobre
> todo acampamento! ou melhor, a boa dor napolitana porque,

acho eu, é a maldição ligada aos que fazem guerra
porque então é tão mais fácil levantar as saias.
(Ato II, cena 3)

A "dor napolitana" a que ele se refere é a sífilis, que os soldados nas guerras do século XVI espalharam por toda a Europa. Foi uma praga que aterrorizou a todos. Há quem acredite que o puritanismo crescente naquela época tenha resultado do pavor da doença, consequência de uma vida dissoluta.

A peça contém grande dose de amargura e, ao mesmo tempo, desrespeito e observações satíricas, sobretudo nas falas do personagem Tersites:

Vejam só quanta bufonaria, quanto malabarismo, quanta
patifaria! A causa de tudo isso são um corno
e uma rameira, uma boa briga para criar facções
rivais e fazer as pessoas sangrarem até morrer. Que a herpes
acabe com tudo isto e que a guerra e a luxúria confundam todos!
(Ato III, cena 3)

Tersites age como o narrador impiedoso de uma peça em que cada um está imbuído da certeza de que luta em nome da honra, acima de tudo. Que honra? Uma guerra estúpida, sem sentido, movida por luxúria, orgulho ferido, um lamentável retrato do ser humano. Quase no final, Tersites testemunha uma luta entre Menelau e Páris, e caçoa:

O chifrudo e o fazedor de cornos se defrontam. Avante,
touro! Ataca, cão! Morde ele, Páris, morde! Vamos, capões
de uma galinha só! Morde ele, Páris, morde! O touro está
ganhando! Cuidado com os chifres!
(Ato V, cena 7)

Tersites é implacável com os outros, mas não deixa de o ser também com ele mesmo. Se ele faz gregos e troianos parecerem ridículos, envolvidos em sua luta inglória, tampouco se poupa. Ajax, um troglodita cuja força se equipara à estupidez, também não provoca medo em Tersites, que se deleita em fazer piadas sobre ele.

Ser satírico é nele um dom de nascença. A humanidade merece ser ridicularizada e ele a poupa menos do que a si mesmo. Tersites a odeia e se aplica em anotar e criticar tudo o que possa haver de sórdido. Ajax é seu alvo predileto. Numa conversa, que não chega a ser uma discussão, ele diz:

Vai, vai, seu cabeça de espuma. Eu tenho mais
cérebro no cotovelo do que tu tens na cabeça! Um burro

podia ser teu professor, seu asno miserável. Tu não
prestas para nada além de liquidar com os troianos e és comprado
e vendido por qualquer pessoa de bom senso como se fosse um escravo bárbaro.
Se ousas me bater eu te pego da cabeça aos pés e
te direi que tu és, pulga por pulga, um sujeito
sem entranhas.
(Ato II, cena 1)

Além de tudo, Tersites não tem medo de dizer o que pensa, não importa para quem. É como um dos bobos que, em outras peças, dizem tudo o que querem sem temer as consequências, porque no fundo da sua agressividade existe um lastro de sabedoria. Ele tem horror ao descontrole que pode fazer do homem prisioneiro dos seus instintos e paixões. Para ele, Pátroclos não passa da "rameira masculina de Aquiles". Não o tolera e diz abertamente:

> Que a maldição comum a toda a humanidade, loucura e ignorância, sejam
> teu vasto apanágio. Que Deus te poupe teres um instrutor, e
> a disciplina nem te chegue perto. Que tuas paixões sejam teu
> guia até a morte.
> (Ato II, cena 3)

Para Tersites, por melhores que as pessoas sejam, todos os que o cercam são tolos. Ele é capaz de julgar severamente os comandantes gregos, a desordem e a indisciplina reinantes nos acampamentos quando diz:

> Agamêmnon é um tolo por querer comandar Aquiles.
> Aquiles é um tolo por se deixar comandar por Agamêmnon.
> Tersites é um tolo por servir dois tolos semelhantes e
> Pátroclos é apenas um tolo.
> (Ato II, cena 3)

Ao fim, quem dá mostras de grande sabedoria e capacidade de sobrevivência é justamente ele. No furor da batalha, no último ato, ele se defronta rapidamente com Heitor e depois com Margarelon, filho bastardo de Príamo. São dois encontros rápidos, nos quais Tersites se revela pelo que é e se sai bem. Quando se vê diante de Heitor, este pergunta:

> HEITOR: O que és tu, grego? És adversário para Heitor?
> És de boa raça e honra?
> TERSITES: Não, não. Eu sou um tratante, um velhaco desprezível,
> um patife imundo.
> HEITOR: Acredito. Podes viver.
> (Ato V, cena 4)

E se sai igualmente bem ao defrontar com Margarelon, na única cena em que esse personagem aparece, quase no final da peça:

> MARGARELON: Volta-te, escravo, e luta!
> TERSITES: Quem és tu?
> MARGARELON: O filho bastardo de Príamo.
> TERSITES: Eu também sou bastardo. Amo os bastardos. Sou bastardo
> de nascença, bastardo por educação, bastardo nas minhas ideias, bastardo
> em valor, sou ilegítimo em tudo. Se um urso não
> morde o outro, por que haveriam de fazê-lo dois bastardos?
> Tome cuidado: esta luta é daninha para tu e eu. Se um
> filho de uma rameira luta por uma rameira ele atenta contra o bom-senso.
> Adeus, bastardo.
> (*Tersites sai.*)
> MARGARELON: O diabo que te carregue, seu covarde!
> (Ato V, cena 7)

Harold Bloom, comentando a peça, diz duvidar de "que alguém possa gostar de Tersites". No entanto, como todo personagem inescrupuloso, mas isento do pecado da maldade dirigida, Tersites é dos mais "gostáveis". Ele pode ter boca suja, mas quantos outros personagens de Shakespeare não têm? Pode ser impiedosamente satírico, mas nunca está errado nas suas observações, mostra-se agudamente perspicaz e só um homem inteligente saberia se safar com vida dos encontros com dois inimigos.

Sua sátira contra a luxúria pode ser encarada hoje como politicamente incorreta, bem como sua crítica impiedosa contra o relacionamento entre Aquiles e Pátroclos. Aliás, essa é a única menção ao homossexualismo em toda a obra de Shakespeare, ao contrário de Christopher Marlowe, que jamais escondeu suas predileções e escreveu uma peça sobre o rei inglês, Eduardo II, cujo homossexualismo o levou à destruição. Por fim, o ódio violento de Tersites contra a guerra é mais do que politicamente correto, apesar de todas as justificativas para se iniciar uma.

Como acontece algumas vezes, há dúvidas se Shakespeare teria escrito todo o texto. O prólogo, por exemplo, foi publicado no fólio de 1623, mas não estava incluído no quarto de 1609. Teria sido escrito por Shakespeare?, perguntam os incrédulos. Muitos consideram o epílogo "fora de propósito" e as últimas cenas, indignas da peça. Em seu livro *The Genuine in Shakespeare*, John M. Robertson (1856-1933) afirma que não foi ele que criou os personagens Pândaros e Tersites – o que não desmerece a participação do debochado escravo na peça, comentarista implacável da facção grega.

Pândaros pode ser um personagem com participação menor no âmbito da comédia, mas é essencial para a trama que une Troilo a Créssida, ele que é o epítome dos alcoviteiros. Mesmo assim, representa um tipo de moralidade indulgente, tão simpática e bem-intencionada que não chega a parecer imoral. A palavra *pander* significa "proxeneta" – e descreve com precisão Pândaros, que é um daqueles papéis que nenhum grande ator inglês deixa passar. Ele contribui com uma saborosa dose de comédia, apesar de muitos não concordarem com seu epílogo amargo, considerado "obscuro e indecente", que fez Harold Bloom comentar que "nenhuma outra peça de Shakespeare termina de forma mais desagradável, com um insulto direto para o público".

Deixando de lado o amor e a comédia, é preciso discorrer sobre a guerra, outro importante tema da história. Antes de escrever *Troilo e Créssida*, Shakespeare já havia escrito *Júlio César* e as peças históricas sobre a Inglaterra, todas com a ocorrência de guerras. Se no passado as guerras ganharam sua atenção, é porque havia um forte motivo histórico, e *Júlio César* marcou a primeira vez em que Shakespeare se voltava para um tema político em um mundo cultural diferente do seu. O mesmo aconteceu com *Troilo e Créssida*.

Shakespeare, como bom e minucioso observador, crítico do universo humano, examinava de perto o mosaico político, o que não quer dizer que sentisse atração especial pelas guerras – muito pelo contrário. Se ele se interessou em analisar os conflitos políticos e as lutas pelo poder, foi justamente para mostrar que o caminho para a desordem e a guerra é a má organização, os maus e incompetentes dirigentes, a desordem no governo. A visão que ele tem da Guerra de Troia é acusatória, ele odeia o desperdício, o inútil, a degradação, a entrega do ser humano ao sórdido e às loucuras que são cometidas em nome de grandes substantivos. Não seria uma guerra heroica, nem heroico o que a provocou: tudo por causa de "um corno e uma rameira", nas palavras de Tersites. Essa guerra teria sido decorrência de um imenso ato de loucura seguido de outro – uma gigantesca frota e tropas empenhadas numa luta que durou dez anos provocada pela luxúria de Páris e Helena. Mesmo os inteligentes, de ambos os lados, acabaram agindo como idiotas. Não se justifica a destruição de um reino por causa de uma mulher, que não o merecia.

Guerra e luxúria caminharam lado a lado. É verdade que os troianos acham razões de romantismo, de amor e sacrifício para encobrir o ato inicial. Para os gregos, há mais o desejo de vingar uma luxúria interrompida, o leito assaltado, o marido traído. Tersites tem toda razão. Um corno revoltado, nada mais do que isso, foi o responsável pela perda desnecessária de vidas. E o escravo, falando abertamente (como sempre) a Aquiles e Ajax, dois guerreiros, diz:

> Vejam Ulisses e o velho Nestor! Seus espíritos já
> estavam embolorados quando vossos avós ainda nem tinham
> unhas nos dedos. Pois muito bem: eles colocam cangas
> de bois sobre vocês e os fazem lavrar até a guerra.
> (Ato II, cena 1)

A julgar pelas duas primeiras cenas da peça, o público poderia pensar estar diante de uma simples comédia, como tantas outras, que tivesse o amor como pano de fundo. Mas em *Troilo e Créssida* o pano de fundo é a guerra, de que logo somos lembrados na terceira cena do primeiro ato, no acampamento grego diante da tenda de Agamêmnon, onde estão reunidos Nestor, Ulisses, Menelau e outros. É aqui que são discutidos os mais sérios aspectos políticos da guerra.

Agamêmnon se refere ao fracasso dos gregos na tomada de Troia, já que "[...] suas muralhas resistiram a um cerco de sete anos [...]". E continua:

> [...] Por que, príncipes,
> com ar esmorecido veem o que fizemos
> e se envergonham? quando a demora não é
> mais do que uma prova a que Zeus nos submete
> para achar perseverança firme nos homens?
> A pureza deste metal não é encontrada
> entre os favores da Fortuna, pois o bravo
> e o covarde, o sábio e o tolo, o artista
> e o iletrado, o forte e o fraco, seriam todos
> igualmente puros. Mas quando sopra o vento
> e a tempestade da sua cólera, então
> a deusa a quem cabem as diferenças
> com imenso e poderoso leque, abana e sopra
> as luzes para longe, e o que possuiu grandeza
> e substância continua sendo rico,
> sozinho e puro com toda a sua virtude.
> (Ato I, cena 3)

É nessa cena que Ulisses tem a sua primeira grande fala. Observou-se que esse personagem, diante da menor provocação, irrompe em discursos intermináveis, fazendo do seu papel um dos mais longos da peça – o que em nada diminui sua importância. As suas falas estão cheias de frases que se tornaram conhecidas citações:

> [...] A perseverança, senhor, conserva a honra luminosa.
> A chegada sorri sempre; a despedida se vai com um suspiro.

Ao olhar de agora o presente de agora agrada.
Um toque da natureza irmana o mundo inteiro.
[...]
(Ato I, cena 3)

Ulisses tem tudo para ser um grande político: ele adora discursar e tem o dom das frases brilhantes, sempre eficientes. É dos que sabem ver de relance e ver fundo; é o que acontece quando Créssida surge à sua frente e ele logo traça o seu retrato perfeito.

Mas nem sempre o retrato que os estudiosos fazem de Ulisses é positivo. Edgar Fripp, por exemplo, acha que ele não passa de um pretensioso, cheio de máximas e artifícios. No entanto, para Alfred Leslie Rowse, "de todos os personagens de Shakespeare, ele é quem expressa mais integralmente a visão do autor". Suas falas expressariam claramente a concepção de Shakespeare sobre a sociedade. Porém outro grande estudioso do dramaturgo, Peter Alexander, parece não ser da mesma opinião.

Bom político ou não, a verdade é que, quando Ulisses se dirige aos compatriotas gregos, todos o ouvem atentamente. Agamêmnon fala da vontade de Zeus, submetendo-os à provação. Ulisses não concorda e retruca, com esta longa e famosa fala.

[...] As disciplinas foram negligenciadas.
Vede quantas tendas gregas estão vazias
e quantas estão vazias de soldados.
Se o general não for como a colmeia
para onde todos devem convergir
quando haverá mel? Porque sem hierarquia
o mascarado é igual a qualquer outro.
Os próprios céus, planetas e este nosso globo
obedecem a grau, prioridade e escala,
regularidade, curso, direção, forma,
proporção, atribuição e hábito,
que observam numa ordem invariável.
Portanto o glorioso planeta Sol
entronizado com destaque em meio a outras
esferas, seu olhar sadio então corrige
o aspecto sinistro de planetas funestos
e se impõe, com autoridade real
e absoluta aos astros bons e maus. Mas quando
eles se atrevem a se afastar, confusos
e culpados, que pestes, preságios, motins,

encapelados mares, tremores de terra,
que comoções nos ventos, horrores, mudanças,
catástrofes, que rachaduras, quantas árvores
arrancadas, perturbando a unidade
e calma dos estados na sua fixa harmonia!
Mas quando o grau é alterado (que é a escada
para os mais altos objetivos), a iniciativa
sofre? Como vão poder as comunidades,
as classes nas escolas, as fraternidades
nas cidades, o tráfego calmo nos rios,
os direitos de primogenitura e nascença,
as prerrogativas da idade, as coroas,
os cetros, os louros, como poderão conservar
seus títulos autênticos na hierarquia?
Removam estes graus, desafinem esta nota
e escutem a dissonância que se segue.
Tudo se choca em declarada luta. As águas
até então contidas deveriam encher
os seios mais altos do que as praias e inundar
a solidez do globo. A violência iria
subjugar os fracos, e o pai seria morto
pelo filho brutal. A força é a justiça
(ou melhor, o justo e o injusto), e entre este choque
infindo está a justiça. Perdendo a identidade
a justiça também a perderia. Então
tudo se resumirá só ao poder sobre
a vontade e esta sobre o apetite, e este
(aquele lobo universal duplamente
apoiado em vontade e poder) fará
do universo a sua presa e ao fim
acabará se devorando.
(Ato I, cena 3)

Sem dúvida, dada a oportunidade, Ulisses toma a palavra e não dá vez a ninguém. Não há quem fale tanto quanto ele.

E como não perdoar Créssida? Com toda certeza, ela era mais do que necessária à trama, para que, com sua infidelidade, reforçasse a fidelidade de Helena a Páris.

O velho rei Príamo, em tempos idos, largara a mulher, Arfisbe, para se unir a Hécuba. Pai adúltero de um exército de filhos. Edgar Fripp considera Páris um sedutor efeminado, a quem Helena (na única cena em que ela aparece) proíbe de guerrear. Ao longo de tantos anos, não há combates todos os dias e há momentos de trégua em que os inimigos podem até mesmo se encontrar, como na cena noturna no início do quarto ato, quando nas ruas de Troia os gregos Enéas, Antenor e Diomedes se encontram com os irmãos Deífobo e Páris, que pergunta a Diomedes quem merece mais Helena. O grego responde, com certa amargura:

> Diomedes: Ambos.
> Ele merece ficar porque a procura
> sem o menor escrúpulo quanto às suas máculas
> com um inferno de dores e um mundo de agruras.
> E tu mereces por havê-la defendido,
> ignorando o amargo sabor da sua desonra
> com grande sacrifício de fortuna e amigos.
> Ele, qual lamentoso corno, quer beber
> a borra de um vinho passado e sem sabor,
> e tu, libidinoso, tem prazer de ter
> herdeiros saídos de flancos de rameira.
> Tudo pesado, ambos merecem, mas ele
> sendo quem é tem mais peso para uma rameira.
> Páris: És muito amargo com uma compatriota.
> Diomedes: Ela é que é amarga com o país. Escuta:
> Para cada gota impura correndo em suas veias
> a vida de um grego se perdeu. Para cada
> partícula do seu corpo imundo, um troiano
> morreu. E desde que começou a falar,
> sua boca não pronunciou tantas palavras
> quanto gregos e troianos mortos por ela.
> (Ato IV, cena 1)

Essa fala permite concluir que não era por amor a Helena que todos os gregos se batiam, mas sim em obediência aos chefes.

O personagem mais nobre entre todos é Heitor, uma figura inegavelmente heroica, digno contraparte de Ulisses entre os gregos. Ele é, de longe, o melhor personagem, e não surpreenderia se a peça se chamasse *Heitor*, como *Júlio César* poderia se chamar *Brutus*, *O mercador de Veneza*, *Shylock* e *Noite de Reis*, *Malvólio*.

Heitor é um soldado bravo, um homem generoso, fiel à sua mulher Andrômaca, e seus conselhos são sempre sábios. Ele é, poder-se-ia dizer, o Príncipe dos Cavaleiros. A sua dignidade como ser humano está acima de tudo. Ele não luta contra Ajax por se tratar de um parente. Não luta com Aquiles porque este não estava em forma, passava dias inteiros na cama, desinteressado e ausente. Mesmo assim, é traiçoeiramente assassinado por Aquiles. Seu corpo, amarrado ao rabo do cavalo, é arrastado até ficar irreconhecível. Isso leva Troilo, depois da bela narrativa sobre o acontecido, a jurar vingança – o que não ocorre, pois Aquiles surpreende e mata o jovem, o que não aparece na peça.

Na primeira reunião do Conselho dos Troianos – que ocorre na segunda cena do segundo ato –, quando devem decidir se aceitam a proposta grega de pôr fim à guerra mediante a devolução de Helena, Heitor expõe seu parecer: Helena não vale a perda de tantas vidas troianas. Troilo reage: se fizessem isso, iriam atingir a honra do rei, algo infinito em comparação com a razão, que para ele será sempre conselheira da covardia.

Troilo diz:

> [...] Se estamos falando da razão,
> Vamos fechar os portões e dormir. Honra
> e hombridade deviam ter corações de lebres
> alimentando o pensamento co'a gordura
> da razão. Que ela e a prudência os fígados
> empalidecem e as energias nos faltam.
> HEITOR: Irmão, ela não vale o que nos custa
> conservá-la.
> TROILO: O valor do objeto não é o que lhe damos?
> HEITOR: Mas não depende da vontade pessoal.
> Seu preço e seu valor intrínseco dependem
> da avaliação daquele que o aprecia.
> É louca idolatria transformar o culto
> em algo maior que o próprio deus.
> E é delírio da paixão dar qualidades
> a um objeto que não é nem a sombra
> do mérito amado.
> TROILO: Hoje eu tomo uma esposa e a minha escolha
> é orientada pela minha vontade,
> e ela foi exaltada pelos meus olhos
> e ouvidos, estes pilotos que navegam
> entre as praias perigosas do julgamento
> e do desejo. Como posso evitar
> (se minha vontade repelir minha escolha)
> a esposa que escolhi? Não há escapatória
> entre fugir ao dever e ser fiel à honra.
> (Ato II, cena 2)

Os mais sérios argumentos entre os troianos são discutidos de forma emocional. Entre eles, há sempre lugar para romance, sacrifício, amor. Levados a um extremo, é quase como se a guerra, o longo e interminável cerco, as vidas já perdidas e as que ainda o seriam se justificassem plenamente, porque estava acontecendo em nome do amor.

Em meio a esse jogo entre amor e guerra, está Troilo, que foi capaz de interceder em favor de Páris quando se discutiu a devolução de Helena, mas incapaz de lutar para reter Créssida quando soube que ela seria mandada para o acampamento grego, ou de mostrar seus sentimentos quando presenciou o comportamento infiel dela ao aceitar a corte de Diomedes.

Não é difícil perceber que Shakespeare toma o partido dos troianos. O autor não pode fazer o que quiser da história. Troia foi, de fato, destruída. Como em todas as guerras, não houve vencedores nem vencidos. Todos saíram perdendo, e podemos ouvir o eco crítico das terríveis palavras de Tersites, acusando e ridicularizando todos os participantes, principalmente os gregos.

Helena, tendo sido a responsável pela guerra, aparece apenas em uma cena sem grande importância. O nome de Agamêmnon no elenco tem destaque. Ele é o general grego, ao passo que Menelau figura apenas como "seu irmão". Na primeira grande cena no acampamento grego (ato I, cena 3), a Menelau cabe apenas um dos 392 versos, no qual ele diz: "De Troia." Na terceira cena do terceiro ato, há mais uma fala monossilábica. E, na primeira cena do quinto ato, ele diz: "Boa noite, meu senhor." Nas cenas de batalha, no último ato, ele passa rapidamente, lutando com Páris, dando margem a que Tersites faça seus comentários sarcásticos. Nada mais.

Agamêmnon se sai melhor. É pomposo, faz sombra ao irmão, tem uma reputação a cuidar: a do homem honesto que gosta de rameiras.

Nestor já estava caduco quando chegou a Troia e não teve muita importância nos acontecimentos. Calsas, por sua vez, é um desertor.

Ajax não passa de um grosseiro sem inteligência, de grande força e coragem, que pretende imitar Aquiles. Na lenda, ele violenta Cassandra, irmã de Troilo.

Diomedes é um dos comandantes gregos, um homem sem rodeios. Quando Agamêmnon aceita a proposta de trocar Antenor por Créssida, ele é que fica incumbido de trazê-la para o acampamento grego. As consequências são conhecidas. É lisonjeiro, arrogante, um cínico, que culpa Helena abertamente diante de Páris – ele que vai fazer exatamente o mesmo com relação a Créssida.

Pátroclos é um parasita, que vive à sombra das glórias de Aquiles e com ele divide todos os momentos de inútil lazer, como se aquela guerra não fosse mais do que férias prolongadas.

Restam os dois grandes personagens da facção grega: Aquiles e Ulisses.

Contrariando a imagem histórica do herói sem mácula, o Aquiles desenhado por Shakespeare prova ser um covarde ao matar Heitor traiçoeiramente e, ao fazê-lo, diz versos que ficam muito abaixo do que se esperaria do confronto de dois heróis. Aquiles surge acompanhado por um grupo de mirmidões e surpreende Heitor, que tinha acabado de tirar a armadura e deixado a espada de lado, já que tivera o seu quinhão de sangue e morte naquele dia. Ele tira o elmo e o coloca ao lado do escudo.

> AQUILES: Vê, Heitor, o sol começa a desaparecer
> e a noite horrenda vem arfando às suas pegadas.
> Com o escurecimento deste sol
> o dia acaba, e acaba a vida de Heitor.
> HEITOR: Estou desarmado, grego, não leve essa vantagem.
> AQUILES: Ataquem, camaradas, ataquem! É este
> (*Heitor cai.*)
> o homem que procuro. E agora, Ílion
> cai também. Troia, agora é a tua vez.
> Aqui jaz teu coração, teus braços, tua força.
> Avante, Mirmidões! gritai com toda a força:
> (*Ouve-se um barulho.*)
> "Aquiles matou o poderoso Heitor."
> (Ato V, cena 8)

Shakespeare parece concentrar o seu repúdio pelos gregos nesse Aquiles orgulhoso, de grande força física e egocentrismo ainda maior, cujo corpo está flácido devido à inércia, à preguiça e ao vício. Se seu amigo Pátroclos não tivesse sido morto por Heitor, Aquiles não teria se lançado à luta para vingá-lo.

Se os troianos têm Heitor, os gregos têm Ulisses, a voz da razão em meio a uma guerra que a ignora. O grande significado das principais falas de Ulisses é que elas refletem o pensamento do próprio Shakespeare, principalmente no seu discurso sobre Harmonia e Caos, que representava o modelo de toda a harmonia na terra, declaração perfeita de ordem moral, que ressalta a suprema importância de observar, em todos os empreendimentos, grau, prioridade e escala. É um grito de alerta para todas as sociedades desordenadas e corrompidas, reforçando a noção de que a falta de disciplina e unidade, sem a ordem essencial, leva ao caos, e isso preconiza o fim da harmonia natural e da civilização humana – o que continua válido nos dias de hoje.

A inação das tropas gregas leva à estagnação, o acampamento se transforma em um ninho de intrigas, as rivalidades levam os chefes enciumados a brigar entre si, pondo em perigo o moral do exército, expondo suas maiores fraquezas em público. Na maior parte das vezes, o heroísmo é posto de lado. Com raríssimas exceções, sobra o retrato lamentável do falível ser humano. Os gregos, contrariando o que se espera deles, parecem estúpidos e animalescos, de intelectos vazios, completamente desassociados da ação.

Outra fala importante de Ulisses refere-se ao tempo. O tema do tempo destruidor (que surgiu em tantos sonetos) reaparece aqui na cena em que Ulisses procura Aquiles na sua tenda, tecendo elogios a Ajax, a fim de com isso despertar o ciúme que irá fazer Aquiles voltar a lutar. Ulisses sabe conduzir a conversa e em um momento diz:

>[...] Ó céus! O que alguns homens fazem
>E outros homens deixam de fazer!
>Como alguns homens sabem entrar no palácio
>da Fortuna enquanto outros se comportam
>como idiotas. Como um homem se alimenta
>do orgulho de outro, e o orgulho se embebeda
>com sua vaidade. Veja os senhores gregos
>abraçando o pesado Ajax pelos ombros
>como se seu pé pisasse o tronco de Heitor
>e a grande Troia sucumbisse.
>AQUILES: Acredito. Passaram por mim como passam
>os avarentos perto dos mendigos, sem
>nada dizer, sem me olhar. Será possível
>que já se esqueceram de todos os meus feitos?
>ULISSES: O tempo tem, senhor, um alforje nas costas
>onde recolhe esmolas para o esquecimento,
>um enorme monstro de ingratidões.
>Sobras de boas ações passadas, devoradas
>assim que foram feitas, logo esquecidas.
>Perseverança, meu caro senhor, mantém
>a honra brilhante. Ter feito é estar
>fora de moda, como uma malha de ferro
>enferrujada. Ide depressa, que a honra
>segue um caminho tão estreito que ali
>só passa um. Vá firme em frente. A emulação
>mil filhos tem, que vos perseguem, um a um.
>Se recuardes ou vos desviar da linha
>certa, depressa, com a rapidez das marés,
>avançarão e vos vão deixar para trás.
>Vós sois como o valente cavalo, caído

na primeira fila, e ali ficastes para ser
pisoteado pela abjeta retaguarda.
Assim, o que fazem no presente, ainda
que menores do que fizestes, serão
maiores. Porque o tempo é um hospedeiro
elegante que ao se despedir mal toca a mão
do convidado. Os braços abertos como
se fosse voar, abraça quem chegou.
A chegada sorri sempre; a despedida
se vai com um suspiro. Que a virtude
jamais espere remuneração pelo
que foi. Pois a beleza, inteligência,
berço, resistência física, serviços
prestados, amor, amizade e caridade,
tudo está sujeito à calúnia invejosa
do tempo. Um toque da natureza irmana
o mundo inteiro. E todos nós, unânimes,
saudamos tudo que renasce apesar
de ser feito e moldado de coisas antigas,
que apreciamos mais poeira sobre fina
camada dourada, do que ouro sob
uma camada de pó. Ao olhar de agora
um presente de agora agrada. Portanto, não
te espantes, homem tão grande e tão completo,
se os gregos começarem a venerar Ajax.
Coisas em movimento chamam atenção
mais do que o imóvel. Já foste aclamado
no passado e poderias ser novamente
se não te enterrasses vivo e trancasses
tua reputação dentro desta tenda,
tu, cujos feitos gloriosos, aqui mesmo
realizados, provocaram a inveja dos deuses
e encheram o grande Marte de revolta.
(Ato III, cena 3)

Mas a questão que permanece é: qual a melhor classificação para *Troilo e Créssida*? Comédia? Comédia dramática? Tragédia? Tragicomédia? Sátira? Sátira dramática? Peça-problema? Trata-se de um texto repleto de cinismo, ironia, sarcasmo, crítica impiedosa, desonra, falta de caráter, dignidade ao lado de indignidade e infidelidade. Mas, de outro lado, amor, sentimento de honra, a preservação de valores que não devem ser alterados.

Como classificá-la? Por que não deixá-la assim, intocada, intrigante, confusa, incompleta, amarga, divertida, surpreendentemente moderna? Sim, moderna, porque num universo de anti-heróis essa peça está cheia deles. Entre gregos e troianos. Estão todos lá.

É possível que Shakespeare já tivesse alguma ideia a respeito da escrita de *Troilo e Créssida* enquanto estava trabalhando em *Noite de Reis*, pois há um momento nessa peça em que Viola está conversando com Feste e ele diz:

> Eu podia representar lorde Pândaros da Frígia, senhor, e levar
> uma Créssida para o seu Troilo.
> (Ato III, cena 1)

Desde o fim do século XVI, ele vinha mencionando os jovens amantes em outras peças. Em *Henrique V*, Pistol diz a Nym:

> [...] Vá ao hospital,
> poço da estufa da infâmia,
> tira de lá aquela leprosa da raça da Créssida,
> aquela mulher chamada Doll Tearshed, e casa com ela.
> (Ato II, cena 1)

Em *As alegres comadres de Windsor*, Pistol se recusa a fazer o papel de Pândaros:

> Será que eu vou virar o Pandaus de Troia,
> eu que já tenho uma espada na cintura?
> (Ato I, cena 3)

Em *Muito barulho por nada*, Benedito se refere a Troilo como "o primeiro empregador de alcoviteiro" (ato V, cena 2).

E, finalmente, em *Como quiseres*, Rosalinda diz para Orlando:

> O mundo tem
> quase seiscentos anos e durante todo este tempo
> homem nenhum morreu por causa de amor.
> Troilo teve a cabeça quebrada, mas por um porrete grego.
> (Ato IV, cena 1)

Para terminar, é importante mencionar um comentário de Edmund Kerchever Chambers, que escreveu em seu livro *Shakespeare: a Survey*: "É possível que, quando a peça foi concebida, Ulisses deveria ocupar um papel mais significativo nela e podia até mesmo ter sido planejada para fazer par com Júlio César."

A peça *Júlio César* foi escrita pouquíssimo tempo antes de *Troilo e Créssida*, mas ambas mantêm pontos de interseção. Há um momento em *Júlio César* em que Calpúrnia, a mulher de César, pede que ele não saia de casa, não compareça ao Senado. Ela diz:

> César, não sou de me preocupar com maus augúrios
> mas hoje estou com medo. Apareceu um homem,
> que além de tudo que vimos e ouvimos,
> conta coisas medonhas que os guardas viram.
> [...]
> César, estas coisas são inusitadas.
> Temo-as todas.
> (Ato II, cena 2)

Em *Troilo e Créssida*, a mesma apreensão é demonstrada por Andrômaca, a mulher de Heitor:

> Quando esteve meu senhor de humor irritadiço
> para se negar a dar ouvidos ao que peço?
> Desarma-te, desarma-te, não lutes hoje.
> HEITOR: Obrigas-me a ofender-te. Entra!
> Pelos deuses eternos, eu irei!
> ANDRÔMACA: Meus sonhos, tu vais ver, provarão
> serem funestos neste dia.
> (Ato V, cena 3)

Duas esposas. Duas premonições válidas.

Uma história de amor e uma guerra que não encontram solução satisfatória. Mas é uma peça intrigante, ágil, inquieta, por vezes brilhante, em certos momentos engraçada, ora séria, ora obscena, com amargura e nacos de melancolia. Tentar descrevê-la com um só adjetivo é como procurar descrever uma pessoa complexa. Desafiadora. Por mais que a conheçamos bem, nunca chegaremos a conhecê-la a fundo.

MEDIDA POR MEDIDA

Shakespeare escreveu *Medida por medida* nos primeiros anos do século XVII, entre 1603 e 1604. Foi um período de transição em sua vida pessoal, com seguidos golpes emocionais. Em fevereiro de 1601, o complô do conde de Essex contra a rainha fracassou e ele foi decapitado. Outro amigo de Shakespeare, o conde de Southampton, teve a pena de morte comutada, mas ficou preso na Torre de Londres, de onde só sairia dois anos depois, quando James I subiu ao trono. A morte de um amigo e a prisão perpétua de outro devem ter pesado sobre o espírito de Shakespeare. Como se isso não bastasse, em setembro daquele fatídico ano ele perderia o pai.

Exatamente em 1601 foi escrita a primeira versão de *Hamlet*, de que Shakespeare faria uma revisão dois anos depois. Essa peça abriria caminho para as grandes tragédias que se seguiriam e para as "peças-problema".

É muito simplista considerar *Medida por medida* apenas uma peça-problema, embora classificá-la com precisão seja bastante difícil. Apesar de em geral ser incluída entre as comédias, ela possui características de grande intensidade dramática que contrariam essa generalização. Por outro lado, não se pode pensar nela como uma tragédia (como é o caso de *Troilo e Créssida*), já que um final feliz contraria essa classificação. Se uma das características das comédias é acabar tudo bem, *Medida por medida* com efeito acaba bem.

Como foi escrita numa fase espiritualmente complexa para o autor, trata-se de uma peça muito difícil. Mas de que tipo ela é? Seu mote é a justiça, o ato de fazer justiça: ela nos mostra o triunfo da piedade e do perdão sobre a fraqueza e a corrupção humanas.

- ## AS VÍTIMAS DE *MEDIDA POR MEDIDA*

São três os personagens centrais: Vicêncio, duque de Viena, que representa a piedade e a sabedoria; Ângelo, que o duque deixa em seu lugar quando se ausenta de Viena, o representante da lei intocada pela piedade; e Isabela, que representa a castidade e o perdão.

Além da justiça, há outro tema recorrente nessa obra shakespeariana: o mau uso do poder, a existência do bom e do mau dirigente. Aqui, o responsável involuntário é o próprio duque Vicêncio, que se ausenta de propósito de Viena, alegando uma viagem à Polônia, e deixa Ângelo em seu lugar. Este assume o poder e faz mau uso da autoridade que lhe fora temporariamente outorgada.

Em 1603, com a morte de Elisabete I, subiu ao trono James I. Embora, para a soberana, ele não fosse o herdeiro ideal, ela o preferiu à ameaça de uma guerra civil na luta pelo poder. Jaime I permaneceu 22 anos no poder e não fez mau uso dele; ao contrário, um de seus primeiros atos foi selar a paz com a Espanha.

Para os artistas do Globe, a chegada de James foi salutar, porque ele e a esposa, Ana da Dinamarca, gostavam muito de teatro, e *Medida por medida*, apresentada na noite de 26 de dezembro de 1604, deve ter sido uma das primeiras peças escritas para o entretenimento da corte. Algumas falas fornecem uma indicação precisa da data da sua composição.

> O reinado de James I
>
> James era filho da rainha escocesa Maria Stuart e foi coroado como James VI da Escócia com apenas um ano de idade. Sua mãe, católica, tivera de abdicar em seu favor e seria posteriormente presa, julgada e decapitada por tentar depor e substituir a rainha inglesa Elisabete I.
>
> Ele se casou aos 23 anos com a princesa Ana, da Dinamarca. Interessado em teologia e feitiçaria, escreveu o livro *Demonologia* e comandou a perseguição às "bruxas" na Escócia. Apesar disso, promoveu as artes, incentivando a produção literária, musical e teatral escocesa.
>
> Em 1603, com a morte de Elisabete I, ele recebeu também a coroa inglesa e se tornou James I, rei da Inglaterra, Irlanda e Escócia. Para alívio geral, a sucessão foi pacífica, sem guerras ou execuções. Nos primeiros anos, houve poucas mudanças em relação ao reinado de Elisabete I, pois foram mantidos os principais conselheiros.
>
> A guerra com a Espanha, que marcou a política externa de sua antecessora, terminou em 1604, com um acordo entre os dois países. Isso aliviou as contas públicas, pesadas em razão dos gastos despendidos com a rebelião na Irlanda, cuja população lutava contra o domínio inglês.
>
> Conspirações para matar James I logo no início do reinado foram desmanteladas, e isso gerou forte cooperação entre o rei e o Parlamento. Entretanto, os lordes negaram a ele sua maior ambição: unificar a Escócia e a Inglaterra (com

uma só Coroa, uma lei comum e um Parlamento) e se proclamar rei da Grã--Bretanha. Ainda assim, James I entrou para a história como o monarca que unificou, se não os países, pelo menos as Coroas.

A relação entre católicos e protestantes era um tema extremamente importante. James I não garantiu igualdade aos católicos, como agradaria à diplomacia espanhola, tampouco incentivou perseguições contra eles, como queriam os puritanos do seu Privy Council (Conselho Privativo).

No início do reinado, destacou-se Robert Cecil (1563-1612). Ele era, desde 1590, secretário de Estado e chefe de governo, na prática. Fora ele quem, durante a doença de Elisabete I, preparara o acesso de James, então rei da Escócia, à Coroa inglesa. Depois da morte de Cecil, James I assumiu o controle sobre o governo, já que até então havia se preocupado mais com a política externa e a diplomacia, mais ou menos como um chefe de Estado nos dias de hoje.

Em 1625, o rei adoeceu e faleceu, para grande tristeza da população, que havia gozado de um período de relativa paz. Seu sucessor foi Charles I, seu filho, cujo reinado foi desastroso: comandou expedições militares malsucedidas, tentou governar negando a autoridade do Parlamento, enfrentou duas guerras civis, foi condenado por alta traição e acabou decapitado.

Para saber mais:

- *Kings and Queens of England* (2 vols.). Direção: Graham Holloway. Inglaterra, 1993-1994, 110 min.
- *Mary Stuart, rainha da Escócia*. Direção: Chales Jarrott. EUA/Inglaterra, 1971, 128 min.
- Croft, Pauline. *King James*. Nova York: Palgrave Macmillan, 2003.
- Garrett, George. *The Succession: a Novel of Elizabeth and James*. Londres: Harcourt Brace Jovanovich, 1991.

Numa obra cheia de personagens desagradáveis, que representam a escória do submundo, o leitor depara com Mistress Overdone, prostituta e dona de bordel; ela tipifica exatamente o que Ângelo queria eliminar para fazer de Viena uma cidade sem vícios. Logo no início da peça, ela se queixa dizendo: "Com a guerra, com a praga, com as prisões e a miséria, minha freguesia minguou" (ato I, cena 2).

A guerra a que ela se refere é a travada contra a Espanha, num conflito que afligia a Inglaterra havia quase vinte anos, desde a fracassada tentativa da Invencível Armada de Filipe II. A praga, que não assolava a cidade desde 1594, voltou com tal intensidade que atrapalhou a chegada do rei a Londres.

Na peça, Pompeu, criado de Mistress Overdone, faz a seguinte observação: "A senhora não ouviu falar do decreto, ouviu? Todas as casas nos subúrbios de Viena vão ser demolidas" (ato I, cena 2).

Apesar de a peça se passar em Viena, todas as referências são à Londres de 1603, quando foi aprovada uma lei segundo a qual bordéis e casas de jogo seriam demolidos, principalmente nos bairros de Bankside e Shoreditch, nas cercanias do teatro Globe.

O povo pouco vira seu novo soberano. O cortejo real, quando da sua chegada a Londres, teve o itinerário alterado, a fim de evitar sua passagem por pontos da cidade assolados pela peste.

Por outro lado, James I, por ser escocês, sentia necessidade de se aproximar dos súditos ingleses. Querendo tomar conhecimento de como agiam, disfarçou-se de mercador, da mesma forma que o duque Vicêncio na peça. Mas foi logo reconhecido e o povo se entusiasmou ao vê-lo tão de perto. Um dos atores da companhia de Shakespeare, o cômico Robert Armin (1563-1615), escreveu sobre o acontecido, salientando que os súditos "fizeram pressão sobre o soberano, assim ofendendo-o, e o soberano talvez interprete mal o seu amor e os puna pela ofensa". Essas palavras são muito semelhantes às de Ângelo, no segundo ato da peça: "E assim também os súditos de um rei bem-amado, deixando seus afazeres, levados por carinho obsequioso, se espremem para vê-lo, de forma que afluem à sua presença, e seu amor desmedido pode parecer até grosseiro" (ato II, cena 4).

Esse pequeno trecho contribui para localizar a data em que a peça foi escrita.

Os teatros só puderam ser reabertos em abril de 1604. Durante esse período de recesso, Shakespeare deve ter trabalhado na reescrita de *Hamlet* e na redação de *Medida por medida* e de *Bem está o que bem acaba*.

A ação se passa em Viena, e não na Inglaterra, por se tratar de uma peça permeada de religiosidade. Um dos personagens centrais, o duque Vicêncio de Viena, se disfarça de frade franciscano, o que não seria possível em uma Inglaterra onde o catolicismo fora abolido desde o rompimento de Henrique VIII com o papado.

A cidade se transformara em um antro de vício e imoralidade, descontrole e licenciosidade, e era preciso governar com critério e equilíbrio, de modo a definir poderes que fizessem novamente prevalecer os valores da moral e da retidão. Talvez a culpa pudesse ser atribuída ao próprio duque Vicêncio, cujo governo fora excessivamente liberal. Mas – o duque não tem dúvidas – Ângelo irá restabelecer a ordem e a disciplina.

Apesar de confiar na retidão de Ângelo, o duque decide que irá se disfarçar e assim tomar conhecimento do que acontece na cidade, além de ver como Ângelo está aplicando a lei. Pode parecer uma atitude dúbia, mas é preciso que assim seja, porque cabe ao duque resolver todas as complicações de uma trama pela qual, ao fim, ele é um dos principais responsáveis: se não tivesse deixado Ângelo em seu lugar, o primeiro passo para a estrutura da peça não teria sido dado.

O duque procura frei Tomás no mosteiro e pede seu auxílio. E explica:

Eu entreguei ao senhor Ângelo
– homem de conduta e de virtude exemplares –
meu cargo e poder absolutos em Viena.
Quereis saber por que agi desta maneira?
[...]
Nós temos estatutos rigorosos
e algumas leis que são muito severas
que eu deixei dormir nestes catorze anos.
[...]
Foi erro meu dar ao povo tanta liberdade.
Seria tirânico da minha parte
se os punisse por atos que lhes permiti.
[...]
Assim, impus esta função a Ângelo
e ele poderá, em meu nome, punir a fundo
sem que minha pessoa apareça para ser
culpada. E para observar sua conduta,
como se fosse um irmão da vossa ordem,
visitaria tanto o príncipe como o povo.
[...]
Ângelo é preciso. Sempre de guarda
contra a inveja. É raro confessar
ter sangue nas veias, e mais apetite
para pão que para pedra. Nós veremos
logo se o poder muda as ideias,
e o que valem as aparências.
(Ato I, cena 3)

E, assim, o dado está lançado. O duplo objetivo do duque fica claro. Sua integridade pode ser, ao fim, contestada – e, de fato, ele é um homem cheio de contradições.

Mais uma vez, Shakespeare usa o recurso do disfarce, como em peças anteriores – só que quase sempre eram as heroínas que se passavam por homens. No caso do duque Vicêncio, um nobre se faz passar por frade – e seu disfarce nada tem de romântico. O seu frei Ludovico transita livremente por todos os recantos da cidade e, segundo as convenções e a aceitação do público, não é reconhecido por ninguém.

Na peça histórica *Henrique V*, Shakespeare escreveu uma linda cena no início do quarto ato, na qual o rei, na noite que antecede a grande batalha de

Agincourt, sai encapuzado, caminha entre os soldados e conversa com eles sem ser reconhecido.

Futuramente, Shakespeare empregará o mesmo recurso em *Rei Lear*, quando o jovem Edgar se disfarça de Poor Tom, um maltrapilho, e se torna o acompanhante do pai, que está cego, e nem sua voz basta para trair sua identidade.

Em *Medida por medida*, quando o duque entrega o governo a Ângelo, não faz ideia de qual estratégia ele vai utilizar para moralizar a cidade e seus habitantes. A primeira decisão de Ângelo é fazer valer uma antiga lei que pune a fornicação não consentida, e os consequentes filhos ilegítimos, com a morte. Ora, em tempos elisabetanos era tacitamente aceito que, depois de firmado o contrato do casamento, os casais podiam coabitar antes da cerimônia. O próprio Shakespeare, como se sabe, vivia com Anne Hathaway, que estava grávida da filha Suzana quando se casaram.

Mas, na época em que Shakespeare escreveu a peça, estava se acentuando a rigidez dos puritanos, que eram violentamente contrários a essa prática. Àquela altura, já fazia 22 anos que ele se casara, e o puritanismo se tornara uma força cada vez mais dominadora, que ameaçava a realeza e o próprio rei.

Após ressuscitar a lei, Ângelo prende e condena sumariamente à morte o jovem Cláudio, que engravidara Julieta entre o contrato de casamento e a realização das bodas. Cláudio tinha uma irmã, Isabela, que ia entrar para o noviciado das clarissas. A caminho da prisão, ele encontra Lúcio, que não hesita em caluniar o próprio duque. Sem escrúpulos, ele é figura conhecida na boêmia noite vienense, assíduo frequentador do bordel de Mistress Overdone. Lúcio contribui para o humor imprescindível nas obras de Shakespeare – mesmo que não sejam comédias, como é o caso dessa peça. Na verdade, ele usa esses momentos para aliviar a tensão dramática. É desses personagens escritos para o prazer do público, para não ser esquecido depois de terminada a peça. Como tantos anti-heróis, é simpático, até mesmo irresistível.

Lúcio e Cláudio já se conhecem e, naquele breve encontro, este pede que Lúcio procure Isabela:

> Minha irmã entra no claustro ainda hoje
> para começar o seu noviciado.
> Informe-a do perigo em que me encontro,
> implore, por mim, que fique amiga
> do implacável juiz. Que tente tudo.
> Tenho esperança, pois sua juventude
> tem uma eloquência muda que comove
> os homens. Além disso, ela possui

a arte de jogar com a razão
e com a palavra, e sabe persuadir.
(Ato I, cena 2)

E como será Isabela? Não é uma heroína romântica, tampouco uma moça simples. Dona de inabalável firmeza de convicções, para ela a virgindade é de suprema importância, assim como moralidade, pureza e elevado padrão de conduta. Sua firmeza gera a percepção de que é uma mulher fria. Mas, no momento em que tem de cometer uma transgressão para atender a um interesse próprio, não hesita em aceitar o que planeja o duque para que ela salve a sua integridade física e moral. Se é severa consigo, é mais severa com os outros. O amor a Deus ainda não ensinou essa jovem a amaciar a alma.

Em sua primeira aparição, ela está conversando com a freira Francisca e pergunta:

ISABELA: E não tendes, nenhuma de vós,
outros privilégios?
FRANCISCA: Os que temos não lhe parecem bastantes?
ISABELA: Sim, de fato. Falo não porque deseje mais,
mas por desejar uma ordem mais severa.
(Ato I, cena 4)

Essas palavras mostram a rigidez de sua conduta.

O encontro entre Isabela e Lúcio pode parecer absurdo, mas o contraste é teatralmente fascinante: o desclassificado membro do submundo e a virgem inflexível, imperturbável nas suas convicções.

Ele vai direto ao assunto: Cláudio está preso. Em seguida, continua:

Pelo que eu acho, caso fosse seu juiz,
devia ser punido com agradecimentos.
Ele engravidou a namorada.
[...]
O que houve, na verdade,
teu irmão e a amante se abraçaram.
Quem come bem se encorpa e quando as sementes
caem em terra, o tempo (que tudo faz crescer)
faz o ventre fértil se tornar fecundo,
confirmando o bom trabalho do lavrador.
ISABELA: Por que não se casam?
LÚCIO: Este é o problema: porque o duque estranhamente
se ausentou. Em seu lugar,
com toda a autoridade, quem está governando

é o senhor Ângelo, um homem cujo sangue
é neve derretida, homem que não sente
jamais as agulhadas da carne e o pulsar dos sentidos,
e rebaixa e embota as urgências naturais
com exercícios do espírito, estudos
e jejum. Para amedrontar nossos costumes,
que há muito rondavam uma antiga lei
como ratos ao redor de um leão, este homem
desenterrou-a e ao peso dela se abateu
a vida de Cláudio. Por isso ele o prendeu,
seguindo com rigor o que ordena a lei
para fazer dele um exemplo. Não há esperança,
a não ser que com tuas preces possas abrandar
Ângelo. Foi isto que me trouxe aqui
para pedir que ajudes o teu pobre irmão.
(Ato I, cena 4)

Isabela só irá encontrar Ângelo na segunda cena do segundo ato, acompanhada por Lúcio. Aliás, essa é a primeira das duas grandes e magníficas cenas de confrontação entre os dois personagens. O Ângelo que encontra aquela donzela de aparência frágil pela primeira vez acredita firmemente ser incorruptível, que sua alma e seu corpo estão imunes às exigências da carne. Ele não avalia que aquela noviça à sua frente o levará à derrocada moral.

ÂNGELO: Sejas bem-vinda. Que desejas?
ISABELA: Sou uma pedinte aflita que vem
solicitar que a escuteis.
ÂNGELO: O que queres?
ISABELA: Existe um vício (que eu abomino
mais que a todos), sobre o qual desejo
o golpe da justiça, pelo qual
não gostaria de ter de pedir nada,
mas tenho de pedir, embora esteja
em luta entre ter e não querer.
ÂNGELO: E o assunto?
ISABELA: O meu irmão foi condenado à morte.
Imploro-vos que condenai a falta,
não a ele.
ÂNGELO: Condenar a falta, não o seu autor?
Toda falta está condenada antes mesmo
de ser cometida. Minha função
não será nada se limitada a punir

faltas puníveis pela lei, deixando livres
os culpados.
[...]
Isabela: Ele tem de morrer?
Ângelo: Jovem, não há remédio.
Isabela: Há. Creio que poderíeis perdoá-lo,
e nem Deus, nem os homens reprovariam
serdes tão clemente.
Ângelo: Não o farei.
Isabela: Mas poderíeis, querendo?
Ângelo: Escuta: o que não devo, não posso.
Isabela: Mas poderíeis, sem causar ao menos
nenhum dano. Se o vosso coração
sentisse piedade por ele, como eu sinto?
Ângelo: Agora é tarde. Ele foi condenado.
(Ato II, cena 2)

Na fala seguinte de Isabela, há um eco da linda fala de Pórcia sobre clemência em *O mercador de Veneza*:

Pórcia: A qualidade da clemência é não ser
forçada. Cai do céu como suave chuva
sobre o que está abaixo. Duas vezes é
abençoada: faz bem a quem dá e àquele
que recebe.
(Ato IV, cena 1)

Isabela diz:

Tarde? Crede-me que nenhuma cerimônia
que pertença aos grandes, nem a coroa
real, nem a espada dos governantes,
nem o bastão do marechal, nem a toga
do juiz, lhes dá a metade do prestígio
que dá a clemência.
Se ele estivesse no vosso lugar, e vós
no dele, como ele teríeis falhado,
mas ele não seria tão severo como sois.
Ângelo: Resigna-te, bela jovem. Quem condenou
teu irmão foi a lei, não eu. 'Inda que
fosse meu parente, irmão ou filho, seria
igual. É preciso que morra amanhã.
Isabela: Amanhã! Tão depressa! Poupai-o. Poupai-o.

Ele não está preparado para a morte.
Mostrai alguma piedade.
ÂNGELO: Mostro mais quando mostro justiça
porque então apiedo-me de quem desconheço,
que uma ofensa mal percebida poderia
corromper mais tarde, e faço bem a quem,
expiando um crime horrendo, outra vez
não irá cometer. Ele morre amanhã,
esteja certa.
[...]
ISABELA: Não posso pesar meu atos
e os do meu irmão na mesma balança
[...]
Ide ao fundo de vós mesmo. Batei
e perguntai ao vosso coração
se ele conhece algum pecado igual
ao do meu irmão. Se ele confessar
uma culpa igual à dele, que nenhum
pensamento chegue aos vossos lábios
contra a vida do meu irmão.
(Ato II, cena 2)

Se a mais bela personagem de Shakespeare é a mítica Helena de Troia, Isabela é possuidora daquele tipo de beleza virginal e virtuosa, intocada, mas mesmo assim pesada de promessas. Analisada atentamente, é uma mulher sensual, e Shakespeare fez muito bem desenhando-a assim. Os olhos masculinos logo percebem a mulher por detrás da noviça prometida e se apaixonam sem muito tempo para raciocinar sobre a evolução dos sentimentos.

O ser humano sempre vê primeiro e ouve depois, o que se aplica a quem está na plateia de um teatro e a quem vive o cotidiano da vida real. Ângelo vê Isabela. Os olhos são o primeiro caminho para fazer fervilhar a imaginação da luxúria, mesmo no caso de um homem que se considera acima disso. Como tantos outros personagens de Shakespeare, Ângelo cai na perigosa rede do amor à primeira vista. Isabela não precisa de muito tempo para enredá-lo e aprisioná-lo numa armadilha sobre a qual não tem a menor consciência de ter lançado.

Pouco antes de ela sair, Ângelo murmura para si: "[...] Pois tomei o caminho da tentação/ Onde as nossas preces se cruzam. [...]" (ato II, cena 2).

Ele sabe que foi marcado a ferro e fogo. No entanto, ainda não se dá conta dos rumos que essa atração o fará tomar... Assim que Isabela parte, Ângelo faz um monólogo que é – como devem ser os monólogos – o pensamento vivo do personagem. Isabela diz, ao sair: "Que Deus proteja Vossa Excelência." E ele continua:

> Deus me proteja de ti e da tua virtude.
> O que é isto? O quê? É culpa dela ou minha?
> A tentadora e o tentado, quem peca mais?
> Não ela. Porque não é ela que me tenta,
> mas eu...
> [...]
> Que vergonha! Vergonha! Que fazes tu,
> Ângelo? Quem és? Tu a desejas
> nojentamente por aquilo que a fez tão boa?
> Que seu irmão viva! Os gatunos têm
> direito de roubar, se os juízes roubam.
> Como? Será que a amo, por querer
> falar de novo, deleitar meus olhos?
> Sonho com quê? Ardiloso inimigo:
> para tentar um santo usa uma santa
> como isca. Perigo maior é a tentação
> que nos leva a pecar por amor à virtude.
> [...]
> Mas esta virgem pura me dominou
> por completo. Até hoje, eu sorria
> dos homens apaixonados, sem entendê-los.
> (Ato II, cena 2)

Mais uma vez, Shakespeare não perde tempo para adiantar a trama: o dramaturgo mostra Ângelo plenamente consciente dos seus sentimentos por Isabela, mergulhado em um sério dilema.

Por outro lado, o duque Vicêncio, fazendo-se passar pelo frei Ludovico, toma conhecimento do que está ocorrendo na cidade como resultado dos métodos de governo de Ângelo – cuja tirania, por mais absurda que possa ser, é teatralmente eficientíssima. Vai à prisão e comunica a Preboste, o chefe de polícia:

> DUQUE: Comandado por minha caridade e minha
> ordem, vim fazer visita às almas aflitas
> aqui nesta prisão. Conceda-me o direito
> de permitir que as veja e ficar sabendo
> a natureza dos seus crimes, p'ra que possa
> prestar-lhes o socorro do meu ministério.
> (Ato II, cena 3)

Ele não chega a ver Cláudio, mas conhece Julieta, que lhe conta sobre o ato consentido, a gravidez e a condenação de seu amado.

A peça é extremamente bem construída e seu desenvolvimento segue uma linha de urgência, como se o autor não quisesse perder nenhum momento desviando a atenção para o que não seja essencial. Enquanto o duque se encaminha para falar com Cláudio, desenrola-se o segundo encontro entre Isabela e Ângelo, que o enche de tortura e insegurança.

Assim que é informado de que Isabela veio procurá-lo, como ele mandara, Ângelo tenta se controlar:

> Ó céus!
> Por que meu sangue aflui assim ao coração,
> para imobilizá-lo e destituir meus órgãos
> do equilíbrio necessário? É assim
> que se aglomeram os imbecis ao redor
> de quem desmaia, se precipitam todos
> para ajudar, privando-o do ar que vai
> fazê-lo reviver. Da mesma forma, os súditos
> de um rei amado, deixando seus afazeres,
> levados por carinho obsequioso
> se espremem para vê-lo, e assim afluem
> à sua presença, onde seu amor
> desmedido pode parecer grosseiro.
> (Ato II, cena 4)

As duas cenas de confronto entre Ângelo e Isabela edificam a espinha dorsal da peça e estão entre os mais bem escritos diálogos de Shakespeare. O que vai pela alma de Ângelo é brilhantemente demonstrado pelo dramaturgo em um pequeno detalhe: no primeiro encontro entre eles, Ângelo limita-se a perguntar: "Que desejas?", seguido de um seco: "O que queres?". Quando ela pergunta: "Ele tem de morrer?", Ângelo responde: "Jovem, não há remédio". E daria o encontro por encerrado com a frase: "Peço-te que vás embora." Mas poucos versos depois, como se estivesse se dando conta da presença dela, vendo-a pela primeira vez, ele diz: "Resigna-te, bela jovem."

Talvez a partir desse momento ele tenha deixado o caminho livre para a tentação. Isabela sai e deixa um rastro de fogo na sala e na alma de Ângelo. O adjetivo "bela" fica intocado, tanto que no início do segundo encontro as suas primeiras palavras são: "Então, bela jovem?".

Isabela não tem consciência do quanto Ângelo está emocionalmente comprometido. Dessa maneira, a "bela jovem" que o procura tem a seu favor um trunfo que não avaliava – tampouco avaliava a que extremos iria Ângelo para satisfazer à sua recém-descoberta sede de luxúria.

> ÂNGELO: Então, bela jovem?
> ISABELA: Vim saber da vossa decisão.
> ÂNGELO: Muito me agradaria que soubesse
> sem ter de perguntar qual é. Teu irmão
> não pode viver.
> No entanto, ainda pode viver, viver
> o mesmo tempo quanto tu e eu, talvez.
> [...]
> O que preferes: que a mais justa das leis
> tire agora a vida do teu irmão
> ou, para salvá-lo, entregarias teu corpo
> às mesmas doces volúpias que sentiu
> aquela a quem ele maculou?
> ISABELA: Senhor,
> sabei que preferia entregar meu corpo
> em vez da alma.
> ÂNGELO: Não falo da tua alma.
> [...]
> Responde isto: eu, agora
> (a voz da lei em vigor), pronuncio sentença
> contra a vida do teu irmão. Não haveria
> caridade no pecado para salvar
> a vida deste teu irmão?
> ISABELA: Se a vós agrada
> cometê-lo, aceito como um perigo para
> a minha alma. Não é nenhum pecado,
> mas caridade.
> ÂNGELO: Se te agradasse cometê-lo
> arriscando a alma, a caridade iria
> compensar o pecado.
> ISABELA: Se pedir por sua vida
> for pecado, que o céu me diga.
> [...]
> ÂNGELO: Escuta-me primeiro.
> Teu pensamento não acompanha o meu,
> por seres ignorante ou finges ser
> [...]
> Escuta pr'a seres bem compreendida:
> teu irmão deve morrer e seu delito

é tal que parece claramente passível
do castigo imposto pela lei.
ISABELA: Verdade.
ÂNGELO: Admite que não há outra maneira
de lhe salvar a vida que tu, sua irmã,
descobrindo ser o objeto do desejo
de alguém cujo crédito junto aos juízes,
ou nossa própria grandeza, poderia
libertar teu irmão das teias da lei comum;
que não seria humanamente possível
salvá-lo de outra forma senão entregando
os tesouros do teu corpo a este homem,
então deixarias teu irmão morrer?
Que farias?
ISABELA: Se me encontrasse
no momento mesmo da morte, transformaria
o sangue da chibata dilacerante
em gotas de rubi e me despiria
para a tumba como para um leito há muito
desejado, a ceder meu corpo à vergonha.
ÂNGELO: Então teu irmão tem de morrer.
ISABELA: Seria a solução mais fácil.
ÂNGELO: Não estarias sendo
tão cruel quanto a sentença que reprovaste?
[...]
ISABELA: É preciso então
que meu irmão morra, se é o único
herdeiro de todas as suas fraquezas?
ÂNGELO: Não, as mulheres também são fracas.
[...]
ISABELA: Mulheres! Deus as guarde! Os homens
as corrompem e se aproveitam delas.
[...]
ÂNGELO: Sê o que és: uma mulher.
Se fores mais, não serás mulher. Se fores
(como bem indica tua aparência),
mostra-nos que és.
[...]
Compreende claramente: eu te amo.
ISABELA: Meu irmão amava Julieta e dissestes
que teria de morrer por causa disso.

ÂNGELO: Não morrerá se me deres teu amor.
[...]
Por minha honra, acredita-me.
Minhas palavras refletem o que penso.
ISABELA: Quão pouca honra para ser acreditado.
E um pensamento dos mais vis! Hipocrisia!
Hipocrisia! Eu te denunciarei, Ângelo!
Toma tento! Assina logo o perdão do meu irmão
ou em plena voz direi bem alto ao mundo
o homem que tu és!
(Ato II, cena 4)

Esse é um dos momentos-chave da peça. Os verdadeiros seres humanos revelam-se sob as aparências. De um lado, com todas as rígidas regras morais que professa seguir, Isabela não hesita um segundo em se aproveitar da fraqueza admitida por Ângelo e ameaçar difamá-lo com uma chantagem caso ele não perdoe e liberte Cláudio. De sua parte, Ângelo revela não ser imune às necessidades da carne e não hesita em entregar-se ao pecado que em outros puniria com a morte. Mas tem comportamento ainda pior, já que na sua fala final deixa sublinhada a sua absoluta falta de caráter.

ÂNGELO: E quem vai te acreditar, Isabela?
Meu nome sem mácula, minha vida austera.
minha palavra contra a tua, a posição
que tenho no governo vão pesar tanto
contra tua acusação que sufocará
a tua denúncia e rescindirá a calúnia.
Eu comecei agora a dar livre rédea
à minha sensualidade. Consente em satisfazer
aos meus desejos.
Salva teu irmão entregando teu corpo
à minha vontade, ou então ele não
só vai morrer, mas tua maldade vai
lhe valer uma longa tortura.
Responde-me amanhã ou, pela paixão
que me governa agora, serei o pior
dos tiranos para ele. Quanto a ti,
diz o que quiseres. A minha falsidade
pesa mais que a tua verdade.
(Ato II, cena 4)

Ele deixa Isabela sozinha com sua revolta e impotência de lutar contra a força do poder. Mas isso não quer dizer que ela vá ceder aos desejos de Ângelo – não, ela irá procurar Cláudio, pois tem certeza de que

> Mesmo que ele tenha sucumbido
> aos ardores do seu sangue,
> ainda possui sentimentos de honra tais
> que se tivesse vinte cabeças para pousar
> sobre o cepo sangrento, cederia todas
> ao cutelo para impedir a irmã
> de submeter seu corpo à imundice.
> Portanto, vive casta, Isabela, e morra
> Cláudio. Porque um irmão não vale a castidade.
> Direi a ele o que me propôs Ângelo,
> preparando para a morte seu espírito
> e a alma para o repouso eterno.
> (Ato II, cena 4)

Aí está outro aspecto do caráter de Isabela, uma jovem tão obcecada pela pureza de seu corpo que não hesita em deixar o próprio irmão morrer em troca do que ela considera a vergonha e a humilhação supremas. Por mais que possa se sentir usada em benefício de Cláudio, sua atitude atinge as raias da obstinação e do egoísmo e contraria os ensinamentos religiosos referentes a grandes sacrifícios em benefício do próximo. Isabela se torna uma personalidade detestável, o que será enfatizado na conversa que ela tem com o irmão e, mais tarde, quando aceita sem nenhuma hesitação o plano do duque para livrá--la de Ângelo.

Começam a se evidenciar as personalidades e, no terceiro ato, é hora de conhecer de perto o verdadeiro Cláudio, que está conversando com o duque Vicêncio disfarçado de frade. O monólogo do duque é cheio da sabedoria que se espera não só de um dirigente lúcido, como do frade pelo qual está se fazendo passar, personificando a figura ideal do rei que se mistura ao povo, semeia sabedoria e encontra as melhores soluções para os problemas. Espera-se que ele solucione as questões da fé e os problemas da justiça.

O duque começa o terceiro ato dizendo para Cláudio:

> Resigna-te a morrer, pois nem a morte
> nem a vida te serão mais doces.
> Raciocina assim com a vida: se te perder,
> perco algo que só os tolos querem
> guardar. És um joguete da morte, esforçando-te

para fugir dela, voltando sempre
ao seu encontro. Tu não és nobre, pois
os prazeres que te agradam foram todos
alimentados pela baixeza.
De forma alguma és bravo, pois receias
a espetada suave e amolecida
da serpente. O teu melhor repouso é o sono,
que tu mesmo provocas. Contudo, receias
a morte, que não é mais que sono.
Nunca és tu mesmo, pois só existes
devido a milhares de grãos
que brotam da poeira. Não és feliz,
porque o que não tens, lutas para ter
e o que possuis, esqueces. Tampouco és constante,
pois tua natureza sofre mudanças
estranhas conforme as fases da lua.
Se és rico, és pobre, pois como um asno
cujo lombo cede ao peso dos lingotes,
carregas tuas riquezas uma jornada apenas
e a morte te alivia. Amigos, não tens,
pois tuas próprias entranhas, que te chamam "pai"
(o mais puro do sangue brotado dos teus rins),
maldizem a gota, a lepra e o catarro
que não te destroem rápido o bastante.
Não tens juventude, nem velhice, e a bem dizer
não passas de uma sesta depois da refeição,
que sonha entre uma e outra. Tua bela juventude
envelhece depressa e pede as esmolas
da caduquice. E quando, ao fim, fores velho e rico,
não terás nem calor, nem sentimentos, nem força,
nem beleza para tornar as riquezas prazerosas.
Que sobra então para chamar de "vida"?
Contudo, nesta vida se ocultam outras mil mortes.
Mas mesmo assim a morte nós tememos,
Ela que iguala as misérias todas.
(Ato III, cena 1)

Cláudio assim reage a essas palavras tão profundamente negativas:

Agradeço humildemente vossas palavras.
Querendo viver, é a morte que procuro;

e procurando a morte encontro a vida:
que ela venha.
(Ato III, cena 1)

Qual era o objetivo do duque ao dizer tais palavras para Cláudio? Não seria para confortá-lo, pois a mensagem transmitida é de que, como ele nada tem, seria melhor morrer de uma vez, o que não é nem um pouco edificante dito por um sacerdote (mesmo que forjado) ou por um governante equilibrado. Mas em *Medida por medida* os personagens são desequilibrados, agem indo de maneira contrária à que se espera deles.

Conforme havia decidido, Isabela vai procurar o irmão. Com toda certeza, foram as palavras do duque/frade que deram a Cláudio a coragem que deixa transparecer de início, mostrando-se disposto a morrer, até que Isabela diz:

> Este governador que se pretende santo,
> com o rosto impassível e as palavras frias
> impõe respeito aos jovens e imobiliza
> as loucuras como o falcão faz com as aves,
> é um demônio. Se tirássemos a sujeira
> que tem dentro, surgiria um buraco fundo
> como o inferno.
> CLÁUDIO: O santo Ângelo?
> ISABELA: Este é um dos estratagemas do inferno,
> cobrir e disfarçar um dos seus mais infames seres
> em guardião da lei. Acreditas, Cláudio,
> que se sacrificasse minha virgindade
> ficarias livre?
> CLÁUDIO: Céus! Não é possível!
> ISABELA: E ao preço desse ultraje te perdoaria
> a ofensa. Esta noite devo fazer o que
> me recuso dizer, ou morres amanhã.
> CLÁUDIO: Não o farás.
> ISABELA: Se fosse só a minha vida,
> a jogaria fora como um alfinete
> para ficares livre.
> [...]
> CLÁUDIO: A morte é uma coisa terrível.
> ISABELA: Uma vida vergonhosa é desprezível.
> CLÁUDIO: Sim, mas morrer e não saber p'ra onde se vai.
> Ficar deitado em um buraco frio e apodrecer,
> este corpo sensível e quente

se transformar em uma argila pétrea,
mergulhar o espírito em ondas de fogo
ou residir em regiões cercadas
do mais grosso gelo, ser prisioneiro
de invisíveis vendavais, soprar com violência
sem trégua ao redor de um mundo suspenso
no espaço; ser pior que os miseráveis
uivando angustiados pensamentos,
é hediondo! A vida terrestre mais penosa
e mais maldita que a velhice, dor, penúria,
ou a prisão possam infligir à criatura
é um paraíso quando comparada
ao medo que temos da morte.
Querida irmã, deixa-me viver.
Qualquer pecado que cometas p'ra salvar
a vida do teu irmão, a natureza
perdoará, fazendo o pecado ser virtude.
(Ato III, cena 1)

Portanto, as palavras do duque/frade foram vãs. Se Cláudio revela o seu medo da morte, a explosão de Isabela contra o seu pedido ultrapassa qualquer entendimento, e sua reação não é a de uma jovem que ia ingressar na vida religiosa:

Sua besta irracional! Seu covarde sem fé!
Seu desonesto miserável! Quer ser homem
à custa do meu vício? Não é uma espécie
de incesto erguer a tua vida
sobre a vergonha da tua irmã? Que devo pensar?
[Deus guarde minha mãe por trair meu pai,
pois um ser assim degenerado e perverso
não pode ter brotado do seu sangue.]
Eu te repudio! Morre! Sucumbe!
Se apenas precisasse me rebaixar para salvar-te
ao teu destino, que ele se cumpra.
Rezarei mil orações pela tua morte,
mas nem uma palavra para te salvar.
Que vergonha, senhor, que vergonha!
Teu pecado foi não um acidente, mas um hábito.
A clemência que te livrasse seria alcoviteira.
É preferível que morras o quanto antes.
(Ato III, cena 1)

As palavras de Isabela são tão brutais, tão duras, demonstram tamanha falta de humanidade, que toda a sua imagem de noviça é destruída. Onde está a caridade cristã que a faria constatar a fraqueza e a covardia no irmão, mas poupá-lo de ouvir a sua reação insensível?

O duque, onipresente, acompanhou a cena sem ser visto. Pede para dar uma palavra a Isabela e, num aparte, mente para Cláudio. Ele diz:

> Ouvi a conversa que tiveste com tua irmã. Ângelo nunca
> teve a intenção de corrompê-la; quis apenas pôr à prova
> sua virtude para julgar a natureza humana. [...]
> (Ato III, cena 1)

A conversa do duque com Isabela encerra a primeira parte da peça, que mudará de tom e terá o duque como personagem central absoluto, como se Ângelo e Isabela já tivessem cumprido a sua função dramática.

O duque/frade diz à jovem:

> [...] O amor que eu tenho de fazer o bem me sugere um remédio. Creio que podes honestamente oferecer ajuda da mais merecida a uma pobre mulher que foi enganada, poupar teu irmão à fúria da lei, sem macular tua doce pessoa, e muito agradar ao duque ausente se porventura ele jamais voltar e se inteirar do assunto.
> (Ato III, cena 1)

Ele conta então a história de Mariana, que estava noiva de Ângelo, mas perdeu o dote quando o navio do irmão naufragou. Ela ficou sem irmão, sem fortuna e sem marido, já que Ângelo a abandonou quando a viu sem dote. Apesar disso, Mariana continua apaixonada por ele.

Nessa mesma cena, o duque tem um plano – na verdade, o mesmo "truque da cama" usado por Helena em *Bem está o que bem acaba*: Isabela deve procurar Ângelo e concordar com sua proposta, desde que cumpridas três condições: "que o encontro seja breve, que o tempo todo haja silêncio e escuridão, em um local que seja conveniente".

Depois de tudo combinado, Mariana será avisada e ocupará o lugar de Isabela. E, quando o segredo desse encontro for dado a conhecer, ele será obrigado a compensá-la.

Desta forma, Cláudio será salvo, a honra de Isabela continuará intacta, Mariana acabará lucrando e o corrupto Ângelo será desmascarado.

Aqui termina a primeira parte de *Medida por medida*.

• O COMPLÔ DE *Medida por medida*

Medida por medida é nitidamente dividida em duas partes. Se na primeira parte a trama se desdobra ao redor dos personagens Ângelo, Isabela e Cláudio, a segunda é dominada pela figura do duque Vicêncio.

O frei Ludovico ainda não fizera como o rei James I, saindo pelas ruas da capital para ter contato com o povo. Apenas estivera com o preboste (chefe de polícia e governador da prisão), conhecera brevemente Julieta e tivera uma conversa com Cláudio.

Na segunda parte – a partir da segunda cena do terceiro ato –, o duque passa a conhecer personagens do submundo da cidade. E a peça se volta para cenas de comédia transcorridas nas ruas e no interior da prisão. Não que as prisões elisabetanas tivessem algo de engraçado, muito pelo contrário: eram a porta do inferno e da morte certa. John Masefield (1878-1967) lembra que havia uma média de quinhentas execuções por enforcamento em Londres anualmente, portanto cerca de quarenta por mês.

Verifica-se um tom de comédia na cena em que o duque/frade conversa com Lúcio, que começa perguntando:

> Lúcio: Que novidade tendes do duque?
> Duque: Nenhuma. Tens alguma?
> Lúcio: Dizem que ele está com o imperador da Rússia, mas outros dizem que está em Roma. Onde achais que está?
> Duque: Não sei. Mas onde quer que esteja desejo-lhe sorte.
> Lúcio: Foi um truque fantástico e maluco largar o Estado e se atirar a uma miséria na qual não nasceu. O sr. Ângelo, na sua ausência, bem que "enduqueceu", mas exagerou um pouco.
> Duque: Ele tem razão.
> Lúcio: Um pouco de indulgência co'a libertinagem não lhe faria mal nenhum. É muito severo nesse aspecto.
> Duque: É um vício muito difundido, e um pouco de severidade deveria curá-lo.
> Lúcio: Sim, é verdade, é um vício de boa raça e ótima aparência, mas é impossível eliminá-lo por completo se não paramos de comer e de beber. Dizem que esse tal de Ângelo não nasceu de homem e mulher, segundo as leis da criação. Acreditais que é verdade?
> Duque: Como poderiam ter feito então?
> Lúcio: Uns dizem que é produto de uma sereia; outros, que foi gerado por dois bacalhaus secos. Mas o certo é que, quando ele mija, a sua urina é congelada, e isso eu tenho certeza de que é verdade.
> Duque: O senhor é um brincalhão e tem a língua bem solta.
> Lúcio: E não é uma maldade dele tirar a vida de um homem só porque o desejo lhe

rompeu a braguilha? Será que o duque teria feito isto? Antes de enforcá-lo por botar cem bastardos no mundo, ele o teria feito cuidar de mil. Ele tinha alguma experiência nesse assunto. Conhecia o serviço e isso o fazia ser indulgente.

Duque: Nunca ouvi dizer que o duque fosse mulherengo. Não era do seu feitio.

Lúcio: O senhor está enganado.

Duque: Não é possível.

Lúcio: O quê? O duque? Até com uma mendiga cinquentona! Ele costumava deixar um ducado na sua sacolinha. O duque tinha lá os seus caprichos. Ficava bêbado também, fique sabendo.

Duque: Creio que o estás caluniando.

Lúcio: Eu era um dos seus mais chegados! Ele era bastante reservado, creio que sei o motivo do seu afastamento.

Duque: E qual poderia ter sido a causa? Diga-me, por favor.

Lúcio: Desculpe, mas é um segredo que precisa ficar fechado entre meus lábios e meus dentes. Mas há uma coisa que posso revelar: a maior parte dos seus súditos tinha o duque por um homem sábio.

Duque: Sábio? Isso ele era, sem sombra de dúvida.

Lúcio: Um sujeito superficial, ignorante, aturdido.

Duque: O senhor deve estar com inveja ou está enganado. Toda a sua vida e os negócios que orientou poderiam dar a ele um testemunho bem melhor, caso fosse necessário. Que ele seja julgado pelos seus atos e todos os invejosos o verão como um homem culto, um político e um soldado. O senhor fala sem conhecimento, e sabe de uma coisa? Sua maldade escureceu seu julgamento.

Lúcio: Senhor, eu o conheço, eu o amo.

Duque: O afeto fala com mais conhecimento, e o conhecimento, com mais amizade.

Lúcio: Ora, senhor, eu sei o que sei.

Duque: Mal posso acreditar, já que o senhor não sabe o que diz. E se o duque jamais voltar — como pedimos nas nossas preces —, deixe-me dizer que espero ouvir-te repetir o que disseste, diante dele. Se falaste honestamente, terás coragem de sustentá-lo. Serei forçado a procurar-te. Qual é o teu nome?

Lúcio: Senhor, meu nome é Lúcio, e o duque me conhece muito bem.

Duque: Vai conhecer ainda melhor, se eu viver para fazer meu relatório.

Lúcio: O senhor não me faz medo.

Duque: O senhor espera que o duque não volte mais ou então imagina que eu seja um adversário bem inofensivo. Sem dúvida, não poderemos fazer-te nenhum mal: o senhor negará tudo isto.

Lúcio: Antes teriam de enforcar-me! O senhor está enganado comigo, frade. Chega desse assunto. Pode me dizer se Cláudio morre amanhã ou não?

Duque: Por que deveria morrer?

Lúcio: Por quê? Porque andou cuspindo no gargalo errado. Eu gostaria que o duque de que falamos estivesse de volta. O seu representante castrado vai despovoar a

província com tanta continência. Nem as andorinhas podem fazer seus ninhos sob o seu telhado porque são lascivas. O duque, pelo menos, faria julgar no escuro atos no escuro praticados. Nunca traria nada à luz do dia. Gostaria que estivesse de volta. Esse pobre Cláudio foi condenado por ter se despido. Adeus, meu bom frade. Orai por mim, vos peço. O duque, estou dizendo, come carneiro às sextas-feiras e beijaria uma mendiga na boca mesmo que ela cheirasse a alho e a pão preto. Pode dizer que eu disse. Adeus.
(Ato III, cena 2)

Logo depois, o duque encontra Éscalo, um estadista respeitado que ele deixara em Viena como principal auxiliar de Ângelo. Esse é também o nome do príncipe de Verona em *Romeu e Julieta*. Éscalo não concorda com a rigidez excessiva de Ângelo. Prefereria um governo mais tolerante, mais clemente. Mas, como ele mesmo diz ao duque/frade, "eu encontrei meu colega, o juiz supremo, tão severo, que ele me obrigou a dizer que ele encarnava, sem dúvida alguma, a própria justiça". Ao que o duque retruca: "Se a sua maneira de viver corresponde à rigidez da sua atitude, esse rigor bem lhe convém. Mas, se acontece de ele falhar, estará se condenando."

Quando Éscalo se afasta, o duque monologa:

> Ele, que vai empunhar a espada do céu,
> devia ser tão santo quanto ser severo;
> moldar-se em si mesmo para aprender
> a honra da resistência, a virtude da ação,
> sem julgar os outros sem mais, nem menos,
> na mesma balança em que pesa suas faltas.
> Vergonha a quem com mão cruel
> mata por falta que ele mesmo cometeu.
> Vergonha dupla e tripla sobre Ângelo
> que poda os vícios meus e deixa os seus crescerem.
> Ah, que demônio pode em si esconder um homem
> enquanto tem por fora a aparência de um anjo.
> Como a hipocrisia dedicada ao crime
> fazendo do mundo seus laços, em sua época
> atrai em sua sutil teia de aranha
> coisa mais sólida e mais substancial.
> Usarei de esperteza contra o vício.
> Esta noite Ângelo irá dormir
> com sua antiga noiva desprezada.
> Assim o disfarce, por meio da disfarçada,

pagará com falsidade as promessas falsas
e o contrato de ontem será confirmado.
(Ato III, cena 2)

Em suas andanças pela cidade, o duque irá encontrar Elbow, Mistress Overdone e Pompeu e, no quarto ato, o carrasco Abhorson e o detento Bernardino. São papéis bastante pequenos e, de novo, Shakespeare introduz esses personagens no corpo da peça para propiciar um relaxamento em meio a uma trama de conflito entre fortes personalidades.

Elbow é um policial simplório que faz o que pode para exercer sua profissão e contribuir para a moralização da cidade – sem grande sucesso, porém, porque sua presença não impõe a necessária autoridade.

Mistress Overdone, a dona de bordel apanhada pela onda de moralização imposta por Ângelo, é presa e mandada para a prisão, junto com seu criado Pompeu. Ela aparece na peça com a finalidade específica de acusar Lúcio, justamente quem a havia denunciado: "A senhora Kate Keepdown estava grávida dele no tempo do duque. Ele prometeu casar-se com ela. Seu filho vai fazer um ano e três meses no dia de são Felipe e são Tiago. Eu é que cuidei dele, e agora vejam como ele me prejudica" (ato III, cena 2). Assim, ela faz a acusação, cumpre o seu dever no esquema da peça e desaparece.

Pompeu é um contraventor sem grande importância. Trabalha no bordel como proxeneta e taverneiro. Depois de preso pelo policial Elbow, sente-se muito à vontade na prisão, porque os detentos são quase todos seus amigos. Quando é pressionado para trabalhar como assistente do carrasco, aceita satisfeito a nova função.

Bernardino é um beberrão inveterado que já está preso há nove anos, mas, com as mudanças implementadas por Ângelo, sua sentença vai ser executada. Ele é um dos personagens mais simpáticos numa peça em que eles não o são, pois predomina o mau-caratismo. Bernardino dá a sua contribuição com poucos (embora saborosos) momentos de comédia.

Os melhores atores cômicos da companhia de Shakespeare davam tudo para interpretar esses papéis, que muitos não hesitavam em ampliar, inventando os famosos improvisos teatrais, para delírio das plateias.

Shakespeare não gostava de delongas. O importante era adiantar a trama rapidamente. Vejamos o caso de *Macbeth*, que ele iria escrever dois anos depois de *Medida por medida*. Há uma cena em que Macbeth está ao lado de Seyton, um oficial. Ouve-se um grito feminino e Macbeth pergunta: "Que barulho foi este?". Seyton responde: "Foi um grito de mulher, meu bom senhor." Ele sai para ver o que aconteceu e Macbeth tem um pequeno monólogo:

> Quase esqueci o sabor dos temores,
> foi só preciso um tempo, um grito só
> p'ra meus sentidos gelarem, meus cabelos
> se eriçarem, vivos. Sufoco de horror.
> O espanto, habituado a pensamentos
> mortais, não me estremeceu mais.

Seyton volta:

> MACBETH: Que grito foi esse?
> SEYTON: A rainha está morta, senhor.
> (*Macbeth*, ato V, cena 1)

Segue-se um dos mais belos e famosos momentos da peça, quando Macbeth diz:

> Ela devia ter morrido mais tarde.
> Haveria então lugar para a palavra.
> Amanhã, amanhã e ainda amanhã,
> arrasta neste passo o dia a dia
> até o final do tempo já marcado
> e todos os nossos ontens clarearam
> o caminho dos tolos rumo ao pó
> da morte. Apaga-te vela, apaga-te.
> A vida é sombra que caminha, um pobre
> ator que se agita e berra pelo palco
> e não é mais ouvido. É uma história
> contada por um tolo, toda fúria
> e som, e significa nada.
> (*Macbeth*, ato V, cena 1)

Assim como em *Macbeth*, Seyton sai e volta sete versos depois para dizer: "A rainha está morta, meu senhor." Em *Medida por medida*, nove versos depois de o duque ordenar o envio da cabeça do morto a Ângelo, o preboste aparece, anunciando: "Aqui está a cabeça; eu mesmo levarei" (ato IV, cena 3).

Os elisabetanos não viam nada de mais no fato de o chefe de polícia sair de cena carregando uma cabeça decapitada embrulhada num trapo sujo ou mesmo segura pelos cabelos, porque seus valores diante da morte eram diferentes.

Além do mais, sabiam que as prisões inglesas eram realmente a porta do inferno e da morte. Na montagem que Peter Brook dirigiu em 1952, no Memorial Theatre de Shakespeare em Stratford, o ambiente da prisão era de um negrume ameaçador, povoado por seres humanos hediondos, que mais pareciam animais enjaulados, inúmeros deles aleijados. Um quadro horripilante. Quando Isabela vai corajosamente procurar Cláudio naquela cova de serpentes, a sua figura branca sugere um anjo que tivesse descido ao reino de Satanás. Foi muito impressionante e, tantas décadas depois, continua a ser um momento teatral inesquecível.

Essa atmosfera negra da mais baixa vida naquela Viena/Londres foi propositadamente incluída na peça por Shakespeare, que assim se afastou um pouco do material que o inspirara de início. Foram poucos os enredos originais do dramaturgo. Ao que tudo indica, *Trabalhos de amor perdidos* e *As alegres comadres de Windsor* foram peças inteiramente inventadas por ele, se bem que a história da mulher que esconde o amante para que o marido não o veja (na comédia, as duas comadres escondem Falstaff numa cesta de roupa suja que mais tarde atiram no rio) parece bastante conhecida na época. Em *Muito barulho por nada*, por exemplo, baseado em enredo de Ariosto, Shakespeare criou os personagens centrais Beatrice e Benedito. *Romeu e Julieta* foi diretamente inspirada em um poema traduzido por Arthur Brooke, com o acréscimo do personagem Mercúcio.

O escritor italiano Giraldi Cinthio (1504-1573), de Ferrara, contribuiu com o tema para duas peças de Shakespeare: *Medida por medida* e *Otelo* (que foi tirada de um conto chamado "Um capitão mouro"). Cinthio publicou pela primeira vez o seu *Hecatommithi* em 1565, quando Shakespeare tinha um ano. Em 1583, dez anos depois de sua morte, foi publicada uma versão dramática da história, que ele escrevera em latim e à qual dera o nome de *Epitia*. Na época, o dramaturgo tinha apenas dezenove anos, sua filha Suzana estava nascendo e ele talvez nem sonhasse ir para Londres e escrever para o teatro.

Quem conta o enredo de Cinthio é o pesquisador espanhol Luis Astrana Marin (1889-1959), que escreveu longamente sobre a vida e a obra de Shakespeare. Esta é a história original de Cinthio, que o espanhol revela em seu *Vida mortal de Shakespeare* (1941).

> Um certo Juriste vai para a cidade de Innsbruck a mando do imperador Maximiliano. Fica sabendo que um rapaz chamado Vito estuprou uma donzela e o condena à morte. O rapaz tem uma irmã, Epítia, que, ao saber que ele foi condenado, procura Juriste, que lhe propõe salvar Vito cedendo a ele. Juriste compartilha o leito com ela e quebra a promessa. À noite, assina a sentença de morte do seu irmão. Diante disso, ela se queixa ao imperador. Juriste se vê obrigado a desposar sua vítima, que, sabendo que Maximiliano está decidido a mandar decapitar seu marido, se lança aos seus pés implorando por sua vida. O imperador perdoa Juriste e os amantes vivem felizes.

Eis, portanto, os elementos básicos da história.

O mesmo tema de *Medida por medida* também pode ser encontrado em *Promos e Cassandra*, de George Whetstone (*c.* 1544-*c.* 1587), uma comédia em duas partes (que, aliás, nunca foi representada) surgida em 1578, cinco anos após a morte de Cinthio. Esta é a história: "Na vida de Jolia (que antigamente estava sob o domínio de Corvino, rei da Hungria e da Boêmia) existia uma lei severa, segundo a qual todo homem acusado de adultério deveria ser decapitado e sua cúmplice teria de usar para o resto da vida uma roupa especial que proclamasse a sua infâmia." (O trecho não pode deixar de lembrar o romance *A letra escarlate*, de Nathaniel Hawthorne (1804-1864), no qual a esposa que traísse o marido era obrigada a usar bordada no vestido a letra A, de "adúltera", em vermelho. O romance foi escrito 272 anos depois!)

A severidade da lei foi abrandada durante algum tempo até aparecer Promos, que, tendo de castigar a incontinência de um certo Andrúgio, o condena, bem como a sua amada, segundo o rigor da lei.

Andrúgio tem uma irmã, tão bela quanto virtuosa, chamada Cassandra. A fim de salvar a vida do irmão, ela manda uma humilde petição a Promos. Este a recebe, fica fascinado com sua eloquência e sua beleza e, depois de vacilar um pouco, diz à jovem que concorda em perdoar Andrúgio se ela, por sua vez, concordar em lhe ceder seus favores. Cassandra sente uma repulsa natural, mas o amor fraterno a induz a se entregar com a condição de que, depois de libertar o réu, Promos a tome como esposa. Promos jura que o fará, goza dos favores de Cassandra e, uma vez satisfeito, dá ordem para que Andrúgio seja executado e que o carrasco entregue a cabeça para ela.

Contudo, Promos não contava com a piedade do carrasco, que manda para Cassandra a cabeça de um homem desconhecido que fora condenado por um crime hediondo. Em seu espanto, Cassandra não se dá conta da troca e corre para ajoelhar-se aos pés do imperador. Conta-lhe o acontecido e lhe suplica que ao menos ordene a Promos que cumpra o juramento de se casar com ela. Celebra-se o matrimônio. Cassandra apaixona-se pelo marido. Andrúgio aparece, conta como foi salvo e a peça termina com abraços generalizados.

A essa altura, o leitor já sabe bastante de *Medida por medida* para perceber que Shakespeare fez alterações básicas na trama. Ele transformou os encontros entre Ângelo e Isabela em dois grandes momentos de teatro. Suavizou a maldade de Ângelo, que não manda entregar a cabeça do irmão para Isabela. Deu maior relevo a Cláudio, que ficamos conhecendo exatamente pelo que é: um rapaz que não hesita em pedir à irmã que ceda a um ato para ela vergonhoso. Shakespeare usa a covardia e o temor da morte não só em benefício do papel, mas para escrever belos momentos poéticos.

Isabela é um personagem difícil, que se situa no limbo entre a compreensão diante de uma atitude para ela hedionda e a irritação com sua dureza e inflexibilidade. A sua reação durante a conversa com Cláudio na prisão é terrível. Suas palavras implacáveis eram capazes de gelar o sangue do público rude que lotava o Globe.

O papel de Isabela é de fato muito mais dramático e à sua castidade se contrapõem vergonha e humilhação. Por isso, ela opta por *não* se sacrificar pelo irmão – mesmo que isso a coloque numa posição bastante ingrata aos olhos do público. Mas aqui surge outro tipo de conflito, que vai além de questões morais: Isabela está para entrar para o noviciado. Shakespeare dá um novo sentido, muito mais forte, aos relacionamentos.

Sua infinita sabedoria o faz introduzir os pequenos papéis cômicos, com destaque para Lúcio, que se torna um dos mais bem desenhados anti-heróis do seu grande elenco de personagens. A jovem e sofrida Mariana aparece brevemente, mas dá mais credibilidade à situação, como a jovem que deverá substituir Isabela no truque da cama.

O duque Vicêncio torna-se o eixo da peça. É ele quem conduz a segunda parte a um término justo. Trata-se de um personagem infinitamente mais importante do que o imperador Maximiliano de Cinthio e o Corvino de Whetstone.

O duque era a única autoridade capaz de pôr fim a esse conflito entre luxúria e poder. Como representante do Estado, ele personifica a retidão e, como frade, a sabedoria – é o único que pode distribuir justiça equitativa para todos. E embora ao final da peça o público fique sem saber se ele conseguiu ou não fazer de Viena uma cidade moralmente irrepreensível, isso não invalida a segurança da sua interferência.

Estamos chegando ao quarto ato da peça, momento em que Shakespeare desata todos os nós, e nos encaminhamos para o final; muitas vezes tomam-se os caminhos mais inesperados e absurdos para as soluções felizes. Desse recurso não se pode lançar mão nas peças históricas e nas tragédias. Nas primeiras, porque estão presas a fatos impossíveis de alterar; nas segundas, porque o personagem trágico precisa sempre responder ao seu destino, não pode jamais fugir às responsabilidades morais e às suas falhas, nem deixar de enfrentar as consequências de seus erros.

O grande manipulador da história é o duque. Foi ele quem sugeriu para Isabela o truque da cama, que ela acolheu e aceitou com uma liberalidade que poderia pôr em dúvida o seu caráter. Mas a verdade é que os elisabetanos não davam muita importância a esse tipo de contrários. Não nos esqueçamos de que ela era uma personagem católica em uma sociedade antipapista, que aceitaria qualquer atitude dúbia de uma noviça, por acreditar que todos os representantes do universo eclesiástico sempre tinham algo de curioso.

Não há tempo a perder: o encontro entre o duque, Mariana e Isabela, numa fazenda afastada, é breve. Fora de cena, Isabela contará à jovem todos os detalhes da artimanha.

O transcurso do tempo é indicado por uma fala do preboste dirigida a Cláudio:

> Cláudio, veja a ordem para a sua execução.
> É meia-noite em ponto e às oito
> tu serás imortal. Onde está Bernardino?
> Mergulhado num sono profundo e sem culpa
> como o que repousa nos ossos dos viajantes.
> Não vai acordar.
> [...] E quem lhe faria bem?
> Anda, vai te preparar, vai.
> [...]
> (Ato IV, cena 2)

O duque vai ao encontro do chefe de polícia.

> DUQUE: Que os bons e melhores espíritos da noite
> vos protejam. Alguém apareceu aqui?
> PREBOSTE: Ninguém desde o toque de recolher.
> DUQUE: Nem Isabela?
> PREBOSTE: Não.
> DUQUE: Eles virão em pouco.
> PREBOSTE: Há esperanças para Cláudio?
> DUQUE: Um pouco.
> PREBOSTE: O governador é firme.
> DUQUE: Nem tanto, nem tanto. Sua vida é paralela
> à linha traçada por sua grande justiça.
> Com santa abstinência ele deve punir
> aquilo que obriga seu poder a castigar
> nos outros. Se se ligasse aos males que condena,
> seria um tirano. Mas sendo as coisas o que são,
> é um justo.
> (Ato IV, cena 2)

Quando se esperava a chegada da ordem de perdão e liberdade imediata para Cláudio, o chefe de polícia recebe uma mensagem e a lê:

Não importa o que ouvir dizer em contrário, que Cláudio seja executado às quatro horas; à tarde, Bernardino. Para minha maior satisfação, mandem-me a cabeça de Cláudio às cinco. Essas ordens serão prontamente executadas; e saibam que sua execução é mais importante do que possamos imaginar. Portanto, não deixem de fazer o que lhes é pedido, caso contrário respondereis por isso.
(Ato IV, cena 2)

A chegada da mensagem ordenando a execução de Cláudio e Bernardino é a comprovação de que Ângelo não é o que aparenta ser, e o duque de Viena mais uma vez deixa claro que está à frente da situação, manipulando-a. Segue-se este diálogo entre ele e o chefe de polícia:

Duque: Quem é este Bernardino que vai ser executado esta tarde?
Preboste: Um sujeito que nasceu na Boêmia, mas foi criado aqui. Faz nove anos que está preso.
Duque: Ele se comportou com humildade enquanto preso? Até que ponto parece afetado?
Preboste: É um homem para quem a morte não é mais do que o sono da embriaguez. Indiferente, irresponsável, sem temer nada do passado, do presente e do futuro. É insensível à mortalidade e desesperadamente mortal.
Duque: Precisa de conselhos.
Preboste: Não quer nenhum. Sempre teve liberdade na prisão. Teve permissão para fugir, mas não quis. Vive bêbado muitas vezes ao dia, quando não está embriagado o dia inteiro. Muitas vezes nós o acordamos como se para levá-lo para ser executado, mostrando-lhe uma ordem forjada, mas ele não se altera em nada.
(Ato IV, cena 2)

Numa cena posterior, Pompeu – já trabalhando como assistente do carrasco – chama Bernardino para a execução.

Pompeu: Mestre Bernardino! Acorda para ser enforcado, Bernardino!
Bernardino (fora de cena): Que a varíola roa a sua goela! Quem está fazendo este barulho todo? Quem?
Pompeu: Seus amigos, os carrascos. Seja camarada. Acorda para a execução!
Bernardino: Fora daqui, seu vagabundo! Eu estou dormindo.
[...]
Bernardino: Bebi a noite inteira. Não estou preparado.
Pompeu: Melhor ainda, pois quem bebeu a noite inteirinha, quando é enforcado de manhã, dorme mais profundamente no dia seguinte.
Abhorson: Olha, aí está o frade, o seu pai espiritual. Acha que estamos brincando?
(Ato IV, cena 3)

O duque entra e diz a Bernardino:

Duque: Senhor, levado pela minha caridade, sabendo o quão depressa terás de partir, vim aconselhar-te, confortar-te, rezar contigo.
Bernardino: Não, frade, eu não. Bebi um bocado a noite inteira e preciso de mais tempo para me preparar ou então eles vão ter de me arrebentar a cabeça a pauladas. Eu não me dou permissão para morrer hoje, isto é mais do que certo.
(Ato IV, cena 3)

Bernardino sai, deixando-os atônitos. O chefe de polícia conta que naquela manhã havia morrido na prisão um certo "Ragozine, pirata notório, que tem a idade do Cláudio, com barba e cabelos da cor dos dele".

O duque, um chefe de Estado que tem o poder de comandar destinos, concorda com o plano de fingir que Ragozine é Cláudio: "Manda a cabeça para Ângelo."

O público devia delirar com essa frase. Os elisabetanos adoravam uma cabeça decepada.

Sugerido o embuste de enviar a Ângelo a cabeça de outro prisioneiro, diz o duque, numa das mais belas imagens da peça:

Ora, a morte é uma grande dissimuladora,
e podeis ainda melhorar. Corta-lhe cabelo
e barba, e diga que assim quis o penitente:
ser raspado antes de morrer.
(Ato IV, cena 2)

Quando Isabela chega, fica claro que o truque da cama foi posto em prática, porque a primeira coisa que ela pergunta é: "O governador já mandou o perdão do meu irmão?" E o duque diz, com refinada crueldade: "Ele já o libertou, Isabela, do mundo./ Foi degolado e a cabeça mandada para Ângelo" (ato IV, cena 3).

Ele sabe que ela vai sofrer, que o primeiro golpe ao ouvir a notícia vai ser como uma punhalada. Mas, mesmo assim, diz. Diante da explosão de dor e raiva de Isabela, ele apenas acrescenta, sereno, que o duque Vicêncio vai voltar e colocar todos frente a frente.

Ângelo reaparece, depois de ter recebido a notícia do regresso de Vicêncio. Não se sente mais tão seguro. Começa a duvidar...

Esta proeza transtorna meus sentidos todos
me abate e me confunde para qualquer coisa.
Uma virgem deflorada por alguém importante

> Que fez valer leis contra isto! Seu tímido
> pudor não a deixará tocar na sua perda.
> E se me acusasse? Ela não se atreveria
> pois minha integridade tem valor tamanho
> que escândalo nenhum poderia afetar-me
> sem sufocar antes o meu acusador.
> Cláudio teria vivido não fosse a juventude
> turbulenta. Com ressentimento perigoso,
> poderia no futuro vir a se vingar
> de haver comprado uma vida sem honra ao preço
> de uma tal vergonha. Tomara que vivesse.
> Ai, quando esquecemos a honra tudo vai mal.
> Queríamos e ao mesmo tempo não queríamos.
> (Ato IV, cena 4)

Em algumas peças de Shakespeare, o quinto ato tem apenas uma longa cena de que participa quase todo o elenco. É o caso de *O mercador de Veneza* (cuja cena tem 307 versos), *Noite de Reis* (com 420 versos), *A comédia dos erros* (com 428 versos) e *Medida por medida* (com 541 versos, a mais longa de todas, com treze dos vinte personagens em cena).

Essa cena final foi considerada mal estruturada por alguns analistas. Henry Fluchère, em seu *Shakespeare, dramaturge élisabéthain*, diz que ela "não dá certo, nem assistida nem lida. O efeito final é de trabalho. Shakespeare se aplicou demais, complicou tudo demais. Juntou muitos assuntos dramáticos".

Harold Bloom, dono de um espírito crítico refinado e imenso senso de humor, não hesita em dizer que *Medida por medida* é povoada por personagens loucos: "A visão cômica à qual Shakespeare se lançou, como alívio, decerto, após ter feito uma magnífica revisão do *Hamlet* (1601), terminou com esta 'coda enlouquecida', depois do que ele voltou à tragédia de *Otelo*."

Essa peça "selvagemente amarga" termina com a transformação do duque: de mediador filosófico, ele passa a um casamenteiro que perdoa a todos, mesmo os que não merecem perdão.

Confrontos são fáceis quando a maioria dos personagens está em cena: surge inicialmente o duque de Viena, que ouve a queixa de Isabela – ela, é claro, não reconhece nele o frei Ludovico:

> ISABELA: Justiça, nobre duque! Pousa vosso olhar
> sobre uma jovem, queria dizê-la virgem,
> ultrajada! Digno senhor, não desonrei
> vossos olhos pousando-os em outro objeto
> antes de ouvir minha justa queixa

> e me fazerdes vezes justiça.
> Duque: [...] Conta tua queixa. Quem te magoou?
> Por quê? Seja breve. Aqui está o senhor Ângelo,
> que te fará justiça.
> Isabela: Nobre duque, ordenais que eu peça
> minha redenção ao demônio? Ouvi-me,
> pois o que tenho a dizer irá punir-me
> se não me acreditardes, ou terei justiça.
> Ouvi-me, senhor, ouvi.
> Ângelo: Senhor, ela não está muito bem da cabeça;
> Ela me pediu piedade para o seu irmão
> que foi decapitado por ordem judicial.
> Isabela: Ordem judicial?
> Ângelo: E agora fala amarga e estranhamente.
> Isabela: Mesmo estranho, não deixa de ser verdadeiro.
> Que Ângelo seja perjuro, não é estranho?
> Que Ângelo seja um larápio adulto,
> um hipócrita, um violador de virgens,
> não é estranho, e mais e mais estranho?
> Duque: Sim, dez vezes.
> Isabela: Sim, mais estranho por ser verdadeiro.
> Sim, é dez vezes verdade, que a verdade
> é verdadeira até o final das contas. [...]
> (Ato V, cena 1)

Como Ângelo havia predito, quem iria acreditar na palavra dela contra a dele? Em vão, Isabela afirma que frei Ludovico poderia confirmar a veracidade do que disse. Mas onde está esse frade fantasma? Desacreditada, ela é levada para a prisão e outro frade, de nome Pedro, faz avançar Mariana, cujo rosto está coberto por um véu, que ela só descobrirá a pedido do marido.

> Mariana: Senhor, confesso que nunca fui casada
> e confesso mais: que não sou virgem.
> Conheço meu marido, mas ele ignora
> que jamais me conheceu.
> (Ato V, cena 1)

Por fim, ela tira o véu e revela ao duque que Ângelo a conhecera carnalmente, julgando que fosse Isabela, na noite da terça-feira. O duque se retira por um momento e Isabela volta pouco antes da chegada de frei Ludovico – este não é reconhecido por ninguém como o duque de Viena disfarçado. Vendo-o, Lúcio logo o acusa como aquele que caluniara o duque. O chefe de polícia, sem hesitar, pega-o para levá-lo preso pela falta de respeito. Mas o capuz cai e todos se veem na presença de Vicêncio, que logo diz a Ângelo:

> Duque: [...] Senhor, permiti:
> tendes alguma palavra, alguma ideia,
> alguma imprudência que possa agora
> vos servir? Se tiverdes, confiai nela até
> que eu fale e depois, defendei-vos.
> Ângelo: Meu temido senhor.
> Eu seria mais culpado do que a minha culpa
> julgando que poderia ficar indiscernível
> quando sei que Vossa Graça, como o poder
> divino, viu todos os meus erros. Assim,
> bom príncipe, não prolongai o processo
> da minha vergonha:
> sentença rápida agora e morte em seguida
> é toda graça que vos imploro.
> Duque: Vem cá, Mariana.
> Fizeste contrato de casamento com esta jovem?
> Ângelo: Fiz, meu senhor.
> Duque: Então desposa-a depressa. Cumpri
> vosso dever, frade, depois voltem aqui.
> (Ato V, cena 1)

Muitas personagens de Shakespeare apresentam incongruências de comportamento. Essa admissão de falta de Ângelo é absurda, tratando-se de quem é e de como agiu até essa altura da peça. Mas esses personagens são dados a atos inesperados, e o público tem que conviver com tais surpresas.

> Duque: Vem cá, Isabela.
> Teu confessor agora é o teu príncipe
> e ainda é teu fervoroso conselheiro,
> pois este hábito não alterou
> seu coração devotado ao teu serviço. [...]
> A morte do teu irmão pesa em teu coração
> e te perguntas por que (envolto em mistério)
> não te revelei logo o meu poder secreto
> para salvar-lhe a vida. Ó, gentil donzela,
> foi a brusca rapidez da sua morte,
> que julguei que viria mais devagar,
> que impediu-me a ação. Que ele esteja em paz.
> Vive-se melhor a vida sem temer a morte.

> Consola-te. Teu irmão está feliz.
> [...]
> Quanto ao recém-casado que ora se aproxima,
> cuja imaginação despudorada ultrajou
> tua honra bem defendida, deves perdoar
> por amor a Mariana. Mas por condenar
> teu irmão – sendo duas vezes criminoso,
> pois violou a santa castidade e quebrou
> uma promessa da qual dependia a vida
> do teu irmão –, a própria justiça da lei
> clama de forma evidente pela boca
> do culpado: um Ângelo por um Ângelo;
> morte pela morte; a pressa paga a pressa;
> lentidão por lentidão; justiça por justiça;
> Ângelo, com sua falta assim manifestada,
> nós te condenamos ao cepo
> onde Cláudio encontrou a morte. [...]
> (Ato V, cena 1)

Um pelo outro. O equilíbrio do castigo. A cabeça de Cláudio pela virgindade de Isabela. O embuste contra Ângelo se contrapondo à sua tentativa de corromper a castidade defendida por Isabela com tanto empenho.

Mariana implora pelo perdão de Ângelo e pede a Isabela que faça o mesmo, com o que ela concorda. Surgem então com forte afirmação os temas da piedade e do perdão.

Antes de tomar qualquer decisão, o duque pede que tragam à sua frente Bernardino, mas o preboste traz dois prisioneiros, um deles encapuzado, "que foi salvo quando Cláudio perdeu a cabeça". O duque, em clima de perdão – condizente, aliás, com o final de uma comédia, ainda que a peça seja classificada como "desagradável", "negra", "difícil" ou "problema" –, perdoa Bernardino por suas faltas passadas, aconselha que se emende e o entrega ao frade para que cuide dele.

> DUQUE: Dizem que tens a alma endurecida
> que ela não aprende nada mais além
> do mundo e assim moldas a tua vida.
> Estás condenado. Mas de todas
> estas faltas terrestres te liberto
> e peço que uses do teu perdão
> para garantir melhor futuro para ti.
> (Ato V, cena 1)

E o encapuzado? Quem é? Uma vez com o rosto à mostra, vê-se que é Cláudio.

> Duque: Se ele for parecido com teu irmão,
> Isabela, por sua causa está
> perdoado e por tua bela causa
> dá-me tua mão e diz que és minha.
> Ele também é meu irmão.
> Assim sendo, Ângelo, vê que está salvo
> e creio ver um brilho em vossos olhos.
> Fica sabendo que a bondade te cai bem,
> Ângelo. Cuida da tua mulher,
> que ela vale tanto quanto vales.
> Sinto-me hoje inclinado ao perdão
> mas há alguém aqui a quem não posso
> perdoar.
> (Ato V, cena 1)

Vicêncio se refere a Lúcio. Pela total falta de respeito com que o caluniou, o duque o obriga a se casar com a rameira Kate Keepdown, que já tivera um filho dele.

Assim, todos são perdoados por suas faltas, graves ou não. Em alguns casos, o perdão exige alguma forma de pagamento e, em troca, é preciso cumprir para receber. Cláudio nada tem a pagar. Foi um dos personagens que mais sofreu, já que a prisão implicava humilhação pessoal e física, e o pavor de uma morte que ele via aproximar-se o redimiu do pecado da fornicação prematura. Julieta tampouco é obrigada a pagar por ter tido relações consentidas com Cláudio.

Isabela, a imagem perfeita, a católica inflexível, navega entre valores distorcidos sem se dar conta de que, para tornar a sua personalidade inviolável, pratica o pior dos crimes: a indiferença em relação a outros seres humanos. Será que ela não teria de pagar pela sua atitude hedionda diante do desesperado pedido de ajuda do irmão? Ela bem que merecia alguma forma de castigo.

O duque lembra que "deves perdoar". Está no Novo Testamento, no livro de Lucas: "Sede misericordiosos como o vosso Pai é misericordioso. Não julgueis, para não serdes julgados; não condeneis, para não serdes condenados; perdoai, e vos será perdoado. Dai, e vos será dado; será derramada no vosso regaço uma boa medida, calcada, sacudida, transbordante, pois com a medida com que medirdes sereis medidos também" (Lc, 6, 36-38).

Também no livro de Mateus estão presentes as palavras que dão título à peça: "Não julgueis para que não sejais julgados. Pois com o julgamento com que julgais, sereis julgados, e com a medida com que medis sereis medidos" (Mt, 7, 1-2).

Curiosamente, o texto não menciona nenhuma reação de Isabela quando vê Cláudio; tampouco a jovem dá resposta à declaração do duque. É verdade que até aquele momento ninguém podia imaginar que Vicêncio estivesse apaixonado por ela, pois ele jamais insinuou algum interesse, uma vez que estava disfarçado de frade e ela, católica fervorosa, estranharia tal atitude ousada. De qualquer forma, a falta de reação e a ausência de emotividade de Isabela fizeram um analista aventar a possibilidade de cortes acidentais numa das primeiras cópias ou revisões da peça, antes de ser publicada – o que só aconteceu em 1623, no *First Folio*. É possível.

Depois de pedir pelo perdão de Ângelo, Isabela não diz mais uma palavra sequer nos últimos 87 versos da peça. Não é de espantar. Em *Muito barulho por nada*, a sempre falante Beatrice emudece depois de ser beijada por Benedito e assim permanece até o final.

Quanto a pedidos de casamento que ninguém espera, o exemplo perfeito está em *Noite de Reis*. Não há sequer um "pedido". Na última fala, Orsino, duque de Ilíria, diz para Viola, que vinha se fazendo passar pelo jovem Cesário:

> Vamos, Cesário,
> pois assim serás chamado enquanto fores homem.
> Mas quando fores visto com outros trajes,
> serás a amada de Orsino, a sua rainha.
> (Ato V, cena 1)

Viola não tem tempo de responder: a peça acabou. Mas se casará com Orsino. Estava apaixonada por ele.

Isabela aceita o pedido do duque em silêncio. Verdade, ignora-se tudo a respeito dos sentimentos dela, a não ser a sua religiosidade. É possível, portanto, que espere um tempo até Cláudio e Julieta se casarem e, quando Vicêncio menos esperar, ela correrá de volta para o convento das clarissas...

BEM ESTÁ O QUE BEM ACABA

Esta peça se passa na França e na Itália. Shakespeare inspirou-se num tema presente no *Decameron* de Giovanni Boccaccio e deve tê-lo encontrado no *Palace of Pleasure*, uma tradução de William Painter (c. 1540-1594) que reunia cerca de cem histórias daquele autor. O narrador deveria contar uma história de alguém que, à custa de determinação irremovível, tivesse conseguido algo que ambicionasse muito ou recuperasse algo que tivesse perdido. Na versão de Painter, ela é chamada Giglietta (ou Giletta) de Narbona.

Na história, a jovem Giletta, filha de um médico de Narbona, cura o rei da França de uma fístula e, como recompensa, pede que Beltramo, conde de Rousillon, se torne seu marido. Seu pedido é atendido, mas contra a vontade de Beltramo, que, por despeito, foge para Florença sem consumar o casamento e lá se apaixona por outra. Giletta vai atrás dele e usa uma artimanha: consegue dormir com o conde sem que ele se dê conta de que era ela. Giletta tem dois filhos. Quando Beltramo toma conhecimento do que aconteceu, recebe-a de volta e vivem "com grande honra e felicidade".

O argumento é conduzido pelo "truque da cama", usado também em *Medida por medida*. Curiosamente, os elisabetanos concordavam com a substituição no escuro de uma mulher por outra — atitude que o público de hoje condena. Na época, a plateia aceitava tacitamente essa prática e se divertia com todos os enganos entre o sexo dos personagens e dos atores de carne e osso.

Bem está o que bem acaba é uma comédia dramática que, sob o verniz do ambiente cortesão, está carregada de amargura. Não tem o humor radiante e colorido das últimas grandes comédias; não provoca risos, apenas leves sorrisos de aprovação diante dos personagens mais equilibrados – a condessa de Rousillon e o rei.

Como sempre, Shakespeare parte de uma fonte inspiradora e faz todas as alterações que julga necessárias para que a peça adquira uma forma e um conteúdo seus. Giletta e Beltramo, em sua versão, passam a ser Helena e Bertram. O cenário italiano de Boccaccio é transportado para a França.

Ele também introduziu novos personagens: Parolles, Lavache e Lafeu, nomes que imediatamente ligamos ao francês: *parolles*, *vache* e *feu* significam, respectivamente, "palavras", "vaca" e "fogo". De resto, Shakespeare segue em linhas gerais o enredo original. Porém, desenha com mais nitidez os personagens e os faz desagradáveis em sua maioria, talvez porque naquele estágio da vida estivesse desiludido com as pessoas. Mas vamos à história.

O rei da França mandou chamar Bertram e o rapaz se prepara para partir, despedindo-se de sua mãe, a condessa de Rousillon, que está acompanhada por Lafeu, um lorde já idoso, e pela jovem Helena, sua pupila. O rei está doente e a condessa menciona que o pai de Helena, o grande médico Gérard de Narbonne, o curaria se ainda estivesse vivo. Com a morte do doutor, a condessa passa a cuidar de sua filha, por quem tem grande admiração.

Bertram está para partir e sua mãe se despede dele brevemente:

> Minha bênção, Bertram. Que sejas como teu pai,
> tanto nos atos como na aparência. Que teu sangue
> e tua virtude disputem a honra de guiar-te,
> e que tua bondade se iguale à tua nascença.
> Ama a todos, confia em poucos,
> não faças mal a ninguém. Procura sempre
> humilhar teu inimigo mais pela autoridade que pela força
> e conserva teus amigos sob a guarda da
> tua própria vida. Que sejas reprovado pela tua cala
> e não por tuas palavras. Que todas
> as graças que o céu queira conceder,
> e as minhas preces desejar, caiam sobre ti.
> (Ato I, cena 1)

Depois das despedidas, Helena é deixada sozinha e novamente Shakespeare não perde tempo em situar o espectador no que considera essencial na história. Não é a primeira vez em que, em um solilóquio, um personagem revela um estado de espírito ou uma intenção, boa ou má. No caso de Helena, esse é o momento em que ela confessa seu amor por Bertram:

> Não penso em meu pai
> e outras lágrimas que foram em sua memória
> derramadas o honram mais que estas minhas.
> Como é que ele era? Eu já o esqueci.
> Minha imaginação não guarda outra imagem
> que não seja a de Bertram. Estou perdida!
> Não há mais vida, não há nenhuma vida
> com Bertram longe de mim. É como amar
> uma determinada estrela luzente,
> pensar em me casar. Ele está tão acima
> de mim. Devo me conformar em viver
> à sua luz radiosa, não na sua esfera.
> A ambição do meu amor é meu suplício.
> A corça que queria unir-se ao leão
> deve morrer de amor. Era um prazer dolorido
> vê-lo a toda hora, sentar-me e pintar
> as sobrancelhas arqueadas, seus olhos
> d'águia, seus cachos, na tela do meu coração,
> deste coração ávido de cada linha,
> de cada traço e detalhe do seu lindo rosto,
> a mais santificada das relíquias.
> (Ato I, cena 1)

Assim, desde o início, ficam evidentes, além do amor, a paixão e a fixação que Helena sente por Bertram, sentimentos que serão responsáveis por todo o desenvolvimento da peça e pelas principais críticas feitas a essa descontrolada heroína – que pode fazer pensar na saborosa frase do velho Polônio, em *Hamlet* (ato II, cena 2): "Eu também já cometi vários desatinos por amor."

Helena não espera muito tempo para cometer uma série deles. O primeiro, que ocorre logo no final do primeiro ato, é sua decisão de ir para Paris, aparentemente para colocar a serviço do rei o que aprendera com seu pai médico:

> Muitas vezes temos em nós mesmos remédios
> que esperamos ter dos céus. O destino celeste
> nos deixa livres para agir e as demoras
> são consequência da nossa lentidão.
> Que poder é este que eleva o meu amor
> tão alto, que me faz ver o que não sacia
> a minha vista? A natureza por sorte
> consegue aproximar sem distância, num beijo,
> os que estão mais afastados. O extraordinário

> parece impossível aos que só avaliam
> as dificuldades, pensando que o que não
> aconteceu não pode acontecer. Que mulher
> que se esforçou para provar seu mérito
> não tem fé no seu amor? A doença do rei...
> Meu projeto pode enganar minha esperança,
> mas minha fixa decisão não me abandona.
> (Ato I, cena 1)

É claro que ajudar o rei na cura de sua doença não passa de um pretexto. Helena não tem certeza de ser capaz de seguir os passos de seu pai; o que ela quer, realmente, é ir para onde Bertram foi. Este nem imagina que o que move a jovem é uma paixão doentia. A condessa, porém, passa da suspeita desse amor à quase certeza e pede que Helena confesse a verdade. A jovem obedece.

> Pois bem, confesso.
> Aqui, de joelhos, sob os altos céus e vós,
> diante de vós, depois perante os céus:
> amo vosso filho.
> [...]
> Cara senhora,
> que vosso ódio não enfrente o meu amor
> pois amo o que vós amais. Se a vossa honrada
> idade comprova uma juventude
> virtuosa, jamais na mesma chama pura
> e casta uniram-se Diana e Vênus. Tende
> compaixão de quem não pode escolher
> entre pedir e dar o que está certa perder,
> reduzida a jamais encontrar o que busca
> e como num enigma viver do que morre.
> (Ato I, cena 3)

A condessa, uma boa alma, tudo ouve e conclui, serena:

> Helena, tens minha permissão e meu amor.
> Dinheiro, acompanhantes e minhas saudações
> para meus amigos na corte. Fico em casa
> pedindo a Deus bênçãos para tua iniciativa.
> Parte amanhã e estejas certa de que eu
> te ajudarei p'ra que tudo seja a contento.
> (Ato I, cena 3)

Com toda a sabedoria que a idade lhe conferiu, a condessa não foi capaz de perceber nas palavras de Helena o que ela estava escondendo: a sua férrea decisão de ajudar o rei no que fosse possível, mas também garantir a proximidade e alguma forma de prender Bertram, o seu principal objetivo na peça.

Ela chega à corte, em Paris, e Lafeu, amigo da condessa, a leva até o rei. Helena logo diz ser filha do famoso médico Gérard de Narbonne, conta das receitas que seu pai lhe legou em seu leito de morte, se oferece corajosamente para cuidar do soberano e curá-lo e, caso tenha sucesso, só lhe pede:

> Vós me dareis com vossa mão real
> um dos jovens que dependem de vós
> e que eu, como marido, escolherei.
> Longe de mim a arrogância de pensar
> na escolha de alguém de sangue real da França,
> juntando o meu humilde e simples nome a
> um dos ramos da vossa dinastia.
> Mas a pessoa, vosso vassalo, eu sei
> estar livre para eu pedir e vós concederdes.
> (Ato II, cena 1)

Como era de esperar, Helena cura o rei e este, para cumprir sua promessa, reúne na sala do trono um grupo de lordes para que ela faça o pedido. O público não se surpreende, mas Bertram sim, quando Helena para à sua frente e diz: "Este aqui é o homem" (ato II, cena 3).

Esse é um momento crucial da peça, pois é a partir daqui que vai se desenrolar o conflito entre os dois personagens, porque Helena e Bertram não são um casal de heróis convencionais. Estamos diante de um raro exemplo: uma mulher que persegue um homem cujo único objetivo é fugir dela – e isso não se dá em clima de comédia, muito pelo contrário.

Tudo começa quando o rei diz a Bertram:

> REI: Então, jovem Bertram, tome-a, é tua esposa.
> BERTRAM: Minha esposa, senhor? Imploro a vossa alteza
> que me concedeis a licença da escolha
> em um assunto desta natureza.
> REI: Não sabes,
> Bertram, o que ela fez por mim?
> BERTRAM: Sei, meu senhor,
> mas nunca saberei por que devo desposá-la.
> REI: Tu sabes que ela me levantou da cama.
> BERTRAM: Quer dizer, senhor, que eu devo cair

porque ela vos levantou? Conheço-a bem.
Foi educada na casa de meu pai.
A filha de um médico pobre como esposa?
Prefiro a desonra eterna!
(Ato II, cena 3)

O rei faz Bertram ver o absurdo da sua reação, e termina dizendo:

Rei: [...] Se não amas a virgem nesta criatura,
posso criar o resto. Virtude ela já tem,
riqueza e títulos eu poderei lhe dar.
Bertram: Não posso amá-la, nem vou tentar fazê-lo.
Rei: Te prejudicarias diante desse esforço.
(Ato II, cena 3)

Nesse ponto, Helena interfere, dizendo: "Estou feliz, senhor, que estejais curado./ O resto não importa" (ato II, cena 3).

De novo, Helena mente: o resto importa, sim, e muito. Usando da sua prerrogativa, o rei obriga Bertram a desposá-la.

Bertram se sai bem da situação desagradável – como se quisesse pôr fim àquilo o mais depressa possível –, ao dizer:

Bertram: Perdão, gracioso senhor, a quem eu submeto
meu gosto aos vossos olhos. Quando considero
que grandes criações e que dotes de honra
podeis evocar a um simples mando, descubro
que aquela que até o momento ocupava
lugar tão ínfimo nos meus pensamentos
torna-se nobre com tais reais louvores
como se fora nobre de nascença.
Rei: Toma-a
pela mão e diga que ela é tua. Prometo-lhe
uma fortuna que não irá ficar
muito abaixo da tua.
(Ato II, cena 3)

Mas logo depois, quando ele encontra seu amigo Parolles, suas verdadeiras intenções são reveladas:

Bertram: Estou perdido e condenado para sempre.
[...]
Se bem que diante do padre eu jurasse,
não dormirei com ela.

[...]
Casaram-me, amigo Parolles. Eu irei
para as guerras na Toscana e nunca vou
levá-la para a cama.
(Ato II, cena 3)

Evidentemente, Helena de nada suspeita. Bertram pede à jovem que volte para casa e lhe entrega uma carta, dizendo que irá ter com ela dentro de dois dias. E nesse adeus não lhe dá sequer um beijo. Por sua vez, em Rousillon, a condessa recebe uma carta do filho, na qual ele conta a verdade em poucas palavras. Helena lê o que Bertram lhe escreveu: "Quando puderes tirar o anel do meu dedo, anel que jamais irá sair, e me mostrar uma criança gerada do teu corpo da qual seja eu o pai, então chama-me marido; mas este 'então' quer dizer 'nunca'" (ato III, cena 2).

Assim, no que diz respeito a Helena, para usar uma expressão bastante apropriada, "o tiro saiu pela culatra". Entretanto, não se deve pensar que a heroína desistiu. Não, longe disso. Ela vai para a Itália atrás dele, mas nem assim Helena consegue ganhar a simpatia do público. É justamente sua obsessiva perseguição a quem não a quer que a torna extremamente desagradável. Se estivéssemos num ambiente de comédia satírica, tudo lhe seria perdoado. Porém, não se pode esquecer que se trata de uma peça-problema, cuja atmosfera mais pesada não dá margem a risos. O que faz o espectador levar Helena a sério, mesmo que não concorde com ela, é a firmeza da sua monomania. Talvez haja poucos personagens na literatura e no teatro que lutem com tamanha firmeza para alcançar seus objetivos.

O casamento na era elisabetana

Nos tempos da rainha Elisabete, o casamento era uma instituição nada equitativa: os maridos tinham poder total sobre as esposas. A elas cabia apenas criar os filhos e administrar o lar. O casamento era o destino de quase todas as pessoas, exceto as comprometidas com a vida religiosa. As solteiras com idade mais avançada eram frequentemente suspeitas de bruxaria; os homens solteiros eram proibidos de assumir determinados cargos públicos.

Os casamentos eram arranjados pelas famílias e os noivos muitas vezes se conheciam apenas durante a cerimônia. O que importava era o interesse das famílias que seriam unidas pelo futuro casal. Isso era particularmente válido nas famílias nobres, que casavam seus filhos entre si para garantir a continuidade de seus privilégios – e impedir a ascensão social de famílias pobres pelo casamento. No caso dos pobres, a prática era arranjar a união entre amigos e vizinhos – o que ao menos dava aos jovens mais liberdade para escolher os cônjuges.

As pessoas podiam se casar a partir dos 21 anos. Às vezes, isso podia ser ignorado, como no caso de William Shakespeare, que era menor, mas cuja noiva estava grávida. Das noivas se esperava um dote, ou seja, ao se casar ela deveria ter alguma propriedade ou soma de bens ou dinheiro. Evidentemente, o valor do dote variava muito conforme a classe social dos noivos, mas ele era entendido como uma proteção para a noiva caso o marido morresse primeiro.

A cerimônia de casamento era realizada na igreja, sempre. Não havia casamento civil, apenas religioso. A intenção dos noivos era anunciada publicamente e, se não houvesse oposição, a cerimônia tinha lugar. Não havia convites: como as cidades eram menores, todos os potenciais convidados sabiam de antemão a respeito do casamento.

O noivo vestia sua melhor roupa. A noiva em geral usava um vestido comprido e ainda não havia a tradição de usar branco. Os cabelos eram usualmente soltos, mas depois do casamento as mulheres os mantinham presos. O buquê já era carregado pelas noivas naquela época. Os trajes dos casais da nobreza, evidentemente, eram feitos de material de melhor qualidade, como veludo, e tinham uma série de acessórios com joias, prata e ouro. Muitas vezes as roupas eram confeccionadas especialmente para essa ocasião. Já as pessoas mais pobres não podiam se dar a esse luxo e vestiam roupas mais simples, de algodão.

Para saber mais:

- *Elizabeth: a era de ouro*. Direção: Shekhar Kapur. França/Inglaterra, 2007, 114 min.
- Jones, Norman. *The Birth of the Elizabethan Age – England in the 1560's*. Hoboken: Wiley-Blackwell, 1995.
- Moore, Harry T. *Elizabethan Age*. Nova York: Dell Laurel, 1965.

Mas, afinal de contas, quem é essa Helena e por que teria tomado uma atitude tão irremovível em relação ao seu amor unilateral?

Na verdade, o espectador não é informado de muita coisa a respeito dela, além de que seu pai foi um médico de renome e de que é órfã. Sua mãe nem sequer é mencionada. Shakespeare sabe ignorar parentescos que sejam inúteis para a sua história. O rei Lear, por exemplo, é pai de três filhas, mas na peça a mãe delas também não é citada.

Como Helena devia ser bonita e ter por volta de dezessete anos, não é de espantar que os homens a admirassem: era culta e inteligente. Com a morte do pai, ela passa aos cuidados da condessa de Rousillon, para quem é como uma filha: "Seu pai entregou-a para mim sem nenhuma recomendação e ela tem direito a todo o carinho que sinto por ela. Devo-lhe mais do que lhe dou e mais lhe daria sem que me pedisse" (ato I, cena 3).

Sobre ela, o velho cortesão e amigo da condessa, Lafeu, diz ao rei da França: "Juro por minha fé e minha honra, se me for permitido exprimir meus pensamentos de forma tão ligeira, falo de alguém cujo sexo, idade, profissão, sabedoria e firmeza me impressionaram tanto que devo atribuí-lo à minha fraqueza de espírito" (ato II, cena 1).

Helena é querida e respeitada e parece nutrir há tempos uma paixão por Bertram, embora ninguém mais tivesse conhecimento disso, nem mesmo a condessa, apesar de toda a sabedoria e perspicácia. Isso é incomum nas personagens femininas de Shakespeare, sempre muito perspicazes. O mesmo acontece com Bertram: como é possível que o rapaz nunca tivesse notado nada de diferente no comportamento de Helena?

Se Helena parece uma heroína desagradável na sua pertinaz perseguição, Bertram parece pior, não por nunca ter notado um amor que o rondava noite e dia, mas porque, ao tomar conhecimento dele, toma uma atitude injustificada de esnobismo, orgulho e desdém. Sua atitude não é a de um homem incapaz de retribuir um amor, e sim a de alguém que acredita que posição social e "nascimento" são mais importantes que tudo. Ele é um ser humano pequeno, ardilosamente mentiroso, que se faz passar por alguém que não é: diante do rei, demonstra uma posição obsequiosa, não obstante estivesse disposto a enganá-lo. Bertram foge literalmente do casamento. Ele vai para a Itália e lá fica.

Helena não perde tempo. Uma mentira a mais não vai fazer diferença. Assim, para justificar seu desaparecimento, escreve uma carta para a condessa, na qual não menciona que parte à procura de Bertram:

> Vou fazer uma peregrinação a Santiago de Compostela. Um amor ambicioso fez de mim criminosa. Para expiar minhas faltas, para cumprir o meu piedoso voto, quero andar descalça sobre terra dura e fria. Escrevei, escrevei, para que, abandonando sua sangrenta carreira militar, meu mestre querido e vosso tão querido filho volte o mais depressa para vós. Fazei a felicidade dele na paz do lar enquanto eu, de longe, benzerei seu nome com zeloso fervor santificado. Ele é por demais bom e belo demais para mim e para a morte, que eu vou abraçar para deixá-lo livre.
> (Ato III, cena 4)

Quando Helena chega a Florença, encontra casualmente um grupo de mulheres, entre as quais está Diana. Elas conversam sobre os combatentes franceses e citam o pobre conde de Rousillon, a quem o rei obrigara a casar contra a vontade com uma mulher a respeito de quem um dos seguidores do conde fala muito mal. Quem seria esse intrigante? Chama-se Parolles.

Parolles, invenção do autor para a sua versão da história, é um desses personagens que dão brilho a determinadas peças. A própria condessa admite que ele exerce péssima influência sobre seu filho, que ingenuamente leva um bom tempo para perceber quem com efeito ele é: um parasita, falso em servilismo, falso em coragem, um mentiroso intrigante, atrevido, desonesto, que se veste com esmero, de uniforme vermelho e lenço no pescoço. Esse soldado fanfarrão poderia ser um vilão sob encomenda se estivesse numa peça mais densa, mas aqui ele contribui para divertir o público e não pode ser levado a sério.

Há os que não percebem Parolles pelo que ele é. Porém, a Helena ele não engana. Se ele a trata com certa superioridade, como se fosse apenas uma criada, Helena não lhe dá mais atenção do que daria a uma criança, alguém que não é merecedor do seu interesse indivisível. Ela é superior e sabe disso. Apenas diante de Bertram fica mergulhada num clima depreciativo, certa de que ele está muito acima dela, fora do seu alcance.

É, de fato, impressionante que Bertram não veja quem é Parolles, pois todos percebem de longe que se trata de um aproveitador sanguessuga. Até os nobres franceses com quem eles travam conhecimento na Itália alertam Bertram, que parece não acreditar no que lhe é dito.

> PRIMEIRO NOBRE: [...] É um covarde conhecido, um grande e incessante mentiroso, um homem que quebra promessas a cada hora que passa, que não possui uma única qualidade digna da vossa apreciação.
> SEGUNDO NOBRE: Seria melhor que vós o conhecêsseis, senão iríeis confiar demais nas suas virtudes, das quais não possui nenhuma, e poderia colocar-vos em grande perigo.
> (Ato III, cena 6)

Depois de conhecer Diana e a sua mãe viúva, Helena está pronta para pôr em prática o conhecido "truque da cama", artimanha bem-aceita pelo público elisabetano.

A proposta do "truque da cama" não é feita diretamente a Diana, mas para a mãe dela, com quem Helena conversa de forma franca e direta, sem fornecer muitas informações sobre sua história.

> Se não acreditar que eu seja a mulher
> não sei o que posso fazer para convencê-la
> [...]
> E vou perder tudo que já consegui.
> Confie em mim, o conde é meu marido
> e cada palavra do que eu lhe disse é
> verdade. Portanto, não vai fazer nada errado
> me ajudando.
> [...]
> Fique com este ouro,
> deixe-me com ele comprar a sua ajuda

e eu lhe pagarei mais, e muito mais,
quando tiver sucesso. O conde corteja
sua linda filha, cerca-a de galanteios,
porque a quer. Deixe-a fingir que o aceita
e se comporte como vamos instruir.
Seu sangue ardente não recusará
a um pedido dela: ele usa um anel
que na família passa de pai para filho
há quatro gerações desde que foi usado
pelo primeiro. O conde dá a este anel
um valor imenso, mas seu desejo enorme
não vai deixar que o negue, mesmo que depois
venha a se arrepender.
[...]
Então vê que é decente. É apenas isto:
que sua filha pareça ceder, pegue o anel,
marque um encontro e no final me ceda
o seu lugar, continuando sempre casta.
Depois disto lhe darei mais três mil coroas
como dote para o seu casamento.
[...]
Então, esta noite, tentaremos a trama.
Se der certo, houve de um lado uma intenção
culposa seguida de uma legítima;
de outro, uma intenção legítima seguida
de um legítimo ato. Nenhum deles pecou,
apesar do pecado cometido.
(Ato III, cena 7)

Já foi comentado que Shakespeare fazia as alterações que queria no material das suas fontes, em benefício da tessitura dramática das peças. Não seria de espantar, portanto, que determinados acontecimentos verídicos pudessem servir de inspiração para os elementos por ele introduzidos no desenvolvimento da sua história. Na peça, o rei havia dado a Helena – depois que ela o curou – um anel, símbolo da proteção real, válida para sempre. Helena orienta Diana a dizer a Bertram que lhe dará seu anel (que o rei dera a Helena) em troca daquele que ele tem no dedo (e do qual Bertram disse que nunca se desfaria).

É preciso trazer à tona um fato histórico: o conde de Essex, amigo de Shakespeare, havia sido decapitado em 1601, dois anos antes de a rainha Elisabete I morrer. Justamente nesse período Shakespeare escrevia *Bem está o que bem acaba*. Acredita-se que, ainda na época em que Essex era o favorito da rainha, ela lhe dera um anel para simbolizar sua proteção eterna – exatamente como o anel dado pelo rei da França a Helena. Uma das damas do Conselho Privado da Rainha, Katherine Carey (*c.* 1524-1569), em seu leito de morte, confessou a Elisabete I que, quando Essex estava condenado à morte, mandara o anel para ser entregue a ela. Seria, evidentemente, um pedido simbólico de perdão, e a soberana, com toda certeza, o teria poupado. O anel foi entregue, por engano, a Katherine, que o reteve, de modo que ele nunca chegou às mãos da rainha. Dizem que, quando Elisabete I ouviu a confissão, falou para Katherine: "Deus poderá perdoá-la, mas eu não."

Bertram – que, é preciso admitir, foi tratado com inominável falta de consideração, apesar da sua lamentável atitude inicial – é levado a crer que Helena está morta, o que pelo menos o redime do pecado criminoso da bigamia. A própria Helena, conversando com Diana, antes da noite do "truque da cama", diz à jovem, quando se encontram em Florença:

> [...] Fui devidamente informada de
> que Sua Graça encontra-se em Marselha, para
> onde vamos ter, convenientemente.
> Deves saber que eu sou tida como morta.
> O exército desfeito, voltou meu marido
> ao seu castelo. Espero, com a ajuda dos céus,
> e com a permissão do meu senhor, o rei,
> que logo encontraremos nosso anfitrião.
> (Ato IV, cena 4)

Sim, todos acreditam que Helena está morta – embora não se saiba como e por que isso aconteceu –, estratagema que Shakespeare usou em mais de uma peça, como em *Muito barulho por nada* e em *Romeu e Julieta* (nesta, com funestas consequências).

Helena, pelo próprio desenho da sua personalidade, domina a peça. Perto dela, Bertram não passa de um jovem imbecil, muito mais interessado em sexo do que nas qualidades daqueles que o cercam. Está certo, ele é jovem e fogoso. Mas qual dos jovens de Shakespeare não é fogoso? Lembremo-nos de Romeu, de Cláudio (de *Muito barulho por nada* e de *Medida por medida*) e de Lorenzo (de *O mercador de Veneza*). Prova da sua imaturidade é seu pouco discernimento ao deixar-se influenciar por Parolles e o fato de não se dar conta da sua posição nobre. É petulantemente desrespeitoso, e sua insolência inicial diante do rei é imperdoável, mesmo que por um momento se possa ficar a seu favor quando ele se vê preso a um casamento indesejado. Apesar de tudo, Bertram demonstra respeito para com sua mãe.

Contudo, sem autoridade para fazer valer sua posição e seus direitos, a reação dele representa uma vingança infantil: "Eu irei para as guerras na Toscana e nunca vou levá-la para a cama" (ato II, cena 3). De todo modo, ele não tem mesmo qualidades que justifiquem o insensato amor de Helena.

Como em toda peça de Shakespeare, há sempre o grave momento da solução. Tudo parece perdoado e esquecido, e o rei ali está para concordar com as bodas de Bertram com a filha de Lafeu (a qual, aliás, não aparece na peça). Quando Bertram mostra o anel que dará à sua noiva, o rei reconhece o que dera para Helena. Bertram diz que o anel lhe fora atirado na rua, embrulhado, no entanto o rei sabe a quem ele pertence. O rei recebe uma carta de certa Diana Capilet, acusando Bertram de lhe prometer casamento e sumir depois de a possuir. Ela aparece e Bertram nega, comporta-se como um patife. Fora uma mulher desfrutável com quem tivera um encontro. Diana apresenta o anel de Bertram, seu anel de família, que a condessa reconhece. A entrada de Helena provoca o espanto que o público da época adorava, principalmente em razão desse conluio entre a plateia e a heroína. Tudo irá se esclarecer. Os anéis encontraram os caminhos certos pelas mãos de Diana-Helena. O rei diz:

> REI: Não haverá aqui um exorcista
> que dê aos olhos meus sua legítima
> função? Será real o que estou vendo?
> HELENA: Não, é a sombra de uma esposa o que vedes;
> o nome, mas não a pessoa.
> BERTRAM: Ambas, ambas. Perdão!
> HELENA: Caro senhor, quando eu era como esta donzela
> fostes comigo da maior ternura. Eis vosso
> anel, e vede, aqui está vossa carta. Nela se lê:
> "Quando puderes tirar o anel do meu dedo
> e me mostrar criança de que eu seja pai..."
> Quereis ser meu, já que fostes duplamente
> conquistado?
> BERTRAM: Se ela puder explicar tudo claramente,
> a amarei sempre, sempre, ternamente.
> (Ato V, cena 3)

Na primeira cena do quinto ato, na sua conversa com Diana, Helena diz: "Bem está o que bem acaba", frase que voltaria a repetir, uma vez que de fato não há como acontecer mais improbabilidades. Se Helena acredita que essas palavras finais vão garantir um marido amantíssimo que depende apenas de explicações, é uma criatura crédula. Bertram disse: "A amarei sempre, sempre, ternamente" com o mesmo impulso com que dissera, muito antes: "Eu irei para a guerra na Toscana." Será que ela acredita nele?

Trata-se de um casal pouco convencional; desagradável, sim, que nada tem a ver com o espírito de uma comédia. Mas quem disse que se trata de uma comédia? É uma peça-problema, confusa, que acaba deixando todos insatisfeitos, no palco e na plateia. E justamente por isso não é popular.

HAMLET

Os acontecimentos do início do século XVII são muito significativos na vida de Shakespeare, não só porque *Hamlet* teria sido escrita em 1600 ou 1601, como também porque marca os chamados "anos de crise", que irão se prolongar até 1605. Na virada do século, Shakespeare já estava com 36 anos, entrando na maturidade. Era renomado e estava rico. Quatro anos antes, havia comprado New Place, a primeira casa de tijolos e madeira de Stratford. Já havia escrito nove peças históricas, duas tragédias de aprendizado – a sangrenta *Tito Andrônico* e a romântica *Romeu e Julieta* –, além de várias comédias perfeitas: *Como quiseres* e a irretocável *Noite de Reis*, justamente considerada a rainha das comédias.

Nessas comédias, perfeitas na sua delicadeza romântica e beleza de linguagem, encontramos um laivo de amargura e de desilusão, como se, em meio a toda alegria, beleza e suavidade da poesia, houvesse uma sugestão lamentosa de tristeza por aquilo que o ser humano tem de falível. A maturidade o levava à procura da verdade do ser humano. É impossível definir o homem com uma só palavra, e essa necessidade de conhecê-lo em toda a sua amplitude e profundidade iria eclodir em *Hamlet*.

Não é de admirar que essa, a primeira das suas cinco grandes tragédias, tenha sido escrita entre seu trabalho em *Como quiseres* e *Noite de Reis*. Curiosamente, foram as últimas comédias que Shakespeare escreveu. Elas e *Hamlet* abriram caminho para as peças-problema e para sua segunda grande tragédia: *Otelo*.

É extraordinário que, embora estivesse sofrendo as consequências de uma profunda tensão emocional, por motivos pessoais e conflitos externos, ele continuasse a escrever. Diz-se que o artista de grande sensibilidade, em meio a profundas crises existenciais, é capaz de produzir obras valiosas, apesar de parecer simples demais transpor os problemas da vida de um escritor para a sua criação. No entanto, se isso for considerado verdadeiro, é plenamente aplicável a Shakespeare.

Sua atitude com o ser humano mudou. O dramaturgo o vê incompleto, imperfeito, como se houvesse, da sua parte, uma crise de fé na humanidade. Ao mesmo tempo, seus grandes personagens das tragédias irão se revelar homens honrados, de imenso poder, dignidade espiritual e força criativa. Todo o turbilhão de emoções que Shakespeare poderia estar sentindo, como ser humano, foi transmutado, pelo seu instinto estético infalível, na mais pura e bela arte.

Mas, ao fim, o que motivou tal crise?

Frank Ernest Halliday (1903-1982) afirma, em seu livro *Shakespeare*, que a morte do filho e a do conde de Essex foram a principal causa da crise que o abalou. O menino Hamnet, gêmeo de Judith, morreu em 1596 com onze anos; a rebelião de Essex, que terminou com a decapitação do conde, aconteceu em 1601.

Dois anos depois de perder o filho, ocorreram sérios problemas ligados a amigos muito próximos: o conde de Southampton e o conde de Essex. Southampton se envolveu num romance com Elizabeth Vernon, dama de companhia da rainha, e a engravidou. Ele estava na França, voltou, casou-se em segredo e retornou a Paris. Ao regressar a Londres, foi preso e logo mandado para a Irlanda, onde estava Essex, enfrentando uma rebelião. Essex fez uma trégua com o inimigo, voltou para Londres sem ordem real e acabou em prisão domiciliar. Seu grande erro foi julgar que contaria com o apoio do povo, que o tinha em altíssima conta. Juntou-se a um grupo de nobres descontentes e procurou o apoio do rei James da Escócia (que poderia então herdar o trono com a morte de Elisabete I), mas seu complô foi descoberto. Todos foram presos, e Essex foi decapitado.

O reinado de Elisabete I

Elisabete I governou a Inglaterra e a Irlanda de 1558 até sua morte, em 1603. Ela nasceu em 1533, filha dos reis Henrique VIII e Ana Bolena. O relacionamento entre seus pais havia sido marcante politicamente: seu pai era casado com Catarina de Aragão e pediu a anulação do casamento para poder se casar com Ana Bolena. O papa negou o pedido, ao que Henrique VIII reagiu rompendo com o catolicismo. Três anos após o nascimento de Elisabete, sua mãe seria executada (supostamente por adultério, mas provavelmente por não ter dado um herdeiro homem para o rei).

Coroada aos 25 anos, Elisabete sucedeu a meia-irmã Maria, que tentou restabelecer o catolicismo no país e executou centenas de dissidentes. Durante seu longo reinado, Elisabete solidificou o anglicanismo como religião oficial. Para os católicos, ela era filha de um casamento ilegítimo, portanto não poderia ser rainha. Tanto ela como seus conselheiros temiam uma cruzada contra a Inglaterra e optaram por uma saída moderada: fizeram aprovar leis que estabeleceram um protestantismo moderado, evitando os extremismos dos puritanos e eventuais perseguições aos católicos. Dessa forma, seu reinado se pautou pela moderação e pela tentativa de evitar maiores confrontos.

A rainha nunca se casou. Uma união com um monarca estrangeiro poderia significar perda de autonomia para a Inglaterra; com um súdito, significaria a elevação de sua família à condição de dinastia. Dessa forma, ela não teve herdeiros e foi a última representante da dinastia Tudor. Essa decisão foi bem recebida pelos ingleses, e Elisabete I foi saudada com o epíteto de "rainha virgem" (vem daí o nome do estado americano da Virgínia, em sua homenagem).

Sua política externa foi defensiva. A rainha evitou expandir o império ou atacar outras nações. Entretanto, teve que lidar com a sempre presente ameaça representada pela Invencível Armada espanhola. Filipe II planejava invadir a Inglaterra, mas teve seus planos frustrados quando o pirata inglês Francis Drake (1540-1596), protegido da soberana, atacou o porto de Cádiz de surpresa e afundou 37 navios espanhóis. Irritado, o rei adiou os planos para o ano seguinte, contudo foi derrotado pela esquadra inglesa. A defensividade de Elisabete fez que a Inglaterra não se aproveitasse da destruição da Invencível Armada para impor uma derrota definitiva aos espanhóis. Ainda assim, a vitória naval trouxe imensa popularidade para a rainha, que explorou o fato como prova da suposta preferência de Deus pelo protestantismo.

Seu reinado é frequentemente visto como uma época de ouro para a Inglaterra, graças à vitória sobre a armada espanhola e ao florescimento literário que teve como maiores representantes William Shakespeare e Christopher Marlowe. Entretanto, a economia do país sofreu sérios abalos, em especial na última década do seu reinado. Os custos militares acarretaram a elevação de impostos e as constantes disputas entre os nobres na cúpula do poder minaram a influência de Elisabete. O culto à rainha e à chamada "era elisabetana" ganhou força décadas após sua morte, num momento em que seu sucessor, James I, enfrentava dificuldades.

Para saber mais:

- *Elizabeth: a era de ouro.* Direção: Shekhar Kapur. EUA, 1998, 125 min.
- Chastenet, Jacques. *A vida de Elizabeth I.* São Paulo: Círculo do Livro, 1973.

Antes, correligionários de Essex haviam entrado em contato com a companhia teatral de Shakespeare, os Lord Chamberlain's Men, solicitando a encenação, de última hora, de *Ricardo II*. Na peça o rei abdica em favor do seu primo, o usurpador Bolingbroke, cena que fora censurada nas versões impressas desde 1597. Mediante a oferta de um cachê extra de quarenta shillings, a companhia montou a peça na íntegra na véspera de a rebelião ser sufocada, no dia 7 de fevereiro.

Augustine Phillips, um dos membros da companhia, foi chamado para depor sob juramento. Sem nada a esconder, revelou o espanto de todos ao receberem o pedido de montagem de uma peça "velha", de quatro anos, e o valor recebido de quarenta shillings, mais do que bem-vindos por uma apresentação sem cortes, uma vez que se supunha que a censura só se aplicasse ao texto publicado. Os Lord Chamberlain's Men saíram-se incólumes da perigosa aventura, apesar de os agentes do Departamento de Justiça se manterem atentos a tudo o que pudesse parecer traição.

É muito pouco provável que Shakespeare tenha conseguido escapar a um interrogatório e depoimentos oficiais. Deve ter sido a primeira vez que enfrentou a lei – que costuma considerar os artistas culpados quando o Estado não admite a liberdade de expressão, imaginação ou crítica. O dramaturgo deve ter ficado surpreso ao se dar conta de que estava sendo visto como subversivo. Toda peça histórica de sua autoria poderia ser considerada material "politicamente incorreto".

A censura era um fato indiscutível. Pode ser coincidência, mas Shakespeare nunca mais voltaria a criar peças históricas, com exceção de *Henrique VIII*, três anos antes de morrer – a última peça por ele escrita, se não considerarmos *Os dois nobres parentes*, em colaboração com John Fletcher. Essa peça chegou até nós por meio de um in-quarto publicado em 1634, dezoito anos após sua morte, onde se lia que "havia sido apresentada no Blackfriars [...] com grande sucesso" e que fora "escrita pelos memoráveis ilustres do seu tempo, sr. John Fletcher e sr. William Shakespeare, cavalheiros".

O conde de Southampton teve a pena de morte comutada para prisão perpétua, mas foi libertado dois anos depois, com a ascensão de James I ao trono, em 1603. Restava a Shakespeare a tristeza incontornável de ter perdido uma rainha que lhe dera todo o apoio na década que precederia sua morte.

Ele teve aborrecidas questões de dívidas a saldar em Stratford. Como se não bastasse, a partir de 1601 ocorreu a Guerra dos Teatros, um atrito sério entre as companhias "de adultos" que se apresentavam nos teatros públicos e as Companhias dos Meninos. Pelo menos três grupos se apresentavam nos teatros particulares com grande sucesso. Se de um lado havia as Companhias dos Meninos, de outro havia o magnata teatral daqueles tempos, Philip Henslowe, que gerenciava vários teatros e contratara um invejável elenco, reunindo alguns dos melhores atores de então.

Há quem diga que Shakespeare escreveu *Hamlet* movido pela compulsão de ter um sucesso na mão. O seu Teatro Globe precisava fazer frente à concorrência. É possível.

Hamlet foi registrada no Stationer's Register em 1602, o que não salvou a peça de pirataria. Houve uma versão adulterada impressa em 1603, uma versão imperfeita do in-quarto do ano anterior. Surgiu uma versão autorizada e revista em 1604, a mais completa dos primeiros textos. A versão definitiva é a que está presente nas obras completas, no primeiro fólio de 1623.

É a mais longa das peças shakespearianas: quatro horas, se representada na íntegra. E Hamlet é, sem dúvida, o mais famoso personagem do teatro universal. Muitos dos que nunca leram ou viram a peça sabem da sua existência e têm uma vaga ideia do que ele representa, questão intrigante que deu origem a interpretações mais intrigantes ainda.

Houve outro *Hamlet*, anterior ao que conhecemos. Sabe-se que foi encenado provavelmente pela então recém-formada companhia dos Lord Chamberlain's Men, no teatro Newington Butts, localizado na margem sul do Tâmisa, um lugar fora de mão e longe das melhores casas de espetáculo. Isso foi em junho de 1594 – depois da peste, que invadira Londres em 1592, e sete anos antes de Shakespeare chegar a Londres. A peça ficou em cartaz por dois anos.

Mas muito antes já se falava de um *Hamlet* cujo texto desapareceu. Seria da autoria de Thomas Kyd, cuja peça *The Spanish Tragedy* fora um sucesso estrondoso em fins do século XVI. Essa peça, escrita entre 1582 e 1592, ficou conhecida como *Ur-Hamlet*.

Cogita-se que Shakespeare, no início do seu trabalho com a Lord Chamberlain's Men, não só copiava como também adaptava textos de outros autores. Assim, é possível que tenha alterado esse primeiro *Hamlet* de tal forma que ele se tornou o *seu Hamlet*. Mas não há comprovações a esse respeito.

Das 37 peças que Shakespeare escreveu, são tramas originais as de *Trabalhos de amor perdidos*, *As alegres comadres de Windsor* e *A tempestade*. Kyd tampouco inventou o enredo de *Hamlet*.

Os personagens e os episódios centrais podiam ser encontrados numa obra de 1200, escrita em latim, chamada *Historia Danica* [História da Dinamarca], de Saxo Grammaticus (c. 1150-1220). Em 1575 surgiu uma versão francesa, de Francis de Belleforest (1530-1583): *Histoires tragiques*. Foi com toda certeza baseada nessa versão que a história de Hamlet chegou aos palcos ingleses. No quinto volume dessa obra, há muitos elementos presentes nas versões latina e francesa; nele está contido o texto da peça *Hamlet*.

Kyd era conhecido pelas suas "tragédias de vingança", das quais a mais popular era *The Spanish Tragedy*. Quando, anos depois, Shakespeare estava escrevendo mais uma das suas tragédias romanas, *Coriolano*, Cyril Tourneur (1575--1626) estava envolvido com a sua sangrenta *A tragédia do vingador* (c. 1607), que deve algo a *Hamlet*. Nela, o herói se vê compelido a vingar a morte da amante. Usa o seu crânio, que é venenoso, como veículo para a morte. Envenena o homem que a assassinou e se mata, beijando a boca da caveira.

Essas tragédias eram extremamente violentas, férteis em assassinatos, mutilações, aparições de fantasmas e cenas de desabrida loucura. Para obter efeitos estarrecedores, as companhias compravam, diretamente dos matadouros, vísceras de animais e muito sangue para abrilhantar a montagem e aterrorizar o público. Se Shakespeare havia escrito *Tito Andrônico* seguindo as regras da mutilação, assassinato, estupro, até um toque de antropofagia, o objetivo de *Hamlet* é outro. Não é uma simples tragédia de vingança, porque as qualidades humanas do personagem central são extremamente importantes; mas não se pode negar que deve algo à tradição, já que nessas tragédias o herói precisa corrigir um erro.

Hamlet representa a humanidade e todas as suas angústias, dúvidas, anseios, desilusões, fraquezas. Acima de tudo, porém, paira a fé inabalável nas melhores qualidades do ser humano. Este parece a Hamlet ser a personificação da perfeição, quando diz: "Que obra de arte é o homem! Como é nobre na razão. Como é infinito em faculdade. Na forma e no movimento, como é expressivo e admirável! Na ação é como um anjo! Na inteligência é como um deus! A maravilha do mundo. A perfeição da criação. Contudo, para mim, o que é essa quintessência do pó?" (ato II, cena 2).

Aí está. De um lado, o homem é colocado à altura de todas as suas qualidades e possibilidades de realização; de outro, a desilusão, o desinteresse, o que ele traz consigo de imperfeito e incompleto. Onde e como encontrar o desejado equilíbrio?

Não vamos comparar o enredo da *Historia Danica* com o resultado do *Hamlet* que conhecemos, mas, quando Shakespeare transformou o Fantasma do relato medieval no Fantasma do pai de Hamlet, comprovou mais uma vez a sua genialidade como homem de teatro. Esse Fantasma adquire uma dimensão extraordinária – aliás, acredita-se que o próprio Shakespeare tenha interpretado esse papel.

É importante, neste momento, relembrar a história da peça: Hamlet, filho do falecido rei da Dinamarca, volta a Elsinore e fica perturbado com o casamento de sua mãe, a rainha Gertrudes, com seu cunhado, o rei Cláudio, o que Hamlet julga indecente e pecaminoso – a união entre cunhados era considerada incestuosa. O amigo do príncipe, Horácio, deixa Wittenberg (onde ambos estudavam) e vai ter com Hamlet, que quer saber:

HAMLET: Que vens fazer aqui em Elsinore?
Te ensinaremos a beber antes de ires.

HORÁCIO: Vim para o enterro do vosso pai, senhor.
HAMLET: Não caçoes de mim, meu caro amigo.
Vieste ver as bodas da minha mãe.
HORÁCIO: De fato, aconteceram bem depressa.
HAMLET: Economia, Horácio, economia!
As carnes da ceia do enterro serviram
frias para o banquete das bodas.
(Ato I, cena 2)

É Horácio que acompanha Hamlet a uma plataforma do castelo onde o Fantasma aparece, revela ter sido morto por Cláudio, seu próprio irmão, e exige que o filho o vingue, mas poupe sua mãe, que nada sabe. Hamlet decide se fazer de louco para descobrir a verdade e diz:

[...] Há mais coisas entre o céu e a terra, Horácio,
do que sonha a tua filosofia.
Vem. Aqui, jurai, como antes,
e que o céu nos ajude, por mais
estranhamente que eu me comporte
se em seguida talvez julgue por bem
agir de forma brincalhona,
ao ver-me, cruzando assim os braços,
sacudindo a cabeça assim,
ou dizendo alguma frase enigmática,
como "Bem, isto sabemos", "Se quiséssemos
poderíamos", "Se permitido fosse falar",
"É mais por certo que..." e outras
ambiguidades, nunca, jamais, darias
a entender que sabes algo de mim.
(Ato I, cena 5)

E o ato termina com estes versos que bem expressam a posição de Hamlet diante do que lhe ordenou o Fantasma – vingar seu assassinato: "Sorte maldita! O mundo 'stá em desordem./ E eu tive de nascer pra pô-lo em ordem" (ato I, cena 5).

A loucura que ele "interpreta" é tão bem trabalhada que muitas vezes surge a pergunta: será que Hamlet não estaria mesmo louco? Somos roubados ao seu primeiro encontro com Ofélia, a jovem a quem ama, que se dá depois de ele comunicar a Horácio a sua decisão de se passar por louco. Ele vai ter com Ofélia, e seu comportamento é de tal forma intrigante e inesperado que ela procura Polônio, seu pai, para contar o ocorrido.

> Senhor, estava eu costurando no meu quarto,
> Lord Hamlet entrou, com o gibão aberto,
> sem chapéu na cabeça, as meias sujas,
> sem ligas, caindo sobre os calcanhares.
> Pálido como a camisa. Os joelhos
> trêmulos, entrechocando-se, com um ar
> tão lastimável na aparência
> como se tivesse fugido dos infernos
> para contar dos seus horrores. [...]
> Veio até mim.
> Pegou-me pelo pulso e segurou com força,
> afastou-me dele estendendo bem o braço
> e com a outra mão, assim, sobre sua testa,
> examinou meu rosto tão atentamente
> como se fosse desenhá-lo. Assim ficou
> por muito tempo. Ao fim, sacudindo de leve
> o meu braço, três vezes girou a cabeça
> de alto a baixo, e deu um suspiro tão fundo,
> de dar pena, que pareceu fazer tremê-lo
> inteiro e acabar com ele. Depois soltou-me
> e com a cabeça voltada sobre o ombro
> pareceu achar o seu caminho sem os olhos
> e pela porta saiu sem se dar conta dela
> e até o fim, com seus olhos luminosos sobre mim.
> (Ato II, cena 1)

Não há dúvida de que é sincero o amor de Hamlet por Ofélia. No entanto, na cena do convento, ele a repudia e a destrata violentamente. Na primeira cena do quinto ato – ou seja, a cena do enterro –, quando ele se defronta com Laertes, o irmão de Ofélia, e luta com ele sobre o caixão dentro do túmulo aberto, Hamlet confessa exacerbado seu amor:

> Eu amei Ofélia. Quarenta mil irmãos
> não poderiam, com todo o seu amor,
> amá-la tanto quanto eu.
> Que farias por ela? Chorar, lutar,
> jejuar? Rasgar-se inteiro? Beber vinagre?
> Comer um crocodilo? Outro tanto
> farei eu. Vieste até aqui para gemer,
> desafiando-me ao saltar dentro da tumba?
> Ser enterrado vivo com ela? Farei igual

> [...]
> Por que motivo me tratas desta maneira?
> Sempre te quis bem. Mas não importa.
> Por mais que faça Hércules
> enquanto o gato mia, o cão terá seu dia.
> (Ato V, cena 1)

Quando Ofélia procurou o pai para lhe contar da estranha visita de Hamlet, "como se tivesse fugido dos infernos para contar dos seus horrores", o velho diz que o rapaz estava "louco de amor por ela" – essa é a primeira vez que a ideia de loucura é mencionada. Quando Ofélia diz que fizera apenas o que o pai mandara, isto é, rejeitara as cartas de Hamlet e não deixara o jovem aproximar-se dela, Polônio conclui: "Isso deixou ele louco." Logo depois, ao falar com o rei e Gertrudes, diz claramente:

> Serei breve. Vosso nobre filho é louco.
> Digo que é louco. Para definir
> loucura verdadeira que é preciso mais
> do que estar louco?
> [...]
> Que está louco é verdade; que é verdade
> é uma pena; e é pena ser verdade.
> [...]
> e os conselhos que dei a ela,
> que deveria evitar aproximar-se dele,
> não recebesse nenhum recado, não
> aceitasse presentes. Ela lucrou
> com meus conselhos – e ele, repelido,
> entregou-se à tristeza, ao jejum,
> à insônia, à fraqueza, à moleza,
> e por esta deterioração, à loucura
> na qual agora delira.
> (Ato II, cena 2)

Hamlet costuma caminhar, lendo, pelos salões do castelo. Polônio sugere à filha que se encontre com o rapaz e aja como se fosse terminar o romance. Por sua vez, o velho e o rei, escondidos atrás de uma tapeçaria, escutarão a conversa. Esperam saber se foi realmente amor a causa da loucura de Hamlet e se há, de fato, loucura.

Este é um dos grandes momentos da peça, quando de Hamlet ouvimos o famoso solilóquio "Ser ou não ser".

> Ser ou não ser, essa é a questão. Será mais nobre
> suportar na alma as trágicas flechadas
> e os golpes da fortuna, ou empunhar armas
> contra um mar de dificuldades e enfrentando-as
> vencer? Morrer, dormir, nada mais. E dizer
> que só com este sono pomos fim às dores
> que cortam o coração, e aos choques naturais
> que a carne herdou, é a solução que todos querem.
> Morrer, dormir. Dormir, talvez sonhar. Aí
> está o problema, que nesse sono de morte
> que sonhos surgirão quando estivermos livres
> da mortalha física, isso faz pensar.
> Eis o motivo da calamidade desta
> vida. Quem ia suportar aqueles golpes
> tão cruéis do tempo, e o orgulho dos que mandam,
> os erros do opressor, os atrasos da lei,
> a insolência dos que mandam, o desprezo
> que quem merece recebe do incapaz,
> quando ele próprio poderia achar a paz
> com uma adaga. E quem carregaria fardos,
> gemendo e chorando numa vida exaustiva
> se o medo de algo que vem depois da morte,
> o país desconhecido de onde nenhum
> viajante regressou, não nos intrigasse
> e fizesse suportar os males que já temos
> em vez de ir correndo para os que ignoramos.
> A consciência faz assim de todos nós covardes
> e a cor que matiza as resoluções
> empalidece assim ao mero pensamento,
> e as empresas de grande porte e maior peso
> desistem de seguir o fluxo das correntes
> deixando de ser ação.
> (Ato III, cena 1)

O solilóquio termina com a chegada de Ofélia, que traz "lembranças dele que, de há muito, queria devolver".

Não há outra razão para Hamlet voltar-se contra ela com tamanha violência e agressividade, a não ser ter se dado conta de que estavam sendo vigiados. Ele poderá dar motivos para que acreditem realmente em sua loucura. Por outro lado, em sua brilhante análise dessa cena, Gareth Lloyd Evans considera o descontrolado ataque contra Ofélia consequência da revolta que Hamlet sente contra sua mãe. Naquele momento, é como se Ofélia fosse Gertrudes e tudo o que ele vocifera contra ela é a explosão do que só irá cobrar da mãe mais adiante, na famosa cena na alcova de Gertrudes. Claro que a pobre Ofélia não se dá conta do que está acontecendo. Mesmo que haja um elemento de "representação" de loucura na reação violenta de Hamlet, feita em benefício dos que os vigiam, a plateia somente entenderá sua completa perda de controle ao perceber que foi motivada pelas cobranças que ainda fará à sua mãe.

Não, Ofélia não se deu conta do que estava acontecendo. Ele a manda repetidas vezes não procriar pecadores e trancar-se num convento. Ofélia fica atônita, sem resposta, e diz um breve e belo monólogo:

> Que um espírito tão nobre se confunda tanto.
> O olhar do cortesão, a língua do letrado,
> a espada do soldado, a esperança e a flor
> deste país tão belo, o espelho da moda.
> O molde da elegância, a referência
> de todos os olhares, perdido,
> completamente perdido. Eu sou
> a mais abandonada e miserável
> das mulheres. Saboreei o mel
> das suas doces promessas e agora vejo
> aquela nobre e soberana inteligência
> como doces sinos dissonantes,
> desafinados e ásperos, incomparáveis
> formas e traços de florida juventude
> marcada de loucura. Desgraçada de mim
> por ter visto o que vi e ver agora
> o que vejo.
> (Ato III, cena 1)

Chega a Elsinore um grupo de atores. É pelo encontro deles com Hamlet que fica bem definida a opinião de Shakespeare sobre o teatro e seus intérpretes. O seu famoso conselho: "Diga tua fala, por favor, como ensinei" revela muito do que ele pensa sobre a arte de representar. Mas há motivo maior para esses atores aparecerem na peça. Hamlet pede que encenem para a corte a peça *Morte de Gonzago*, à espera de que a reação do tio revele a sua culpa na morte do irmão.

Ao ver, diante de toda a corte, a representação da peça que Hamlet chama de *A ratoeira*, com o crime por ele praticado repetido em cena, o rei Cláudio se descontrola, interrompe o espetáculo aos gritos de "Luzes! Luzes! Deem-me luzes!" e sai.

Chegamos a um dos momentos mais significativos da peça. Polônio diz a Hamlet que a mãe quer vê-lo em seus aposentos. Há quanto tempo ele espera a oportunidade de falar com ela a sós, depois de Gertrudes ter se casado com Cláudio? Sim, ele irá.

> Chegamos à hora da noite enfeitiçada.
> Cochilam os átrios das igrejas e os infernos
> bafejam contágios pelo mundo. Podia
> beber sangue quente, fazer coisas terríveis
> que o dia teria horror só de olhar. Calma,
> vamos à mãe. Controla-te, meu coração,
> não deixes a alma de Netuno entrar
> em teu peito firme. Deixe-me ser cruel,
> mas não desnaturado. Falarei punhais
> para ela, sem usar nenhum. Que sejam
> Hipócritas minha língua e minha alma.
> Por mais que minhas palavras a ameacem
> não permite, minh'alma, que sejam ação!
> (Ato III, cena 2)

Voltemos um pouco no tempo. Quando o Fantasma falou com Hamlet, dando a ele a incumbência de vingar seu assassinato, fez a ressalva de que deveria poupar Gertrudes e lhe disse: "Que o céu a julgue."

Mas por que Hamlet não se voltou contra o tio no mesmo instante e o matou? Duvidava da história do Fantasma? Queria alguma confirmação de que dissera a verdade? Analisando a questão, temos de admitir que Hamlet não é um homem de ação. Ele é um intelectual. O crime, mesmo que seja para vingar a morte de seu pai, não faz parte do desenho da sua personalidade. No fim da peça, com efeito, ele mata Cláudio, num acesso de fúria. Nem se pode mais dizer que ele foi movido pelo desejo de vingança – eu sinto que Hamlet o ataca por compreender que Cláudio, que pretendia envenená-lo, acabou envenenando Gertrudes. E quando Hamlet, depois de ter sido ferido propositadamente por Laertes, com a ponta envenenada da espada com que duelavam, o fere com a mesma espada da morte, não sabia que estaria assim provocando sua morte. Entretanto, a caminho dos aposentos da mãe, Hamlet perdeu uma excelente oportunidade de fazer o que lhe ordenara o Fantasma. Encontra Cláudio rezando. Este talvez seja um dos momentos mais pungentes do encontro do homem consigo mesmo:

> Minha ofensa é repelente. Fede aos céus.
> Traz em si a maldição das velhas eras.

A morte de um irmão. Rezar não posso.
Se bem que o meu desejo seja intenso,
o meu pecado derrota os meus intentos,
e como um homem preso a dois negócios,
fico parado sem saber qual escolher
e acabo sem nenhum. Se esta mão maldita
ficasse mais escura com o fraterno sangue,
não haveria chuva nos céus o bastante
para torná-la branca como a neve?
De que serve o perdão, senão para olharmos
de frente a nossa ofensa? E o que há na prece,
a não ser o duplo poder de prevenir
para não cairmos e perdoar depois da queda?
Vou erguer os olhos. Minha falta é do passado.
Porém, que forma de oração me serve?
Perdoar-me a falta cometida? Não pode ser,
porque ainda estou de posse dos proventos
que me levaram ao crime: minha coroa,
minha própria ambição, minha rainha.
Pode-se conseguir o perdão guardando a ofensa?
Nas correntes corruptas deste mundo,
a mão dourada do crime afasta a justiça
e vemos muitas vezes que o prêmio da maldade
compra a lei. Mas assim não é nos céus.
Lá não há chicanas. Os atos continuam
a ser o que eram desde sempre,
e somos levados a mostrar as nossas faltas
até os dentes e depor à evidência.
Depois o quê? Que resta? Tentemos o que pode
a contrição. E o que não pode?
E se o arrependimento nos for negado?
Ó miserável sorte! Ó alma negra de morte!
Alma viscosa, lutando pra livrar-se
e mais e mais enredada. Anjos, ajudai-me!
Tentai! Dobrem, joelhos obstinados!
Coração com cordas de aço, faz-te mais
macio que os tendões de algum recém-nascido.
Tudo acabará bem.
[...]
Minhas palavras voam, meus pensamentos não.
Palavras sem pensamento nunca ao céu irão.
(Ato III, cena 3)

Eis a prova do crime de Cláudio. Hamlet ouve a admissão. O Fantasma não mentiu. Mas, em vez de matar o tio, Hamlet monologa:

> Agora poderia fazê-lo, enquanto reza.
> Agora eu o farei; ele vai para o céu
> e eu estarei vingado. Vamos refletir.
> Um vilão mata meu pai. Como recompensa,
> eu, seu único filho, mando este vilão
> para o céu.
> Não, isto é remuneração, não é vingança.
> Ele surpreendeu meu pai cheio de pão,
> seus crimes todos florescendo como em maio.
> Quem, sem ser Deus, sabe como saldou sua conta?
> Mas nessas circunstâncias, e conforme nosso pensamento,
> foi pesado para ele. Estou então vingado
> ferindo-o enquanto purifica sua alma,
> quando está disposto e pronto para a viagem?
> Não.
> Ergue-te, espada, espera hora mais terrível!
> Quando estiver dormindo bêbedo ou raivoso,
> ou no prazer incestuoso do seu leito,
> jogando, blasfemando, ou em um ato
> que não lhe dê esperança de salvação.
> Faça-o tropeçar, chutando alto os pés para os céus,
> e que sua alma maldita seja tão negra
> quanto o inferno onde mergulha. Minha mãe
> diz: que o remédio só prolongue a tua doença.
> (Ato III, cena 3)

Por outro lado, há um contraste preocupante em Cláudio nesse momento de oração. Ele parece profundamente sincero no seu pedido, na sua necessidade de perdão. Admite estar de "posse dos proventos que me levaram ao crime: minha coroa, minha própria ambição, minha rainha. Pode-se obter o perdão guardando a ofensa?". No entanto, depois de encontrar Gertrudes e saber que Hamlet matou Polônio, Cláudio diz ao sobrinho que, para sua própria segurança, deve ir para a Inglaterra. Rosencrantz e Guildenstern deverão segui-lo de perto. Quando se encontra só, ele monologa:

> Inglaterra, se nossa amizade significa
> alguma coisa,
> [...]
> não escutarás friamente o pedido

expresso e soberano que exige a morte
imediata de Hamlet. Faça-o por mim,
Inglaterra, livrando-me da febre
que meu sangue ferve, e tu deves curar.
Até sabê-lo feito não importa minha sorte,
não terei mais alegria.
(Ato IV, cena 3)

Não haverá o menor caráter nesse fratricida? Contudo, caráter é o que não falta a Hamlet. Ele não mata o tio apenas pelos argumentos que revelou no monólogo. Ele sabe que, além e acima de tudo, não poderia matar um homem que está ajoelhado, rezando, pelas costas. Trata-se de um tipo de integridade a que muitos podem chamar de falta de ousadia, ou até de inaptidão para realizar o que lhe foi pedido pelo Fantasma. Quanto a mim, creio que se trata do retrato irretocável de um homem íntegro, cuja alma está muito acima de tudo o que ele encontra de podre no reino da Dinamarca. Lúcido, Hamlet tem plena noção das suas deficiências. Depois do primeiro encontro com os comediantes, seus velhos conhecidos e amigos, a sua angústia crescente o leva a encontrar a armadilha que fará o rei se revelar culpado.

Que miserável, que escravo abjeto eu sou!
Não é monstruoso que este ator,
numa pura ficção, em um sonho de paixão,
possa forçar a alma de tal forma
a ponto de conseguir empalidecer o rosto,
ter lágrimas nos olhos, este aspecto perturbado,
a voz arfante e toda a sua natureza
se submetendo ao pensamento?
E tudo isto para nada? Por Hécuba!
E quem é Hécuba para ele ou ele para Hécuba
que devesse chorar por ela? Que faria ele, então,
se tivesse o motivo e o impulso da dor
que tenho eu? Inundaria de lágrimas o palco
e romperia os ouvidos do público
com imprecações horrendas,
enlouquecendo todos os culpados,
aterrorizando os inocentes, confundindo
sem dúvida os ignorantes, espantando
os olhos e os ouvidos. Contudo,
que velhaco apático e miserável,
macilento, eu sou. Como um sonhador

indiferente à minha própria causa
não sei o que dizer. Não, nem ao menos
falar por um rei sobre cuja sorte
e mais cara vida caiu uma maldita
destruição. Serei um covarde?
Quem me chama de vilão? Quem me parte
a cabeça ao meio? Quem me puxa pela barba
e me sopra no rosto? Quem me torce o nariz?
Quem me faz engolir as palavras goela
abaixo até o mais fundo dos meus pulmões?
Quem me faz isto?
Pelas chagas de Cristo, não há quem o faça?
Não pode ser que eu tenha um fígado de pombo
e me falte fel para tornar a opressão
mais amarga, ou antes, deveria ter
engordado todas as aves de rapina
com as vísceras deste escravo!
Vilão lascivo e sanguinário! Ó vingança!
Ora, que imbecil eu sou. O pior é que eu,
filho de um querido pai assassinado,
incitado pelo céu e inferno para minha vingança
deva, como uma rameira, rasgar meu coração
com palavras e amaldiçoar,
como uma meretriz, uma desgraçada.
Vergonha! Vamos, ânimo!
Ouvi dizer que uma pessoa culpada,
assistindo a uma peça, devido à própria
sagacidade da cena, ficou tão
impressionada que acabou revelando
seu delito.
Porque o assassinato,
apesar de não ter língua, falará
por meios mais prodigiosos.
Vou fazer esses atores representarem algo
como a morte do meu pai, diante do meu tio.
Vou observar sua reação e vou sondá-lo
até o âmago. Se se alterar,
saberei o que fazer.
O fantasma que encontrei
pode ser o demônio e o demônio tem
o poder de assumir formas agradáveis,

sim, e talvez devido à minha fraqueza
e melancolia – e ele tem grande poder
sobre estes estados de ânimo –
me engane para condenar-me.
Quero ter provas mais seguras.
A peça é o meio que usarei
para pegar a consciência do rei.
(Ato II, cena 2)

O sobrenatural era aceito pelos elisabetanos como um fato consumado e até hoje se costuma dizer que todo castelo inglês que se preza tem o seu fantasma. A presença do velho Hamlet, se não aterroriza, intriga. Ele pode ser fruto, como disse Hamlet, do "poder de enganar". Todavia, esse Fantasma que introduz o tema da vingança é o mesmo que, na cena da alcova, diz a ele que não vá tão longe na sua cobrança de Gertrudes. Sim, ela errou, porém é inocente por não ter sido cúmplice no planejamento da morte do marido, mas não ao ter se entregado ao delírio dos "lençóis de incesto".

A famosa cena da alcova é fundamental no desenho de Hamlet. Ele já surge de tal maneira perturbado que com efeito Gertrudes pensa que está realmente louco e chega a temer por sua vida. Quando ela diz, logo de início: "Hamlet, a teu pai muito ofendeste", referindo-se ao rei Cláudio, Hamlet retruca com firmeza e agressividade: "Mãe, a meu pai muito ofendeste", aludindo, é claro, a tudo o que acha errado e imoral na situação. E quando ela, temerosa de que ele a mate, grita por socorro, o velho Polônio, escondido atrás da tapeçaria, faz igual. Hamlet, julgando tratar-se de Cláudio, trespassa o panejamento com a espada. Ironia das ironias: ele, que tanto hesita diante do assassinato, mata Polônio por engano. Isso levará, em parte, à loucura de Ofélia e ao ódio mortal de Laertes por ele, o que facilitará o ardiloso plano de Cláudio para levar os dois rapazes a participar de um duelo ao fim do qual ambos morrem.

A cena de Hamlet com a mãe, quando compara as efígies de seu pai e de seu tio nas medalhas que Gertrudes e ele trazem nas correntes, é tão intensa e violenta quanto foi a explosão dele com Ofélia. Ele quer fazer a mãe ver o nojo existente naquela relação que é, sobretudo, movida a sexo. Gertrudes é a única mulher de meia-idade nas peças de Shakespeare que tem uma participação declaradamente sensual no desenrolar da história. Cleópatra não deixa de ser outro símbolo sexual, mas a amante de Júlio César e depois de Marco Antônio é uma mulher mais jovem.

O sexo nessa peça não tem nada de prazeroso. Não estamos mais em meio a florestas floridas, a votos e juras com música de fundo. Os jovens das comédias românticas dormem lado a lado noite adentro, mas sem a menor insinuação de sexo. Não. Aqui se trata de um sexo que exige a participação dos corpos e que tem, para Hamlet, o aspecto desagradável da lascívia.

Essa visão de sexo pecaminoso, sujo, pode ser percebida em outras peças da época, quando Shakespeare mergulhou no universo das peças-problema. Há muito sexo condenável em *Troilo e Créssida*, em *Medida por medida*, em *Otelo* e até no *Rei Lear*.

Na cena das medalhas, vem à tona uma marcada revolta contra o sexo – repulsa mesmo –, já sentida na cena anterior com Ofélia. Ele fala de "viver entre o malcheiroso suor de um leito imundo, cosido em corrupção, adoçando-se e fazendo amor em um chiqueiro obsceno", que "a virtude deve implorar perdão ao vício", "não vá para a cama do meu tio. Aparente virtude, ainda que não a possuas... Contenha-se esta noite, e isto tornará mais fácil a próxima abstinência". Prestes a se despedir, ele diz um dos mais belos versos entre tantos outros na peça – "I must be cruel only to be kind" [Devo ser cruel só para ser bom] –, o que daria a Gertrudes a comprovação de que há nele mais angústia que loucura.

Mas ela vai até o rei não só para contar que Hamlet matou Polônio, como para confirmar que o filho está realmente louco. O futuro do rapaz está selado. Deve ser mandado para a Inglaterra. O destino interfere. O navio que o conduz é abordado por piratas. Num rompante, Hamlet salta para a embarcação dos atacantes, que se afasta e o leva como único prisioneiro. O espectador toma conhecimento dessa aventura por meio de uma carta que um marujo leva para Horácio, em que se lê: "Venha ter comigo tão depressa quanto fugirias da morte."

Os acontecimentos do quarto ato se precipitam, como sempre ocorre nas peças de Shakespeare. Ofélia, incapaz de enfrentar a morte do pai por Hamlet, enlouquece. Seu irmão Laertes volta da França sequioso de vingança pelo assassinato do pai e nem é reconhecido por ela. "A vingança não deve ter limites", diz o rei para ele, já pronto para fazer o sobrinho enfrentar esse novo inimigo. Será homem sem nenhuma capacidade de perdoar depois de receber da rainha Gertrudes a notícia da morte da irmã.

> Uma tristeza corre atrás de outra, tão
> rápidas caminham. Tua irmã afogou-se,
> Laertes.
> Há um salgueiro que cresce junto a um regato
> refletindo velhas folhas no espelho d'água.
> Para lá ela foi com guirlandas fantásticas
> de urtigas, margaridas e florzinhas roxas

que os pastores chamam por nome bem grosseiro,
mas nossas donzelas chamam dedo-de-morto.
Lá, ao tentar pendurar no galho inclinado
sua coroa de plantas, de pura inveja
o galho se quebrou, lançando seus troféus
e ela mesma no regato lacrimoso.
Seu traje abriu-se n'água igual uma sereia,
e ela boiou, cantando, trechos de cantigas
velhas, sem se dar conta do que acontecia,
como criatura que tivesse nascido
naquele elemento. Mas não por muito tempo,
pois seus trajes, pesando de tanta bebida,
levaram a pobre donzela da sua doce
melodia à morte lamacenta.
(Ato IV, cena 7)

De todos os personagens da peça, Ofélia é a grande sofredora. Foi uma vítima das circunstâncias. Imaginou ter perdido o amor de Hamlet na cena do convento. Não lhe ocorreria nunca que estava sendo usada como um peão no jogo de seu pai e do rei contra seu amado. Quando este mata o velho Polônio, sozinha e sem o apoio do irmão, é natural que sua fragilidade desmoronasse. Ela é a verdadeira personificação da loucura na peça, pois não saberia fingir para sobreviver, como fizera Hamlet. Na verdade, creio que Ofélia começou a morrer no momento final do terrível encontro, quando ele diz: "Vai embora! Não quero mais saber de nada. Botaram-me louco! Digo que não haverá mais casamentos; só os que já estão casados viverão; todos, menos um. Os outros ficarão como estão. Para o convento! Vai!"

Depois de tanto sofrimento, o que restou do amor? O que restou da vida e o que poderá ela significar a não ser míseros restos mortais, sem o menor valor? Quando Hamlet volta para a Dinamarca, o destino quer que ele, acompanhado por Horácio, passe por um cemitério junto de uma igreja, onde dois coveiros abrem um túmulo. De novo, Shakespeare usa o recurso de uma pausa humorística como momento de alívio logo depois da cena dramática em que Gertrudes informa Laertes sobre a morte de Ofélia. Logo teremos outra cena de intenso conflito.

Hamlet pergunta ao coveiro para que homem está abrindo a vala. Segue-se este diálogo:

Coveiro: Pra homem nenhum, senhor.
Hamlet: Para que mulher, então?

Coveiro: Nenhuma também.
Hamlet: Quem vai ser enterrado aí?
Coveiro: Alguém que foi mulher, meu senhor; mas – que sua alma repouse em paz – 'tá morta.

Logo Hamlet avista uma caveira: era de Yorick, o bobo da corte. O jovem a pega e examina. Essa é uma das imagens irretocáveis de *Hamlet*, milhares de vezes reproduzida e relembrada.

Pobre Yorick! Conheci-o, Horácio. Sujeito
de graça infinita, de imensa fantasia. Carregou-me
nas costas milhares de vezes e, agora, como
me parece repugnante, me parte o coração.
Aqui estavam aqueles lábios que tantas vezes eu beijei.
Onde estão agora as tuas piadas, as cantorias,
as explosões de alegria que faziam os convidados uivar às gargalhadas? Não resta
hoje mais ninguém para rir da tua careta? Coisa lamentável.
Vá agora ao quarto da minha dama e diga a ela
que por mais que cubra o rosto com pinturas das mais grossas,
a isto há de chegar. Faça-a rir-se disto.
(Ato V, cena 1)

O enterro dá lugar ao violento encontro entre Laertes e Hamlet. Ele confessa seu amor por Ofélia, mas de nada adianta – ela já está morta. Ele também perdeu o que mais amava. Resta somente a esperança de vingar-se: "Enquanto o gato mia, o cão também terá seu dia."

Para impedir que Hamlet e Laertes voltem a brigar, o ardiloso rei Cláudio tece um plano no qual usará Laertes para matar Hamlet. Haverá um encontro oficial, em plena corte, uma disputa em que eles duelarão. Laertes usará uma espada com a ponta embebida em um veneno poderoso. Ao menor ferimento, ainda que superficial, a morte é certa. Para se precaver de uma possível vitória do sobrinho, Cláudio colocará uma pérola envenenada num copo de vinho. Assim que Hamlet o provar, estará condenado.

Começa o duelo, e Hamlet parece sair-se melhor. Cláudio, ostensivamente, pede para beber do vinho em homenagem ao sobrinho. Toma um gole e joga a pérola dentro, convidando-o a beber também. Quando ele recusa, dizendo que beberá depois, Gertrudes se adianta e toma um gole fatal. Laertes fere Hamlet com a lâmina envenenada. As espadas caem e, na hora de recolhê-las, eles as trocam: quem está agora com a espada envenenada é Hamlet, que fere Laertes. Tudo acontece num piscar de olhos. A rainha está morrendo, mas tem tempo de dizer a Hamlet que fora o vinho. Laertes, desfalecendo, revela a armadilha da espada envenenada e pronuncia estas palavras: "O rei, o rei é o culpado." Hamlet, movido por um dos seus impulsos furiosos, avança para Cláudio e, além de feri-lo com a espada envenenada, o faz beber o que resta do vinho mortal.

Em seguida, Hamlet diz:

> Eu morro, Horácio.
> O veneno potente toma conta do meu corpo.
> Não viverei para receber notícias
> da Inglaterra. Mas estou certo da eleição
> de Fortimbras. Minha voz fala em seu favor.
> Faça-o saber de tudo que aconteceu,
> como lhe peço. O resto é silêncio.

São recitados por Horácio estes lindos versos:

> Assim se parte um nobre coração.
> Boa noite, príncipe encantador,
> que revoadas de anjos, cantando,
> te conduzam ao repouso eterno.
> (Ato V, cena 2)

Esse seria o final perfeito para a peça, mas segue-se a entrada de Fortimbras, mencionado em outras cenas, a quem Hamlet indicou como sucessor para o trono da Dinamarca. Na maioria das encenações, essa cena é reduzida, restando apenas a última fala de Fortimbras, ao ordenar que o corpo do príncipe seja levado, como o de um militar, com todas a honras.

Esse é Hamlet. Ou apenas uma pequena parte de Hamlet, já que não cabe analisar aqui um personagem de tamanha riqueza. Já foi dito que ele é infinitamente maior do que a peça que o contém. Nada pode ser mais verdadeiro.

Hamlet sofre diante da realidade que se apresenta a ele. É um homem sensível e vulnerável, um homem que pensa e sofre. Quando ele pondera, é como se parasse diante de si mesmo. A imobilidade o domina. O momento é de inação, a inação que tantos recriminam na sua personalidade. O que fazer? Ele nem sempre sabe o que fazer. Mas sabe o que *não* fazer. A morte não é a solução.

No seu primeiro solilóquio, a primeira vez que o ouvimos pensar, ele confessa:

> Ó! Que esta carne tão sólida derretesse,
> desmanchasse, se dissolvesse em orvalho.
> Por que o Eterno determinou leis

contra o suicídio? Ó Deus! Ó Deus!
Como me parecem exaustivos,
triviais e tolos, o usual do mundo.
Vergonha! Vergonha! Jardim descuidado
onde cresce o joio; produto grosseiro
e amargo da natureza o invade.
Chegamos a isto! Morto há seis meses,
não, nem tanto, nem dois! Um rei tão excelente
que comparado a este era Hyperion
comparado a um sátiro. Tão afetuoso
com minha mãe que não permitiria
que os ventos celestes lhe tocassem o rosto
com violência. Céus e terra! Terei
de relembrá-lo? Ela se agarra a ele
como se sua ânsia de desejos
pelo que os nutria aumentasse.
Contudo, em um mês, não quero pensar
nisto. Fragilidade, teu nome é mulher.
Um pequenino mês. Antes que ficassem
velhos os sapatos com que acompanhou
o corpo do meu pobre pai, como Niobe,
toda ela lágrimas – ela – sim, ela.
Ó Deus! Um animal desprovido de razão
teria lamentado por mais tempo.
Casada com meu tio, irmão do meu pai,
mas tão diferente do meu pai quanto eu
de Hércules! Ao fim de um mês, antes
que o sal das suas lágrimas iníquas
tivesse irrigado o fluxo dos seus olhos,
ela casou. Ó rapidez infame! Lançou-se
com tanta pressa entre lençóis de incesto.
Não é bom, nem pode acabar bem.
Mas rasga, coração, já que não posso
eu falar.
(Ato I, cena 2)

Quando Hamlet, por fim, confessa seu amor por Ofélia, ela já está morta. Ele também perdeu o que mais amava. Mas ainda restava a esperança de vingar-se. Verdade que a decisão de vingar a morte do pai não é sua. Ele é compelido a agir a mando do Fantasma. Mesmo assim, é preciso ter provas de que não estava sendo enganado. Hamlet planeja a armadilha da peça para descobrir a culpa do rei, mas é um plano intelectual, coerente com sua personalidade, já que não é um homem de ação – lembremos que ele não consegue matar o tio quando o encontra rezando.

Porém, há certos ímpetos que são incontroláveis, quando a inação cede ao momento: ele não hesita em seguir o Fantasma; mata Polônio julgando que era o tio; quando o navio em que viaja é atacado, salta para o navio dos piratas e acaba sendo aprisionado por eles, mas consegue se livrar do impasse; ao ver Ofélia sendo enterrada, não hesita em saltar para dentro do túmulo e desafiar Laertes.

E, no final, é um impulso que o leva a matar o tio.

A cada peça, Shakespeare dava um passo na sua evolução criativa. As peças melhoravam à medida que ele avançava no tempo.

Este é o momento apropriado de citar o parecer de Jan Kott (1914-2001), autor de *Shakespeare, nosso contemporâneo*: "É difícil descrever um gênio. Só podemos admirá-lo."

Macbeth

Macbeth é a quarta das grandes tragédias de Shakespeare, antecedida por *Hamlet, Otelo* e *Rei Lear*. Foi escrita, segundo a maioria dos estudiosos, em 1606, imediatamente antes de *Antônio e Cleópatra*, que nem todos classificam entre as grandes tragédias, como faz Harold Bloom.

É, sem dúvida, uma das peças mais populares de Shakespeare, ao lado de *Otelo* e *Romeu e Julieta* – que, de acordo com Bloom, seria uma tragédia de aprendiz, juntamente com *Júlio César*, ambas escritas no início da carreira do dramaturgo. São peças em que o herói divide a atenção com a heroína – nesses casos, Lady Macbeth, Desdêmona e Julieta. Três casais marcados, respectivamente, pela ambição, pelo ciúme que leva ao assassinato e pela predestinação de uma fatalidade que tem como amarga conclusão um duplo suicídio.

Mesmo os que nunca assistiram a essas peças ou as leram sabem, ainda que vagamente, o que esses heróis trágicos representam. A indecisão de Hamlet com relação ao tio, assassino de seu pai, o rei da Dinamarca; o ciúme de Otelo, que acredita na infidelidade de sua mulher Desdêmona, mentira insuflada pelo falso amigo Iago; a ambição de Macbeth, homem essencialmente íntegro que acredita nas premonições feitas por três bruxas que para ele preveem um futuro de poder e glória, e ele, impulsionado pela sede de cobiça e ambição da mulher, Lady Macbeth, mergulha no caminho de crimes que, ao fim, irão destruí-lo.

A principal fonte de inspiração para a peça foram as *Chronicles of England, Scotland and Ireland*, do historiador Raphael Holinshed, redigidas em colaboração com outros escritores. Ele viveu de 1529 a 1580, aproximadamente, e as crônicas datam de 1577, quando Shakespeare tinha treze anos e ainda estava na *grammar school* em Stratford. Tais textos falam de episódios do passado da Inglaterra e foi neles que Shakespeare colheu a base do material para escrever as peças sobre os réus do país, as dez peças históricas, mais *Rei Lear* e *Cimbeline*.

O verdadeiro Macbeth, que vivera no século XI, era rei do Norte da Escócia. Ele matou Duncan, o rei do Sul da Escócia, e apoderou-se da coroa. Depois disso, governou toda aquela região com "poder e sabedoria" durante dezessete anos, de 1040 a 1057. A família de Duncan fez várias tentativas para reconquistar o trono, o que se concretizou quando Macbeth foi morto pelo filho de Duncan na batalha de Aberdeenshire.

Holinshed também conta a história de outro rei, anterior à época de Macbeth: trata-se do rei Duffe (ou Duff), que foi assassinado pelo seu castelão, Donwald, em 971. Donwald e sua mulher, a quem o rei Duff irritara, planejam matá-lo enquanto está hospedado em seu castelo. Como acontece em tantas histórias semelhantes, é a mulher quem toma a iniciativa. Ela embebeda os guardas que o velam, manda um carrasco matar o rei e livrar-se do corpo. Seu marido encarrega-se de matar os guardas embriagados.

Duncan é morto numa guerra aberta. E as crônicas de Holinshed contam como Macbeth e seu amigo e companheiro de armas, Banquo, encontram três bruxas que fazem profecias sobre o futuro de ambos e revelam que Macbeth irá se tornar rei. Isso inflama a ambição de Lady Macbeth. Como certos atos de Duncan parecem impedir que as profecias se realizem, Macbeth se revolta, de maneira que "ele mata o rei em Inverness". No relato de Holingshed, Banquo é partidário de Macbeth contra o rei Duncan.

Shakespeare fundiu as histórias dos reis Duff e Duncan, acrescentou a elas alguns detalhes de Hollinshed e – como sempre, com sua genialidade ímpar – criou uma nova versão de grande densidade dramática e belíssima poesia.

É curioso constatar, no caso do Macbeth verdadeiro, a existência de um aspecto da questão que tornava válido o seu direito ao trono – e aí as previsões das bruxas perdem o valor. Na verdade, Macbeth era primo do rei Duncan. Naquela época, a coroa não passava automaticamente para o filho mais velho do rei. Macbeth tinha todo o direito de acreditar que poderia ser eleito e coroado depois da morte de Duncan. Este, na quarta cena do primeiro ato, adverte: "Sabei que queremos reforçar nosso Estado em nosso primogênito Malcolm", uma proposta completamente inconstitucional.

Havia outros fatores importantes a levar em conta: o pai de Macbeth, o avô de Lady Macbeth, seu irmão e primeiro marido haviam sido mortos, por traição ou violência, pelo predecessor de Duncan, o rei Malcolm II.

Esse feudo de sangue entre as duas casas já existia havia muito tempo. Mesmo assim, Macbeth servia a Duncan com grande habilidade.

No início da história, acompanhado por Banquo, Macbeth está voltando de uma batalha da qual saíram vencedores, consolidando a posição de Duncan. No meio do caminho, encontram três bruxas, figuras que não são mulheres nem homens. As "irmãs estranhas" [*weird sisters*], figuras irreais e hediondas, estavam à espera deles:

> PRIMEIRA: Quando nos veremos novamente?
> No trovão, no raio ou na tormenta?
> SEGUNDA: Quando o estrondo terminar
> e a batalha se perder ou se ganhar.
> TERCEIRA: Quando o sol se retirar.
> PRIMEIRA: Em que lugar?
> SEGUNDA: Aqui mesmo nas charnecas.
> TERCEIRA: Para Macbeth encontrar.
> PRIMEIRA: Estou chegando, gato cinza.
> SEGUNDA: O sapo grita.
> TERCEIRA: À frente! À frente!
> AS TRÊS: O belo é feio, o feio é belo.
> Vamos dar a volta ao mundo
> por entre a névoa e o ar imundo.
> (Ato I, cena 1)

Esses primeiros instantes da peça marcam o universo a ser percorrido até irmos ao encontro de Macbeth em seu amargo fim – um universo de escuro mistério. Toda a peça é sombria. Uma peça noturna, sem dia, sem sol. A maioria das cenas transcorre à noite – mesmo as que se passam fora dos castelos, como se jamais houvesse luz do dia.

Além de *Macbeth*, com suas noites sangrentas, Shakespeare escreveu outras peças que poderíamos chamar de "escuras": *Rei Lear* é, digamos, crepuscular, mas escurece bastante quando se aproxima dos momentos de loucura. *Timão de Atenas* nos fala do homem extremamente rico que se vê como um exemplo de bondade humana – quando não passa de um perdulário, a quem a miséria faz desacreditar da humanidade, e a nova riqueza o vê cercar-se de interesses mentirosos. Amargurado, recolhe-se a uma solidão autoimposta e morre, desiludido. Do cinzento vai ao muito escuro.

Brutalidade e sangue não impressionavam os elisabetanos, que acreditavam piamente em estranhezas, feitiçarias e bruxas. Fantasmas, superstições e crendices faziam parte do seu dia a dia. Não é de admirar que o público não se deixasse entusiasmar por todos os momentos dramáticos em que eles surgiam. Sem dúvida, o mais famoso de todos é o fantasma do pai de Hamlet, o rei morto que aparece para pedir ao filho que vingue o seu assassinato abominável, cometido pelo próprio irmão. Ricardo III, na noite que antecede a batalha de Bosworth, na qual ele seria morto, tem a visão dos fantasmas de todos aqueles a quem mandara matar. Macbeth recebe a notícia de que seu amigo Banquo fora assassinado a seu mando, e logo o fantasma aparece para atormentá-lo. Fica tão descontrolado que Lady Macbeth pede a todos que se retirem, porque o marido não está bem.

Sim, Macbeth já não estava bem. Nada bem. Muito diferente daquele homem confiante, soldado corajoso, já agraciado com o título de *thane* de Cawdor, que deparara com três bruxas no meio do caminho, plenamente seguro de si, na companhia de seu amigo Banquo. (*Thane* equivalia a "filho de conde", que recebia suas terras diretamente do rei, título também concedido ao chefe de um clã que se tornava um dos barões do rei.)

Banquo é o tipo de personagem que sempre surge nas peças de Shakespeare, o homem firme e honrado que mantém o equilíbrio entre os bons e os maus. Sua participação na trama não é decisiva, pois Macbeth, que passa a considerá-lo um observador perigoso, ordena sua execução. Afinal, Banquo estava junto dele quando as bruxas previram seu futuro.

De fato, depois da morte de Duncan, Banquo pondera:

> Agora tens tudo: rei, Cawdor, Glamis, tudo,
> como as irmãs estranhas prometeram. Temo
> que agiste muito mal para consegui-lo. Foi
> dito que não terias herdeiros como rei,
> que eu seria o tronco e o pai de muitos deles.
> Se a verdade saiu das suas bocas,
> como comprova o que foi dito sobre ti,
> se no teu caso tudo foi verdade, não
> haveria de ser verdade para mim
> enchendo-me de esperança?
> (Ato III, cena 1)

Banquo não precisará cometer crimes. Sabe que, mesmo não sendo rei, dará início a uma dinastia. Mas é justamente isto que corrói Macbeth: o fato de ter matado Duncan para que os descendentes de Banquo reinem. A decisão de eliminá-lo surge neste monólogo em que Shakespeare rende homenagens a Banquo por meio do próprio Macbeth:

[...] Ser assim não é nada.
É preciso ser tranquilamente. Nossos
receios de Banquo são profundos. Sua
natureza real é o que devemos temer.
Sua audácia é sem limites e ele junta à
coragem da sua alma uma prudência
que o leva a agir com segurança. Não há
ninguém que eu tema a não ser ele. Diante dele
meu gênio se intimida, como se diz
de Marco Antônio perante Júlio César.
Ele ralhou com as bruxas quando me chamaram rei
pela primeira vez, pediu que lhe falassem.
Profeticamente, elas o saudaram
pai de uma estirpe real e colocaram
sobre minha cabeça uma coroa sem frutos,
um estéril cetro nas minhas mãos,
que me será arrancado por estranhos
já que nenhum filho me sucederá. Se
assim for, foi para os descendentes de Banquo
que sujei minh'alma, por eles matei
o gracioso Duncan, enchi de ódio
o meu vaso de paz. E entreguei
minha felicidade eterna ao inimigo
comum do gênero humano para fazê-los
reis, os filhos de Banquo, reis! Em lugar disso,
vem, destino, desce até a arena
para lutarmos até o fim! [...]
(Ato III, cena 1)

Não é possível saber até que ponto Banquo acredita na versão de que os guardas mataram Duncan e foram mortos por um Macbeth descontrolado ao descobrir o crime. Teria sido isso que de fato aconteceu? Num brevíssimo diálogo entre Banquo e os filhos de Duncan, Malcolm e Donalbain, ele diz claramente:

[...] Depois de recobrirmos nossa nudez
que sofre com o frio, vamos nos ver
e questionar este feito sangrento
para melhor conhecê-lo. Temores
e receios nos assaltam. Entrego-me
nas mãos de Deus e de onde estou disposto
a combater os detalhes ainda obscuros
de uma criminosa traição.
(Ato II, cena 3)

Essas palavras deixam entrever que Banquo não acredita totalmente na versão do crime fornecida por Macbeth. Este, por sua vez, desconhece a verdadeira reação de Banquo diante do acontecido. Shakespeare não lhes dá tempo para conversarem a respeito: a peça corre para seu desenlace com tal velocidade que muita coisa permanece na esfera do não dito.

Curiosamente, não vemos o receio a que se refere Macbeth crescer diante dos nossos olhos, mas é possível reconhecer seu ressentimento pelo fato de Banquo gerar uma dinastia, o que a ele não será permitido. No dia de um grande banquete na corte, no qual Banquo será o convidado de honra, sabendo que ele e seu filho Fleance darão um passeio a cavalo, Macbeth contrata assassinos para matá-los. Banquo morre na emboscada, mas seu filho consegue fugir.

O primeiro encontro com as bruxas na charneca parece ter acontecido num passado remoto, mas restou um perigo sempre presente: Banquo é uma testemunha perigosa, como se percebe no desenrolar da cena.

>MACBETH: Falem, se puderem. Quem são vocês?
>PRIMEIRA: Salve, Macbeth! Saudações ao thane de Glamis!
>SEGUNDA: Salve, Macbeth! Saudações ao thane de Cawdor!
>TERCEIRA: Salve, Macbeth, que no futuro será rei.
>BANQUO: Senhor, por que o espanto, e parecer temer
>notícias que parecem ser tão boas?
>Em nome da verdade, sois fantasmas
>ou são aquilo que aparentam ser?
>Meu parceiro nobre saudais com título
>que ele já possui, com a promessa
>de um real futuro que o extasia.
>A mim nada dizeis. Mas se puderdes,
>para além das sementes do tempo,
>predizer quais germinarão ou não,
>falai, então, que de vós nada imploro
>e tampouco temo vossos favores
>ou vosso ódio.
>PRIMEIRA: Salve!
>SEGUNDA: Salve!
>TERCEIRA: Salve!
>PRIMEIRA: Menor do que Macbeth, mas bem maior.
>SEGUNDA: Não tão feliz, mas muito mais feliz.
>TERCEIRA: Irás gerar reis, mas não serás um deles.
>Portanto, todos saúdem Macbeth e Banquo.
>PRIMEIRA: Banquo e Macbeth todos saúdem.
>(Ato I, cena 3)

As feiticeiras desaparecem e logo Ross e Angus, nobres escoceses do séquito do rei Duncan, vão ao encontro de Macbeth e Banquo. É Ross quem dá as boas-novas:

> Ross: E em sinal do seu merecimento
> pediu-me o rei que, em seu nome,
> o chamasse thane de Cawdor.
> (Ato I, cena 3)

Macbeth ouve e pondera:

> [...] Essa solicitação sobrenatural
> não pode ser má, não pode ser boa. Se má,
> por que me concedeu o merecimento
> a partir de uma verdade? Sou thane de Cawdor.
> Se boa, por que cedo a uma sugestão
> cuja imagem terrível eriça-me os cabelos
> e faz meu coração bater junto às costelas,
> contrariando as leis da natureza? Medos
> presentes são menos terríveis que os imaginados.
> Meu pensamento, onde o crime não é mais
> que fantasia, saúda de tal forma
> o pobre reino da minh'alma que toda
> faculdade de agir se afoga em conjecturas
> e nada existe para mim a não ser
> o que já não existe.
> (Ato I, cena 3)

As feiticeiras fazem parte do sobrenatural que predomina na peça. São diferentes, porém, dos seres sobrenaturais de *A tempestade* ou de *Sonho de uma noite de verão* – que são movidos por magia, a maioria envoltos em beleza etérea (com exceção de Caliban, que, apesar da sua aparência disforme e comportamento selvagem, possui alguma sensibilidade para o poético). O sobrenatural das breves aparições de fantasmas em *Ricardo III* e *Júlio César* não passam, em essência, de elementos de ilustração. Já o Fantasma do pai de Hamlet é um personagem por direito, que não serve a outro propósito a não ser o de esclarecer ao filho um segredo do passado: o seu próprio assassinato.

As três bruxas de Macbeth não aparecem para fazer o mal, mas para maldosamente despertar a semente do mal que está latente nele. Sua presença na peça deve ter deleitado o rei James I, grande interessado em assuntos de feitiçaria. Ele tinha certeza de que foram feiticeiras que providenciaram a tempestade no mar do Norte quando viajou para se casar com Ana da Dinamarca.

Conspiração da pólvora

Em *Macbeth*, o rei Duncan é assassinado. Naquela época, a segurança da realeza era extremamente importante. Em 1589, o rei Henrique IV da França havia sido morto a facadas por um frade dominicano. James I dava muita atenção a isso. Seu pai, o rei consorte da Escócia, havia sido assassinado aos 22 anos, num caso que jamais foi esclarecido.

A mais famosa tentativa de assassinar James I, conhecida como Conspiração da Pólvora, ocorreu dois anos após sua coroação, em 1605. O rei, protestante, não tratava com igualdade seus súditos católicos, o que gerava grande insatisfação entre eles.

Em 1604, após descobrir que o papa estava tentando influenciar a corte, James I ordenou a expulsão de todos os jesuítas do país. No ano seguinte, um grupo de católicos planejou matá-lo e empossar como rainha católica a sua filha Elisabete. A ideia não tinha muito apoio em outros círculos: o rei espanhol estava tentando manter a paz com James I e o papa temia que qualquer atentado violento por parte dos católicos desencadeasse uma reação que exterminaria seus poucos seguidores no país.

O plano dos conspiradores era explodir as Casas do Parlamento enquanto o rei estivesse fazendo seu pronunciamento anual para os lordes, familiares, nobres e bispos protestantes. Os preparativos levaram um ano e meio, mas esbarraram na piedade dos conspiradores para com seus irmãos de fé. Alguns ficaram com pena dos católicos que estariam no prédio durante a explosão e fizeram circular entre eles cartas pedindo que não comparecessem ao Parlamento naquele fatídico 5 de novembro de 1605. Uma dessas cartas chegou ao conhecimento das autoridades reais.

O rei, temeroso de que houvesse um plano para assassiná-lo, ordenou uma vistoria rigorosa nas Casas do Parlamento. Os guardas encontraram no subsolo do salão principal o especialista em explosivos Guy Fawkes (1570-1606), cuidando de 36 barris de pólvora. Torturado, Fawkes revelou o plano e entregou os conspiradores. Todos foram executados.

O episódio também deixou tradições preservadas até hoje: todo ano, antes da sessão anual da rainha da Inglaterra com o Parlamento, acontece uma revista nos subterrâneos do edifício. A população celebra todo 5 de novembro o Dia de Guy Fawkes, com fogueiras e cantos referentes ao frustrado atentado. Em *V de Vingança*, história em quadrinhos posteriormente transformada em filme, o protagonista usa uma máscara de Guy Fawkes.

Em 2005, por ocasião dos quatrocentos anos da conspiração, um canal inglês de televisão decidiu encenar o que teria acontecido se o plano fosse adiante. Reconstruíram os edifícios em escala real e usaram o mesmo tipo de pólvora empregado pelos conspiradores – e descobriram que todas as pessoas a menos de cem metros dos barris teriam morrido instantaneamente após a explosão. Entretanto, historiadores acreditam que, caso o atentado desse certo, isso não teria o efeito esperado pelos conspiradores: o mais provável é que, como o papa temia, o episódio desencadeasse um massacre contra a minoria católica na Inglaterra.

Para saber mais:

- *The Gunpowder Plot: Exploding the Legend*. Direção: Mike Slee. Inglaterra, 2005, 104 min.

Comenta-se que *Macbeth* poderia ter sido escrita para agradar o rei, que apontava Duncan como um dos seus ancestrais. Shakespeare leu o *Daemonologie*, de 1597, e outros livros sobre o folclore escocês. Certo ou errado, o dramaturgo libera Banquo de toda e qualquer responsabilidade quanto à morte de Duncan, sem dúvida para agradar James I. Na peça, rende-se mais tributo ao novo rei do que jamais se fizera ao reinado de Elisabete I. Mesmo em sua última peça, *Henrique VIII*, na cena do batismo da recém-nascida Elisabete, o arcebispo toma a palavra, enaltece a figura e os feitos da futura grande rainha e termina com sábias e diplomáticas palavras em honra do seu sucessor.

> [...] E quando o céu a chamar da escura nuvem,
> das cinzas sagradas da sua honra
> se erguerá uma estrela, tão grande
> em fama como ela. E assim
> irá permanecer. Paz, fartura, amor, verdade,
> e até terror, que foram os servos
> da escolhida infante, serão então os seus
> e como as vinhas crescerão com eles.
> Onde quer que o sol dos céus fulgure,
> sua honra e a grandeza do seu nome
> penetrarão e fundarão novas nações.
> Ele vai florescer como o cedro montanhês
> e alçar galhos acima das planícies
> ao redor. E os filhos dos filhos nossos
> vão ver isto, benzerão os céus.
> (Ato V, cena 5)

Macbeth foi uma das peças encenadas na corte por ocasião da visita do rei Cristiano IV da Dinamarca à sua irmã Ana e ao seu cunhado, o rei James. É a mais curta das tragédias de Shakespeare e acredita-se que ele mesmo tenha feito cortes. Ela só foi publicada no *First Folio* (1623), no conjunto das obras completas e, ao que consta, essa versão do texto, a única que chegou até nós, foi impiedosamente amputada.

A verdade é que não há muito tempo para pensar. A peça agarra o espectador e o carrega a uma velocidade inusitada. As sequências de Banquo não oferecem nenhuma pausa para análise. Tudo acontece rápido. De fato, toda a estrutura da peça é tensa, densamente concentrada. Se uma das características de Shakespeare é não perder tempo com exposições desnecessárias – no prólogo de *Troilo e Créssida*, por exemplo, ele avisa que vai passar por coisas que não têm muito interesse e começar pela metade –, nessa ele não perde nem mesmo segundos.

Em *Macbeth*, o crime mal tem tempo para ser planejado. Ao final do primeiro ato, a morte de Duncan já está decidida – não por Macbeth, mas por sua mulher. Lady Macbeth faz parte do grupo de grandes (e raras) personagens intensamente dramáticas de Shakespeare, ao lado da rainha Margaret, que aparece nas três partes de *Henrique VI* e em *Ricardo III*, texto em que seu personagem atinge o máximo de dramaticidade. Sua imprecação contra Ricardo está entre os momentos de destaque de qualquer atriz.

A luta pelo poder entre as casas de Lancaster e York passou para a história com o nome de Guerra das Rosas, num conflito que durou trinta anos (1455--1485). Historicamente, como Margaret (1429-1482), filha do duque D'Anjou, era francesa, com a morte do marido, Henrique VI (1421-1471), foi exilada para sua terra natal. Shakespeare ignora o tempo real e conserva Margaret no elenco de *Ricardo III* até o quarto ato, quando ela tem uma belíssima cena de despedida antes de embarcar para a França. Ele conta com essa personagem como elemento de conflito e altíssima dramaticidade.

Margaret perambula enlouquecida pelos corredores do castelo e surpreende um grupo de nobres conversando. Entre eles está o duque de Gloucester, o futuro Ricardo III, que assassinara o rei Henrique VI e a quem Margaret odeia com todas as forças da sua alma. Ela ouve por alguns instantes e ataca, com toda a fúria que traz guardada dentro de si:

> Rosnavam todos antes de eu chegar,
> prontos a se esganarem uns aos outros
> e lançam agora seu ódio contra mim?
> Será que as maldições dos York prevaleceram
> tanto junto aos céus que a morte de Henrique,
> do meu filho Eduardo, a perda do meu reino,
> o meu triste desterro, não são mais
> do que o castigo imposto por um fedelho irado?
> Podem as maldições furar as nuvens,
> penetrar nos céus? Então, nuvens sombrias,
> deixem penetrar as minhas maldições.
> A palavra não matou o vosso rei, mas os excessos
> e o nosso foi assassinado para ele ser rei.
> Que teu filho Eduardo, príncipe de Gales,
> pelo meu Eduardo, que era príncipe,
> morra jovem também, por violência.
> Tu, que és rainha, por mim que fui rainha,
> que possas sobreviver à tua glória,
> mas miserável como eu me sinto agora.

> Que vivas longamente, chorando por teus filhos,
> e vejas outra como agora eu te vejo,
> dona dos teus bens, como agora és dos meus.
> Morram teus dias felizes antes de morreres
> e depois de muitas horas de tristeza
> não morras mãe, nem esposa, nem rainha da Inglaterra.
> Tu, Rivers, e tu, Dorset, que a tudo viram,
> como tu, lord Hastings, quando meu filho
> foi apunhalado, rogo a Deus que nenhum de vós
> morra uma morte natural, mas que sejais
> destruídos num acidente fatal.
> [...]
> Não te esqueço, Ricardo! Fica e escuta, cão!
> Se o céu possui alguma praga horrenda
> maior do que as que eu rogo sobre ti,
> que as conserve até que os teus pecados
> bem maduros fiquem e aí lance sua fúria
> sobre ti, perturbador da paz do mundo!
> Que o verme do remorso te devore a alma,
> que os amigos suspeitem de traidores
> e só tenhas traidores por amigos.
> Que o sono nunca mais te feche os olhos
> a não ser para algum sonho horrendo
> que te atormente igual a um demônio horrível,
> aborto com a marca do diabo! Porco imundo!
> Escravo ignóbil! Filho dos infernos!
> Calúnia dolorosa do parto da tua mãe!
> Fruto nojento da semente do teu pai.
> (*Ricardo III*, ato I, cena 3)

Apesar de não ter sido dada a Lady Macbeth uma fala de tamanha violência, ela é sem dúvida a mais marcante entre as mulheres shakespearianas. Como naquele tempo só os homens subiam ao palco, os papéis femininos eram interpretados por rapazes. Teria sido preciso escalar um grande ator adolescente para fazer esse papel com a força interpretativa que ele exige (esse é também o caso de personagens como rainha Margaret, Cleópatra e – de menor importância na escala interpretativa, mas ainda assim exigentes – Volúmnia, a mãe de Coriolano; Goneril e Regan, as filhas mais velhas do rei Lear; a rainha Tamora, em *Tito Andrônico*, e a rainha Gertrudes, de *Hamlet*).

As mulheres de Shakespeare sempre tinham papéis menores do que os homens. Cleópatra é a que tem o maior número de cenas: 16 contra 22 de Marco

Antônio; Ofélia tem cinco, contra treze de Hamlet. Desdêmona chega perto de Otelo: tem nove e ele, doze. Lady Macbeth tem nove contra catorze do marido. A rainha Margaret aparece nas três partes de *Henrique VI*, num total de catorze cenas, com apenas duas em *Ricardo III* (ambas memoráveis: a da imprecação contra Ricardo III e a linda cena da despedida, com a rainha Elisabete e a duquesa de York). É preciso enfatizar que Pórcia, em *O mercador de Veneza*, tem nove cenas contra cinco de Shylock – que, diga-se de passagem, é de longe o maior dos menores papéis de Shakespeare.

É muito curioso constatar que, nas crônicas de Holinshed, Lady Macbeth é mencionada em apenas uma linha, o que absolutamente não diminui a sua importância histórica. Ela nasceu por volta de 1005 e morreu em 1054, três anos antes do marido. Na peça, Shakespeare ignora a passagem do tempo real em benefício do tempo dramático. Na verdade, como tão pouca informação a respeito dela é fornecida por Holinshed, temos de concluir que Lady Macbeth é, toda ela, produto da criação magnífica do autor.

Quando o público vai ao encontro de grandes personagens da dramaturgia, já tem uma ideia preconcebida sobre quem vão encontrar – o que não poderia deixar de acontecer com Lady Macbeth. É um papel extremamente difícil de ser feito, porque à atriz não é dado tempo para construir o papel gradativamente. É o acúmulo de situações e reações que fornece as informações de que o espectador precisa para conhecê-la. No caso de Lady Macbeth, não há tempo hábil. Na peça, tudo se dá com grande rapidez e o conhecimento detalhado dos personagens não é exceção.

Logo depois da cena em que Macbeth e Banquo conversam com as bruxas, vê-se Lady Macbeth em seu castelo em Inverness. Ela está lendo a carta que recebeu do marido, na qual ele relata em poucas linhas o que aconteceu nas cenas anteriores. O conteúdo da carta é descrito ainda no primeiro ato, na quinta cena:

> Lady Macbeth: "Elas me encontraram no dia da minha Vitória, e eu fiquei
> sabendo, por uma informação das mais seguras, que tem
> uma ciência mais que humana. Como eu queimava de vontade
> de lhes perguntar mais, elas se evaporaram e sumiram no ar.
> Enquanto eu estava lá, tomado de espanto,
> chegam notícias do rei saudando-me
> como thane de Cawdor, título com o qual
> aquelas irmãs estranhas me haviam saudado,
> acrescentando para o futuro 'Saudações, que serás rei'.
> Isto achei por bem te relatar,
> querida companheira de grandeza, para que

não perdesses a parte da felicidade que te é devida,
ignorando a grandeza que foi prometida.
Guarda isto em teu coração e adeus."
Glamis tu és. E Cawdor. E o que foi
prometido. Temo pela tua natureza
toda cheia do leite da bondade humana
para tomar o caminho mais curto.
Tu querias ser grande, tens ambição,
mas falta-te o sentido do mal que deve
acompanhá-la. O que tu queres,
altamente queres santamente. Não querias
roubar, mas ganharias enganando.
Queres possuir o que te grita: "Faz para
me teres!", nobre Glamis, e isto tens
mais receio de fazer do que desejo
de não fazê-lo. Vem a mim, para que eu possa
verter minha coragem em teus ouvidos
e eliminar com a coragem das minhas
palavras todos os obstáculos do círculo
de ouro que o destino e o sobrenatural
(*Entra o mensageiro.*)
apoio parecem coroar-te.
Mensageiro: O rei virá aqui esta noite.
Lady Macbeth: Até o próprio corvo fica rouco
anunciando ao grasnar a chegada de Duncan
(*O mensageiro sai.*)
Sob minhas ameias. Venham, espíritos
que comandam pensamentos de morte.
Arranquem-me o sexo e, da cabeça aos pés,
da mais atroz das crueldades
engrossem-me o sangue. Impeçam em mim
todo acesso e passagem para a piedade
para que nenhum escrúpulo compatível
com a natureza tolha minha decisão
feroz e se interponha entre ela e o feito.
Venham aos meus seios, ministros assassinos,
e façam do meu leite, fel. Vem, noite espessa,
envolve-te na mais escura das fumaças
dos infernos. Que minha fala afiada não
veja a ferida que provoca, nem o céu
espie por entre as coberturas das trevas

para gritar: "Pare! Pare!"
(*Macbeth entre e ela o saúda.*)
Grande Glamis! Digno Cawdor!
Mais que os dois a saudação futura.
Tua carta me transportou além do presente
que tudo ignora e neste momento eu sinto
apenas o futuro!

É como se, à chegada dele, Lady Macbeth já tivesse tudo planejado.

LADY MACBETH: [...] O sol jamais verá este amanhã.
Teu rosto, meu caro thane, é um livro
onde se podem ler coisas estranhas.
Para enganar o tempo, pareça-te com ele.
Tenhas boas-vindas no olhar, nas mãos,
na língua. Finge ser a inocente
flor, mas sejas a serpente embaixo dela.
Quem chegar há de ser bem cuidado,
e o grande negócio desta noite,
de todas as nossas noites e a todos
os nossos futuros dias dará
poder e domínio soberanos,
deixa a meu encargo.
MACBETH: Falaremos depois.
LADY MACBETH: Conserva o olhar sereno. Receia a mudança
de expressão. Eu cuidarei do resto.
(Ato I, cena 5)

É a expressão "Serás rei" que dá início à reação que a leva a visualizar o caminho mais rápido para que isso se concretize. Não há um segundo de hesitação. Mas ela tem consciência de que há nele uma fraqueza que talvez tolha a sua ação. A referência ao "leite da bondade humana" é clara. Não é hora de pensar em piedade. Nesse monólogo, a mulher nos revela como conhece bem o marido e sabe que, sem impulsioná-lo, ele não fará o que lhe cabe fazer. Lady Macbeth sabe que, falando o que precisa ser dito e ele ouvindo, será obedecida.

Quando o mensageiro anuncia que Duncan irá pernoitar no castelo naquela noite, ela sabe – não duvida, tem certeza absoluta – que será capaz da "mais atroz das crueldades". Quando seu sexo lhe for arrancado, quando seu sangue engrossar e ela inteira for de pedra, quando seus seios verterem fel, quando suas palavras forem punhaladas, acontecerá.

É um monólogo da mais terrível invocação. É o momento em que ela apela e não só se entrega inteiramente às forças do mal como as liberta, e a peça será toda ela dominada por esse mal que cresce em avalanche, tudo domina e destrói, inclusive o casal assassino.

Contudo, naquele momento em que Lady Macbeth lê a carta, ainda não é possível perceber quem ela é. Doravante ela não fará mais do que caminhar com o mal, levando-o para o futuro. Ela sublinha a escuridão que irá cercá-los para sempre: "O sol jamais verá este amanhã." Macbeth não reage às sugestões da esposa, porém é comandado sutilmente – "Finge ser a inocente flor, mas sejas a serpente embaixo dela." O encontro termina com ela serenizando o marido com conselhos doces.

O silêncio de Macbeth durante essa cena indica como é dominado pela mulher. Desde sempre, é ela quem fala e ele quem escuta. É ela quem aconselha e ele quem acata. É ela quem manda e ele quem obedece. É um casamento aparentemente sem filhos, o que não significa que não seja sexualmente feliz; embora isso não fique aparente, deve haver uma relação de interdependência sexual fortíssima entre ambos. Lady Macbeth é uma mulher intensamente sensual, a "querida companheira de grandeza". Quando ele chega, suas primeiras palavras são "Meu amor querido" e, logo depois, "Duncan passará esta noite aqui", ligando no subconsciente a ideia do amor que os liga à morte que virá.

O entendimento entre eles é tão profundo que não há necessidade de mais palavras. Naquele momento, ambos já sabem o que tem de ser feito para que a premonição das bruxas se torne realidade.

No entanto, ele ainda hesita, como deixa bem claro no final do primeiro ato:

> MACBETH: Se fosse feito, uma vez feito, melhor
> fazê-lo de uma vez. Se o assassinato
> eliminasse as consequências e fosse
> tudo e tudo terminasse aqui embaixo,
> sobre o banco de areia e o baixio
> deste mundo, saltaríamos para o futuro,
> mas nestes casos somos julgados aqui
> mesmo. Simplesmente damos lições sangrentas
> que, aprendidas, se voltam contra o mestre.
> Esta justiça equilibrada oferece
> aos nossos lábios o cálice que nós
> mesmos envenenamos. Ele está aqui
> em dupla salvaguarda. Primeiro: sou
> parente e seu vassalo, razões fortes
> contra o crime. Depois, ele é meu hóspede

e eu deveria trancar a porta ao assassino,
não empunhar eu mesmo a arma fatal.
Além do mais, Duncan usou do seu poder
tão docemente, foi tão puro no seu trono
que suas virtudes chamarão como as trombetas
dos anjos contra a maldição do assassinato.
E a piedade, como um recém-nascido
cavalgando na tempestade, ou querubim
celeste montando invisíveis corcéis
pelo ar, faria os olhos de todos
verem o ato hediondo e as lágrimas
afogariam os ventos. Não tenho outras esporas
para espetar os flancos dos meus planos
a não ser uma ambição profunda
que salta o mais que possa e me atira
do outro lado.
Então, quais são as novidades?
LADY MACBETH: Está terminando de comer. Por que
Saiu da sala?
MACBETH: Perguntou por mim?
LADY MACBETH: Você não sabia?
MACBETH: Não vamos levar esse negócio adiante.
Ele vem de me cobrir de honrarias
e eu angariei a estima de pessoas
de todo tipo, estima que eu desejo
conservar com seu recente brilho
para não perdê-la tão depressa.
LADY MACBETH: Estava embriagada a esperança
com que te ataviaste? Estava adormecida
e só acordou agora para ver, pálida
e verde, o que já soube olhar com arrogância?
A partir de agora considero frágil
teu amor. Está com medo de ser
o mesmo no ato e na coragem
como no desejo? Querias possuir
o que tens como o ornamento da vida
e viver como um covarde na tua própria estima
deixando um "Não ouso" seguir-se a um
"Eu bem queria", como a história do gato?
MACBETH: Calma, por favor. Eu ouso tudo
que compete a um homem. Quem ousar mais

já não o é.
Lady Macbeth: Qual foi o animal que te levou
a me revelar o teu projeto? Quando
ousavas fazê-lo, aí, sim, eras um homem.
Quanto mais ultrapassavas aquele
que tu eras, mais homem te tornavas.
Nem tempo nem lugar eram propícios
e querias então criar os dois.
Hoje eles mesmos se criaram
e essa oportunidade a ti abate.
Eu já amamentei e sei da doçura
que é dar de mamar. Pois enquanto sorria
para mim eu arrancaria meu seio
de suas gengivas tenras e estouraria
seus miolos se assim o tivesse jurado
como tu juraste ousar.
Macbeth: E se fracassarmos?
Lady Macbeth: Fracassar?
Retesa tua coragem ao ponto máximo
que havemos de vencer, quando Duncan
estiver dormindo, já que a viagem cansativa
fará com que adormeça fundo.
Com vinho e orgia envolverei os guardas
que o vigiam, que de ambos a memória,
aquela guardiã do cérebro, não será
mais que fumaça, e o receptáculo
do seu raciocínio, mais que um alambique.
Quando, mortos de bebida, mergulharem
os dois num pesado sono de porcos,
o que não poderemos nós fazer
com o indefeso Duncan? O que não poderemos
imputar aos seus oficiais, esponjas
de álcool, que assumirão a culpa
do nosso grande assassinato?
Macbeth: Ponhas no mundo apenas filhos varões,
que tua força indomável deve produzir
apenas machos. Quando sujarmos de sangue
os dois vigias adormecidos
e usado seus próprios punhais, quem
duvidará que eles o fizeram?
Lady Macbeth: Ninguém ousará pretender o contrário,

quando urrarmos nossa dor
e nossos gritos sobre seu cadáver.
MACBETH: Estou decidido. Usarei todos os
recursos do meu ser para realizar
esse ato terrível. Vamos!
E que reluzam os mais risonhos
semblantes aos olhos do mundo!
Um rosto falso deve ocultar
o que sabe um falso coração.
(Ato I, cena 7)

Quando Macbeth revela sua hesitação, ela ataca sem piedade e o atinge onde ele, grande soldado, jamais admitiria: sua masculinidade. É ela que detém o comando. Na inversão de papéis, ela assume o lado masculino da relação, embora não fique evidente em que outros momentos da sua vida em comum isso já aconteceu. Essa informação é negada. Mas Lady Macbeth é apresentada como dona de uma personalidade fortíssima.

Ele, como era de esperar, cede ao comando e se propõe realizar "esse ato terrível". Macbeth tem plena consciência do que está resolvido a fazer. E o faz, marcando a linha divisória entre dois Macbeth: o de antes e o de depois do crime. É impossível prever as consequências de um ato como esse. Entretanto, ao se mostrar decidido, é como se fosse um soldado obedecendo a uma ordem. Ele se sabe movido pela ambição: só há um caminho para chegar ao trono, e ele o seguirá. Mas até que ponto suas atitudes são influenciadas por sua mulher?

De volta à cena, é noite alta e todos já se recolheram. O rei está dormindo. Macbeth acaba de se encontrar com Banquo, que revela ter sonhado com as feiticeiras. Tudo o que haviam dito a respeito de Macbeth dera certo, afirma ele ao se despedir. Macbeth fica sozinho e diz, em um belo solilóquio:

MACBETH: É um punhal que vejo à minha frente,
o cabo voltado para minha mão?
Vou pegá-lo. Não te empunho, mas te vejo
bem. Não és, visão fatal, sensível ao toque
e à visão, punhal do pensamento, falsa
criação de um cérebro febril? Não te vejo
de forma tão palpável como este que ora
empunho. Me mostras o caminho que devo
seguir e o instrumento de que me vou
servir. Meus olhos são os joguetes de todos
os sentidos e valem por todos eles
juntos. Ainda te vejo. Sobre tua lâmina

e teu rancor, gotas de sangue que lá
não estavam antes. Mas nada disto existe.
Meu projeto de sangue o forma ante meus olhos.
Agora, sobre metade do mundo,
parece morta a natureza e pesadelos
perturbam o sono sob suas cortinas.
Feiticeiras celebram o culto da pálida
Hécate, e o assassino descarnado,
avisado pelo lobo, sua sentinela,
cujo uivo lhe serve de aviso, com passos
furtivos e violadores de um Tarquínio,
se move qual fantasma em seu caminho.
Tu, sólida e segura terra, não escuta
meus passos, que caminho tomam, com receio
de as próprias pedras revelarem meu destino,
dissipando o horror silencioso que esta hora
exige. Enquanto eu ameaço, ele vive.
O sopro frio das palavras congela
as chamas da ação.
Eu vou e logo estará
feito. O sino me convida. Não escuta, Duncan,
pois é um dobre que lhe chama para o inferno
ou para o céu.
(Ato II, cena 1)

O crime não é visto pelo público, o que o torna mais aterrador. Também não presenciamos os assassinatos de Lady Macduff e seu filho. Shakesperare sabe onde concentrar o horror. É mais terrível vermos Macbeth, depois de matar Duncan, aparecer com os punhais gotejando sangue e sua mulher levá-los de volta para a cena do crime e espalhar o sangue sobre os guardas, que, embebedados por ela, nada viram – e que seriam mais tarde executados pelo próprio Macbeth, já que supostamente eram os assassinos do rei. Lady Macbeth surge de mãos ensanguentadas, momento que ela jamais esquecerá, triste memória que a perseguirá até o fim.

As reações dele e dela ao crime são diferentes. Para Macbeth, uma vez aberta a porta para o sangue, o resto será fácil. Foi fácil assassinar os guardas, alegando que haviam matado Duncan. Foi fácil lançar suspeitas sobre Banquo, mandar matá-lo e ao filho, que consegue fugir dos sicários. E haverá ainda mais mortes.

No amanhecer do dia após o crime, Macbeth parece perfeitamente calmo e controlado. Relata com segurança ter matado os guardas de Duncan que encontrara sujos de sangue. O desaparecimento dos filhos de Duncan, Malcolm e Donalbain, que fugiram, faz recair sobre eles a suspeita do crime. Macduff fica sabendo que Macbeth, o mais indicado para ser rei, já partira para Scone, onde tradicionalmente os soberanos da Escócia eram coroados. Temendo o pior, comete o erro de fugir para a Inglaterra, deixando no seu castelo, em Fife, a mulher e o filho, o que leva Macbeth – presa de suspeitas e apreensão por se ver cercado de inimigos, mesmo depois de coroado rei – a matar Lady Macduff e seu filho.

Como observou Alfred Leslie Rowse, "a peça nos mostra a tentação e a queda de um caráter nobre pelas forças do Mal" – mal que triunfa acima da ambição, da escuridão e da morte. O crime, no momento de ser cometido, aproximou ainda mais o casal. Houve um átimo de premonição quando ela diz: "Essas coisas não devem ser encaradas desta forma, senão acabaremos loucos." Ele, o soldado tão seguro de si, cometeu um crime e trouxe consigo os punhais mortais, que ela pega e leva para o quarto onde estão os guardas embebedados.

Vale relembrar aqui a cena do sonambulismo e a cena do crime – dois grandes momentos da peça.

LADY MACBETH: Aqui ainda resta uma mancha.
[...]
Sai, mancha maldita! Sai! Estou mandando. Um, dois.
Está na hora de fazê-lo. O inferno é sombrio. Que vergonha,
meu senhor. Que vergonha! Um soldado com medo? Por que temer
que alguém fique sabendo se ninguém pode pedir
contas ao nosso poder? Quem poderia imaginar que o velho
tivesse tanto sangue?
[...]
O thane de Fife tinha uma mulher. Agora onde é que ela está?
O quê? Estas mãos jamais ficarão limpas? Agora chega,
meu senhor. Chega. Vais estragar tudo com
estes sobressaltos.
[...]
O cheiro do sangue ainda continua,
nem todos os perfumes da Arábia poderiam adoçar esta pequena
mão. Ai, ai, ai.
[...]
Lava as mãos, põe a roupa de dormir, não fiques assim
tão pálido. Vou dizer novamente. Banquo está morto. Ele
não pode sair do túmulo.
[...]

Para a cama, para a cama. Estão batendo ao portão.
Vamos, vamos, vamos, vamos, dá-me a tua mão. O que
está feito não pode ser desfeito. Para a cama, para a cama, para a cama.
(Ato V, cena 1)

Logo após o crime, Macbeth e Lady Macbeth conversam:

Lady Macbeth: O que os embebedou me fez audaz.
O que os saciou, a mim inflamou.
Escutem! Silêncio. Foi uma coruja
que piou, vigia sinistra que prevê
a noite mais terrível. Ele já o fez.
As portas estão abertas e os roncos
dos criados, mortos de álcool, deixam
de lado seus deveres. Misturei às suas
bebidas uma droga tão forte
que a vida e a morte lutam para ver
quem morre ou vive.
Macbeth: Quem está aí? Quem?
Lady Macbeth: Receio que tenham despertado e fracassamos.
A tentativa, não o golpe, nos poria
a perder. Atenção! Deixei preparados
seus dois punhais. Não poderia não os ver.
Se não me lembrasse meu pai adormecido,
eu o teria feito. Ah! meu marido!
Macbeth: Fiz o que era preciso. Não ouviste
o barulho?
Lady Macbeth: Ouvi o pio da coruja e o canto
dos grilos. Tu não falaste?
Macbeth: Quando?
Lady Macbeth: Agora.
Macbeth: Quando descia?
Lady Macbeth: É.
Macbeth: Escuta! Quem está no segundo quarto?
Lady Macbeth: Donalbain.
Macbeth. Estas mãos são um triste espetáculo.
Lady Macbeth: Que pensamento tolo falar disto.
Macbeth: Um deles riu dormindo e o outro gritou
"Assassinatos!". Os dois acordaram.
Fiquei parado, ouvindo. Eles rezaram
e voltaram a dormir.

Lady Macbeth: Os dois estão dormindo no mesmo quarto.
Macbeth: Um deles falou "Deus nos abençoe" e o outro
disse "Amém". Como se me tivessem visto
com estas mãos de carrasco. Ouvindo seus
temores não pude dizer "Amém" quando
disseram "Deus nos abençoe".
Lady Macbeth: Não penses nisto com tanta seriedade.
Macbeth: Mas por que não pude dizer "Amém"? Eu tinha
tamanha precisão de ser abençoado
e o "Amém" me ficou preso na garganta.
Lady Macbeth: Essas coisas não devem ser encaradas
desta forma, senão acabaremos loucos.
Macbeth: Me pareceu ouvir uma voz que dizia
"Não durmas nunca mais! Macbeth assassinou
o sono!". O inocente sono que desfaz
as meadas confusas das preocupações.
O sono, morte da vida de cada dia,
banho que repara o trabalho doloroso,
bálsamo dos espíritos magoados,
segundo prato da grande natureza,
supremo alimento no festim da vida.
Lady Macbeth: Que queres dizer?
Macbeth: E a voz continuava gritando "Não
durma nunca mais!" para a casa inteira.
"Glamis assassinou o sono, portanto Cawdor
não dormirá mais, Macbeth não dormirá jamais!"
Lady Macbeth: Quem gritou desta maneira, digno
thane? Enervas tua nobre força com tais
doentios pensamentos. Pega um pouco d'água
e lava das mãos este nojento comprovante.
Por que trouxeste contigo estes punhais?
Devem ficar lá. Leva-os de volta e suja
de sangue os criados que ainda dormem.
Macbeth: Não irei mais lá. Quando penso no que fiz
chego a tremer. Não ousarei olhar de novo.
Lady Macbeth: Quanta insegurança. Dá-me estes
punhais. Os mortos e os que dormem não passam de retratos.
Só olhos infantis têm medo do demônio
pintado. Se ele estiver sangrando
com seu sangue sujarei o rosto dos criados

pois deve parecer que os culpados são eles.
(*Ela sai.*)
MACBETH: Quem está batendo à porta? Em que estado
estou que o menor ruído me provoca espantos?
Que mãos são estas? Elas me arrancam os olhos.
Será que o oceano imenso de Netuno
limpará este sangue destas mãos? Não,
pois vão enrubescer as ondas do oceano
fazendo vermelho o verde mar.
(*Lady Macbeth volta.*)
LADY MACBETH: Minhas mãos estão da cor das tuas,
mas envergonho-me de ter um coração
tão branco. Ouço baterem no portão do sul.
Escuta! Batem
novamente. Vai para o teu quarto, veste
as roupas de dormir. Podemos ser chamados
e temos de mostrar que não estávamos
acordados. Não te percas tão pobremente
nos teus pensamentos.
MACBETH: Tomar conhecimento do que fiz,
talvez fosse melhor nem conhecer-me.
Acordarão Duncan batendo assim à porta.
Bem quisera que pudesses fazê-lo.
(Ato II, cena 2)

Nessa cena, Lady Macbeth diz "Ouço baterem no portão do sul". Logo em seguida, é Macbeth quem observa: "Acordarão Duncan batendo assim à porta." São duas indicações da próxima cena do ato, que tem início com o pequeno monólogo do porteiro que está se encaminhando para abrir o portão.

Tal monólogo – que dura menos de dois minutos – tem como objetivo aliviar a tensão depois da sequência intensamente dramática do assassinato de Duncan. Quando bem interpretada, consegue arrancar risos do público – exatamente o objetivo de Shakespeare. Ele usou o mesmo processo em *Hamlet*, logo depois da última cena do quarto ato, inserindo uma cena mais leve para aliviar uma sequência que deixava o público atentamente tenso e para criar equilíbrio entre momentos mais solenes.

Uma das melhores análises dessa cena foi feita por Thomas de Quincey (1785-1859), escritor e ensaísta, renomado pelo seu *Confissões de um comedor de ópio*, publicado em 1822. Um dos seus ensaios mais conhecidos é "Sobre estarem batendo ao portão em *Macbeth*". Nele, o ensaísta escreve:

[...] a ausência do coração humano e o aparecimento do coração demoníaco devem ser expressados e tornados sensíveis. Assim, outro mundo surge e os assassinos são retirados da região das coisas humanas, das finalidades humanas, dos desejos humanos. São transfigurados: Lady Macbeth fica assexuada; Macbeth esqueceu que nascera de uma mulher; estão ambos amoldados à imagem dos demônios, e o mundo dos demônios é revelado de repente. Mas como é que isso pode ser transmitido e tornado perceptível? Para que esse novo mundo possa aparecer, este mundo precisa desaparecer por algum tempo.

Os assassinos e o assassinado precisam ser isolados – separados por um abismo imensurável de maré e sucessão normal dos interesses humanos –, trancados e isolados em algum recesso profundo. Precisamos ter consciência de que o mundo da vida costumeira deixou de existir: ficou adormecido, hipnotizado, abalado por um armistício temido. O tempo precisa ser aniquilado... É assim que quando o ato foi praticado – quando o trabalho da escuridão for perfeito, quando o mundo da escuridão se desvanecer como um cortejo nas nuvens –, ouvimos que há alguém batendo à porta, o que faz com que todos fiquem sabendo audivelmente que a reação começou. O humano fez o seu refluxo sobre o demoníaco. O pulsar da vida está começando a bater novamente. E o restabelecimento dos acontecimentos do mundo em que vivemos nos torna profundamente sensíveis ao terrível parêntese que os havia suspendido.

Eis o monólogo do porteiro:

Isso é que é batê! Se
um homem fosse porteiro dos inferno, tinha de
pená pra dá vorta na chave.
Bate,
bate, bate. Quem é que tá aí, em nome de
Belzebu? É um fazendeiro que se enforcô
na esperança de uma boa colheita. Chegô na
hora. Traga bastante lenço que
ocê vai suá um bocado.
Vai, bate!
Bate! Quem é que tá aí, em nome do outro diabo?
Puxa, é um jesuíta! Que ia jurá
por um dos prato da balança contra o outro prato da balança,
e que cometeu um bocado de traição em nome de Deus,
mas não podia se ensejuitá pra entrá no céu. Anda,
vai entrando, meu jesuíta.
Bate,
bate, bate. Quem tá aí? É um
alfaiate inglês que veio aqui porque robô uma
carça francesa. Vamo chegando, alfaiate. Pode vir

esquentá o seu trasero.
Bate,
bate. Que sossego, que nada. Quem é ocê?
Decididamente, esse lugá é frio demais pra sê o inferno.
Não quero mais bancá o porteiro do diabo. Eu pensei em deixá
entrá gente de todas profissão, que vão pro fogo eterno
por um caminho semeado de primaveras.
Já vô. Já vô. Não se esqueçam do porteiro, faz favô.
(Ato II, cena 3)

O crime liberou as forças do mal. Se a peça vinha se desenvolvendo numa atmosfera obscura, ela assume na sequência um clima da mais absoluta escuridão.

Foi em 1948 que Orson Welles (1915-1985) interpretou o papel-título de Macbeth e dirigiu o filme. Ele criou uma atmosfera sombria, onde tudo era negro e compacto. Tudo era pedra. Não se via céu. Ele só podia ser adivinhado, nigérrimo, além, num ambiente carregado de fumaça. Um crítico inglês comentou que Orson Welles conseguiu fazer um *Macbeth* passado numa sauna. Welles queria recriar no seu filme a comentada atmosfera de escuro impenetrável – e foi bem-sucedido.

Macbeth é um homem amaldiçoado pela imaginação, que o leva longe, rapidamente. Ele não tem inimigos declarados. Não há um Iago contra Otelo. Não há um Aarão contra Tito Andrônico. O seu grande inimigo é o *mal* que ele mesmo desencadeou, mal que o persegue, se alastra e domina tudo e todos ao seu redor e termina por destruir sua "querida companheira de grandeza", o seu "querido amor".

No início da famosa cena do banquete, Macbeth ainda está no pleno domínio da situação. Não vemos Lady Macbeth desde uma pequena cena que ela teve com o marido, na qual o repreendeu:

[...] Ó, meu senhor! Por que ficas sozinho
acompanhado por ideias tristes
que deveriam morrer com as que provocam?
O que não tem remédio, remediado está,
devia ser esquecido.
(Ato III, cena 2)

Mas ele está tomado por receios, o que não esconde dela. Está tão perturbado que chega a invejar o homem que matou.

[...] Duncan está enterrado.
Depois das convulsões febris da vida

dorme fundamente. A traição já fez
o que podia. Aço, veneno, porfia
doméstica, invasão estrangeira,
nada poderá tocá-lo.
(Ato III, cena 2)

Ela pede que o marido se arrume e "sejas jovial e alegre com os teus hóspedes", mas sente que há nele tormentos não revelados.

Começa o banquete. Tudo corre bem até o momento em que um dos assassinos vem dizer a Macbeth que Banquo está morto, mas seu filho, Fleance, infelizmente conseguira fugir. Descontrole e terror tomam conta de Macbeth quando o fantasma de Banquo aparece pela primeira vez e ocupa sua cadeira. A aparição o deixa a tal ponto transtornado que Lady Macbeth interfere. Com segurança e sangue-frio, diz aos convidados que, desde jovem, o marido é sujeito a tais ataques. Quanto menos se prestar atenção ao fato, melhor.

Depois de os convidados partirem, Macbeth pergunta a ela o que acha da ausência de Macduff. Ele mandara espiões averiguarem e já sabia que ele não viria. Mas quer saber mais. E quem poderá informá-lo, a não ser as três bruxas? Ela volta a procurá-las e ouve delas duas informações importantes:

Macbeth! Macbeth! Macbeth! Cuidado com Macduff.
Cuidado com o thane de Fife e mais
[...]
Sejas sangrento, ousado, resoluto.
Rias do poder do homem, porque nenhum
nascido de mulher irá ferir Macbeth.
(Ato IV, cena 1)

A melhor maneira de se vingar do traidor que passou para o lado dos ingleses é atacá-lo onde mais doerá: Macbeth manda matar Lady Macduff e seu filho, numa das cenas mais densas e bem escritas da peça. Ao saber o que aconteceu, Macduff, tomado de justa fúria e desejo de vingança, junta-se às forças de Malcolm. Atacarão a Escócia e vencerão a tirania e as forças do mal.

O assassinato de Duncan deixa marcas em Lady Macbeth. Se ela consegue manter-se firme e segura na sua maneira de agir, seu mundo interior está devastado. Ela não esperava que a ambição os mergulhasse num universo de crimes que água nenhuma poderia lavar. Atormentada, enlouquecida, ela caminha sonâmbula pelo castelo, carregando o peso da culpa que a corrói.

A cena do sonambulismo, como é chamada, não é só um dos momentos de maior impacto da peça – é também uma das mais famosas da dramaturgia.

Macbeth está lutando contra Malcolm e Macduff. Ela está sozinha no castelo de Dunsinane, onde perambula à noite pelos vastos corredores, de olhos arregalados, mas adormecida, dizendo e fazendo coisas estranhas em seu delírio. É vista por sua dama de companhia, que chama o médico para observá-la. Ele diz:

> Médico: Seus olhos estão abertos.
> Dama de companhia: Mas seu raciocínio está fechado.
> (Ato V, cena 1)

Essa cena, de grande teatralidade, é uma obra-prima de dramaturgia. Nela, em poucas frases, Shakespeare condensa todos os terríveis acontecimentos que levaram os Macbeth a tal situação: ela, às bordas da loucura; ele, sem amigos, cercado de descontentamento, amaldiçoado, rodeado de súditos descontentes, muitos deles declarados inimigos.

O que destrói Lady Macbeth é a memória. A mulher que disse "o que está feito, está feito" é a mesma que confessara que ela própria mataria Duncan se ele não se parecesse tanto com seu pai. No fundo, não é verdade que o feito não pode ser desfeito. Nesse caso, o desfeito é bem pior do que o que foi feito. Quando, na cena do banquete, ela se mostra fria e domina a situação, não é segurança, não é firmeza interior, mas um instante de pura bravata, a necessidade de se mostrar forte para dar forças para o marido. O fato de ela não ter senso moral não quer dizer que não tenha memória e que esta não pese. Quando incentivou o marido ao crime, foi movida, como ele, pela ambição. Porém a cegueira causada por esse sentimento não a deixou prever quais consequências esse ato poderia acarretar. Ela não avaliava o verdadeiro peso de uma coroa de ouro. Ao fim, sem apoio, sozinha, respirando o mal que ajudou a desencadear, ela se atira de uma das torres do castelo.

> Macbeth: Que grito foi esse?
> [...]
> Seyton: A rainha, meu senhor, está morta.
> [...]
> Macbeth: Ela deveria ter morrido mais tarde.
> Haverá tempo em que eu possa ouvir
> palavras semelhantes. Amanhã,
> amanhã e ainda amanhã, avança em passos
> pequeninos, dia após dia, até a última
> sílaba do dia recordado. E todos
> os nossos ontens conduziram os tolos
> pelos caminhos rumo ao pó da morte.
> Apaga-te, chama passageira. A vida

não é mais que uma sombra que caminha,
um pobre ator que passeia e se debate
uma hora pelo palco, para não
ser mais visto nem ouvido. É uma história
contada por um idiota, cheia
de furor e gritos, significando nada.
(Ato V, cena 5)

Macbeth está só com o seu destino. No entanto, no seu último encontro com as bruxas, elas garantiram que ele nada tinha a temer, já que nenhum nascido de mulher poderia prejudicá-lo; seu temor somente teria justificativa quando a floresta de Birnam se aproximasse de Dunsinane.

Mas já é tarde. Um mensageiro surge para dizer que a floresta de Birnam está, misteriosamente, caminhando na direção do castelo. As tropas inimigas, camufladas com galhos que as cobrem, avançam. Na batalha, Macbeth se vê frente a frente com Macduff.

> MACDUFF: Volta-te, cão dos infernos, volta-te.
> MACBETH: Entre todos os homens te evitei.
> Vai-te daqui. Minh'alma já está cheia
> do teu sangue.
> MACDUFF: Não tenho palavras,
> minha voz está na minha espada. Monstro
> mais sanguinário que as palavras possam dizer.
> MACBETH: Perdes teu tempo. É mais fácil ferires
> o ar indefeso do que verter meu sangue.
> Deixa tua espada cair sobre elmos vulneráveis.
> Minha vida tem uma magia e não pode ceder
> a um homem nascido de mulher.
> MACDUFF: Desespera tua magia e que o anjo
> mau a quem serviste diga-te que Malcolm
> foi arrancado do ventre materno
> antes da hora de nascer.
> (Ato V, cena 7)

Eles se afastam lutando. Macbeth, como Ricardo III, outro grande tirano do elenco shakespeariano, morre fora de cena. Contudo, como se trata de uma peça de sangue, Macduff reaparece com a cabeça de Macbeth espetada num pau, contribuindo com mais um instante de horror em um texto tão repleto deles.

Shakespeare deixa bem claro em todas as suas peças que o poder conquistado ilicitamente, por crime ou por usurpação, resulta sempre em péssimo governo, invariavelmente com terríveis consequências. *Macbeth* não foi exceção. A presença do mal é evidente e, depois do primeiro assassinato, o de Duncan, Macbeth parte para outros crimes, por temor (Banquo) e por vingança (a família de Macduff). Começa a cometer crimes contra a humanidade. Se fosse necessário, para garantir o trono conquistado ele cometeria outros crimes – ao contrário do verdadeiro Macbeth, a figura histórica que conquistou o trono depois de derrotar o rei Duncan numa batalha e que governou a Escócia durante dezessete anos.

O nosso Macbeth resultou num homem obcecado. Um homem que permite que os mais terríveis pensamentos de suspeita, receio, assassinato e angústia o dominem. Ele é perseguido por sua imaginação, que passa a ocupar lugar de destaque em sua vida, e ele se torna vítima da sua maldição. O mal se alastra, torna-se personagem central, tão importante quanto Macbeth e sua esposa, e o *medo* começa a exigir espaço.

Macbeth é um soldado valoroso e corajoso. Guerra é a sua profissão. Mas é um homem que conhece o amor, que não se importa de se deixar dominar pela mulher na intimidade. Um homem de sensibilidade.

Os versos "[...] tua natureza/ Toda cheia do leite da bondade humana" definem quem ele é – *antes* do crime. A morte de Duncan abre caminho para o mundo escuro e secreto do mal, ao qual ele se entrega e pelo qual se deixa absorver. No fundo, ele comete um crime, mas não quer aceitar um mundo no qual essas coisas acontecem.

E, depois de uma hesitação, mais uma vez impulsionado por ela, Macbeth afirma:

> Estou decidido. Usarei todos os
> recursos do meu ser para realizar
> este ato terrível [...]
> (Ato I, cena 7)

Assim, seu destino está irremediavelmente traçado.

O crime não foi o caminho para a glória do poder. Não. Foi o caminho para o encontro de outro que não era ele mesmo, e que o fez conhecer a solidão do arrependimento. De todos os grandes personagens intensamente dramáticos e irremediavelmente trágicos, Macbeth é, sem dúvida, o mais solitário. O crime, em vez de unir mais o casal já tão unido, conseguiu afastá-los. A solidão dela levou à loucura. A dele, a mais crimes e à submissão ao destino. O destino, que fez dele rei, acabou por destruí-lo.

O folclore teatral é um universo de superstições. Uma delas é que *Macbeth* é uma peça azarada, que nunca dá boa bilheteria. Pois a história registra justamente o contrário: sempre que uma peça ia mal (e isso desde os tempos de Shakespeare), montava-se rapidamente *Macbeth*, garantia de boa bilheteria. A peça adquiriu essa reputação injusta, mas *Macbeth* é uma das mais populares e encenadas de Shakespeare.

Tito Andrônico

Hamlet é a primeira das grandes tragédias de Shakespeare, mas nem por isso deixa de ter momentos em que o riso do público aflora. Já foi citada a cena em que Polônio surge para comunicar ao príncipe que os atores acabaram de chegar e diz que são "os melhores atores deste mundo, quer para tragédia como comédia, trágico-histórica, pastoral, pastoral-cômica, histórico-pastoral, trágica, histórica, trágico-cômico-histórico-pastoral, cena indivisível ou poema ilimitado". As peças de Shakespeare não teriam tantas classificações: sempre foram divididas em peças históricas, comédias e tragédias.

Jan Kott, em *Shakespeare, nosso contemporâneo*, escreve que ele já estava desenhando grandes personagens, mas ainda não conseguia fazê-los plenamente articulados. De certa forma, esclarece Kott, eles "gaguejavam". Assim, *Tito Andrônico* já era "teatro shakespeariano, mas um texto verdadeiramente shakespeariano ainda estava por surgir".

Com sua atmosfera pesada, de momentos horripilantes, a peça agradou – e muito – ao público elisabetano. Era tão popular que, junto com a *Tragédia espanhola* de Thomas Kyd, ficou no repertório durante 25 anos. Com o correr do tempo, com a inevitável mudança no gosto do público, a peça caiu, se não no ostracismo, ao menos em brando esquecimento. Não havia lugar para ela nos repertórios dos séculos XVIII e XIX.

Basta dizer que, em dois séculos, ela só seria encenada duas vezes, e a terceira, apresentada em 1923 no teatro do Old Vic, foi uma tentativa desastrosa que enfrentou um público às gargalhadas diante de toda aquela carnificina à moda das tragédias romanas de Sêneca – treze assassinatos, duas mutilações, um estupro e um banquete canibal em que é servida uma torta de carne humana.

A peça só voltaria a ser encenada 32 anos depois, em 1955, numa montagem que marcou época, no Memorial Theatre de Stratford-upon-Avon, com a direção de Peter Stephen Paul Brook. Essa montagem é considerada um dos grandes espetáculos do século XX, se não – como escreveu o ator e crítico Robert Speaight (1904-1976), em seu livro *Shakespeare on the Stage* (1973) – "talvez a maior montagem de Shakespeare no nosso tempo", e com certeza Tito foi a "maior interpretação de Laurence Olivier (1907-1989)".

Tito Andrônico é a única peça de Shakespeare da qual nos chegou o desenho de uma das cenas, feito numa folha solta entre 1594 e 1595 pelo poeta Henry Peacham (1576-1643). A folha foi encontrada na biblioteca da Longleat House, que abriga os nobres marqueses de Bath, em Wiltshire. A casa acabou dando nome ao documento: *Longleat Manuscript*.

Trata-se de um desenho da primeira cena da peça, a bico de pena. A rainha Tamora, ajoelhada, as mãos postas, implora pela vida de seu filho, Alarbo. Atrás, também ajoelhados, com as mãos amarradas, seus outros dois filhos, Quíron e Demétrio. Na extrema direita, Aarão, o mouro, tem o braço direito levantado e, com o esquerdo, empunha uma espada.

No centro está Tito Andrônico, o braço esquerdo apoiado em uma longa lança, e, logo atrás dele, dois soldados, com as espadas embainhadas, empunham alabardas. São seus filhos Quinto e Márcio.

Um dos grandes valores do desenho é nos mostrar os figurinos dos atores elisabetanos numa peça do tempo dos romanos. Vemos um compromisso entre o passado e o presente. Tito parece usar uma couraça de sugestão romana, sustentada por alças sobre os ombros, os braços livres, além de um manto curto preso por um nó sobre um ombro e borzeguim.

Os demais são inconfundivelmente elisabetanos, com exceção de Aarão, que usa uma túnica que lhe cobre os braços e desce até o alto das coxas. Seu rosto, mãos e pernas (e as botas, que vão quase até os joelhos) são pintados de preto. Deve se tratar de algum tipo de maquiagem, já que no texto ele se refere "à cor do meu corpo". Na cabeça, vê-se uma espécie de peruca preta, toda encaracolada, com certeza feita de lã de ovelha, já que no texto se menciona um "velocino de cabelos lanosos". O mouro Aarão parece negro – Shakespeare ignorava que os mouros não o eram e comete o mesmo equívoco em *Otelo*.

Embaixo do desenho há dois trechos copiados da peça. Um pertence à primeira cena do primeiro ato, quando Tamora, rainha dos godos, feita prisioneira pelo general Tito Andrônico, implora pela vida de seu filho Alarbo:

Generoso conquistador,
Tito vitorioso, tem pena das lágrimas
que chora uma mãe pelo seu filho.
E se tens filhos que te foram caros
pensa também que o meu é caro para mim.
Não basta termos sido trazidos para Roma
para abrilhantar teu triunfal regresso,
prisioneiros que somos do jugo romano,
mas devem meus filhos ser massacrados
por lutarem com bravura pelo seu país?
Se, para ti, lutar pelo rei e pela pátria
é um dever, dever também é para eles.
Andrônico, não sujes de sangue tua tumba.
Não queres ser um pouco o que são os deuses?
Sejas como eles mostrando-te piedoso.
O sinal de grandeza é a piedade.
Três vezes nobre Tito, poupa meu primogênito.
(Ato I, cena 1)

Tito ignora sua súplica, e o filho de Tamora é levado para a morte.

O desenho traz ainda os versos de Aarão, presentes no quinto ato. Quando Lúcio, naquele momento o único filho ainda vivo de Tito Andrônico, pergunta a ele se não está arrependido dos seus atos hediondos, Aarão, um vilão maldito, responde:

Estou, por não haver feito *mil vezes mais*
e até agora amaldiçoo o dia em que
(se bem que haja poucos para maldizer)
em que não tenha praticado um grande mal,
como matar um homem ou planejar-lhe a morte,
violar uma virgem, tramar como fazê-lo,
acusar um inocente e ser perjuro,
semear ódio mortal entre dois amigos,
quebrar o pescoço do gado dos mais pobres,
pôr fogo à noite nos celeiros e no feno,
e dizer aos donos que o apaguem com suas lágrimas.
Já desenterrei muitos mortos dos seus túmulos
e os coloquei de pé à porta dos amigos
quando estavam perto de esquecer a dor,
e em suas peles, como nas cascas das árvores,
escrever com minha faca em letras romanas
"Não morra a sua dor 'inda que eu esteja morto".

> Sim, eu fiz milhares das coisas mais terríveis
> com a indiferença de quem mata uma mosca
> e nada, na verdade, me causa maior pena
> do que não poder fazer mais outras dez mil.
> (Ato V, cena 1)

Há ainda, no desenho, mais uma inscrição: "Feito pela mão de Henry Peacham, 1595."

Tito Andrônico era a única peça de Shakespeare que nunca havia sido encenada em Stratford, com certeza devido ao seu caráter sangrento. Na biografia de Laurence Olivier, escrita por Anthony Holden (1947-), ele comenta com boa dose de humor a reação do público no Memorial Theatre. Durante o intervalo, as pessoas pediam doses duplas de bebidas. Os paramédicos da Brigada de Ambulância do Hospital St. John's atendiam a pelo menos três desmaios por sessão, chegando a um recorde de vinte em uma apresentação. A correria dos paramédicos acontecia principalmente quando o contrarregra encarregado dos efeitos sonoros cortava um repolho cru com um golpe firme de facão e os microfones ampliavam o horror quando se ouvia o ruído de Tito Andrônico, na cena em que ele decepa a própria mão.

O grande crítico de teatro Kenneth Tynan (1927-1980) revela em seus diários, a respeito de *Tito Andrônico*, que a interpretação daquele extraordinário ator, Laurence Olivier, era um "inesquecível concerto de dor". Creio que essa observação não se aplicaria apenas a Olivier no palco, mas ao personagem de Tito na peça. Ele é aquele monumento de honestidade e hombridade que pavimenta o caminho a ser percorrido pelos grandes heróis. Vejamos o porquê.

A peça se inicia com a disputa entre Saturnino e Bassânio, os dois filhos do falecido imperador de Roma, pelo trono que se tornou disponível com a morte do pai. São informados por Marco Andrônico, irmão do general Tito Andrônico, que este fora indicado e eleito pelo povo para assumir o cargo. Os príncipes concordam em dispersar seus seguidores e aguardar a volta de Tito, acatando o veredito popular.

Tito retorna da guerra, glorioso depois de derrotar os godos. Entre seus prisioneiros estão Tamora, a rainha dos godos, e seus três filhos: o primogênito Alarbo, Quíron e Demétrio.

Nas lutas, Tito perdera mais dois filhos, trazidos em esquifes. Quase todos os seus 25 filhos foram mortos nos campos de batalhas e agora, no momento de despedir-se deles, o pai diz:

> Em paz e honra repousem estes meus filhos,
> campeões mais audazes de Roma.

Aqui dormem, protegidos dos perigos e males deste mundo.
Aqui traições não rondam, intrigas não assomam.
Não medram rancores malditos, tempestades,
nenhum ruído, mas silêncio e sono eternos.
Em paz e honra repousem aqui, filhos meus.
(Ato I, cena 1)

Ao ser-lhe oferecida a coroa, Tito, com perfeita correção elisabetana, recusa. O trono deve pertencer a quem de direito, ou seja, o herdeiro direto. Basta de usurpações que sempre levam a guerras civis, o que os elisabetanos abominavam. Os tribunos e o povo aceitam a indicação de Tito: o herdeiro mais velho, Saturnino, que promete jamais esquecer sua fidelidade.

Tito não avalia que esse seu primeiro gesto patriótico vai fazê-lo mergulhar em uma inesperada rede de intrigas e vinganças. Acredita estar agindo corretamente, e assim também pensa ao insistir no sacrifício de Alarbo, filho mais velho de Tamora, para aplacar os espíritos dos seus dois filhos mortos na batalha. O sacrifício (a que somos, felizmente, poupados de ver no palco) é medonho: seu corpo será colocado sobre uma pira e seus membros decepados para ajudar a alimentar as chamas. Evidentemente, Tito Andrônico ganha uma feroz inimiga.

Tito tem uma filha, Lavínia, que estava prometida em casamento a Saturnino, mas o irmão dele, Bassânio, a ama. Com a ajuda dos irmãos dela, ambos fogem para se casar. Um dos filhos de Tito, Múcio, enfrenta o pai, a fim de proteger os fugitivos. Em nome da honra, inconformado com o que está acontecendo, Tito entra em choque com o filho e o mata. No entanto, o que parece tão imperdoável para Tito não perturba Saturnino, que, sem perda de tempo, pede Tamora em casamento.

SATURNINO: E agora, Tamora, rainha dos godos,
que como a majestosa fada entre suas ninfas
eclipsa as mais lindas beldades de Roma,
se minha brusca escolha puder agradá-la
escuta, Tamora, escolho-te por minha esposa
e farei de ti a imperatriz de Roma.
Fala, rainha dos godos, aplaudes minha escolha?
E aqui eu juro, por todos os deuses de Roma,
que o padre e a água benta estão tão próximos
e as tochas queimam muito forte, e tudo pronto
está para o himeneu, não saudarei de novo
as ruas de Roma, não subirei ao meu palácio
senão depois de sair daqui com minha esposa.
TAMORA: E aqui, na presença do céu, eu juro a Roma,

se Saturnino elege a rainha dos godos
ela será dos seus desejos serviçal
serva amorosa, mãe da sua juventude.
(Ato I, cena 1)

Entre os prisioneiros trazidos para Roma por Tito está o mouro Aarão, que Shakespeare indica apenas como "amado por Tamora", mas que é na verdade seu amante.

Se Christopher Marlowe tem o seu maldito e sanguinário Barrabás no *Judeu de Malta*, Shakespeare tem o seu Aarão. Mas a diferença fundamental entre eles é que Barrabás atinge tal grau de excessos em sua maldade que se torna um personagem risível. Shakespeare nunca deixa de ter uma visão nítida do homem, é sempre tocado por um profundo sentimento de compreensão humana. Isso, é claro, nada tem a ver com a aceitação dos atos desses seres. Assim, é possível compreender as tramas maléficas de Aarão, sem aprová-las. No caso de Barrabás, suas maldades são inteiramente inaceitáveis.

Em Aarão, não há sede descontrolada de vingança (como no caso de Tamora). Ele não tece suas intrigas e maldades especificamente por ser amante dela, e sim por estar do lado dela e ser – isto é muito importante – a personificação da maldade.

Na peça *Otelo*, a maldade de Iago tem um motivo específico: um ajuste de contas. Ele esperava uma promoção que é dada a Cássio e decide vingar-se dele e do seu comandante, Otelo, que o desapontou ao preteri-lo. Assim tem início a intriga que gera o veneno da desconfiança que ele vai gotejando nos ouvidos de Otelo, convencendo-o da suposta infidelidade de sua jovem mulher, Desdêmona.

Ricardo III também tece uma trama de maldades e crimes, porém por pura ambição: ele quer se apoderar do trono e ser rei. Numa escala menor, dom João, em *Muito barulho por nada*, tivera um desentendimento com o irmão, dom Pedro, príncipe de Aragão, e, apesar de estarem se dando bem novamente, ele decide – por pura falta de caráter e uns laivos de maldade – urdir um plano para magoar Cláudio, amigo do príncipe, e assim atingi-lo também. Tendo em mente o irmão a quem odeia, dom João confessa abertamente:

Não sei esconder o que sou.
[...]
Eu preferia ser um verme numa sebe a ser uma rosa só para agradá-lo. E me sinto melhor sendo por todos desdenhado a acomodar meu jeito de ser para atrair a afeição de alguém. Assim, apesar de não se poder dizer que eu seja um homem bajulador, não se pode dizer que eu seja um vilão declarado.
(Ato I, cena 3)

Assim como Ricardo III expõe o seu plano de maldades logo no solilóquio de abertura da peça, já no final do primeiro ato de *Otelo* Iago se revela também:

> [...] Odeio o mouro.
> Dizem por aí que entre os meus lençóis
> ele já fez o meu papel de esposo.
> Não sei se é verdade, mas perante a suspeita
> agirei como se tendo certeza.
> Ele me quer bem, o que vai me ajudar
> no meu intento. *Cássio é o homem certo.*
> Vejamos: ficar no seu lugar e me vingar
> também, sucesso duplo. Como? Como? Vejamos.
> Deixar passar um tempo, convencer Otelo
> que Cássio é muito familiar com sua esposa.
> Ele é pessoa de maneiras suaves, fácil
> de ser suspeitado, feito para tornar
> esposas infiéis. Otelo é sincero,
> crê, por natureza, que os homens são honestos
> e podem ser levados no cabresto,
> como um asno.
> Aí está o plano feito. O inferno e a noite
> este monstro trarão à luz do mundo.
> (Ato I, cena 3)

E Aarão, mesmo às vésperas da morte, admite: "Se em toda a minha vida cometi uma boa ação/ disto me arrependo do fundo da minha alma" (ato V, cena 3).

Ele sabe que, tendo a seu favor a imperatriz amante e o campo aberto para as suas maquinações, dominaria Roma e tudo o que quisesse. Encontra os filhos dela, Quíron e Demétrio, brigando por causa de Lavínia, a quem ambos desejam menos do que amam. Não estamos na ensolarada floresta de Arden – a floresta de *Como quiseres* –, com poemas de amor pendurados nas árvores, nem na floresta encantada perto de Atenas – de *Sonho de uma noite de verão* –, onde jovens apaixonados se amam sem serem perseguidos pelo demônio da luxúria. Essa é uma floresta escura, própria para a tessitura de maldades.

Aarão escuta a briga entre os irmãos e os aplaca. A disputa inesperada entre eles irá favorecer seus planos, já que tudo que fizer contra Tito será bem recebido por Tamora. E aconselha aos rapazes:

> Sejam amigos! Para que hão de brigar?
> São o ardil e o *estratagema* que os devem
> levar ao que pretendem. Reflitam. O que

> não podem conseguir *como querem*, então
> devem conseguir *como podem*. Ouçam meu
> conselho. Lucrécia não era mais casta
> do que é Lavínia, a quem Bassânio ama.
> Temos de encontrar um meio *mais rápido*, não
> lentas apatias, e sei qual é o caminho.
> Senhores, logo haverá uma caçada
> e todas as belas romanas lá estarão.
> As alamedas são bem amplas e espaçosas,
> com vários recantos solitários, que servem
> para estupro e vilania. Levem até lá
> a delicada corça e conquistem à força
> o que não conseguem com palavras. É assim,
> não de outra maneira, que terão o que esperam.
> Vamos, vamos à nossa imperatriz contar.
> Ela, com o espírito voltado para a vingança
> e vilania, saberá nos animar
> com seus conselhos. Ela não há de querer
> vê-los brigando e há de os ajudar
> no seu intento. A corte imperial
> é como a Casa da Fama, cheia de línguas,
> olhos e de ouvidos. As florestas são surdas,
> terríveis, impiedosas. E lá, bravos rapazes,
> falem e *ataquem*, revezando-se.
> Satisfaçam a luxúria sem que o céu os veja
> e se deleitem com os tesouros de Lavínia.
> (Ato II, cena 1)

É a partir da terceira cena do segundo ato que tem início o desfile de horrores que tanto assustou os espectadores em Stratford na montagem de 1955. Escrevendo sobre a peça, o poeta e dramaturgo T. S. Eliot (1888-1965), em seu *Shakespeare and the Stoicism of Seneca*, acusou-a de ser "uma das peças mais estúpidas e sem inspiração jamais escritas, uma peça na qual é incrível que Shakespeare pudesse ter tido qualquer participação".

Durante a caçada, Lavínia e Bassânio surpreendem Tamora e Aarão e ameaçam contar o que viram ao imperador. Mas os filhos de Tamora matam Bassânio e, incentivados pela mãe, arrastam Lavínia para fora de cena para violentá-la. Aarão faz pior, acusando os irmãos dela, Márcio e Quinto, da morte do cunhado. Os filhos de Tamora não só violentam Lavínia, como lhe cortam a língua e as mãos para que ela não revele, com palavras ditas ou escritas, o nome dos seus atacantes.

Evidentemente, começam aí os horrores que deram à peça a pior das reputações, a explosão de poesia misturada a vingança e sangue. O estupro e a mutilação de Lavínia devem tanto à atmosfera de Sêneca como à de Ovídio, que também tem seu universo polvilhado de seres apaixonados, vingativos e cruéis. Assim, nas suas *Metamorfoses* encontramos histórias pesadas de crueldade e paixões descontroladas, como a de Procne e Filomela, que se voltam contra Tereu, que havia maculado Filomela e lhe cortado a língua, tornando-a incapaz de revelar o nome do agressor. Elas matam o filho dele, Ítis, e o dão para o pai comer, como acontece na cena do grande banquete canibalesco no final do *Tiestes* de Sêneca.

Quem encontra Lavínia, violentada, muda e sem mãos, é seu tio Marco Andrônico, que, ao vê-la, diz:

> Fala, gentil sobrinha, que mãos atrozes
> te mutilaram, podando este teu corpo
> dos seus dois galhos, destes doces ornamentos
> em cuja sombra quiseram reis dormir
> sem poder conquistar maior felicidade
> que não o teu amor? Por que não me respondes?
> Ai de mim, num rio de rubro sangue quente
> como uma fonte que borbulha sob o vento,
> jorra e escorre entre teus lábios róseos,
> seguindo o ritmo da tua respiração doce.
> Mas certamente algum Tereu a deflorou
> e lhe cortou a língua para não ser mencionado.
> (Ato II, cena 4)

Nessa fala, que se prolonga por mais trinta versos, Marco faz referência à bela Filomela, "que apenas perdeu a língua", e a um Tereu mais ardiloso, que "cortou teus lindos dedos".

E logo vamos encontrar Tito desesperado, implorando junto às autoridades (senadores, tribunos e oficiais de justiça) pela vida de seus filhos Quinto e Márcio, injustamente acusados do assassinato do cunhado, Bassânio. Eles são condenados à morte. O único filho que resta a Tito é Lúcio, que, por tentar defender os irmãos, é banido. Dando-se conta do que o ameaça, Tito o aconselha:

> Lúcio, tolo, será que não percebeste
> que Roma não é mais do que um *covil de tigres*
> e aos tigres cabem presas e Roma não dá
> presas que não sejam eu e os meus? Feliz de ti
> por seres banido destes devoradores.
> (Ato III, cena 1)

Segue-se a esse breve encontro entre Tito e Lúcio a entrada de Marco, trazendo Lavínia.

Na inesquecível montagem de Peter Brook, a atriz Vivien Leigh (1913--1967), que interpretava Lavínia, usava um amplo e longo traje de gaze, branco e azul claríssimo. De seus punhos desciam longas tiras de gaze vermelho-sangue. Na boca, uma longa estria da mesma gaze sangrenta, que lhe escorria pelos cantos dos lábios e descia por todo o seu corpo, até o chão. Uma solução ao mesmo tempo brilhante e aterradora para sugerir o horror da sua condição.

A visão de Lavínia abre um novo caminho para o inferno da dor, e o apavorado pai pergunta:

> Diz-me, Lavínia, que maldita mão te fez
> surgir assim sem mãos diante do teu pai,
> que tolo acrescentou mais água ao mar
> e jogou fagulhas na Troia incandescente?
> Minha dor era total antes de chegares
> e agora, como o rio Nilo, é *transbordante*.
> Deem-me uma espada, minhas mãos deceparei,
> porque lutaram por Roma e foi em vão,
> aumentando-me a dor, prolongando-me a vida.
> As mãos postas em prece resultaram inúteis
> e não serviram para nenhum uso. Agora
> tudo que eu peço que elas façam por mim
> *é que uma ajude a decepar a outra.*
> Não importa, Lavínia, que não tenhas mãos
> já que é em vão que elas possam servir Roma.
> (Ato III, cena 1)

A entrada de Aarão vem acompanhada de uma proposta que não deixa de ser horripilante:

> Tito Andrônico, meu senhor, o imperador,
> vos manda este recado. Se amais aos vossos filhos,
> deixai vosso irmão Marco ou vós, velho Tito,
> ou quem quiserdes, decepar a vossa mão
> e enviá-la para o rei e este, em troca,
> enviará vossos dois filhos com vida.
> Que seja esta a paga pela falta deles.
> (Ato III, cena 1)

No texto original, Tito pede a Aarão que lhe ampute a mão direita para resgatar os filhos, mas na montagem de Peter Brook é o próprio Tito quem o faz. Lembro-me de que Olivier ia para o fundo da cena, ajoelhava-se, apoiando o braço em um praticável, e, com o dorso voltado para o público, decepava a mão com um golpe certeiro. Um microfone ampliava um ruído estranho, nunca ouvido antes. Havia uma pausa de pouquíssimos segundos interrompida pelo urro de Tito, um urro animal, imenso, primevo e aterrador. Foi um dos momentos mais impressionantes e inesquecíveis dessa montagem sem perdão, que marcava o encontro de dois gênios do teatro: Laurence Olivier e Peter Brook. Era justamente nesse instante que se acentuava o mal-estar dos espectadores, com esse prenúncio do mais explícito teatro da crueldade.

O respeitado Samuel Johnson não perdoou os excessos e escreveu: "A barbaridade do espetáculo e o massacre geral que é aqui exibido mal podem ser imaginados ou tolerados por qualquer público."

Como se isso não fosse suficiente, Tito não recebe seus filhos vivos, como prometido, mas suas cabeças decapitadas e acompanhadas da sua mão decepada, indicando que seu sacrifício fora inútil e sublinhando a terrível vingança de Tamora com a ajuda de Aarão.

O que resta agora para Tito? Humilhado, desconsiderado como grande chefe militar, vilipendiado como ser humano, a esse primeiro herói trágico de Shakespeare resta muito pouco a que se agarrar. Digo "primeiro herói trágico", a não ser que consideremos que pudesse haver algo de heroico e de trágico nos personagens que deram título à sua primeira trilogia histórica, *Henrique VI*, e à peça que a seguiu, *Ricardo III*, escritas anteriormente. De nada valeu para Tito a sua nobre atitude de não aceitar a aclamação do povo para receber a coroa (como faria Júlio César, que recusou três vezes a oferta que lhe fizera Marco Antônio) que o faria ficar à frente do governo.

Tito Andrônico é um homem digno. No entanto, a hombridade pode ser irmã da credulidade, traço tão comum à condição humana presente em vários outros personagens de Shakespeare.

Não devemos esquecer a importância que era dada ao direito divino, ao respeito total e absoluto ao monarca, já que contrariá-lo era o mesmo que se opor a Deus. E não se pode deixar de levar em conta (e nas peças de Shakespeare isso vem repetidamente sublinhado) que todo mau governo leva à desintegração e só há um destino para o mau governante, por direito hereditário ou não: a perda do poder e, quase sempre, a morte.

Tito não se levanta e luta contra Saturnino e Tamora. Não. Eles representam a lei e a ordem. São o governo. No entanto, ele precisa vingar-se e concentra-se numa vingança pessoal, obcecada, irreversível. A revolta dele não é contra o poder, e sim contra os indivíduos. Que seu filho banido, Lúcio, se junte aos godos derrotados, forme um exército, ataque Roma e derrote Saturnino. Lúcio, ao fim, será aclamado rei de Roma.

Roma – O Império

Em 27 a.C., Otaviano (Caio Júlio César Otaviano Augusto, 63 a.C.-14 d.C.) proclamou-se imperador, após uma concentração de títulos e poderes, dando início ao Império Romano. Ele expandiu o território e conseguiu que seus poderes fossem transferidos ao seu filho adotivo, Tibério (Tibério Júlio César, 42 a.C.--37 d.C.), estabelecendo a primeira dinastia, a Júlio-Claudiana.

No início, Roma teve imperadores sanguinários, como Calígula (Caio Júlio César Augusto Germânico, 12-41) e Nero (Nero Cláudio César Augusto Germânico, 37-68), mas posteriormente viveu períodos de glória, sobretudo sob Trajano (Marco Úlpio Nerva Trajano, 53-117) e Adriano (Públio Élio Trajano Adriano, 76-138). O Senado continuou existindo, mas nunca recuperou o poder que tivera durante a República. Aos poucos, os poderes de outros tribunais e assembleias foram transferidos ao Senado, sobre o qual o imperador exercia grande poder.

A religião era um foco de constantes conflitos, já que diversas crenças conviviam no espaço dominado pelos romanos. Os dominadores eram politeístas e costumeiramente entravam em atrito com os judeus e os druidas. A situação ficou mais complexa com o surgimento e a expansão do cristianismo, inicialmente considerado uma seita judaica. Havia perseguições constantes, até que o Édito de Milão, em 313 d.C., estabeleceu a tolerância religiosa. Constantino I (Constantino Magno, 272-337) foi o primeiro imperador romano cristão e, no ano de 380, Teodósio I (Flávio Teodósio, 347-395) estabeleceu o cristianismo como religião oficial, passando a perseguir politeístas e judeus.

A política expansionista da República manteve-se durante o Império e, um século e meio depois, Roma controlava 6,5 milhões de quilômetros quadrados. Isso incluía toda a costa do mar Mediterrâneo, chamado pelos romanos de "Mare Nostrum" (Nosso Mar). O domínio marítimo foi importantíssimo para o sucesso da economia romana.

Mas governar um território tão grande era complicado e, em 285, o Império Romano foi dividido em dois: do Ocidente e do Oriente. O Império Romano do Ocidente durou até 476, quando sucumbiu às invasões germânicas. Já o Império Oriental, também conhecido como Império Bizantino, conheceu seu fim em 1453, quando foi derrotado pelos turcos.

Roma legou para as sociedades atuais muitos conceitos de Direito, uma série de línguas derivadas do latim (incluindo o português), além de contribuições nas artes, literatura e instituições políticas.

Para saber mais:
- *Spartacus*. Direção: Stanley Kubrick, EUA, 1960, 184 min.
- Le Roux, Patrick. *Império Romano*. Porto Alegre: L&PM, 2009.

O terceiro ato é crucial na estrutura da peça, porque marca o momento em que se dá a transformação de Tito Andrônico. Ele passa de servo leal a vingador feroz e o que o cerca não passa de um imenso pasto de terrores. Nada mais lhe dará paz. Ao receber a implacável resposta de Saturnino, emudecido de horror, Tito recebe no rosto um beijo de Lavínia, ao que Marco Andrônico diz: "Pobre coração, este beijo não conforta,/ É água congelada para cobra sedenta" (ato III, cena 1).

No palco, Olivier jogava a cabeça lentamente para trás e fazia a triste pergunta: "Quando terminará este medonho sonho?". Então, dava uma risada, ao mesmo tempo suave e aterradora. Sem dúvida, Shakespeare precisa de atores gigantescos para tornar ainda maiores seus grandes personagens. O que Tito pretende agora é encontrar o "caminho da vingança":

> Vejamos que tarefa eu tenho de fazer.
> Vós, meus infelizes, cerquem-me, e que eu possa
> voltar meu rosto para cada um de vós
> e jurar que hei de vingar vossas injúrias.
> Os votos foram feitos. Leva esta cabeça,
> irmão, e com esta mão a outra levarei.
> Lavínia, tua tarefa é esta: com os dentes
> carregar a minha mão, ó minha doce filha.
> E quanto a ti, meu rapaz, some dos meus olhos.
> Foste exilado e aqui não vais poder ficar.
> Vai ter com os godos, levanta um exército,
> e se me amas como creio que me amas
> basta um beijo de adeus, que há muito que fazer.
> (Ato III, cena 1)

Poderá haver procissão mais aterradora do que Marco levando a cabeça do sobrinho, Tito levando a do filho e Lavínia agarrando com os dentes a mão do pai?

Aarão é amado por Tamora, o que ele próprio revela em um solilóquio. Isso é confirmado no quarto ato, quando aparece uma ama com o filho recém-nascido de Tamora, um mulato, prova evidente da infidelidade da imperatriz. Tamora manda a ama entregá-lo a Aarão para que ele o mate "com a ponta do punhal". Seus filhos, Quíron e Demétrio, o incitam a fazê-lo. Aarão dá uma raríssima mostra de humanidade, recusando-se a praticar o crime.

> Parem, vilões assassinos! Serão capazes
> de matar seu próprio irmão? Pelas chamas brilhantes
> que iluminavam o céu quando ele nasceu,

morrerá sob a ponta afiada da minha
cimitarra quem tocar no meu varão,
o meu herdeiro. E eu vos digo, garotos,
nem Encelado, com todos seus Titãs,
nem o grande Hércules, nenhum deus da guerra,
arrancará esta presa das mãos do seu pai.
Seus jovens sanguinários, corações vazios,
paredes brancas, tabuletas de tavernas,
o negro mais escuro é superior a outras
cores, pois se recusa a ter um outro tom.
As águas do oceano não vão transformar
as negras patas dos cisnes em patas brancas
ainda que sempre se lavem entre as ondas.
*Digam à imperatriz que eu tenho idade
para guardar o que é meu.* Ela que encontre,
portanto, a desculpa que puder achar.
(Ato IV, cena 2)

Para que a ama nada revele sobre o acontecido, Aarão a mata e guarda o filho consigo.

Saturnino está fora de si com a ameaçadora aproximação do exército invasor comandado por Lúcio, mas Tamora, que sempre o manipula, o convence de que será capaz de ir ter com Lúcio e persuadi-lo a mudar de ideia.

Entretanto, a essa altura dos acontecimentos, Lúcio já fez Aarão prisioneiro e este, mais para salvar a criança do que a si mesmo, confessa toda a trama hedionda urdida para destruir Tito e o que restava de sua família. É nesse momento que Aarão admite deleitar-se com tudo de ruim que praticou.

Os melhores momentos de Aarão são aqueles em que aparece com Lúcio: a primeira cena do quinto ato e a cena final da peça.

Curiosamente, não há grandes confrontos entre Tito e Tamora. Há momentos em que dividem a cena com outros personagens e a única, de fato, em que há contato direto entre eles é no início do quinto ato: como prometera a Saturnino, ela procura Tito – a quem muitos julgam que ficou louco de dor, sem saber como enfrentar as desgraças de que fora vítima. Tamora aparece disfarçada de "Vingança", junto com os filhos, que se fazem passar por "Estupro" e "Assassinato". Ela diz ser um espírito maléfico e infernal que veio para ajudar Tito a criar confusão entre seus inimigos, e insta que ele os convide para um banquete, onde estarão à sua mercê. O que ela pretende é matar Lúcio e Tito, que tudo percebe.

Tamora se retira, deixando os filhos para vigiar Tito, mas este, sem perda de tempo, aprisiona as peçonhentas criaturas e manda chamar Lavínia, que já havia revelado terem sido eles os causadores da toda a sua miséria. Tito quer que a filha veja como ele vingará a sua vergonha.

> Vem, vem, Lavínia, veja como teus inimigos estão presos.
> Senhores, tapem-lhes as bocas para que não possam mais falar.
> Mas escutem as palavras terríveis que tenho a lhes dizer.
> Seus celerados, Quíron e Demétrio! Aqui está a fonte
> que vocês sujaram com a sua lama, o lindo
> verão que misturaram ao seu rude inverno.
> Mataram seu marido; por este crime infame
> dois dos seus irmãos foram à morte condenados.
> Minha mão cortada foi feita de brinquedo.
> Suas doces mãos, sua língua e aquela coisa
> mais preciosa ainda que suas mãos e língua
> vocês violaram à força. Que iriam dizer
> se os deixasse falar? Teriam coragem,
> bandidos, de pedir misericórdia? Ouçam,
> como é que vou torturá-los. Ainda me resta
> uma única mão para lhes cortar as goelas
> enquanto Lavínia amparar com os punhos
> a bacia que vai colher seu sangue imundo.
> Sabem que sua mãe pretende cear comigo,
> chamando-se "Vingança", achando que sou louco.
> Escutem, celerados, dos seus ossos farei pó
> que misturado ao seu sangue será uma pasta
> com que farei uma torta para rechear seus crânios.
> E pedirei a ajuda àquela prostituta,
> sua mãe maldita, para que, como a terra,
> devore o seu produto. E para este festim
> eu a convidei e será este o banquete
> que irá saciá-la. Minha filha foi tratada
> com a maior crueldade, e com crueldade
> a vingarei. Preparem seus pescoços.
> Vem, Lavínia.
> (Ato V, cena 2)

E, com dois golpes firmes, ele degola os filhos de Tamora na melhor tradição do Grand Guignol, teatro dos horrores que marcou época em Paris no século XX.

O esperado banquete é realizado na casa de Tito Andrônico. Lúcio está de volta a Roma, tendo Aarão como prisioneiro. Estes deixam o local logo antes da chegada de Tamora e Saturnino. Tito os recebe, inesperadamente vestido de cozinheiro. Lavínia, com o rosto coberto por um véu, o segue. Nem bem o casal se acomoda, Tito pergunta:

> TITO: Esclarecei-me algo, meu imperador:
> o impetuoso Virgínio, matando a filha
> com a mão direita, estava agindo certo,
> pois foi forçada, maculada e deflorada?
> SATURNINO: Estava, Andrônico.
> Não devia sobreviver a esta vergonha,
> com sua presença reavivar a dor do pai.

Tito então brutalmente descobre o rosto da filha: "Morre, Lavínia, e contigo tua vergonha,/ Com ela também morre a dor deste teu pai" (ato V, cena 3). E a apunhala sumariamente.

Nos próximos dezenove versos, o horror e a carnificina atingem seu mais alto grau. Tito revela a Saturnino que os filhos de Tamora foram os responsáveis pelo estupro de Lavínia e, quando o imperador manda chamá-los, Tito esclarece que eles estão ali, que sua carne foi usada na torta consumida pela própria mãe. Sem mais delongas, Tito mata Tamora. Saturnino mata Tito. Lúcio mata o imperador. Na rápida sequência, mal nos damos conta do que está acontecendo nesse acúmulo infernal de mortes.

No final desse festim de horrores, seria inevitável não haver um tumulto. Afinal, o imperador acabara de ser assassinado. Tudo podia acontecer, e o receio de uma guerra civil estava sempre presente. O irmão de Tito Andrônico, Marco, toma a palavra para apaziguar o populacho – como farão, no futuro, outros personagens em algumas das peças de Shakespeare que envolvem questões políticas:

> Filhos e povo de Roma, de semblantes tristes
> que este tumulto se disperse como um voo de aves selvagens
> espalhadas pelos ventos e rajadas de tempestade.
> Deixai que vos ensine a reunir o milho dispersado
> em um só feixe, os membros quebrados
> em um corpo só. A menos que Roma
> a si se amaldiçoe, não fazei como o proscrito
> que, em abandono e desespero, comete
> sobre si mesmo atos de violência.
> Mas se os sinais de uma velhice encandecida,

> grave testemunha de experiência viva,
> não conseguem concentrar vossas atenções,
> escutai este amigo da querida Roma.
> [...]
> Meu coração não é de pedra, nem de aço,
> nem posso relembrar as amarguras todas,
> mas ondas de lágrimas sufocarão minhas palavras,
> quebrando-as todas, mesmo na hora
> em que deviam exigir mais da vossa atenção,
> dando margem à vossa doce comiseração.
> Aqui está um capitão para relatar um fato:
> seus corações vão pulsar e chorar às suas palavras.
> (Ato V, cena 3)

E Lúcio conta tudo o que aconteceu. Ao fim, depois de ser aclamado pelo povo como o novo imperador, ele diz:

> Grato, gentis romanos. Que eu possa governar
> para saciar os males de Roma e pôr fim
> à sua dor.
> (Ato V, cena 3)

Lúcio age como um bom mediador político. A lição da Guerra das Rosas, que durara trinta anos, ainda não fora esquecida. E as palavras finais do conde de Richmond, que derrotou Ricardo III na batalha de Bosworth e assumiu o poder como Henrique VII – o que na verdade fazia dele mais um usurpador –, são estas: "Estancaram-se as feridas civis e reina a paz/ Que viva para sempre entre nós, e os deuses digam Amém."

Resta ainda determinar o destino do famigerado Aarão, o Grande Vilão, o que é revelado nos últimos minutos da peça. O público, com toda certeza, devia se deleitar com a perspectiva de uma morte lenta e requintada.

Diz Lúcio:

> Que o enterrem até o pescoço e aí definhe
> e esfaimado reclame por comida.
> Se alguém o socorrer ou dele tiver pena,
> por esta ofensa morrerá. É o que ordenamos.
> Cuidem para que ele fique bem enterrado.

Ao que Aarão responde:

> Por que há de ser calada a cólera e a fúria
> muda? Não sou criança para recorrer

a preces que perdoem males cometidos.
Outros dez mil piores do que fiz
faria, se fosse esta minha vontade.
Se em toda vida cometi uma boa ação,
disto me arrependo, do fundo da minh'alma.

E Lúcio termina a peça, dizendo:

Que alguns amigos dedicados daqui levem
o imperador e o sepultem junto ao pai.
Meu pai e Lavínia serão transportados
para o jazigo que abriga minha família.
Quanto a Tamora, essa tigresa hedionda,
não terá ritual fúnebre, ninguém irá
trajar luto, nem sinos tocarão no enterro.
Joguem-na às bestas e às aves de rapina.
Viveu vida de fera e não terá piedade.
Faça-se justiça a Aarão, maldito mouro,
que originou os males que nos sufocaram.
Vamos pôr ordem neste Estado e que nunca
acontecimentos iguais nos arruínem.
(Ato V, cena 3)

Para o espectador atual que assista a uma montagem de *Tito Andrônico* que não tenha o menor toque de criatividade, a peça deve parecer irreversivelmente exagerada e melodramática. No entanto, não deveria ficar chocado com a brutalidade, o horror e a morte vistos no palco. Vivemos em um mundo bárbaro e sangrento, prodigioso em selvageria e maldade humanas. Assistimos a guerras pela televisão a todo momento. Bombas suicidas estraçalham dezenas de pessoas inocentes. Posicionamentos políticos servem de desculpa para a prática da carnificina.

O tema político é sempre importante na obra de Shakespeare. No final de *Tito Andrônico*, as falas de Marco e Lúcio têm a ver diretamente com a estabilidade dada por um governo que se propõe sólido e eficiente. "E que nunca mais acontecimentos iguais nos arruínem", diz o novo imperador, garantindo que o perigo de uma guerra civil estava descartado.

Em 1999, *Tito Andrônico* foi filmado com a direção de Julie Taymor (1952-), tendo Anthony Hopkins (1937-) e Jessica Lange (1949-) como Tito e Tamora, um espetáculo estilizado, com invasões militares de hoje no universo romano de ontem. Esquemático, rígido, de enorme força, sem cenários definidos, grandes praças e grandes escadarias de largura imensa. Tão antirrealista quanto o

Macbeth filmado por Orson Welles em 1948 – como este, era um espetáculo escuro. O que me fez pensar na montagem de Peter Brook, também sombria, e concluir que realmente *Tito Andrônico* é uma peça escura. Não há o frescor do ar livre, lufadas de vento primaveril, nuvens leves num céu azul. Não há céu. O palácio é escuro. Há encontros que parecem acontecer em subterrâneos. Na grande praça, é sempre noite. O sol não brilha. A floresta é negra, feita para estupros e vilanias, como diz Aarão. O filme de Julie Taymor reflete com precisão a atmosfera da peça.

A cena da morte de Tito não é digna da sua figura. Na verdade, Shakespeare rouba a muitos dos seus heróis grandes cenas de morte, tanto que Macbeth, Ricardo III, Timão de Atenas e o gigantesco Falstaff morrem fora de cena. Os quatro versos finais de Tito são um desabafo vingativo, sem a grandeza que poderíamos esperar dele. O imperador manda que Quíron e Demétrio venham à sua presença, ao que Tito responde:

> Os dois estão aqui, cozidos nesta torta
> que a mãe deles acabou de degustar,
> comendo a carne que ela própria gerou,
> verdade que confirmo com o meu punhal.
> (Ato V, cena 3)

Segue-se então a morte de Tamora, e Tito é imediatamente apunhalado por Saturnino.

Mas eu não gostaria que essa fosse a última imagem a levarmos desse homem tão sofrido. Por que não dar a ele, pelo menos aqui, com a devida permissão daquele que o criou, um adeus de grandeza shakespeariana? Ao ver Lavínia ferida e machucada, Tito diz os seguintes versos:

> Não tenho mais lágrimas para derramar.
> E, ao fim, a dor não passa de uma inimiga
> que quer se apoderar dos meus olhos molhados
> e cegá-los, fazendo chorar ainda mais.
> [...]
> Mas se houvesse motivo para essas misérias,
> podia conter minha dor em seus limites,
> pois quando chora o céu, a terra não transborda?
> Quando os ventos uivam, não se enfurecem os mares
> ameaçando o céu com sua face de espuma?
> E querem um motivo para tais lamentos?
> Eu sou o mar. Agora escuta seus suspiros,
> pois ele é o céu que chora e eu sou a terra.

Tem de agitar meu oceano os seus lamentos,
tem de inundar a minha terra o dilúvio
das suas lágrimas, cobri-la e afogá-la?
Minhas entranhas não suportam a sua dor
e, como um ébrio, preciso vomitá-las.
Deem-me licença. Os predadores só podem
aliviar o coração falando de amarguras.
(Ato III, cena 1)

Bibliografia

ABEL LEFRANC, Maurice Jules. *À la découverte de Shakespeare*. Paris: Albin Michel, 1945.

_____. *Sous le Masque de William Shakespeare*: William Stanley VI et Comte de Derby. 2 vols. Paris: Payot, 1918.

ASTRANA MARÍN, Luis (org.). *Obras completas de William Shakespeare*. Madri: Aguilar, 1941.

_____. *Vida inmortal de Shakespeare*. Madri: Aguilar, 1941.

AUBREY, John. *Brief Lives*. Nova York: Boydell & Brewer, 1982.

BACON, Delia. "William Shakespeare and his Plays: an Inquiry Concerning Them". In: *Putnam Monthly*. Nova York: G. P. Putnam's Sons, 1857.

_____. *The Philosophy of the Plays of Shakespeare Unfolded*. Londres: Echo Library, 2000.

BARTLETT, John. *A Complete Concordance to Shakespeare*. Londres: Palgrave MacMillan, 1969.

BATE, Jonathan. *The Genius of Shakespeare*. Nova York: Oxford University Press, 1997.

BEAUCLERK, Charles Francis Topham de Vere. *Shakespeare's Lost Kingdom:* the True History of Shakespeare and Elizabeth. Nova York: Grove Press, 2011.

BLOOM, Harold. *Shakespeare*: a invenção do humano. Rio de Janeiro: Objetiva, 2000.

BOAS, Frederick Samuel. *Shakespeare and his Predecessors*. Fac-símile da edição de 1896. Londres: Greenwood Press, 1969.

CHAMBERS, Edmund Kerchever. *Shakespeare: a Survey*. Londres: Sidgwick and Jackson, 1955.

_____. *The Elizabethan Stage*. Oxford: Clarendon Press, 1923.

CHETTLE, Henry. *Kind-heart's Dream:* containing five apparitions with their invectives against abuses reigning. Delivered by severall ghosts unto him to be publisht, after Piers Penilesse Post had refused the carriage. *Invita Invidia.* by H. C. Imprinted at London for William Wright. Londres: Stationers Hall, 8 dez. 1592.

CHUA-EOAN, Howard G. "The Bard's Beard?". In: *Time Magazine*, 15 fev. 1999.

CHURCHILL, Reginald Charles. *Shakespeare and his Betters*: a History and Criticism of the Attempts Which Have Been Made to Prove that Shakespeare's Workswere Written by Others. Bloomington: Indiana University Press, 1959.

CIBBER, Theophilus; COXETER, Thomas; SHIELLS, Robert. *The Lives of the Poets of Great Britain and Ireland to the Time of Dean Swift*. Londres, 1753.

DEMBLON, Célestin. *Lord Rutland est Shakespeare*. Le plus grand des mystères dévoilé. Shaxper de Stratford hors cause. Paris: Paul Ferdinand Libraire Editeur, 1912.

DONNELLY, Ignatius Loyola. *The Great Cryptogram*: Francis Bacon's Cipher in the So-Called Shakespeare Plays (1888). Whitefish: Kessinger Publishing Co., 2002.

ELIOT, T. S. *Shakespeare and the Stoicism of Seneca*. Oxford: Humphrey Milford & Oxford University Press, 1928.

FARMER, Richard. *An Essay on the Learning of Shakespeare*. Londres, 1767.

FLUCHÈRE, Henri. *Shakespeare, dramaturge élisabéthain*. Paris: Gallimard, 1987.

FRIPP, Edgar Innes. *Shakespeare: Man and Artist*. Londres: Oxford University Press, 1938.

HALL, Edward. *The Union of the Two Noble Illustrate Families of Lancaster and York*. Londres, 1542.

HALLIDAY, Frank Ernest. *Shakespeare*. Rio de Janeiro: Jorge Zahar, 1990.

HARBAGE, Alfred. *Shakespeare's Audience*. Nova York: Columbia University Press, 1941.

HARRISON, William. "Description of Elizabethan England". In: HOLINSHED, Raphael. *Holinshed's Chronicles of England, Scotland, and Ireland*. Ed. Vernon F. Snow. Nova York: AMS, 1965.

HART, Joseph Coleman. *The Romance of Yatching:* Voyage the First. Londres: British Library, Historical Print Editions, 2011.

HARTNOLL, Phyllis (ed.). *The Oxford Companion to the Theatre*. 4ª ed. Nova York: Oxford University Press, 1983.

HILL, Frank Ernest. *To Meet Will Shakespeare*. Nova York: The MacMillan Co., 1949.

HOFFMAN, Calvin. *The Murder of the Man Who Was Shakespeare*. Nova York: J. Messner, 1955.

HOLDEN, Anthony. *Laurence Olivier*: a Biography. Londres: Windenfeld & Nicholson, 1988.

HOLINSHED, Raphael. *Holinshed's Chronicles of England, Scotland, and Ireland*. Ed. Vernon F. Snow. Nova York: AMS, 1965.

HOLLAND, Peter. *Shakespeare and Comedy*. Cambrigde: Cambridge University Press, 2003.

HOLMES, Nathaniel. *The Authorship of Shakespeare*. Nova York: Hurd & Houghton, 1866.

HOTSON, J. Leslie. *The Death of Christopher Marlowe*. Cambrigde: Harvard University Press, 1925.
HUGHES, Stephanie Hopkins (ed.). *The Oxfordian*. Yorktown Heights: Shakespeare Oxford Society. Portland. Concordia University's Shakespeare Authorship Research Centre.
HUME, David. *The History of England from the Invasion of Julius Caesar to the Revolution in 1688*. Chicago: University of Chicago Press, 1975.
JOHNSON, Samuel. *The Plays of William Shakespeare*. 1765.
_____. *Preface to the Plays of William Shakespeare*. Londres, 1765.
_____. *A Dictionary of the English Language*. Londres, 1755.
KNIGHT, George Richard Wilson. *The Shakesperean Tempest*. Londres: Methuen & Co., 1932.
KOTT, Jan. *Shakespeare, nosso contemporâneo*. São Paulo: Cosac Naify, 2003.
LAHR, John (ed.). *The Diaries of Kenneth Tynan*. Londres: Bloomsbury, 2001.
MALONE, Edmond. *Works of Shakespeare*. 16 vols. Londres, 1790.
McCONNELL, Louise. *Dictionary of Shakespeare*. Londres: Bloomsbury, 2002.
McKERROW, Ronald Brunlees. *Prolegomena for the Oxford Shakespeare*: a Study in Editorial Method. Londres: Clarendon Press, 1969.
MERES, Francis. *Palladis Tamia, Wits Treasury*. Londres: 1598.
OGBURN, Charlton Greenwood. *The Mysterious William Shakespeare*: the Myth & the Reality. Nova York, Dodd, Mead & Co., 1984.
PARTRIDGE, Eric Honeywood. *Shakespeare's Bawdy*. Londres: Routledge & Kegan Paul, 1947.
ROBERTSON, John M. *The Genuine in Shakespeare:* a Conspectus. Londres: George Routledge and Sons, 1930.
ROWE, Nicholas. *Some Account of the Life &c. of Mr. William Shakespear*, 1709.
ROWSE, Alfred Leslie. *Shakespeare, the Man*. Nova York: St. Martin's Press, 1973.
SPEAIGHT, Robert. *Shakespeare on the Stage:* an Illustrated History of Shakespearian Performance. Boston: Little Brown, 1973.
SPENCER, Terence J. B. *Fair Greece, Sad Relic*. Londres: D. Harvey, 1986.
VÁRIOS AUTORES. *Bíblia de Jerusalém*. 2ª. impressão. São Paulo: Paulus, 2003.
WEBSTER, Margaret. *Shakespeare Without Tears*. Robbinsdale: Fawcett Publications, 1962.
WELLS, Stanley; TAYLOR, Gary et al. (orgs). *The Oxford Shakespeare*: the Complete Works. 2ª ed. Londres: Oxford University Press, 2005.
WELLSTOOD, Frederick C. (ed.). *Minutes and Accounts of the Corporation of Stratford-upon-Avon and Other Records*. Stratford-upon-Avon: Dugdale Society by Stephen Austin and Sons, 1990.
WILSON, Ian. *Shakespeare: the Evidence* – Unlocking the Mysteries of the Man and his Work. Nova York: St. Martin's Griffin, 1994.